前橋育英高等学校

〈収録内容〉

2024 年度 ……………… 学特Ⅰ期（数・英・理・社・国）
学特Ⅱ期（数・英・理・社・国）
※学特Ⅱ期は解答のみ

2023 年度 ……………… 学特Ⅰ期（数・英・理・社・国）
学特Ⅱ期（数・英・理・社・国）
※学特Ⅱ期は解答のみ

2022 年度 ……………… 学特Ⅰ期（数・英・理・社・国）
学特Ⅱ期（数・英・理・社・国）
※学特Ⅱ期は解答のみ

DL 2021 年度 ……………… 学特Ⅰ期（数・英・理・社）

便利な DL コンテンツは右の QR コードから
解答用紙　過去年度　非対応 リスニング

※データのダウンロードは 2025 年 3 月末日まで。
※データへのアクセスには、右記のパスワードの入力が必要となります。 ⇒ 847910

〈合格最低点〉

	学特Ⅰ期	学特Ⅱ期
2024年度	95点／185点	105点／190点
2023年度	100点／185点	110点／200点
2022年度	105点／220点	160点／270点
2021年度	245点	250点

※2024 ～ 2022 年度の点数は，単願一般（3 科）／併願一般（5 科）

本書の特長

実戦力がつく入試過去問題集

- 問題 ……………… 実際の入試問題を見やすく再編集。
- 解答用紙 …… 実戦対応仕様で収録。
- 解答解説 …… 詳しくわかりやすい解説には、難易度の目安がわかる「基本・重要・やや難」の分類マーク つき（下記参照）。各科末尾には合格へと導く「ワンポイントアドバイス」を配置。採点に便利な配点つき。

入試に役立つ分類マーク

基本 確実な得点源！
受験生の90%以上が正解できるような基礎的、かつ平易な問題。
何度もくり返して学習し、ケアレスミスも防げるようにしておこう。

重要 受験生なら何としても正解したい！
入試では典型的な問題で、長年にわたり、多くの学校でよく出題される問題。
各単元の内容理解を深めるのにも役立てよう。

やや難 これが解ければ合格に近づく！
受験生にとっては、かなり手ごたえのある問題。
合格者の正解率が低い場合もあるので、あきらめずにじっくりと取り組んでみよう。

合格への対策、実力錬成のための内容が充実

- 各科目の出題傾向の分析、合否を分けた問題の確認で、入試対策を強化！
- その他、学校紹介、過去問の効果的な使い方など、学習意欲を高める要素が満載！

解答用紙ダウンロード 解答用紙はプリントアウトしてご利用いただけます。弊社ＨＰの商品詳細ページよりダウンロードしてください。トビラのＱＲコードからアクセス可。

UD FONT 見やすく読みまちがえにくいユニバーサルデザインフォントを採用しています。

前橋育英高等学校

個性を伸ばす英才教育で
自分を生かす道が広がる
県下随一の体育専門学科を設置

URL	https://www.maebashiikuei-h.ed.jp

普通科
生徒数　1678名
〒371-0832
群馬県前橋市朝日が丘町13
☎027-251-7087
両毛線前橋駅、上毛電鉄中央前橋駅　バス
両毛線新前橋駅　徒歩20分
スクールバスあり（前橋駅・新前橋駅・中央前橋駅・高崎駅）

プロフィール

人間味のある人物の育成に努める

1963年、男子普通科高校として開校。1983年、英語科を新設すると共に、組織を男子部（普通科・体育科）、女子部（保育科・英語科）とする。1994年度より女子普通科の募集を開始。1999年度より英語科の募集を停止し、男子部、女子部を廃止。現在普通科はすべてのクラスが共学となっている。また、2009年度より体育科を改組、普通科・スポーツ科学コースとし、 2022年度より、保育科を改組、普通科・保育コースとした。

環境

充実した環境とトップクラスの設備

前橋市郊外、利根川河畔の閑静な地にある本校は、約２万坪の広大な校地に様々な学習・スポーツ施設を配している。夜間照明のある野球場、公式試合のできるサッカー場（男女サッカー部専用の人工芝）を持つグラウンドをはじめ、武道館、体育館、弓道場、運動部などの寮もある。さらに、管理棟「純心館」には500人収容の視聴覚室、別棟には個人用のピアノ練習室など、特色ある施設が充実しているほか、情報処理室、第二体育館、セミナーハウス、トレーニング室、同窓会ホールなども完備している。また、創立50周年を記念し、第一体育館がリニューアルした。

保育コースの幼稚園実習

カリキュラム

目標と適性に合ったコース・科の設置

大学進学を目指し、１年次より徹底指導を行い、普通科を**特別進学コース・総合進学コース・スポーツ科学コース・保育コース**の４つのコースに分け、さらに特別進学コースを選抜クラス・特進クラスに分けることで志望先の早期決定を図る。それぞれの目標に合わせたカリキュラムを設定することで、個性を伸ばし、職業観の育成を目指す。正規の授業以外にも、小テストや校内補習、土曜特別講義などを実施し、合理的な受験学習を行う。

スポーツ科学コースは、専門技術のさらなるパワーアップと５教科中心の基礎学力定着を目指すとともに、部活動を通して、集団生活に必要な責任感や協調性、友愛などの精神を培っていく。

保育コースでは、芸術や保育に関する科目が多く組み込まれ、実習や演習を取り入れた実践的な授業により、幼児教育者になるための基礎を修得する。併設の育英短期大学（保育学科）との５か年一貫教育も推進しており、在学中に一定の成績を修めた生徒には、同短大への進学の道が開けている。また、幼稚園での実習は、姉妹法人中村学園の認定こども園で行われている。

学校生活

強化指定クラブは県下トップの実績

スポーツ科学コースには男女それぞれに指定クラブがあり、サッカー（男女）・バスケットボール（男子）・硬式野球（男子）・陸上（男女）・柔道（男女）・ソフトボール（女子）・剣道（男子）などが各大会で華々しい実績を上げている。部活動で習得した技能を生かして、大学・社会人・プロの各界で活躍している先輩も多く、日本代表選手やオリンピックの出場者も輩出している。

学校行事は、文化祭や体育祭、遠足（1

スポーツ界で活躍するOBを輩出

年）、修学旅行（２年）、スキー教室（１年）のほか、スポーツ科学コースでは育英メディカル専門学校との連携講義を実施するなど、多彩なイベントが行われる。

進路

伝統の進学校併設短大への道も

進学校としての伝統の上に立つ普通科では、毎年、国公立・有名私立をはじめとする各大学への合格者を多数輩出しており、主な進学先は、東北、秋田、筑波、群馬、千葉、東京学芸、中央、日本、東洋、駒澤、専修、大東文化、亜細亜、帝京、国士舘、武蔵、東京電機、東京経済、城西、東京国際、埼玉医科、獨協など。スポーツ科学コースからは、体育系大学などへ進学するほか、Jリーガーになる者もいる。また、保育コースの半数以上は併設の育英短大へ進学し、短大卒業後は、幼稚園・保育園・福祉施設などへ就職している。2018年には、系列校の育英大学が開学した。

2024年度入試要項

試験日　1/7（学特Ⅰ期）　1/9（推薦）
1/27（学特Ⅱ期・一般）

試験科目　国・数・英（学特Ⅰ・Ⅱ期単願）
国・数・英・理・社（学特Ⅰ・Ⅱ期併願）
国・数・英＋面接（推薦・一般）

2024年度	募集定員	受験者数	合格者数	競争率
推薦	510	275	275	1.0
一般		52	27	1.9
学特Ⅰ期 単願/併願		78/1448	69/1312	1.1/1.1
学特Ⅱ期 単願/併願		19/415	13/376	1.5/1.1

過去問の効果的な使い方

① **はじめに**　入学試験対策に的を絞った学習をする場合に効果的に活用したいのが「過去問」です。なぜならば，志望校別の出題傾向や出題構成，出題数などを知ることによって学習計画が立てやすくなるからです。入学試験に合格するという目的を達成するためには，各教科ともに「何を」「いつまでに」やるかを決めて計画的に学習することが必要です。目標を定めて効率よく学習を進めるために過去問を大いに活用してください。また，塾に通われていたり，家庭教師のもとで学習されていたりする場合は，それぞれのカリキュラムによって，どの段階で，どのように過去問を活用するのかが異なるので，その先生方の指示にしたがって「過去問」を活用してください。

② **目的**　過去問学習の目的は，言うまでもなく，志望校に合格することです。どのような分野の問題が出題されているか，どのレベルか，出題の数は多めか，といった概要をまず把握し，それを基に学習計画を立ててください。また，近年の出題傾向を把握することによって，入学試験に対する自分なりの感触をつかむこともできます。

過去問に取り組むことで，実際の試験をイメージすることもできます。制限時間内にどの程度までできるか，今の段階でどのくらいの得点を得られるかということも確かめられます。それによって必要な学習量も見えてきますし，過去問に取り組む体験は試験当日の緊張を和らげることにも役立つでしょう。

③ **開始時期**　過去問への取り組みは，全分野の学習に目安のつく時期，つまり，9月以降に始めるのが一般的です。しかし，全体的な傾向をつかみたい場合や，学習進度が早くて，夏前におおよその学習を終えている場合には，7月，8月頃から始めてもかまいません。もちろん，受験間際に模擬テストのつもりでやってみるのもよいでしょう。ただ，どの時期に行うにせよ，取り組むときには，集中的に徹底して取り組むようにしましょう。

④ **活用法**　各年度の入試問題を全問マスターしようと思う必要はありません。できる限り多くの問題にあたって自信をつけることは必要ですが，重要なのは，志望校に合格するためには，どの問題が解けなければいけないのかを知ることです。問題を制限時間内にやってみる。解答で答え合わせをしてみる。間違えたりできなかったりしたところについては，解説をじっくり読んでみる。そうすることによって，本校の入試問題に取り組むことが今の自分にとって適当かどうかが，はっきりします。出題傾向を研究し，合否のポイントとなる重要な部分を見極めて，入学試験に必要な力を効率よく身につけてください。

数学

各都道府県の公立高校の入学試験問題は，中学数学のすべての分野から幅広く出題されます。内容的にも，基本的・典型的なものから思考力・応用力を必要とするものまでバランスよく構成されています。私立・国立高校では，中学数学のすべての分野から出題されることには変わりはありませんが，出題形式，難易度などに差があり，また，年度によっての出題分野の偏りもあります。公立高校を含め，ほとんどの学校で，前半は広い範囲からの基本的な小問群，後半はあるテーマに沿っての数問の小問を集めた大問という形での出題となっています。

まずは，単年度の問題を制限時間内にやってみてください。その後で，解答の答え合わせ，解説での研究に時間をかけて取り組んでください。前半の小問群，後半の大問の一部を合わせて50%以上の正解が得られそうなら多年度のものにも順次挑戦してみるとよいでしょう。

英語

英語の志望校対策としては，まず志望校の出題形式をしっかり把握しておくことが重要です。英語の問題は，大きく分けて，リスニング，発音・アクセント，文法，読解，英作文の5種類に分けられます。リスニング問題の有無(出題されるならば，どのような形式で出題されるか)，発音・アクセント問題の形式，文法問題の形式(語句補充，語句整序，正誤問題など)，英作文の有無(出題されるならば，和文英訳か，条件作文か，自由作文か) など，細かく具体的につかみましょう。読解問題では，物語文，エッセイ，論理的な文章，会話文などのジャンルのほかに，文章の長さも知っておきましょう。また，読解問題でも，文法を問う問題が多いか，内容を問う問題が多く出題されるか，といった傾向をおさえておくことも重要です。志望校で出題される問題の形式に慣れておけば，本番ですんなり問題に対応することができますし，読解問題で出題される文章の内容や量をつかんでおけば，読解問題対策の勉強として，どのような読解問題を多くこなせばよいかの指針になります。

最後に，英語の入試問題では，なんと言っても読解問題でどれだけ得点できるかが最大のポイントとなります。初めて見る長い文章をすらすらと読み解くのはたいへんなことですが，そのような力を身につけるには，リスニングも含めて，総合的に英語に慣れていくことが必要です。「急がば回れ」ということわざの通り，志望校対策を進める一方で，英語という言語の基本的な学習を地道に続けることも忘れないでください。

国語

国語は，出題文の種類，解答形式をまず確認しましょう。論理的な文章と文学的な文章のどちらが中心となっているか，あるいは，どちらも同じ比重で出題されているか，韻文(和歌・短歌・俳句・詩・漢詩)は出題されているか，独立問題として古文の出題はあるか，といった，文章の種類を確認し，学習の方向性を決めましょう。また，解答形式は，記号選択のみか，記述解答はどの程度あるか，記述は書き抜き程度か，要約や説明はあるか，といった点を確認し，記述力重視の傾向にある場合は，文章力に磨きをかけることを意識するとよいでしょう。さらに，知識問題はどの程度出題されているか，語句(ことわざ・慣用句など)，文法，文学史など，特に出題頻度の高い分野はないか，といったことを確認しましょう。出題頻度の高い分野については，集中的に学習することが必要です。読解問題の出題傾向については，脱語補充問題が多い，書き抜きで解答する言い換えの問題が多い，自分の言葉で説明する問題が多い，選択肢がよく練られている，といった傾向を把握したうえで，これらを意識して取り組むと解答力を高めることができます。「漢字」「語句・文法」「文学史」「現代文の読解問題」「古文」「韻文」と，出題ジャンルを分類して取り組むとよいでしょう。毎年出題されているジャンルがあるとわかった場合は，必ず正解できる力をつけられるよう意識して取り組み，得点力を高めましょう。

数学

出題傾向の分析と 合格への対策

●出題傾向と内容

本年度の出題は，大問5題・小問21題と例年と同じであった。

①は数・式の計算と平方根の計算，②は平方根，式の計算の利用，二次方程式，角度，比例関数，連立方程式の応用問題，確率，回転体の体積など独立した小問群。③は平面図形の計量問題，④は図形と関数・グラフの融合問題，⑤は規則性の問題であった。

基本的な内容の問題が多く，解法も見つけやすいが，時間の余裕がそれほどあるわけではないので，計算を速く正確に行って，思考力を要する問題にかける時間を増やしたい。

学習のポイント

標準レベルまでの問題を，速く正確に解けるように練習しよう。そのためにも，途中式をきちんと丁寧に書く習慣をつけよう。

●2025年度の予想と対策

来年度も問題の量・レベルともに大きな変化はなく，中学数学全体からまんべんなく出題されるものと予想される。

数と式，方程式については難問をこなす必要はないが，標準レベルの計算を速く正確に行う練習を日頃から積み重ねておきたい。

関数は図形との融合問題として出題される可能性が高いので，過去問を研究するとともに，いろいろな応用問題を解いて，さまざまな解法を身につけておこう。

規則性の問題が出題されることもあるので，あらゆる問題で演習して慣れておこう。

最後に，時間配分を考えながら，過去問をやってみることが重要である。

▼年度別出題内容分類表……

出題内容			2020年	2021年	2022年	2023年	2024年
数と式		数の性質		○			
		数・式の計算	○	○	○	○	○
		因数分解				○	
		平方根	○	○	○	○	○
方程式・不等式		一次方程式	○	○		○	○
		二次方程式		○	○		○
		不等式					
		方程式・不等式の応用	○	○		○	○
関数		一次関数	○	○	○	○	○
		二乗に比例する関数	○	○	○	○	○
		比例関数	○	○	○		○
		関数とグラフ	○	○		○	○
		グラフの作成			○		
図形	平面図形	角度	○	○		○	○
		合同・相似	○	○	○	○	○
		三平方の定理					
		円の性質					
	空間図形	合同・相似					
		三平方の定理					
		切断					
	計量	長さ	○	○	○	○	○
		面積	○	○		○	○
		体積	○	○	○	○	○
		証明					
		作図					
		動点			○		
統計		場合の数				○	
		確率	○	○	○	○	○
		統計・標本調査	○	○			
融合問題		図形と関数・グラフ	○	○	○	○	○
		図形と確率					
		関数・グラフと確率					
		その他					
その他			○			○	○

前橋育英高等学校

英語

出題傾向の分析と合格への対策

●出題傾向と内容

本年度はリスニング問題と長文読解問題3題の計4題が出題された。出題内容は読解問題中心であった。

長文読解は内容理解を問う問題が出題されている。難しい単語には注釈があり，英文量も多すぎず標準的な長さである。

一部，資料読解が含まれているのが特色で，資料の細部まで読まないと解答できないような設問も出題されている。最後の長文読解問題は他と比べてやや難度が高い。

学習のポイント

中学校で学習する英語が確実に身についているかを問う出題内容である。教科書の理解を徹底し，偏りのない学習を心がけよう。

●2025年度の予想と対策

来年度も，問題のレベルなどに大きな変化はないと思われる。

長文読解問題は，問題集などを利用し教科書レベルの英文を数多く読んでいこう。内容理解問題が多いので文章のポイントをつかみながら読めるようにするのが望ましい。

文法問題は，基本的な構文，文法事項を確実に身につけておく必要がある。正誤問題にはよく慣れておくこと。

▼年度別出題内容分類表 ……

	出題内容	2020年	2021年	2022年	2023年	2024年
話し方・聞き方	単語の発音					
	アクセント					
	くぎり・強勢・抑揚					
	聞き取り・書き取り	○		○		○
語い	単語・熟語・慣用句		○	○	○	
	同意語・反意語					
	同音異義語					
読解	英文和訳（記述・選択）					
	内容吟味	○	○	○	○	○
	要旨把握	○	○	○	○	○
	語句解釈	○		○	○	
	語句補充・選択	○	○	○	○	○
	段落・文整序					
	指示語					
	会話文		○	○	○	
文法・作文	和文英訳					
	語句補充・選択	○				
	語句整序	○	○	○		○
	正誤問題		○	○	○	
	言い換え・書き換え					
	英問英答			○		○
	自由・条件英作文					
文法事項	間接疑問文					○
	進行形			○	○	○
	助動詞		○		○	○
	付加疑問文					
	感嘆文					
	不定詞	○	○	○	○	○
	分詞・動名詞	○		○	○	○
	比較				○	○
	受動態	○			○	○
	現在完了				○	○
	前置詞			○	○	○
	接続詞				○	○
	関係代名詞			○	○	○

前橋育英高等学校

理科

出題傾向の分析と合格への対策

●出題傾向と内容

大問は7問，小問は30～40題程度であり，試験時間45分に対してかなりの分量である。大問は，物理分野が2題で，化学分野が2題，生物分野が2題，地学分野が1題で，問題数，配点ともに地学分野の出題が少ない。どの分野も基本的な問題が多いが，いろいろな観点から問われる応用問題が出されることもあるので，落ち着いて，一つ一つわかる点から解決していきたい。

図や表を用いて考えさせる問題が多いので，用語の単なる暗記だけではなく，図や表からも読み取れるようにしておこう。

✔学習のポイント

まず，教科書の基本事項をマスターし，次に標準的な問題集で演習を繰り返し行うことが大事。

●2025年度の予想と対策

来年度も，本年度までと同様に，物理分野，化学分野，生物分野が中心の出題が予想される。

出題は，基本的な問題が多いので，基本を理解した上で，実験や観察の場で利用できるようにすることが必要である。図や表から読み取る力も必要である。

物理分野や化学分野からは，計算問題が多く出されるので，十分な対策が必要である。

生物分野や地学分野からの出題は，大きな偏りがなく，全般的な知識が必要である。重要語句をしっかりと覚えるだけでなく，現象の理由・原因なども理解し，体系的な知識を身につけるようにしてほしい。

対策としては，標準レベルの問題集で演習を繰り返すことが効果的であろう。

▼年度別出題内容分類表 ……

	出題内容	2020年	2021年	2022年	2023年	2024年
第一分野	物質とその変化			○		
	気体の発生とその性質				○	○
	光と音の性質					
	熱と温度					
	力・圧力	○			○	
	化学変化と質量			○	○	○
	原子と分子			○	○	
	電流と電圧		○	○	○	○
	電力と熱				○	
	溶液とその性質	○				○
	電気分解とイオン		○		○	
	酸とアルカリ・中和	○	○			○
	仕事					
	磁界とその変化	○				
	運動とエネルギー		○	○	○	○
	その他					
第二分野	植物の種類とその生活			○		
	動物の種類とその生活		○			○
	植物の体のしくみ				○	
	動物の体のしくみ				○	
	ヒトの体のしくみ	○			○	
	生殖と遺伝	○	○	○	○	○
	生物の類縁関係と進化					
	生物どうしのつながり					
	地球と太陽系					
	天気の変化				○	○
	地層と岩石		○			
	大地の動き・地震	○		○		
	その他					

前橋育英高等学校

社会

出題傾向の分析と合格への対策

●出題傾向と内容

大問は各分野2題ずつの6題で小問数は50問と例年通りの内容である。解答形式は選択問題が約6割で残りが語句記入であり，記述問題は今年も見られない。分野別では歴史の比重がやや高くなっている。

日本地理・世界地理共に地図を含めた図表の読み取りが出題されている。歴史は各時代から出題されており，特に近現代史の知識が大問1問使って問われている。公民は具体的事例から答えを導き出すような出題がされている。全体ではやや細かめの知識が必要な問題や，時事的な内容を含む問題が散見される。合格のためにはこのような応用問題を何問か解く必要があるだろう。

学習のポイント

地理：図表の読み込みを意識しよう。
歴史：近現代史もしっかり学習しよう。
公民：用語の正確な理解に努めよう。

●2025年度の予想と対策

設問の形式・数や解答の方法などの若干の変更はあるかもしれないが，大きな変更はなく，出題傾向は変わらないものと予想される。

どの分野も資料や表・グラフ・具体例などを読み取る力を養成しておく必要がある。また，重要語句は漢字で正確に書けるように。

地理では，地図上の位置関係を確認したり，統計資料に目を通したりする必要がある。

歴史では，各時代を偏りなく，おろそかになりがちな近現代史もしっかり学習し，資料集の図・写真も見ておくこと。

公民では，語句の正確な理解に努め，練習問題を解くなどして応用力を養っておこう。

▼年度別出題内容分類表 ……

出題内容			2020年	2021年	2022年	2023年	2024年
地理的分野	（日本）	地形図			○		
		地形・気候・人口	○	○	○	○	○
		諸地域の特色		○		○	○
		産業	○	○		○	○
		交通・貿易			○		○
	（世界）	人々の生活と環境	○	○			
		地形・気候・人口	○	○	○	○	○
		諸地域の特色				○	○
		産業	○	○	○	○	○
		交通・貿易		○	○	○	○
	地理総合						
歴史的分野	（日本史）	各時代の特色					
		政治・外交史	○	○	○	○	○
		社会・経済史	○	○	○	○	○
		文化史	○	○	○		○
		日本史総合					
	（世界史）	政治・社会・経済史	○	○	○	○	○
		文化史	○	○	○	○	
		世界史総合					
	日本史と世界史の関連		○	○		○	
	歴史総合						
公民的分野	家族と社会生活		○	○	○	○	
	経済生活		○		○	○	○
	日本経済						○
	憲法（日本）		○		○	○	○
	政治のしくみ		○	○	○	○	○
	国際経済						
	国際政治		○	○		○	○
	その他						
	公民総合						
各分野総合問題							

前橋育英高等学校

国語

出題傾向の分析と合格への対策

●出題傾向と内容

大問構成は，例年同様，現代文の読解問題が1題，古文の読解問題が1題，国語の知識問題が1題の計3題となっている。

現代文は，オオカミの歴史というテーマでの出題。漢字の読み書きも大問に含まれる形で出題されている。文脈把握や指示語・接続語の問題，内容吟味のほか，表現技法についても問われるなど，幅広い出題がなされてる点も例年同様。

古文は文法も重視され，仮名遣い，語句の意味といった知識事項から，内容に関するものまで出題された。

✔学習のポイント

論説文は，文脈を把握して内容の真意を細かく読み取ろう。
古典文法の知識をつけよう。
漢文・漢詩は一通り学習しておこう。

●2025年度の予想と対策

来年度も，本年度と同じ大問構成が続くと予想される。現代文では文学的文章は出題されない傾向にあるが，情景・心情の把握は古文・漢文に，表現技法の知識は論説文の読解にも役立つため，問題集を活用して基本的な読解練習は積んでおきたい。

古文は適宜口語訳が付されはするが，基本的には自力で訳せる力が求められる。

知識問題は，例年非常に幅広く出題されている。

▼年度別出題内容分類表 ……

出題内容			2020年	2021年	2022年	2023年	2024年
内容の分類	読解	主題・表題	○				
		大意・要旨	○	○			
		情景・心情	○	○			
		内容吟味	○	○	○	○	○
		文脈把握	○	○	○	○	○
		段落・文章構成			○		
		指示語の問題			○		○
		接続語の問題	○	○	○	○	○
		脱文・脱語補充	○	○	○	○	○
	漢字・語句	漢字の読み書き	○	○	○	○	○
		筆順・画数・部首		○	○	○	○
		語句の意味	○	○	○	○	○
		同義語・対義語					
		熟語	○	○	○	○	○
		ことわざ・慣用句			○	○	○
	表現	短文作成	○	○			
		作文(自由・課題)					
		その他					
	文法	文と文節					○
		品詞・用法	○	○	○	○	○
		仮名遣い	○	○	○	○	○
		敬語・その他		○		○	
	古文の口語訳		○	○		○	○
	表現技法			○		○	○
	文学史		○	○	○	○	○
問題文の種類	散文	論説文・説明文	○	○	○	○	○
		記録文・報告文					
		小説・物語・伝記					
		随筆・紀行・日記					
	韻文	詩					
		和歌(短歌)					
		俳句・川柳					
	古文		○	○	○	○	○
	漢文・漢詩		○	○	○	○	○

前橋育英高等学校

2024年度 合否の鍵はこの問題だ!!

数 学 [4]

(1) $y=2x^2$…① ①に$x=-t$を代入して，$y=2\times(-t)^2=2t^2$
よって，A$(-t,\ 2t^2)$ $y=x^2$…② ②に$x=2t$を代入して，
$y=(2t)^2=4t^2$ よって，B$(2t,\ 4t^2)$ 直線ABの傾きは，
$\frac{4t^2-2t^2}{2t-(-t)}=\frac{2t^2}{3t}=\frac{2}{3}t$

(2) 直線ABの式を$y=\frac{2}{3}tx+b$として点Aの座標を代入すると，
$2t^2=\frac{2}{3}t\times(-t)+b$，$b=2t^2+\frac{2}{3}t^2=\frac{8}{3}t^2$ よって，直線ABの式は，$y=\frac{2}{3}tx+\frac{8}{3}t^2$ $\frac{8}{3}t^2=6$から，$t^2=6\times\frac{3}{8}=\frac{9}{4}$ $t>0$から，$t=\sqrt{\frac{9}{4}}=\frac{3}{2}$

(3) △OAB＝△OAC＋△OBC＝$\frac{1}{2}\times6\times\frac{3}{2}+\frac{1}{2}\times6\times2\times\frac{3}{2}=\frac{9}{2}+9=\frac{27}{2}$

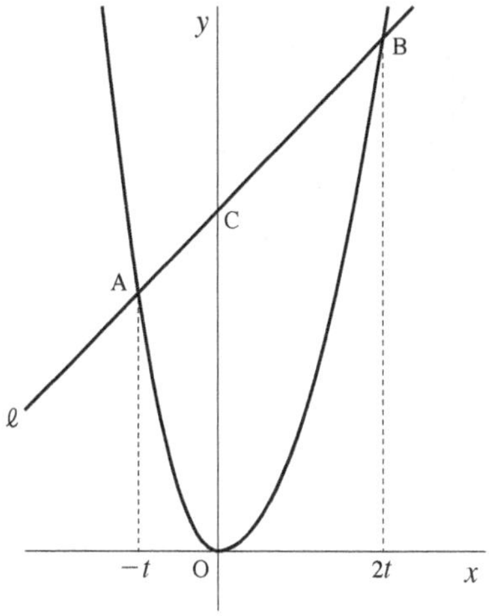

◎ 図形と関数・グラフの融合問題は例年出題されているので，座標，直線の式，グラフ上の図形の面積などの求め方の手順をしっかりつかんで得点につなげよう。

英 語 [2] 問1～問3，[3] B 問2，[4] 問4

[2]問1～問3，[3]B問2，[4]問4の英問英答問題を取り上げる。配点は，各3点×5問で，合計15点である。形式は，4題は4択の選択問題で，残りの1題は空所に当てはまる英語1語を答える記述式となっている。解答するにあたり，本文の該当箇所及び質問の英文の正確な理解が前提となる。記述式が一部含まれているので，語彙力や文法知識も不可欠である。

英問英答問題では，総合的読解力を試されることになるので，多くの長文読解問題に取り組むことで，読解力の育成を図る一方で，前述の語彙力や文法力の育成に励むことが大切である。

理科 6

大問は7題で，物理，化学，生物の各分野から2題ずつ，地学分野から1題の出題であった。そのような中で，鍵となる問題として，6をとりあげる。6は抵抗のつなぎ方と回路に関する問題である。

(1)は表をもとにオームの法則から抵抗の大きさを求める問題で，基本問題であるだけでなく，以降の問題にも影響するので確実に正解しておきたい問題である。(2)は抵抗を直列につないだ回路で，標準的な問題なのでしっかりと正解しておきたい。(3)は，2種類の抵抗を並列につなぎ，さらに1つの抵抗と直列につないだ，並列つなぎと直列つなぎの複合回路である。ここでは，並列部分全体の抵抗の大きさとをR，抵抗A，抵抗Bの抵抗の大きさをそれぞれR_A，R_Bとしたとき，$\frac{1}{R}=\frac{1}{R_A}+\frac{1}{R_B}$の関係が成り立つことを利用する。頻繁に登場する関係式ではないが，この関係を利用する問題もあるため，使いこなせるように練習を重ねておこう。並列つなぎの部分を1つの抵抗とみなして，あとは(2)と同じように解いていけばよい。(4)は抵抗Bの大きさを変化させたときの回路中の電流Iの大きさの変化を示すグラフを考える問題であるが，横軸の左端が(1)で求めた抵抗Bの大きさであることをヒントにし，横軸の値が(b)のときの縦軸の値が(3)で求めた値であることに気付けば，(エ)ではないことがわかる。次に，並列部分に注目し，抵抗は電流の流れにくさを表すことから，抵抗Bが大きくなると，抵抗Bには電流がほとんど流れず，図2の回路と同じと見なせると考えれば，最終的に電流は(2)で求めた値になることがわかり，正解のグラフが(オ)とわかる。他の小問をうまく利用してできるだけ手間をかけずに解答を導けるように，日頃の学習でもいろいろな解法を考えてみよう。

国語 一 問十一

問十一は，特にウ・オの正誤判定が厳しかったと思われる。

文章内容の正誤というのは，明記の有無だけに頼らない。たとえ明記がなかったとしても，読み取れればそれは正と言えるし，読み取れなければ誤と言える。ウは「互恵関係」が肝。第七段落の内容から，人間がオオカミを利用しているのみであって「互恵」とは言い難いということを慎重に判断する必要があった。オは「判明している」が肝。判明しているということは，何らかの根拠があるはずであるが，根拠があるのはオオカミが二万八〇〇〇年前にアイルランドにいたということのみであり，それ以上昔からいたというのは，あくまでも「説」としてしか紹介されていない。したがって，「判明」はしていないのである。

こうしたことを，明記のない中から文脈や使用されている語・表現，論理関係から整理して捉えることが重要。単純な「書いてある／書いていない」という判断基準に頼るのは避けよう。

社会 1 (1)

図表や資料の読み取り問題が解けるかどうかで合否が分かれるような構成になっている。普段から地図や資料集に目を通しているか，そこから必要な情報を取り出せているかを重視している表れであろう。令和6年度の最初の問題は，知識の難易度は高くないものの，普段から地図に接し，その位置関係を確認しているか，当該地域の気候が雨温図上ではどのような特徴を示すのかを問うものであり，上記の傾向が典型的に反映されている。

iの問題では，本初子午線(経度0度)がイギリス・ロンドンを通ること，日付変更線が太平洋のほぼ中央を通ること，赤道がアマゾン川河口付近～シンガポールの南の海域～インドの南の海域～アフリカのギニア湾を通ること，それらが具体的に地図上のどこを通るのかが問われている。eのボリビアという国名がわからなくても正解することができる。

iiの問題ではdが地図上から南半球・非熱帯(温帯)だと読み取り，南半球・温帯の気候が雨温図上どのような特徴を示すのか推定することが要求されている。

試しに，eのボリビアの雨温図を推定してみよう。赤道からの距離を考えれば熱帯なのではと想像できる。cのシンガポールも同様に熱帯であるので4つある雨温図の右から2番目と4番目のどちらかではないか，ボリビアは南半球なのだから7月にやや気温が下がっている右から4番目ではないかと推定していくことになる。サバンナ気候だから雨季・乾季があるとか，アンデス山脈の高地なので年平均気温が低くなるだろうとの知識が引き出せればより確実に答えられるだろう。

MEMO

大切なことはメモしておこうネ！

2024年度

★★★★★★★★★★★★★★★★★★★★★★★★

入　試　問　題

2024年度

前橋育英高等学校入試問題（学特Ⅰ期）

【数　学】（45分）　　＜満点：100点＞

1　次の(1)～(4)の計算をしなさい。

(1)　$7-15$

(2)　$12a^3b\div\left(\frac{2}{3}a\right)^2$

(3)　$\frac{2}{3}(5x-2y)-\frac{3}{2}\left(2x-\frac{4}{9}y\right)$

(4)　$\sqrt{18}-\frac{7}{\sqrt{2}}$

2　次の(1)～(8)の問いに答えなさい。

(1)　次のア～エから正しいものを１つ選び，記号で答えなさい。

ア　３の平方根は$\sqrt{3}$だけである。　　イ　$\sqrt{(-5)^2}$は-5に等しい。

ウ　$\sqrt{25}$は±5に等しい。　　エ　$\sqrt{5}$は2.1より大きい。

(2)　999^2-998^2 の計算をしなさい。

(3)　$(x+1)^2-2(x+1)-8=0$を解きなさい。

(4)　右の図のように，AB＝ACの二等辺三角形ABCと，正方形ADEFがある。
このとき，$\angle x$の大きさを求めなさい。

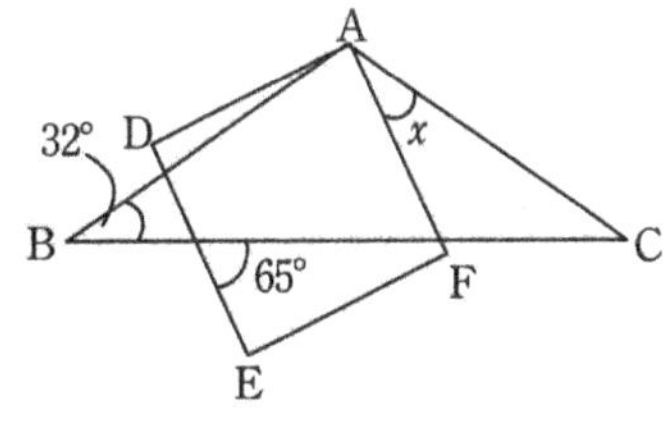

(5)　yはxに反比例し，$x=9$のとき$y=\frac{4}{3}$である。$x=\frac{4}{5}$のとき，yの値を求めなさい。

(6)　下の表はＩ高校サッカー部が全国大会で得点した記録をまとめたものである。
このチームの16試合の得点の合計が41点であるとき，xとyの値をそれぞれ求めなさい。

1試合ごとの得点	0	1	2	3	4	5	6
試合数	3	x	4	1	y	1	3

(7)　[＋][－][×][÷] と書いてある４枚のカードがある。このうち２枚を取り出して，次の□の中に置いて計算したとき，答えが整数にならない確率を求めなさい。

4□3□2

(8)　右の図のような底辺が２，高さが３，∠Bの外角が45°である△ABCを直線ABを軸として１回転させてできる回転体の体積を求めなさい。
ただし，円周率はπを用いなさい。

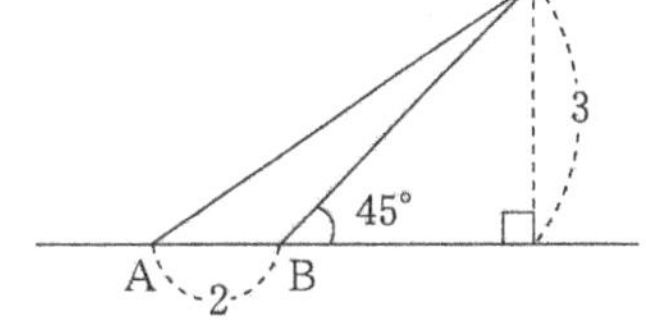

3　右の図のように，AB＝８，AC＝10，BC＝12である△ABCがあり，辺ABの中点をＰとし，点Ｐを通り辺ACと平行である直線と辺BCの交点をＱとする。また，∠ACB＝∠APRとなるように辺AC上に点Ｒをとるとき，次の問いに答えなさい。

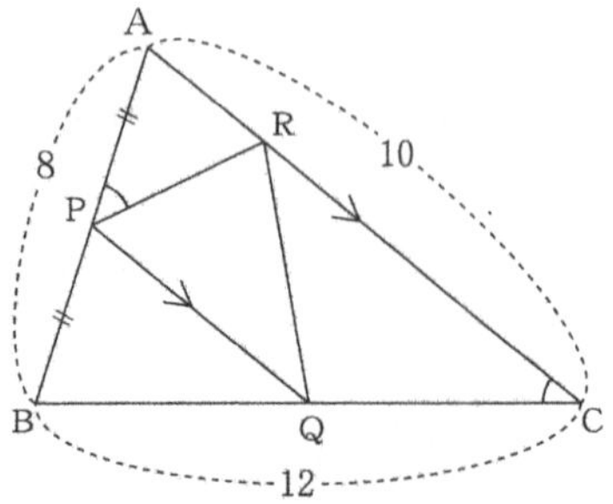

⑴　BQの長さを求めなさい。

⑵　ARの長さを求めなさい。

⑶　△ABCの面積をＳとするとき，△CQRの面積をＳを用いて表しなさい。

4　右の図のように関数 $y=2x^2\ (x \leqq 0)$ のグラフと関数 $y=x^2\ (x \geqq 0)$ のグラフが直線 ℓ と，それぞれ点A，Ｂで交わり，点Aの x 座標は $-t$，点Ｂの x 座標は $2t$ とする。ただし，t は正の定数とする。
また，直線 ℓ は y 軸と点Ｃで交わるとき，次の問いに答えなさい。

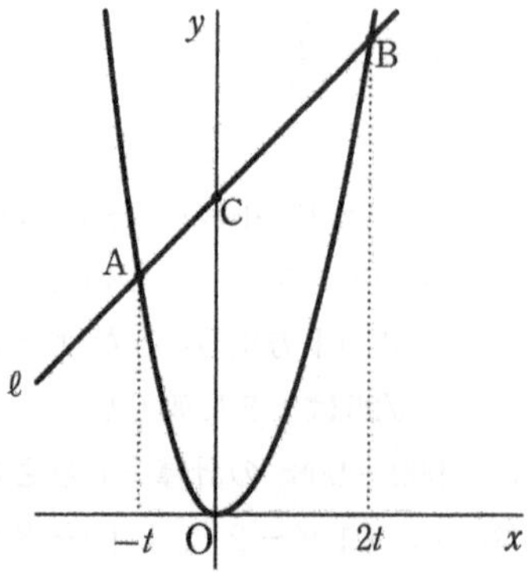

⑴　直線 ℓ の傾きを t を用いて表しなさい。

⑵　点C（0，6）のとき，t の値を求めなさい。

⑶　⑵のとき，△OABの面積を求めなさい。

5　一辺が１である白と黒の正方形のタイルがそれぞれたくさんある。下の図のようにすき間なく規則的に並べて，１番目の図形，２番目の図形，３番目の図形，…とする。このとき，次の問いに答えなさい。

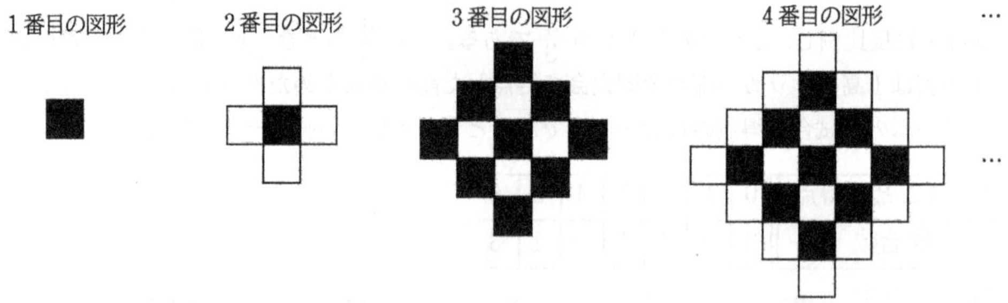

⑴　６番目の図形について，白のタイルの枚数を求めなさい。

⑵　n は２以上の自然数とする。n 番目の図形について，白のタイルと黒のタイルの枚数の合計を，n を用いて表しなさい。

⑶　白のタイルと黒のタイルの枚数の合計が1861枚になるのは何番目の図形になるか求めなさい。

【英　語】（45分）　＜満点：100点＞

1　次の問いA，Bに答えなさい。

A　次に放送される英文を聞いて，印刷されている文中の（　）内に入れるのにもっとも適当な語を聞きとり，それぞれ1語ずつ答えなさい。なお，英文は2度読まれます。

Good evening, (　1　)! Welcome to Asahigaoka Fireworks Festival 2023! The fireworks show will start in a (　2　). Please enjoy the (　3　) fireworks of different colors and shapes. We also have fireworks that look like (　4　) and famous characters. They are very popular with children. Kids, don't (　5　) it! Please enjoy your food and drinks as well while watching the fireworks. We hope you'll have a wonderful time.

B　次に放送される2人の人物による対話を聞いて，それに関する質問1～5の答えとしてもっとも適当なものを，それぞれ印刷されている選択肢ア～エのうちから1つずつ選び，記号で答えなさい。なお，すべての対話は2度ずつ読まれます。

1　How many towels will they buy?
　ア　Two.　イ　Three.　ウ　Four.　エ　Five.

2　What will Jim do first?
　ア　He will return the books at the library.
　イ　He will write a letter.
　ウ　He will read books at the library.
　エ　He will go to the post office.

3　When will they watch the new movie?
　ア　On Monday.
　イ　On Friday.
　ウ　On Saturday.
　エ　On Sunday.

4　Whose bicycle is Lisa using now?
　ア　Her sister's.
　イ　Hers.
　ウ　The boy's.
　エ　Her grandfather's.

5　What does the man want to do?
　ア　He wants to buy a blue jacket.
　イ　He wants to write his name.
　ウ　He wants to find his lost jacket.
　エ　He wants to have dinner at the restaurant.

＜リスニング放送台本＞

A

Good evening, everyone! Welcome to Asahigaoka Fireworks Festival 2023! The fireworks show will start in a minute. Please enjoy the beautiful fireworks of different colors and shapes. We also have fireworks that look like animals and famous characters. They are very popular with children. Kids, don't miss it! Please enjoy your food and drinks as well while watching the fireworks. We hope you'll have a wonderful time.

B

１．

Man: These towels are soft and pretty.

Woman: Shall we buy two?

Man: Oh, wait a minute. If we buy three, we get another one for free.

Woman: Okay, let's do that.

Question: How many towels will they buy?

２．

Man: Mom, I'm going to the library to return these books.

Woman: Then can you mail these letters for me?

Man: Sure. I'll stop at the post office on my way to the library.

Woman: Thanks, Jim.

Question: What will Jim do first?

３．

Woman: Shall we go and watch that new movie this weekend?

Man: How about Saturday? I have to study on Sunday.

Woman: No problem.

Man: After that, can you teach me math? I have a test on Monday.

Question: When will they watch the new movie?

４．

Man: Is that your new bicycle, Lisa?

Woman: No, mine is broken. I'm riding my sister's.

Man: Are you going to get a new one?

Woman: No, my grandfather is fixing mine for me.

Question: Whose bicycle is Lisa using now?

５．

Man: Excuse me. I think I left my jacket at this restaurant.

Woman: What's it like?

Man: It's blue, and my name is written on the inside.

Woman: All right. I'll go and check. May I have your name, please?

Question: What does the man want to do?

2 次の２人のメールを読み，各問いに答えなさい。

Subject: Question about the New Year

Dear Emily,

How are you? I'm enjoying my first month in New York. I'm happy to be here to study English. I hope I can speak English better! By the way, I want to ask you something. I have to write about American culture for my school project. What do American people do during the New Year's holiday? In Japan, it's a very important holiday. Many shops are closed for a few days. We spend time with our families at home and eat special dishes. Each of them has a meaning like good health, happiness, long life, and so on. People send New Year's cards to their friends and families. On the cards, some people write messages with brush and ink. We also visit shrines for good luck. What about you?

See you,

Jun

Subject: Re: Question about the New Year

Dear Jun,

How's it going? Sorry, I took so long to write back. I was in Spain on a school trip with my history class. Your English is already good! In New York, the New Year's holiday is really fun. On December 31, many people go to parties in the evening. Other people go out to restaurants. Also, in the center of New York, there is a really big fireworks show at night. It's really cold, but thousands of people stand outside to watch it. The next day, most people just relax. Many shops are closed for only one day in the U.S. This year, I'm going to have a party at home. We'll enjoy foods and play games. Do you want to come? You (ア japanese イ tell ウ can エ about オ the カ more キ us) New Year then.

Write back soon,

Emily

（注）happiness 幸福

問１ Why did Jun write to Emily?

ア To ask about the New Year's holiday in the U.S.

イ To ask about her trip to Japan.

ウ　To ask her to teach him English.
エ　To ask her to come to his party.

問2　Why did Emily take a long time to write back?
ア　Because she was studying with her Spanish class.
イ　Because she was visiting her friend in the U.S.
ウ　Because she was on holiday in Japan.
エ　Because she was on a school trip.

問3　Why do many people in New York stand outside on the night of December 31?
ア　Because the shops open early the next day.
イ　Because there are parties on the streets.
ウ　Because there is a fireworks show.
エ　Because the weather is really warm.

問4　日本の年末年始の慣習について，メールで**挙げられていないもの**を次のア～エから1つ選び，記号で答えなさい。
ア　おせち　　イ　書き初め　　ウ　初もうで　　エ　年賀状

問5　文中の下線部の（　）内の語を意味が通る英文に並べ替えるとき，3番目と5番目にくるものをそれぞれ記号で答えなさい。

3　**次の問いA，Bに答えなさい。**

A　次のページの広告の内容に関して，各問いに答えなさい。

問1　文中の下線部(1)の語を適当な形に直しなさい。

問2　次の英文が広告の内容と合うように，（　）内に入るもっとも適当なものを下のア～エから1つ選び，記号で答えなさい。

If you order one L&A Special Burger with coffee and one (　　　), you will pay $32.98.

ア　cheese burger　　イ　cheese burger with lemonade
ウ　BBQ burger　　エ　BBQ burger with orange juice

問3　次の英文が広告の内容と合うように，（　）内に入る金額を算用数字で答えなさい。

If you order online one Red Hot Burger with cheese and bacon, cola, and an apple pie, you will pay $ (　　　).

問4　次のア～カの各英文のうち，広告の内容と**合っていないもの**を2つ選び，記号で答えなさい。
ア　Customers can take out the hamburgers at this restaurant.
イ　Hamburgers and french fries come together as a set.
ウ　Customers can enjoy sweet dishes at the restaurant.
エ　The restaurants will be closed because the staff plans to renovate them.
オ　L&A Burger has no closed days.
カ　Luke and Andrew still work at the L&A Burger.

L&A Burger

Our restaurant, L&A Burger, is one of the most famous hamburger restaurants in California. Our history (1) (begin) over 100 years ago with two men, Luke and Andrew. Now, their families have taken over the restaurant. We serve popular style hamburgers and have received many good ratings from several review websites.

Our recipes have been the same since we first opened, but our service has improved over time to offer you the best time. We have recently opened another restaurant at the corner of Park and West Street, and have renovated our first restaurant. *Check out our online service for more information!*

MENU		
Hamburgers (all hamburgers come with french fries)	**with no drinks**	**with soft drinks**
Cheese Burger	$11.99	$13.99
BBQ Burger	$14.99	$16.99
Red Hot Burger	$14.99	$16.99
L&A Special Burger	$16.99	$18.99
Toppings — Bacon: $2 Cheese: $2 Egg: $2 Avocado: $3		
Side Menu — Green Salad: $5 Ice Cream: $4 Apple Pie: $5		
Soft drink — Coffee / Iced Tea / Cola / Orange Juice / Lemonade		

Now, customers can even order online and get one free topping! You can also buy our hamburgers and eat them at home. We're open 24 hours a day, 365 days a year. Visit us and enjoy our foods.

（注） take over 引き継ぐ　ratings 評価　review websites レビューサイト　renovate 改装する
french fries フライドポテト　topping トッピング　Avocado アボカド
Lemonade レモネード

B　次のチラシの内容に関して，各問いに答えなさい。

Welcome to ABC CITY LIBRARY in Gunma

First time users

If you want to borrow material in the library, a user card is needed. All the people that live, work, or study in Gunma can make one. We will give a blue user card to people who live in ABC city, and an orange one to people who live outside ABC city. Please come to the counter when you visit the library for the first time.

How to make a user card

Please come to the counter with the items below.

(i) If you live in ABC city, please bring something that can confirm your name and address such as driver's license or My Number Card.

(ii) If you work or study in ABC city, but live outside the city, please bring the items in (i). You also need something to confirm that you work or study in ABC city.

Borrowing

When you find the material that you want to borrow, please bring it to the counter with your user card.

Number of items and period you can borrow

Material	A blue card user	An orange card user
Books, Magazines	Up to 15 items for 21 days	Up to 10 items for 14 days
CDs, DVDs	Up to 10 items for 14 days	Up to 5 items for 10 days
New books	Up to 3 items for 7 days	Up to 2 items for 5 days

※Borrowing period includes the day you borrow the items.

Returning

Please return the material to the counter. If you return late, you can't borrow any material for thirty days. When you return the material during closing hours, put them into the return post by the main entrance.

Notices

○ Don't put the CDs and DVDs into the return post. Please return them to the counter while the library is open.
○ If you have not used the library for more than two years, you need to renew your user card.
○ You can't borrow any newspapers.

（注） users　利用者　　material　資料　　counter　カウンター　　items　品　　below　下の
confirm　～を確認する　　license　免許証　　up to ～　～まで　　includes　～を含める
entrance　入り口　　renew　～を更新する

問1　If you want to borrow material for the first time at the library, what should you do first?

ア　Bring material that you want to borrow to the counter.
イ　Make a user card at the counter.
ウ　Renew your user card.
エ　Make a user card on the website.

問2　If you live outside ABC city and want to borrow a new book on November 15th, when should you return it by?

ア　By November 19th.　　イ　By November 22nd.

ウ　By November 25th.　　エ　By November 29th.

問3　次の英文がチラシの内容と合うように，(　)内に入れるのにもっとも適当な英語1語を答えなさい。ただし，与えられた文字で始まる語を答えること。

Users（m　　　）not return CDs and DVDs to the return post.

問4　次のア～オの各英文のうち，チラシの内容と**合っていないもの**を2つ選び，記号で答えなさい。

ア　Users can borrow any material except newspapers.

イ　Orange card users can borrow three CDs and two DVDs for a week.

ウ　Users have to pay some money if they can't return the material within the borrowing period.

エ　Users who have not borrowed any material for one and a half years don't have to renew their card.

オ　People who live in *Tochigi*, but work in ABC city can't use the library.

4　**次の英文を読み，各問いに答えなさい。**

One day in the morning last summer, I woke up and found many bumps on my arms. They didn't really hurt, but were so itchy. I tried to find some insects on my bed, but could not find anything. However, when I was leaving the room, I found some flying insects. What do you think they were? "Mosquitoes."

Mosquitoes are found all over Japan. There are about one hundred kinds. Most of them live near river because they lay eggs in water. Surprisingly, some of them can lay up to three hundred eggs at once. We can see many mosquitoes in summer because it takes only ten days to grow into adults if it is 26℃ to 30℃.

Though many people may think that all mosquitoes bite us, it is not true. Both female mosquitoes (1) male mosquitoes get food from fruits and plants. However, only female mosquitoes bite us. ⑵ They take our blood to【 ア which イ make ウ get エ need オ protein カ to キ they 】their eggs. Mosquitoes are attracted to the smell of carbon dioxide which our body produce, so they can easily find where people are. Mosquitoes don't have teeth, so when they bite us, they use their mouth which looks like a thin straw. While female mosquitoes are biting us, they put a liquid that is produced in their mouth into our bodies. [A] When we are bitten, we don't have much pain thanks (3) the liquid. For this reason, people cannot notice that they are bitten by mosquitoes. Also, the liquid makes mosquitoes take blood easily.

Mosquitoes are ⑷(know) as dangerous insects in some areas. They kill the largest number of people in the world. Recent research shows that about 720,000 people all over the world are killed by mosquitoes a year. Why can mosquitoes kill people with such a small mouth? This is because they bring dangerous diseases like Malaria to people. [B] In 2020, more than 200,000,000 people caught Malaria around the world and most of them lived in hot and rainy areas like Africa.

What can we do to avoid mosquitoes? In fact, mosquitoes bite some people more often than others.

[C] For example, they love people who are running around or riding a bicycle. Also, mosquitoes are attracted to dark colors like black. In addition, some blood types attract them more than others. Therefore, if you want to avoid mosquitoes, you should not exercise hard while you are wearing dark clothes in summer.

（注） bumps 腫れ　itchy かゆい　insects 虫　mosquitoes 蚊　surprisingly 驚くことに
up to …まで　adults 大人　bite 噛む　female メスの　male オスの
protein タンパク質　carbon dioxide 二酸化炭素　straw ストロー　liquid 液体
bitten biteの過去分詞　pain 痛み　Malaria マラリア

問１　文中の（１），（３）に入るもっとも適当な英語１語をそれぞれ答えなさい。

問２　文中の下線部(2)の文が「蚊は卵を産むのに必要なタンパク質を得るために，私たちの血を吸います。」という意味になるように，【　】内の語（句）を並べ替え，３番目と６番目にくるものをそれぞれ記号で答えなさい。

問３　文中の下線部(4)の語を適当な形に直しなさい。

問４　次の英語の問いの答えになるように，下の英文の（　）内に入るもっとも適当な英語１語を本文中から抜き出して答えなさい。

Why do some people think mosquitoes are dangerous insects?

— Because they carry serious (　　) such as Malaria, and many people die from them.

問５　文中の [A] ～ [C] に入れる文としてもっとも適当なものを，それぞれ下のア～ウから１つずつ選び，記号で答えなさい。

ア　It causes fever and pain in our bodies.

イ　Mosquitoes are attracted to *sweat and body heat.　*sweat…汗

ウ　This liquid is very important not only for people but also for mosquitoes.

問６　次のア～オの各英文のうち，本文の内容と合っているものを２つ選び，記号で答えなさい。

ア　Some mosquitoes lay more than one hundred eggs in water.

イ　It takes ten weeks for mosquitoes to grow into adults.

ウ　Not only male but also female mosquitoes bite people.

エ　Mosquitoes can find where people are by smelling carbon dioxide.

オ　People feel a strong pain when they are bitten by mosquitoes.

【理　科】（45分）　＜満点：100点＞

1　遺伝の規則性に関する会話文を読み，次の(1)～(5)の問いに答えなさい。

タロウ：今日の授業でメンデルの行った実験について学んだけど，とても面白い内容だったね。

ハナコ：でも難しい内容もあったよ。もう一度確認してみようよ。

タロウ：うん。まずは親の代として丸い種子をつくる$_{Ⅰ}$純系のエンドウと，しわのある種子をつくる純系のエンドウを受粉させてたね。

ハナコ：できた種子はすべて丸い種子だったよね。この丸い種子を子の代として，育てたエンドウを自家受粉させると次の孫の代の種子は丸い種子としわのある種子の両方がつくられたんだよね。このことからメンデルは遺伝の規則性を発見したんだよね。

タロウ：そうだね。メンデルは形質のもとになるものが２つ対になっていると考えたんだよね。これが今では遺伝子と呼ばれていて，子の代に現れた丸い形質の遺伝子を（　ア　）の遺伝子，子の代で現れず孫の代で再び現れたしわの形質の遺伝子を（　イ　）の遺伝子というよ。でも，本当に同じ結果になるのかな。確認するのにエンドウを育てるのは大変そうだしなあ。

ハナコ：教科書でこんな実験があったよ。黒いボールと白いボールをそれぞれ１つずつ中が見えない袋の中に入れる。これを２組準備するよ。２人でペアになって$_{Ⅱ}$それぞれの袋からボールを１つずつ取り出すんだ。取り出したボールの組み合わせを記録してボールを袋にもどす。これを何度も繰り返すことでメンデルの実験の子の代から孫の代への遺伝の規則性を再現できるよ。

タロウ：なるほど。黒と白のボールがそれぞれ丸としわの形質の遺伝子なんだね。準備をしてやってみようよ。

タロウ：あれ，10回繰り返してみたけど，黒黒と黒白，白白の組合せがほとんど同じ数だね【表１】。これだと，メンデルの実験の結果の通りにならないね。

ハナコ：黒を丸い形質の遺伝子，白をしわの形質の遺伝子として考えると，孫の代の（　ウ　）％が丸い種子だね。メンデルの実験では丸い種子はおよそ75％になるはずだから，少しずれてるね。もう少し繰り返してみようよ。

タロウ：50回繰り返したよ【表２】。丸い種子は（　エ　）％になったね。これならメンデルの実験の結果とほとんど同じだね。

ハナコ：そうか，10回繰り返したときにメンデルの実験結果とずれが大きかったのは，『繰り返す回数が（　オ　）と，たまたまどちらか一方のボールを選ぶ回数が多くなる偶然による影響が（　カ　）なる』からだね。

タロウ：なるほど。だからメンデルは膨大な数のデータをそろえたのか。研究って面白いね。

表1

	黒黒	黒白	白白
1		○	
2	○		
10			○
合計	3	3	4

表2

	黒黒	黒白	白白
1		○	
2	○		
50		○	
合計	12	25	13

(1)　下線部Ⅰについて，次のページの①～⑥の遺伝子の組み合わせを示したものから純系ではない

ものをすべて選び番号で答えなさい。なお，選択肢におけるアルファベットは遺伝子を表しており，同じアルファベットは対立した形質の遺伝子である。

①　AA　　②　Aa　　③　aa　　④　BB　　⑤　Bb　　⑥　bb

⑵　文章中のア，イにあてはまる語句をそれぞれ漢字２字で答えなさい。

⑶　下線部Ⅱについて，この操作はメンデルによる遺伝の規則性をもとに行っている。この遺伝の規則性は何の法則というか答えなさい。

⑷　文章中のウ，エにあてはまる数字をそれぞれ答えなさい。

⑸　文章中のオ，カにそれぞれあてはまる語句の組み合わせとして最も適するものを次の①～④の中から選び番号で答えなさい。

	オ	カ
①	多い	大きく
②	多い	小さく
③	少ない	大きく
④	少ない	小さく

2　図１は，さまざまな動物の成体をそれぞれの特徴Ⅰ～Ⅴごとに分類していった様子を示したものである。図１中①～⑦の動物はカナヘビ，ライオン，カブトムシ，メダカ，アサリ，ワシ，カエルのいずれかである。また，図１中Ⅰ～Ⅴのそれぞれの特徴については，図２に示した通りである。次の⑴～⑹の問いに答えなさい。

図1

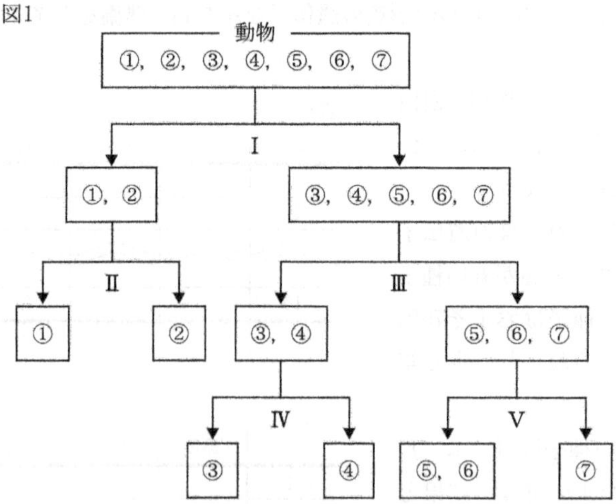

図2

Ⅰ：背骨の有無

Ⅱ：（　　　　　）

Ⅲ：毛や羽毛の有無

Ⅳ：（　　　　　）

Ⅴ：（　　　　　）

⑴　図１の①は軟体動物に分類される。この動物は自己の内臓をおおうやわらかい膜をもっている。この膜を何というか答えなさい。

⑵　図１の③は雌の体内で受精した後に卵が育ち，子としての体ができてからうまれるような動物である。このような「子のうまれ方」を何というか答えなさい。

⑶　図１の⑥は，サンショウウオやイモリと同じ分類であることがわかった。これらの動物の分類名を答えなさい。

⑷　図１の⑥と⑦を調べたところ，殻のない卵をうむという共通性があることがわかった。図の⑤の動物と同じ分類として最も適する動物を次のページのＡ～Ｆから選び記号で答えなさい。

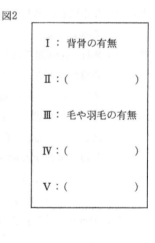

A．ペンギン　B．カメ　C．クモ　D．カタツムリ　E．コイ　F．サル

⑸　図２のⅡ，Ⅳ，Ⅴの分類のしかたは，それぞれ「呼吸のしかた（肺呼吸ができるかどうか）」，「子のうまれ方」，「節の有無」のいずれかである。Ⅱ，Ⅳ，Ⅴの分類のしかたについて最も適する組み合わせを次のA～Fから選び記号で答えなさい。

	Ⅱ	Ⅳ	Ⅴ
A	呼吸のしかた	子のうまれ方	節の有無
B	呼吸のしかた	節の有無	子のうまれ方
C	子のうまれ方	呼吸のしかた	節の有無
D	子のうまれ方	節の有無	呼吸のしかた
E	節の有無	子のうまれ方	呼吸のしかた
F	節の有無	呼吸のしかた	子のうまれ方

⑹　図１の②，④，⑦はそれぞれ何か，生物名で答えなさい。

3　右のグラフは物質A，B，Cを水100ｇに溶かしたとき，それぞれの温度で溶ける最大の量を示している。次の⑴～⑹の問いに答えなさい。ただし，答えが割り切れない場合は小数第１位を四捨五入して整数で答えなさい。

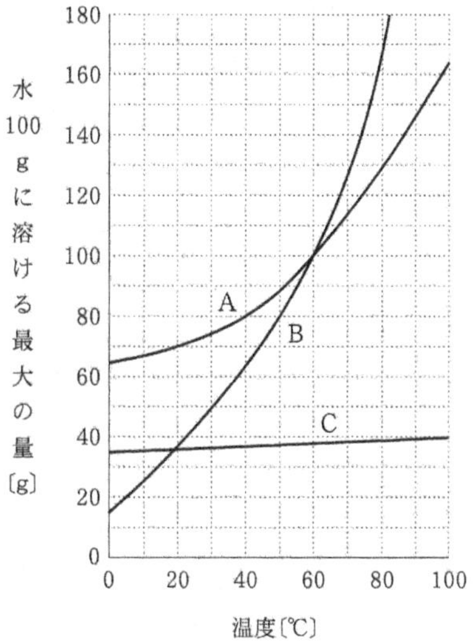

⑴　一定量の水に溶ける物質の最大の量を何というか答えなさい。

⑵　80℃の水200ｇに最も溶けるものをA～Cの中から選び記号で答えなさい。

⑶　20℃の水25ｇに物質Aを25ｇ入れた。物質が完全に溶けるには最低何℃にすればよいか答えなさい。

⑷　40℃の物質Aの飽和水溶液の質量パーセント濃度は何％か答えなさい。

⑸　60℃の物質Bの飽和水溶液100ｇを50℃に冷却すると，何ｇの物質Bが結晶となって出てくるか答えなさい。

⑹　60℃の物質Bの飽和水溶液100ｇを加熱して，30ｇの水を蒸発させた。この溶液を再び60℃に戻したとき，何ｇの物質Bが結晶となって出てくるか答えなさい。

4　ある濃度の塩酸を5.0mLずつ入れた試験管A～Fを用意した。B～Fには10％水酸化ナトリウム水溶液（水溶液の密度は1.0ｇ/mLとする。）を2.0mLずつ増やしながらそれぞれ加えた。このような試験管A～Fを３組用意して，実験１～３を行い，結果を表に示した。後の⑴～⑶の問いに答えなさい。

〔実験１〕　１組目の試験管A～FにそれぞれBTB溶液を数滴加え，溶液の色を観察した。

〔実験２〕　２組目の試験管A～Fをそれぞれ加熱し，水分を蒸発させ，各試験管に残った固体の質量〔ｇ〕をはかった。

〔実験３〕　３組目の試験管A～Fにそれぞれマグネシウム片を加え，発生した気体の体積〔mL〕をはかった。なお，気体が発生し終わったとき，各試験管を観察したところ，それぞれの

試験管にマグネシウム片が残っていた。

表

	A	B	C	D	E	F
水酸化ナトリウム水溶液の量〔mL〕	0	2.0	4.0	6.0	8.0	10
実験1　溶液の色	黄	黄	黄	黄	緑	青
実験2　固体の質量〔g〕	ア	イ	ウ	エ	1.2	オ
実験3　気体の体積〔mL〕	224	カ	キ	ク	ケ	0

⑴　表中のイ，オにあてはまる値を小数第1位まで答えなさい。

⑵　実験3について，マグネシウム片を加え発生した気体の体積とはじめに加えた水酸化ナトリウム水溶液の量との関係を表すグラフを書きなさい。ただし，始点はグラフ上の●とすること。

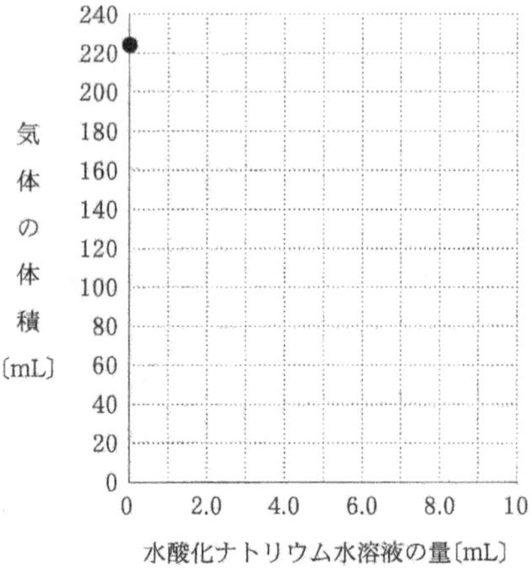

⑶　実験3で発生した気体の発生方法，性質，用途として最も適するものを下のa～gからすべて選び記号で答えなさい。

a．水を電気分解すると陰極側で発生する。
b．炭酸水素ナトリウムと塩酸の反応で発生する。
c．気体の中で最も密度が小さい。
d．無色で刺激臭のある気体である。
e．二酸化マンガンにオキシドールを加えると発生する。
f．水に溶けやすいので上方置換で集める。
g．燃料電池の燃料として用いられる。

5　斜面を移動する物体の運動を調べるための実験を行った。この実験について次の⑴～⑷の問いに答えなさい。ただし，空気抵抗や小球の大きさ，小球と斜面との摩擦は考えないものとする。

［実験］　1．図のようにレールを用意し小球を転がすためのコースをつくった。

2．点Aに小球を置き，斜面を上る向きに小球を指で押し出した。小球はレールに沿って移動し最高点Bに達した後，再び点Aに戻った。

図

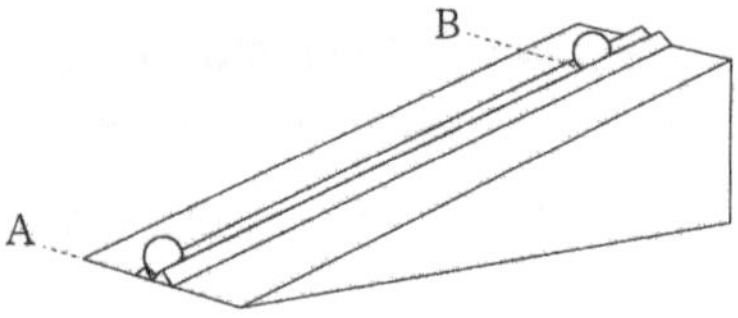

3．小球が指から離れた後の運動をデジタルカメラで撮影し，小球が指から離れた後の経過時間と小球の移動距離を測定し一部を表にまとめた。

表

経過時間〔s〕	0.20	0.40	0.60	0.80	1.0
小球の移動距離〔cm〕	30.6	54.4	71.4	81.6	85.0

⑴　0.20秒から0.40秒までの小球の平均の速さは何cm/sか答えなさい。

⑵　小球は0.1秒間に何cm/sずつ遅くなるか答えなさい。

⑶　最高点Bでの小球の速さは何cm/sか答えなさい。

⑷　斜面を運動中の小球にかかる力として最も適するものを次のページのア～ケから選び記号で答

えなさい。

ア．斜面を上るとき斜面に平行な力は大きくなり，下るときも斜面に平行な力は大きくなる。
イ．斜面を上るとき斜面に平行な力は大きくなり，下るときは斜面に平行な力は小さくなる。
ウ．斜面を上るとき斜面に平行な力は小さくなり，下るときは斜面に平行な力は大きくなる。
エ．斜面を上るとき斜面に平行な力は小さくなり，下るときも斜面に平行な力は小さくなる。
オ．斜面を上るとき斜面に平行な力は大きくなり，下るときは斜面に平行な力は一定である。
カ．斜面を上るとき斜面に平行な力は小さくなり，下るときは斜面に平行な力は一定である。
キ．斜面を上るとき斜面に平行な力は一定であり，下るときは斜面に平行な力は大きくなる。
ク．斜面を上るとき斜面に平行な力は一定であり，下るときは斜面に平行な力は小さくなる。
ケ．斜面を上るときも下るときも斜面に平行な力は常に一定である。

6 抵抗Ａ，抵抗Ｂおよび直流電源装置を用いて図１～図３の回路を組んだ。図１の回路で抵抗の両端の電圧と流れる電流の大きさを各抵抗についてそれぞれ調べ，表にまとめた。次の⑴～⑷の問いに答えなさい。

図1

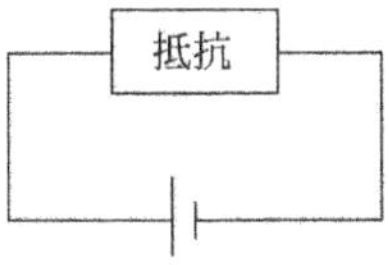

図2

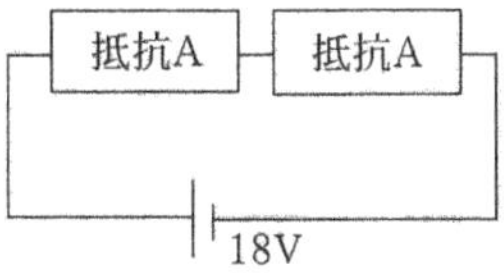

図3

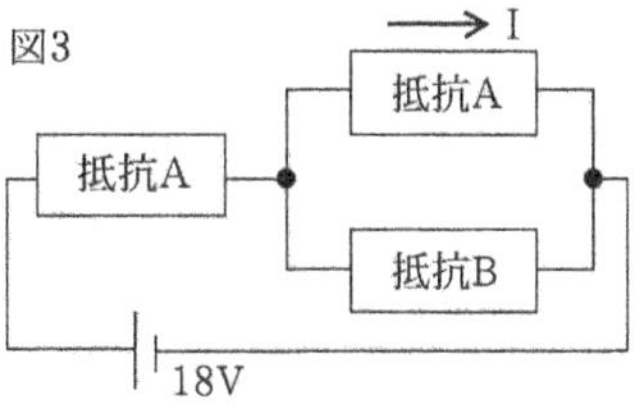

表

両端の電圧〔V〕	0	2.0	4.0	6.0
抵抗Aに流れる電流〔A〕	0	0.20	0.40	0.60
抵抗Bに流れる電流〔A〕	0	0.05	0.10	0.15

⑴ 抵抗Ｂの抵抗の大きさは何Ωか答えなさい。

⑵ 図２のように抵抗Ａを直列につなげ，18Ｖの直流電源と接続した回路を組んだ。抵抗Ａに流れる電流は何Ａか答えなさい。

⑶ 図３のように抵抗Ａ，Ｂを用いて18Ｖの直流電源と接続した回路を組んだ。図３中の並列部分の抵抗Ａに流れる電流Ｉは何Ａか答えなさい。

⑷ 図３中の抵抗Ｂを抵抗の大きなものに取り替えていった。電流Ｉは抵抗の大きさが大きくなるにつれどのような変化をするか，最も適するグラフを次の（ア）～（オ）から選び記号で答えなさい。ただし，各選択肢の(b)は，⑴で求めた抵抗Ｂの抵抗の大きさを示している。

（ア）

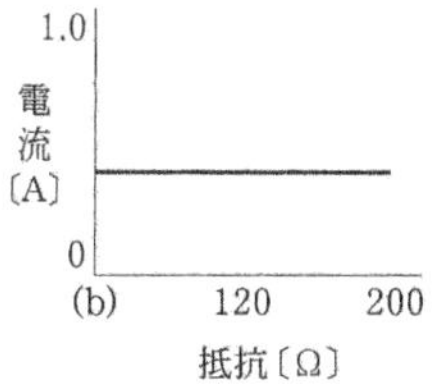

（イ）

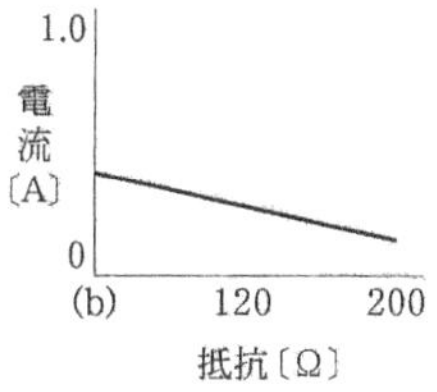

（ウ）

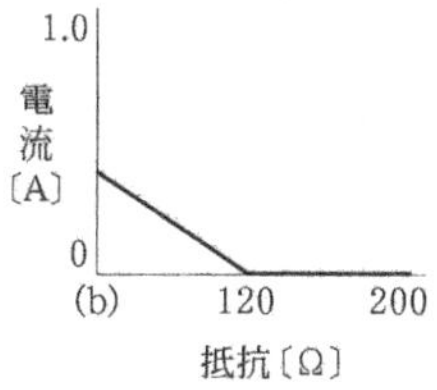

（エ）

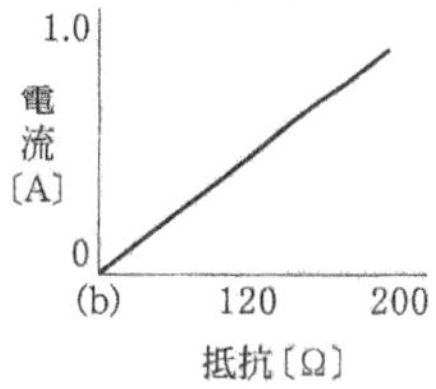

（オ）

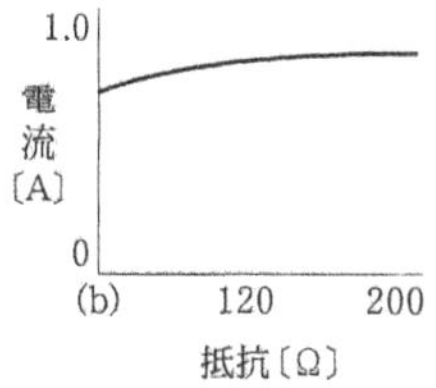

7 次の【Ⅰ】,【Ⅱ】の文を読み，⑴～⑺の問いに答えなさい。

【Ⅰ】 気圧の変化と温度の関係を調べるために次の手順で実験を行った。

〔手順１〕 簡易真空容器・デジタル温度計・気圧計を準備する。

〔手順２〕 右の図のように組み立てる。

〔手順３〕 ピストンを動かして容器内の気圧を下げ，見た目や温度の変化を観察する。

図

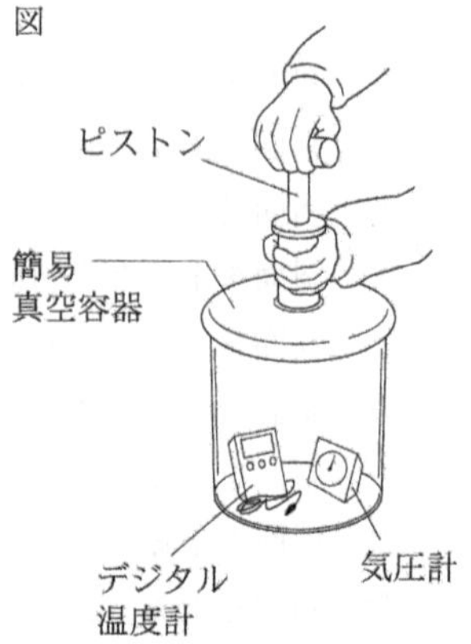

⑴ この手順で実験を行ったところ，容器内では見た目の変化が起こらなかった。その原因として手順２の前に必要な手順を行っていなかったと考えられる。容器内に見た目の変化が起こるために必要な手順を，次のア～オから２つ選び記号で答えなさい。

ア．容器内に小さい風船を入れる。

イ．容器内に線香のけむりを入れる。

ウ．ドライヤーで温めて，ピストン内を乾燥させておく。

エ．容器内にエタノールを入れて，内部の汚れや水分を取り除き，乾燥させておく。

オ．容器内にぬるま湯を入れ，湿らせておく。

⑵ 正しい手順でこの実験を行なったところ容器の内部が白くくもって見えた。この現象を説明する次の文章中のＡ～Ｃに適する語句の組み合わせとして適するものを次の選択肢ア～クから選び記号で答えなさい。

「ピストンを動かし，容器内の気圧を下げると，空気が（　Ａ　），内部の気温が（　Ｂ　）。その結果，容器内の空気に含まれる水蒸気量が，その気温での飽和水蒸気量より（　Ｃ　）なったので，その分の水蒸気が水滴となり，白くくもって見えるようになったと考えられる。」

	A	B	C
ア	膨張して	上昇する	少なく
イ	縮小して	上昇する	少なく
ウ	膨張して	上昇する	多く
エ	縮小して	上昇する	多く
オ	膨張して	低下する	多く
カ	縮小して	低下する	多く
キ	膨張して	低下する	少なく
ク	縮小して	低下する	少なく

⑶ 水蒸気が水滴となり白くくもって見えるようになるときの温度を何というか，漢字２字で答えなさい。

⑷ 雲に関する次の文ア～エから，下線部に誤りを含むものを１つ選び記号で答えなさい。

ア．雲量が９と10の場合はくもりであり，天気記号は●で表される。

イ．日本付近で雲が西から東へ動くことが多いのは，偏西風の影響を受けるからである。

ウ．雲ができやすい気流は上昇気流である。

エ．落雷やひょう，急な大雨をもたらしやすい雲は積乱雲である。

【Ⅱ】 標高０ｍ地点に，次のａ～ｄの空気のかたまりが存在している。

ａ：気温30℃，湿度40％の空気のかたまり　　ｂ：気温25℃，湿度50％の空気のかたまり

ｃ：気温20℃，湿度60％の空気のかたまり　　ｄ：気温15℃，湿度70％の空気のかたまり

また，下の表は各気温における飽和水蒸気量をまとめたものである。

表

気温〔℃〕	5	6	7	8	9	10	11	12	13	14	15	20	25	30
飽和水蒸気量〔g/m^3〕	6.8	7.3	7.7	8.3	8.8	9.4	10.0	10.7	11.4	12.1	12.8	17.3	23.1	30.4

(5) ａ～ｄの空気のかたまり１m^3あたり，最も水蒸気量が少ないものには水蒸気が何ｇ含まれているか，小数第２位を四捨五入して答えなさい。

(6) ａ～ｄの空気のかたまりを100ｍずつ上昇させたときに，最初に雲ができるのはどれか，ａ～ｄから選び記号で答えなさい。また，その時の標高も答えなさい。ただし，空気のかたまりは100ｍ上昇するごとに，温度が1.0℃低下していくとする。

(7) ｃと同じ条件の空気が30m^3あるとすると，この空気はあと何ｇ水蒸気を含むことができるか，小数第１位を四捨五入して，整数で答えなさい。

【社　会】（45分）　＜満点：100点＞

1　次のⅠ・Ⅱ図を見て，後の⑴～⑹の問いに答えなさい。

Ⅰ図

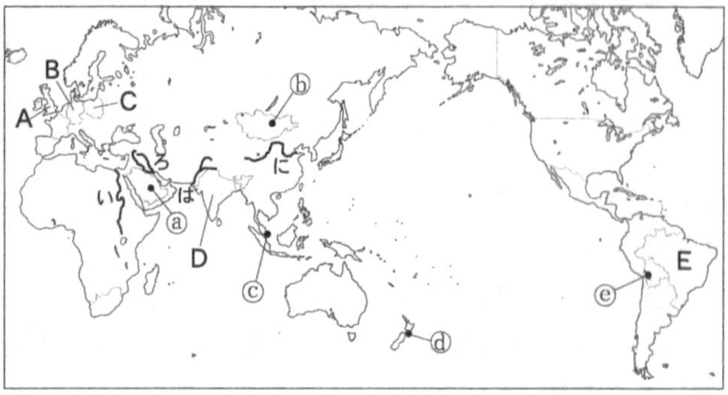

Ⅱ図

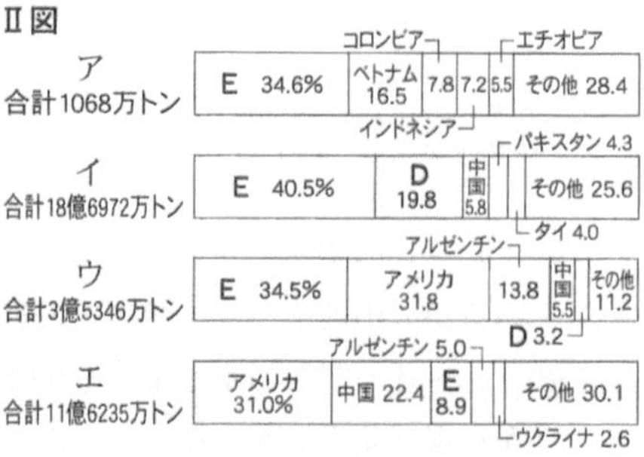

（『データブック　オブ・ザ・ワールド2023』より作成）

⑴　Ⅰ図中のⓐ～ⓔは，それぞれの国の首都を示している。ⓐ～ⓔについて，次のⅰ）・ⅱ）の問いに答えなさい。

ⅰ）ⓐ～ⓔについて述べた文として正しいものを，次のア～エから一つ選び，記号で答えなさい。

ア　5か所の首都のうち，都市の位置の経度が西経で表示されるところが1か所ある。

イ　5か所の首都のうち，アジア州にあるところが2か所ある。

ウ　5か所の首都のうち，南半球にあるところが3か所ある。

エ　5か所の首都のうち，2024年の1月1日を最も早く迎えたのはⓔである。

ⅱ）右の雨温図は，それぞれⓐ～ⓔいずれかの都市のものである。ⓐ～ⓔのうち，雨温図が**示されていない都市**を一つ選び，記号で答えなさい。

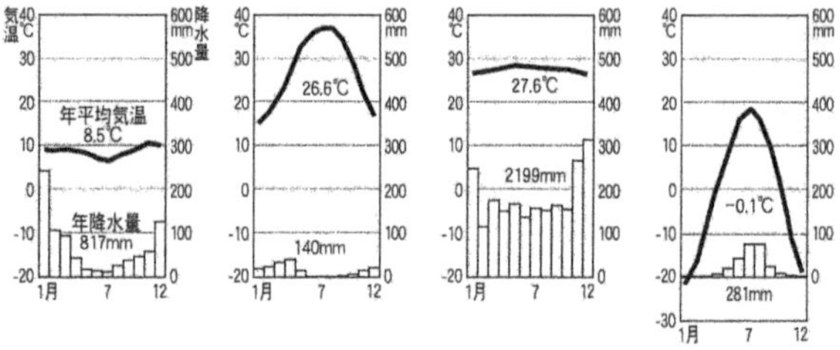

（「理科年表」平成30年ほか）

⑵　Ⅰ図中のい～には古代文明と関わりの深い河川を示している。「河川」と，「文明の特色」の組み合わせとして正しいものを，次のア～エから一つ選び，記号で答えなさい。

ア　い－モヘンジョ・ダロ　　イ　ろ－太陰暦　　ウ　は－甲骨文字　　エ　に－ピラミッド

⑶　Ⅰ図中のA～C国について述べた文として正しいものを，次のア～エから一つ選び，記号で答えなさい。

ア　3か国ともゲルマン系言語が公用語となっている。

イ　3か国ともEUに加盟している。

ウ　3か国とも首都が東京よりも低緯度に位置している。

エ　3か国とも過半数の人がキリスト教を信仰している。

⑷　Ⅰ図中のD国でICT産業が成長した理由として**誤っているもの**を，次のア～エから一つ選び，記号で答えなさい。

ア　D国は数学教育に力を入れ，数学の教育水準が高いため。

イ　D国を植民地にしていたアメリカ合衆国の企業から，多くの業務を請け負うことができるため。

ウ　D国の古い身分制度の影響を，あまり受けない産業であるため。

エ　D国には準公用語である英語を話せる技術者が多いため。

(5)　Ⅱ図は，Ⅰ図中のE国で栽培が盛んな，コーヒー豆・とうもろこし・大豆・さとうきびの生産国上位（2020年）を表している。これについて，次のⅰ）・ⅱ）の問いに答えなさい。なお，Ⅰ図中とⅡ図中のD・Eは同じ国を示している。

ⅰ）Ⅱ図のうち大豆を表したものはどれか，ア～エから一つ選び，記号で答えなさい。

ⅱ）とうもろこしやさとうきびなど，主に植物を原料としてつくられる燃料は何か，答えなさい。

(6)　下の表は，Ⅰ図中の □ で示された４か国の面積・人口・貿易額をまとめたものである。表から読み取れる内容について述べた次のX・Yの正誤の組み合わせとして正しいものを，下のア～エから一つ選び，記号で答えなさい。

国名	面積（千㎢）	人口（千人）2021年	貿易額（百万ドル）2020年	
			輸出額	輸入額
アメリカ合衆国	9,834	336,998	1,434,117	2,334,330
南アフリカ共和国	1,221	59,392	89,944	88,162
フランス	641	66,876	478,333	572,028
オーストラリア	7,692	25,921	250,411	202,913

（『データブック　オブ・ザ・ワールド2023』より作成）

X　表中の４か国において，面積が最も大きい国が，人口密度が最も低い。

Y　表中の４か国のうち，貿易額が黒字になっているのはアメリカ合衆国とフランスである。

ア　X－正　Y－正　　イ　X－正　Y－誤

ウ　X－誤　Y－正　　エ　X－誤　Y－誤

2　育男さんは夏休みに中部・近畿地方へ家族旅行に出かけた。そのときの日記とⅠ・Ⅱ図を見て，後の(1)～(6)の問いに答えなさい。

育男さんの日記

初　日	7:00	父の運転で①大阪へ向けて出発。
	15:00	②京都・宇治の茶畑を見学。美味しいお茶をごちそうになる。
	18:00	京都市内のホテルに到着。
二日目	8:30	大阪市にある大型テーマパークに到着。
	18:30	③淀川沿いのホテルに到着。部屋から花火大会を鑑賞。
三日目	10:00	通天閣を見学。のち大阪城を見学。石垣の大きさに驚く。
	15:00	④名古屋到着。⑤名古屋港水族館でイルカショーを見学。
	19:30	名古屋駅前のホテルに到着。
最終日	8:00	名古屋在住のいとこ宅を訪ねる。手羽先を夢中になって食べる。
	11:30	名古屋を後にして帰路へ。途中⑥妻籠宿・馬籠宿を見学。
	20:00	群馬帰着。

Ⅰ図

妻籠宿

Ⅱ図

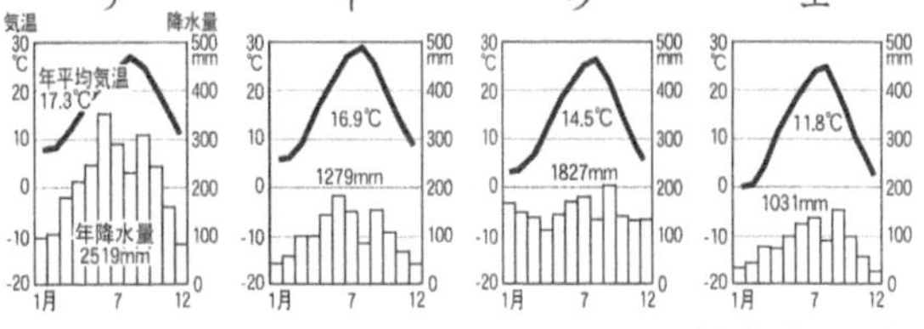

（「理科年表」平成30年）

(1)　①＿＿について，次のⅰ）・ⅱ）の問いに答えなさい。

ⅰ）　Ⅱ図のア～エは，Ⅰ図中に示された舞鶴・大阪・潮岬・松本のいずれかの雨温図である。大阪の雨温図を，ア～エから一つ選び，記号で答えなさい。

ⅱ）大阪について述べた文として正しいものを，次のア～エから一つ選び，記号で答えなさい。

ア　平清盛の時代に大輪田泊として整備され，日宋貿易の拠点港として大きく発展した。

イ　織田信長が安土城を築き，楽市・楽座により大きな商業都市に発展した。

ウ　江戸時代に全国の商業の中心地として栄え，北陸や西日本の諸藩は蔵屋敷を置き，年貢米や特産物を販売した。

エ　江戸時代，鎖国中にもオランダとの貿易を許され，中之島を中心に発展した。

⑵　②＿＿について，育男さんは京都の宇治茶が有名なことから，お茶について調べ，次のようにまとめた。文中の空欄（X）に当てはまる県名を答えなさい。また，文中の空欄（Y）に当てはまる文として正しいものを，右のア・イから一つ選び，記号で答えなさい。

> 日本のお茶の主産県調査を調べたところ，2021年の収穫量は，１位の（　X　）県，２位の鹿児島県で全体の約８割を占めており，京都府は三重県・宮崎県に次いで５位であることがわかった。茶樹はツバキの仲間で，（　Y　）が栽培に適している。

ア　温暖で雨が多く水はけのよい土地

イ　寒冷で雨が少なく粘土が積もった土地

⑶　③＿＿について，Ⅰ図中のAで示した淀川は，名前を変えながら複数の府県をまたがって流れている。大阪を除く府県の組み合わせとして正しいものを，次のア～エから一つ選び，記号で答えなさい。

ア　京都府・三重県

イ　京都府・滋賀県

ウ　兵庫県・和歌山県

エ　奈良県・三重県

⑷　④＿＿について，Ⅰ図中のBで示した名古屋周辺に広がる平野の名称を答えなさい。

⑸　⑤＿＿について，次の表は，名古屋港・関西国際空港・神戸港いずれかの輸出入品上位５品目（金額・2020年）を示したものである。X～Zの組み合わせとして正しいものを，下のア～エから一つ選び，記号で答えなさい。

X				Y				Z			
輸出 10兆4137億円		輸入 4兆3160億円		輸出 4兆9899億円		輸入 3兆7464億円		輸出 4兆9017億円		輸入 3兆0033億円	
自動車	24.6%	液化ガス	7.4	集積回路	22.3	医薬品	24.2	プラスチック	7.4	たばこ	9.1
自動車部品	16.6	衣類	6.9	科学光学機器	6.2	通信機	12.5	建設・鉱山用機械	5.0	衣類	6.8
内燃機関	4.1	石油	5.8	電気回路用品	6.2	集積回路	8.0	無機化合物	4.0	無機化合物	3.7
電気計測機器	3.4	絶縁電線・ケーブル	5.1	個別半導体	5.0	科学光学機器	4.5	有機化合物	3.0	有機化合物	3.6
金属加工機械	3.2	アルミニウム	3.9	半導体製造装置	4.8	コンピュータ	3.8	内燃機関	2.8	果実	3.0

（『データブック　オブ・ザ・ワールド2023』より作成）

	X	Y	Z
ア	名古屋港	関西国際空港	神戸港
イ	名古屋港	神戸港	関西国際空港
ウ	神戸港	名古屋港	関西国際空港
エ	神戸港	関西国際空港	名古屋港

⑹　⑥＿＿について，Ⅰ図中のCは妻籠宿である。ここは江戸時代に整備された五街道の一つ中山道の宿場であり，重要伝統的建造物群保存地区として日本の街並み保存の原点といわれている。この妻籠宿があるⅠ図中のDの山脈名を答えなさい。

3 育美さんと英二さんは夏休みの自由研究で，各世紀のできごとの中で印象に残ったものを年表形式でまとめることにした。育美さんは奇数の世紀の担当となり，次のような表をつくった。表を見て，後の(1)～(9)の問いに答えなさい。

	世紀	できごと
	1世紀	倭の小国が中国に使いを送り、①皇帝から金印を授けられた。
	3世紀	中国の歴史書②「三国志」魏書に、当時の日本の様子が記された。
	5世紀	大和政権の王が九州地方から東北地方南部までの有力豪族を従え、大王と呼ばれた。
ア ➡	7世紀	朝鮮半島で③白村江の戦いが起こった。
イ ➡	9世紀	朝廷は東北地方で支配に従おうとしない人々を（　Ｘ　）と呼び、たびたび大軍を送った。
ウ ➡	11世紀	白河天皇は自分の子孫を確実に天皇の位につけるため、位をゆずって④上皇となり、その後も政治を動かした。
エ ➡	13世紀	⑤「新古今和歌集」が選定され、藤原定家や西行などの和歌が収められた。
	15世紀	戦国大名は独自の（　Ｙ　）を定め、武士や民衆の行動を取り締まった。
	17世紀	キリスト教への弾圧や厳しい年貢の取り立てに苦しんだ人々が、天草四郎を大将にして⑥一揆を起こした。
	19世紀	国内外の危機に対応し、江戸幕府の権力を回復させるため、老中の水野忠邦が⑦改革を行った。

(1) 表中の空欄（Ｘ）・（Ｙ）に当てはまる語句を，それぞれ答えなさい。

(2) ①＿＿について，このときに授けられた金印は，福岡県志賀島で発見されたものとされている。この金印に刻まれている文字を，**漢字五字**で答えなさい。

(3) ②＿＿について，この史料に記された当時の日本の様子について述べた文として正しいものを，次のア～エから一つ選び，記号で答えなさい。

ア　邪馬台国の女王が倭の30ほどの国々をまとめていた。

イ　楽浪郡の海のかなたに倭人がいて，100以上の国に分かれていた。

ウ　桓帝と霊帝のころ，倭は大いに乱れ，長い間代表者が定まらなかった。

エ　讃・珍・済・興・武の５人の王が中国に使いを送った。

(4) ③＿＿について，この戦いについて述べた文として正しいものを，次のア～エから一つ選び，記号で答えなさい。

ア　高句麗の復興を助けようと大軍を送ったが，唐と百済の連合軍に大敗した。

イ　高句麗の復興を助けようと大軍を送ったが，唐と新羅の連合軍に大敗した。

ウ　百済の復興を助けようと大軍を送ったが，唐と高句麗の連合軍に大敗した。

エ　百済の復興を助けようと大軍を送ったが，唐と新羅の連合軍に大敗した。

(5) ④＿＿について，このような政治体制を何というか，**漢字二字**で答えなさい。

(6) ⑤＿＿について，この選定を命じた上皇について述べた文として正しいものを，次のア～エから一つ選び，記号で答えなさい。

ア　中国にならった律令や都，さらに歴史書をつくるように命じた。

イ　天皇家のあとつぎをめぐって後白河天皇と対立し，保元の乱で争った。

ウ　朝廷の勢力を回復させようと挙兵したが，幕府に敗れて隠岐に流された。

エ　新しく成長した武士や悪党，有力御家人などを味方につけ，幕府を滅ぼした。

(7) ⑥＿＿について，この一揆を何というか，答えなさい。

(8) ⑦＿＿について，この改革について述べた文として正しいものを，次のページのア～エから一つ選び，記号で答えなさい。

ア　商品作物の栽培を制限したほか，凶作やききんに備えて米をたくわえる制度を始めた。

イ　物価の上昇をおさえるために，株仲間を解散させた。

ウ　大名が参勤交代で江戸に住む期間を１年から半年に短縮した。

エ　銅を専売にして金・銀にかわる輸出品としたり，俵物の輸出を拡大したりした。

⑼　次のできごとを表に加えるとしたらどの世紀が適当か，表のア～エから一つ選び，記号で答えなさい。

> 藤原氏との関係がうすい後三条天皇が，荘園整理などの改革を行った。

4　育男さんは，近現代における日本と世界の発展の歴史に関係する資料を収集して，その中から特に興味をひかれたものを取り上げてカードをつくった。これを見て，後の⑴～⑹の問いに答えなさい。

A

フランス人技師の指導の下で操業を開始した群馬県の官営模範工場である（　X　）。

B

①大戦景気で急に金持ちになった（　Y　）を風刺した絵。

C

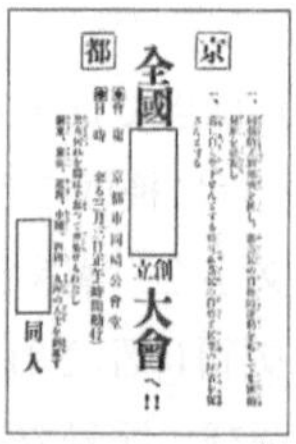

②部落解放を目的として設立された組織の創立大会を知らせるビラ。

D

アメリカの自動車工場の様子。ベルトコンベヤを使った大量生産が始まった。

E

ソ連の「五か年計画」の達成に資本家が衝撃を受けているポスター。

F

③高度経済成長期以降に日本で普及した情報通信機器。

G

2015年の国連サミットで採択された（　Z　）の17個の目標。

⑴　カード中の空欄（X）～（Z）に当てはまる語句を，それぞれ答えなさい。

⑵　①＿＿について，第一次世界大戦の発生は日本の経済を好況へとみちびいた。この時期の日本の状況について述べた文として正しいものを，次のア～エから一つ選び，記号で答えなさい。

ア　第一次護憲運動が起こり，民衆が議事堂を取り囲み，藩閥の寺内正毅内閣が退陣した。

イ　日本は欧米から大量の鉄鋼や石炭を輸入するようになり，一方で同盟国への工業製品の輸出を急増させた。

ウ　物価の高騰で民衆の生活は苦しくなり，シベリア出兵を見こした米の買い占めから米騒動が全国に広がった。

エ　この時期に内閣を組織した犬養毅は「平民宰相」と呼ばれ，日本で初めて本格的な政党内閣を組織した。

⑶　②＿＿について，次のⅰ）・ⅱ）の問いに答えなさい。

ⅰ）**C**の資料中の空欄［　　］に当てはまる**漢字三字**を答えなさい。

ⅱ）この組織の設立と同時期，「女性の解放」を唱えて新婦人協会が設立された。新婦人協会の設立に関わった人物を，次のア～エから一人選び，記号で答えなさい。

ア　与謝野晶子　　イ　津田梅子　　ウ　樋口一葉　　エ　平塚らいてう

⑷　**D**の写真は1920年代のアメリカにおける自動車工場の様子である。この頃にアメリカは大きな繁栄を迎えたが，1929年には株価大暴落に端を発する大恐慌に見舞われた。この恐慌に対処するためにフランクリン・ローズベルト大統領が行った，農業・工業の生産調整や公共事業による雇用創出をはかる政策を何というか，答えなさい。

⑸　**E**について，ソビエト連邦は「五か年計画」の実施によって重工業の増強と農業の集団化を強行して国力を伸ばした。この計画を指揮した人物を，次のア～エから一人選び，記号で答えなさい。

ア　レーニン　　イ　スターリン　　ウ　フルシチョフ　　エ　ゴルバチョフ

⑹　③＿＿について，次のⅰ）・ⅱ）の問いに答えなさい。

ⅰ）高度経済成長期にテレビが普及し始めたのと同時期，映画や週刊誌が人気を集め，多くの人物が活躍した。この時期に活躍した人物として**誤っているもの**を，次のア～エから一人選び，記号で答えなさい。

ア　森鷗外　　イ　手塚治虫　　ウ　黒澤明　　エ　川端康成

ⅱ）高度経済成長期には，「三種の神器」と呼ばれる家庭電化製品が各家庭に普及した。高度経済成長期に普及した「三種の神器」に含まれるものを，次のア～オから**すべて**選び，記号で答えなさい。

ア　白黒テレビ　　イ　自動車　　ウ　電気冷蔵庫　　エ　電気洗濯機　　オ　クーラー

5　育男さんのクラスで政治分野について調べ学習を行った。右の表は，そのときのテーマをまとめたものである。表を見て，後の⑴～⑹の問いに答えなさい。

テーマ	
①平和主義	④内閣
②選挙	⑤裁判所
③基本的人権	⑥国民審査

⑴　①＿＿について，次のⅰ）・ⅱ）の問いに答えなさい。

ⅰ）同盟関係にある国が攻撃を受けたときに，自国は攻撃を受けていなくても，その国の防衛活動に参加できる権利を何というか，答えなさい。

ⅱ）自衛隊の最高指揮権は誰がもつか，次のア～エから一つ選び，記号で答えなさい。

ア　天皇　　イ　内閣総理大臣　　ウ　防衛大臣　　エ　自衛官

⑵　②＿＿について，定数６名の比例代表選挙区における選挙結果が次の表のようになったとき，各政党から何名ずつ当選するか，後のア～エから一つ選び，記号で答えなさい。

	A党	B党	C党	D党
得票数	7200票	5800票	4400票	2800票

ア　A党２名　B党２名　C党１名　D党１名

イ　A党３名　B党１名　C党１名　D党１名

ウ　A党３名　B党２名　C党１名　D党０名

エ　A党４名　B党１名　C党１名　D党０名

⑶　③＿＿について，次のｉ）・ⅱ）の問いに答えなさい。

ｉ）次のX・Yは日本国憲法で保障されている自由について具体的に述べた文である。それぞれ何の自由に当てはまるか，組み合わせとして正しいものを，下のア～エから一つ選び，記号で答えなさい。

X　学問を研究したり，発表したり，教えたりすること。
Y　自らの職業を選ぶことと選んだ職業を営むこと。

ア　X－精神の自由　Y－精神の自由　　イ　X－精神の自由　Y－経済の自由

ウ　X－経済の自由　Y－精神の自由　　エ　X－経済の自由　Y－経済の自由

ⅱ）次の求人広告の募集条件には，法律に違反する項目がある。広告中のア～エから一つ選び，記号で答えなさい。

求人広告〈正社員募集（製造）〉		
ア	【就業場所】	群馬県内の各工場
イ	【勤務時間】	8時～17時（休憩1時間を含む）
ウ	【休日・休暇】	土・日・祝日、有給休暇10日
エ	【給与月給】	男性20万円、女性17万円

⑷　④＿＿について，次の文中の空欄（X）に当てはまる語句を答えなさい。

日本国憲法第68条には，「内閣総理大臣は，国務大臣を任命する。但し，その（　X　）は，国会議員の中から選ばれなければならない。」と定められている。

⑸　⑤＿＿について，ある裁判では，次のような結果になった。この裁判が行われた裁判所を，下のア～エから一つ選び，記号で答えなさい。

裁判所は原告の訴えを認める判決を下し，賠償金の支払いを命じた。この裁判の判決に対して，政府は控訴を断念したため，裁判は終わった。

ア　最高裁判所　　イ　地方裁判所　　ウ　高等裁判所　　エ　弾劾裁判所

⑹　⑥＿＿について，国民審査について述べた文として正しいものを，次のア～エから一つ選び，記号で答えなさい。

ア　憲法改正を行うべきかを審査する。

イ　国務大臣がその職に適任かを審査する。

ウ　法律が憲法に違反していないかを審査する。

エ　最高裁判所の裁判官がその職に適任かを審査する。

6　次の文を読んで，後の⑴～⑸の問いに答えなさい。

日本が他国と①貿易をしたり，日本人が海外旅行をしたりするときは，日本の通貨である円を他国の通貨と交換する必要がある。通貨と通貨を交換する比率を（　A　）レートといい，②各国の経済状況に応じて変動する。（　A　）レートの変動は，③企業の活動や④消費者の生活などに大きな影響を与える。

⑴　文中の空欄（A）に当てはまる語句を，**漢字二字**で答えなさい。

⑵　①____について，日本は1960年代まで石炭などの採掘を盛んに行っていたが，現在は国内の鉱山の多くが閉鎖され，鉱産資源は外国からの輸入に頼っている。右のグラフは日本のある鉱産資源の輸入相手国をまとめたものである。このグラフが示す鉱産資源を，次のア～エから一つ選び，記号で答えなさい。

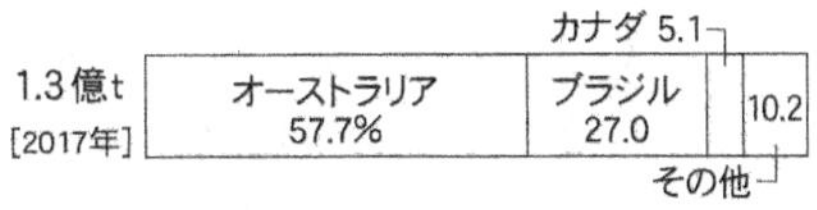

（財務省「貿易統計」）

ア　石油　　イ　鉄鉱石　　ウ　天然ガス　　エ　銅鉱石

⑶　②____について，次の文中の空欄（X）・（Y）に当てはまる語句の組み合わせとして正しいものを，下のア～エから一つ選び，記号で答えなさい。

> 1ドル＝100円から1ドル＝110円になることを（　X　）といい，この場合，日本で（　Y　）を中心に行う企業は競争上有利になる。

ア　X－円高　Y－輸出　　イ　X－円高　Y－輸入
ウ　X－円安　Y－輸出　　エ　X－円安　Y－輸入

⑷　③____について，次のⅰ）・ⅱ）の問いに答えなさい。

ⅰ）企業が工場などの生産拠点を海外に移転することにより，国内産業が衰退する現象を何というか，答えの欄に合う形で答えなさい。

ⅱ）企業の健全な競争を保つために独占禁止法が制定された。独占禁止法違反について述べた次の文中の空欄（X）・（Y）に当てはまる語句の組み合わせとして正しいものを，下のア～エから一つ選び，記号で答えなさい。

> 菓子製造大手のa社・b社・c社は，原料価格が高騰したため，すべての商品の価格を50円高くすることに合意した。（　X　）による調査の結果，この件は独占禁止法が規制する（　Y　）にあたるとして，3社に排除措置命令が下された。

ア　X－公正取引委員会　Y－カルテル　　イ　X－公正取引委員会　Y－リコール
ウ　X－経済産業省　Y－カルテル　　エ　X－経済産業省　Y－リコール

⑸　④____について，次のⅰ）・ⅱ）の問いに答えなさい。

ⅰ）1962年に当時のアメリカ大統領が消費者の四つの権利を提唱したことで，世界各国の消費者政策に大きな影響を与えた。この人物について述べた文として正しいものを，次のア～エから一つ選び，記号で答えなさい。

ア　南北戦争中に奴隷解放宣言を発表し，ゲティスバーグで「人民の人民による人民のための政治」を訴えた。

イ　秘密外交の廃止や民族自決，国際平和機構の設立などからなる「十四か条の平和原則」を発表した。

ウ　大気圏内や宇宙空間，水中での核実験を禁止する部分的核実験禁止条約に調印した。

エ　ソ連の書記長とともに，マルタ会談で冷戦の終結を宣言した。

ⅱ）日本の消費者政策について述べた次のページの文中の空欄（X）・（Y）に当てはまる語句を，

下のア～エから一つずつ選び，それぞれ記号で答えなさい。

1968年に制定された（　X　）は，消費者が受けた被害を国や地方公共団体が救済するという考え方にもとづいて制定された。しかし，これでは消費者の権利を十分に守ることができないという考えが強くなり，2004年に（　X　）は消費者の自立支援を基本理念とする（　Y　）へ改正された。

ア　消費者基本法　　イ　消費者契約法　　ウ　消費者保護基本法　　エ　製造物責任法

4　この作品の作者で、日本人で初めてノーベル文学賞を受賞した人物を次から選び、記号で答えなさい。

ア　芥川龍之介　　イ　川端康成

ウ　夏目漱石　　エ　太宰治

問七　次の□内の順番通りに読めるように、解答用紙に返り点を施しなさい。

［1］［3］［2］［7］［4］［5］［6］。

問八　本文は説話文学である「宇治拾遺物語」の一部である。同じジャンルの作品を次から選び、記号で答えなさい。

ア　おくのほそ道　　イ　枕草子
ウ　今昔物語集　　エ　竹取物語

三　次の問いに答えなさい。

問一　次の漢字を楷書で書いた場合、総画数が最も多いものを選び、記号で答えなさい。

ア　勤　　イ　聞　　ウ　補　　エ　照

問二　次の語と熟語の組み立てが同じものを後から選び、記号で答えなさい。

去就

ア　立腹　　イ　永久　　ウ　日暮　　エ　経緯

問三　次に挙げた語の読み方を五十音順で並べたとき、**二番目になるもの**を記号で答えなさい。

ア　固唾　　イ　為替　　ウ　鍛冶　　エ　風邪

問四　次の四字熟語から誤った漢字一字を抜き出し、正しい漢字に改めなさい。

初志完徹

問五　次のうち故事成語の使い方が**誤っているもの**を一つ選び、記号で答えなさい。

ア　僕が弟と取り合っているすきにつけこんで、妹がケーキを横取りした。まさに妹が漁夫の利を得た形となった。

イ　姉が第一志望の高校に合格できたため、父から「塞翁が馬だからこれまでの努力が報われた」と褒められた。

ウ　文化祭の出し物について新しい提案をしたが、誰も賛成してくれなかったため、四面楚歌の状態だった。

エ　近々、叔父は自費で豪華な装丁の本を出版する予定だが、羊頭狗肉にならないように内容の推敲を重ねている。

問六　次の文は小説「伊豆の踊子」の一部である。これを読んで、後の問いに答えなさい。

道がつづら折りになって、Aいよいよ天城峠に近づいたと思う頃、雨脚が杉の密林を白く染めながら、すさまじい早さで麓から私を追ってBきた。

1　この文はいくつの文節から成り立っているか。正しいものを次から選び、記号で答えなさい。

ア　十七　　イ　十八　　ウ　十九　　エ　二十

2　――線部A「いよいよ」・B「き」の品詞の組み合わせとして正しいものを次のア～エから選び、記号で答えなさい。

ア　A　連体詞　　B　助動詞
イ　A　副詞　　B　動詞
ウ　A　接続詞　　B　名詞
エ　A　感動詞　　B　助詞

3　この文で用いられている表現技法を次から選び、記号で答えなさい。

ア　擬人法　　イ　直喩　　ウ　体言止め　　エ　倒置法

＊延喜の御門…醍醐天皇のこと。
＊二間…約三六〇センチメートル。

問一　＝＝線部「参るやうに」を現代仮名遣いに改め、すべてひらがなで答えなさい。

問二　〰〰線部Ⅰ「をかしきこと」・Ⅱ「かしこまりて居たり」の本文中での意味として最も適当なものを次からそれぞれ選び、記号で答えなさい。

Ⅰ　をかしきこと
ア　ぜいたくで愚かなこと　イ　日々の生活に役立つこと
ウ　みやびで趣のあること　エ　霊の慰めとなること

Ⅱ　かしこまりて居たり
ア　畏れ謹んで座っていた　イ　腕を組んで座っていた
ウ　不満そうに立っていた　エ　顔を上げて立っていた

問三　――線部1「それ」とはどのようなことか。最も適当なものを次から選び、記号で答えなさい。
ア　融の左大臣の霊が、自慢の庭園を宇多院が勝手に改造したことに、やり場のない怒りを抱いていること。
イ　融の左大臣の霊が、自邸である河原院に宇多院がいることに、畏れ多さや居心地の悪さを感じていること。
ウ　融の左大臣の霊が、先祖代々守ってきた河原院が延喜の御門に売却されたことに、納得できずにいること。
エ　融の左大臣の霊が、宇多院によって狭い部屋の中に封じ込められていたことに、恨みを抱いていること。

問四　――線部2「我」とは誰のことか。次から選び、記号で答えなさい。
ア　融の左大臣　イ　宇多院　ウ　延喜の御門　エ　作者

問五　――線部3「こそ」・5「ぞ」は「係りの助詞（係助詞）」である。この両者の働きとして最も適当なものを次から選び、記号で答えなさい。
ア　疑問　イ　限定　ウ　強調　エ　逆接

問六　――線部4「高やかに」と同じ品詞のものを次の――線部から選び、記号で答えなさい。
ア　たけき者もつひには滅びぬ。
イ　ひとへに風の前の塵に同じ。
ウ　竹を取りつつ、よろづのことに使ひけり。
エ　いとさびしげにて、めづらしくや思ひけむ。

問七　本文の内容として適当なものを次から**二つ**選び、記号で答えなさい。
ア　延喜の御門は、融の左大臣が亡くなった後に宇多院のものとなった河原院を、しばしば訪れた。
イ　宇多院は、融の左大臣の霊に対して高圧的で失礼な態度をとっていたことを、人々から批判された。
ウ　宇多院は死後の世界と交信できる特殊な能力を持っており、人々はその能力を知って畏敬の念を抱いた。
エ　融の左大臣の霊は、服装を美しく整え、太刀や笏を身につけた姿で、河原院に住む宇多院の前に現われた。
オ　人々は皇居に現れる融の左大臣の霊を恐れていたが、宇多院が瞬《またた》く間に解決したので、心から感謝した。

を進めている。

問十一　本文の内容として適当なものを次から**二つ**選び、記号で答えなさい。

ア　オオカミの生態について遺伝学的に検証を進めることで、広い地域で子孫を残すことができた理由も解明されつつある。

イ　アイルランドの洞窟で発見された哺乳動物の骨の中にはオオカミの骨も見られ、すでに科学的な年代測定もされている。

ウ　各地の洞窟や住居跡、貝塚などにオオカミの骨があったことから、人間とオオカミが互恵関係にあったことがわかる。

エ　アイルランドの民はかなり古い時代からオオカミをそばに置き、自分たちの狩猟の手助けをさせるために飼育していた。

オ　オオカミは人間より二万年以上早くアイルランドに出現し、氷河期以後は生息地域を広げていったことが判明している。

二　次の文章を読んで、後の問いに答えなさい。

今は昔、河原院は、＊融の左大臣の家なり。＊陸奥の塩釜の形を作り（風景をまねて庭を造り）て、潮《うしほ》を汲《く》み寄せて、塩を焼かせなど、さまざまのⅠをかしきことを尽くして、住み給ひける（なさっていた）。大臣《おとど》失せて後、＊宇多院には奉りたるなり（差し上げたのです）。＊延喜の御門《みかど》、たびたび行幸ありけり（おでかけになった）。

まだ院住ませ給ひける（住みなさっていた時に）折に、夜中ばかりに、西の対の塗籠（西の別棟の小部屋）をあけて、そよめきて、人の参るやうに思されければ、見させ給へば（ご覧になると）、ひの装束（昼の服装）うるはしくしたる人の、太刀はき（身につけ）、笏《しやく》取りて、＊二間ばかり退きてⅡかしこまりて居たり。「あれは誰ぞ」（おまえは誰だ）と問はせ給へば、「ここの主に候ふ翁なり」（ここの主人の老人です）と申す。「融の大臣か」と問はせ給へば、「しかに候ふ」（その通りです）と申す。「さはなんぞ」と仰せらるれば、「家なれば住み候ふに、おはしますがかたじけなく、所狭く候ふなり（気詰まりなのです）。いかが仕るべからん」（どうしたものでございましょう）と申せば、「1それはいといと異様のことなり。故大臣の子孫の、2我に取らせたれば、住むに3こそあれ。わが押し取りて居たらばこそあらめ（私が奪い取って住んでいるわけでもないのに）、礼も知らず、いかにかくは恨むるぞ」と、4高やかに仰せられければ、かい消つやうに失せぬ。その折の人々、「なほ御門はかたことにおはします者なり」（普通とは違っていらっしゃる方です）。ただの人は、その大臣に会ひて、さやうにすくよかには言ひてんや」（あんなにもはきはきとものが言えるだろうか）と5ぞ言ひける。

（「宇治拾遺物語」による）

語注

＊融の左大臣…源　融《みなもとのとおる》。平安時代の貴族、歌人。後に出てくる「大臣」も同一人物。

＊陸奥の塩釜…宮城県塩竈《しおがま》市にある漁港のことで、古来の景勝地。「塩釜（塩竈）」とは本来、海水を汲み上げて塩を製するかまどのことであり、それが地名となった。

＊宇多院…宇多天皇のこと。醍醐天皇に譲位した後、宇多院と呼ばれた。後に出てくる「院」「御門」も同一人物。

問四　――線部1「オオカミと人間の関係」について筆者はどのような関係だと考えているか。最も適当なものを次から選び、記号で答えなさい。

ア　主従関係であるとともに友好的な関係。
イ　共通の目的に向けて手を取り合う対等な関係。
ウ　互いに恐怖を抱いて対策を講じてきた関係。
エ　それぞれの種の存続のために敵対してきた関係。

問五　――線部2「それ」は何を指しているか。本文中から十字で抜き出しなさい。

問六　A・B・C に入る語の組み合わせとして最も適当なものを次から選び、記号で答えなさい。

ア　A　また　B　きっと　C　だから
イ　A　むしろ　B　ところが　C　そして
ウ　A　つまり　B　あるいは　C　しかし
エ　A　さらに　B　たとえば　C　おそらく

問七　次の一文は〈1〉～〈4〉のどこに入るか。最も適当なものを選び、番号で答えなさい。

> そしてさらにそれよりずっと昔からすんでいたという説もあり、オオカミが何時《いつ》アイルランドに来たかを断定することはむずかしい。

問八　本文において、筆者は「オオカミ」についてどのようにとらえているか。**適当でないもの**を次から選び、記号で答えなさい。

ア　群れの中での関係は秩序立っている。
イ　雑食性で、たいていのものを食べる。
ウ　寒さに弱く、北極圏から逃れてきた。
エ　慎重で、周囲に対して警戒心が強い。

問九　本文における「リングフォート」の説明として**適当でないもの**を次から選び、記号で答えなさい。

ア　中石器時代には、リングフォートは王たちの居城として作られていた。
イ　現代でも、さまざまな形態のリングフォートが四万基以上残っている。
ウ　タラの丘のリングフォートに関しては、王の宴の伝説が残されている。
エ　リングフォートは、次第に農場の防護目的でも作られるようになった。

問十　本文の表現に関する説明として適当なものを次から**二つ**選び、記号で答えなさい。

ア　疑問形の推測が多く用いられ、読者が筆者の思考の過程を想像しやすくなっている。
イ　「オオカミ」とカタカナで表すことで、海外由来の動物であることを強調している。
ウ　読点を積極的に用いて一文を短く簡潔にすることで、説明のテンポをよくしている。
エ　擬人法や倒置法を利用することで、専門用語が多い文章を親しみやすくしている。
オ　具体的な事例や年代、数値などを詳細に示すことで、丁寧に検証

在を知ったであろう。〈　3　〉

　アイルランド各地にⅡ点在する、中石器時代、新石器時代、青銅器時代、鉄器時代、さらに中世の遺跡からオオカミの骨が発見されている。たとえばデリー県のマウント・サンデル（Mount Sandel）の九〇〇〇年から七五〇〇年前の遺跡から多くの③カソウされた骨が発見されたがそのなかにオオカミの骨があった。この骨に関しては犬の骨ではないかという説もある。というのはアイルランドの中石器時代の狩猟民たちはかなり早い時代からオオカミを飼いならして、後のアイリッシュ・ウルフハウンドの祖先ともいうべき猟犬を飼育していたからである。このほか各地の洞窟、狩猟民の住居跡、貝塚、さらには六世紀の湖に浮かぶ人工の小島として知られるクラノーグからもオオカミの骨が発見されている。これらのオオカミはその毛皮のためにb捕獲されたのか、あるいは食用か、あるいは狩猟犬として飼いならされ狩りの友とされたのであろうか。いずれにしてもこの時代のオオカミは人間の④キョウイの対象ではなかったであろう。〈　4　〉

　鉄器時代につくられるようになったリングフォート、すなわち円形土《ど》砦《さい》は、いまでもアイルランド全土に、四万五〇〇〇基以上ある。その形態は、土塁のようなものから、石積みの塀で囲まれているものなどさまざまである。つくられた時代も鉄器時代から中世にまで及び、西暦五〇〇年から一〇〇〇年頃までが、もっとも多いといわれている。またその用途も一様ではない。ダブリンの北東四〇キロにあるタラの丘にはケルトの王たちのなかで最強の王が君臨する宮廷があったといわれている。いまでは地上から認識するのは困難であるが、航空写真からは二重の堀に囲まれたふたつの円形の土塁が寄り添うようにあるのが見える。この土塁は王のc居城で、伝説にはここで王を囲んで宴《うたげ》がd催されたことが語られている。

　アイルランド各地にいまも残る石積みの塀で囲まれたリングフォートのいくつかを訪ねたことがある。そのひとつドニゴール県の北西部、北アイルランドのデリー県に近い高台に立つグリーナーン・エリー（Grianán Ailigh）の砦《とりで》は直径二三メートルの円形の敷地を厚さ四・五メートル、高さ五メートルの石積みの塀が囲み、なかは三段のテラスがある美しい建物である。この砦は六、七世紀にこの地方の有力な部族イー・ニールの王のひとりが居城として建てたといわれている。［C］時代が下るにつれて、このような石積みの円形土砦は農舎を含む農場をオオカミから守るための防御壁として建てられるようになるのである。

（志村真幸・渡辺洋子「絶滅したオオカミの物語」による）

問一　＝線部a～dの漢字の読みをひらがなで答えなさい。

問二　＝線部①～④のカタカナを漢字で答えなさい。

問三　～～線部Ⅰ「わきまえのある」・Ⅱ「点在する」の語句の意味として最も適当なものを次からそれぞれ選び、記号で答えなさい。

Ⅰ　わきまえのある

ア　体力があること　　イ　財産があること

ウ　協調性があること　　エ　思慮分別があること

Ⅱ　点在する

ア　同心円上に一定の間隔で存在すること

イ　狭い範囲にまとまって存在すること

ウ　あちこちに散らばって存在すること

エ　ある時とない時が交互に存在すること

【国　語】（四五分）〈満点：一〇〇点〉

一　次の文章を読んで、後の問いに答えなさい。

1オオカミと人間の関係は古い時代にまでa遡る。オオカミは人間に使われるようになった最初の動物といえるだろう。おそらく人間とオオカミはたがいの得意な技を共有しあって、共通の獲物を分け合っていたのではないだろうか。オオカミは鼻がよくきき、人間はより有効な武器を持つなど。両者の関係を容易にしたのは、オオカミが生来ひと付き合いの良い動物で、自分よりすぐれたものをリーダーとして受け入れることに慣れていたからである。最近の遺伝子研究によると、現代のすべての飼い犬はハイイロオオカミの子孫であることがわかったという。

知的で、Iわきまえのあるオオカミは家族単位の七頭から一〇頭の群れで助け合って狩りをした。家族内の地位はきちんと保たれていて、夫婦は一生添い①トげた。群れのリーダーの地位は不変で、リーダーは他のものより尾を高く上げて歩くことで2それを示した。獲物は②シカ、カリブー、野生の馬など大型のものを好んだが、ネズミ、魚、虫、ときには木の実なども、[A]何でも食べた。このことがオオカミが多くの地域で生きていくことができた理由であろう。

アイルランドに最初の人類が上陸したのは、およそ九〇〇〇年前と言われているが、オオカミはそれよりずっと前からすでにこの島に住んでいた。

一九世紀の終わりから二〇世紀の初めにアイルランド各地の洞窟で多量の骨が発見された。それらの洞窟にはさまざまな哺乳動物の骨が山積みにされていたのであるが、なぜこのような洞窟に骨が大量に残っていたのかについては、おそらくそうした洞窟はさまざまな動物が子孫を増やし、子育てをする場所だったか、[B]また厳しい気候からのがれるための場所だったのではないかと推測されている。こうした動物の骨のなかにオオカミの骨も発見されていて、放射性炭素年代測定法で計った結果、もっとも古いオオカミの骨は二万八〇〇〇年前のものであることが判明した。オオカミはアイルランドにすくなくとも二万八〇〇〇年前にはすんでいたのである。〈　1　〉

オオカミがどのようにしてアイルランドに来たのかについても諸説ある。ひとつの仮定として北極圏のどこかで氷河期に氷結を免れたレヒュジア（refugia）といわれる地域で生き延びたオオカミが、北の海に浮かぶ氷山に乗ってアイルランドに到達したかもしれない。あるいはいまより浅い氷の海をスコットランドからアイリッシュ海を泳いできたかもしれない。オオカミは寒い気候に適応し、また泳ぎの名人でもあるからだ。前述した二万八〇〇〇年前のオオカミの骨はウォーターフォード県で発見された。それに続いて、コーク県では二万四〇〇〇年近く前のものが、クレア県の洞窟からもほぼ同時代の骨が発見されている。さらに時代が下り、後氷期、つまり氷河期が終わった一万年以後に入ると、オオカミの骨はアイルランド各地から発見されている。〈　2　〉

いまから九〇〇〇年前、中石器時代の人類がアイルランドに上陸した時、オオカミはすでにすんでいた。当時アイルランド島のほとんどは森で覆われていたといわれるが、人間が森でオオカミに遭遇することはあったであろうか。あるいはオオカミの控えめな性格から考えると、人間の姿を見ると向かっていくより隠れてようすをうかがっていたかもしれない。しかし人間は夜にはオオカミのよく響く遠吠《とおぼ》えを聞いてその存

MEMO

大切なことはメモしておこうネ！

2024年度

前橋育英高等学校入試問題（学特Ⅱ期）

【数　学】（45分）　＜満点：100点＞

[1]　次の(1)～(4)の計算をしなさい。

(1)　$8-(-2)$

(2)　$\dfrac{3x-y}{3}-\dfrac{3x-2y}{4}$

(3)　$(-2ab^2)^3\div(-a^4)$

(4)　$\dfrac{10}{\sqrt{5}}-\sqrt{80}$

[2]　次の(1)～(8)の問いに答えなさい。

(1)　あるものの重さを測ったところ，小数第２位を四捨五入した近似値が22.3ｇであった。
この重さの真の値を x ｇとするとき，x の値の範囲を不等号を用いて表しなさい。

(2)　連立方程式 $\begin{cases}5x-2y=-7\\2x-3y=-5\end{cases}$ を解きなさい。

(3)　２次方程式　$4x^2+4x-1=0$　を解きなさい。

(4)　100mLあたり105ｇの重さの飲み物があり，１パックに500mL入っている。
内容量を変更し，504ｇにしたとき，変更後の内容量は元の内容量の何％になるか答えなさい。
ただし，容器の重さは考えないものとする。

(5)　右の図のような台形を，直線 ℓ を軸として１回転させてできる立体の体積を求めなさい。ただし，円周率は π を用いなさい。

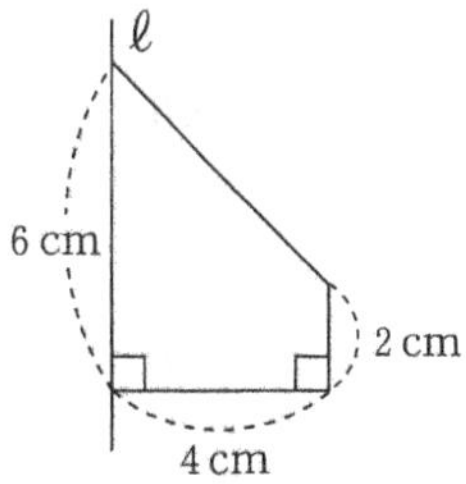

(6)　右の図で，$\angle x$ の大きさを求めなさい。

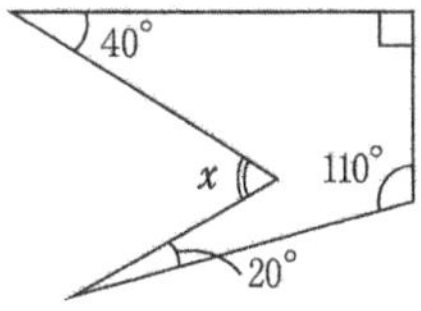

(7)　次のページの図のように，点Ｐ(2，6) を通る比例のグラフ①と反比例のグラフ②がある。この２つのグラフと $y=3$ のグラフ③の交点をそれぞれＱ，Ｒとするとき，△PQRの面積を求めなさい。

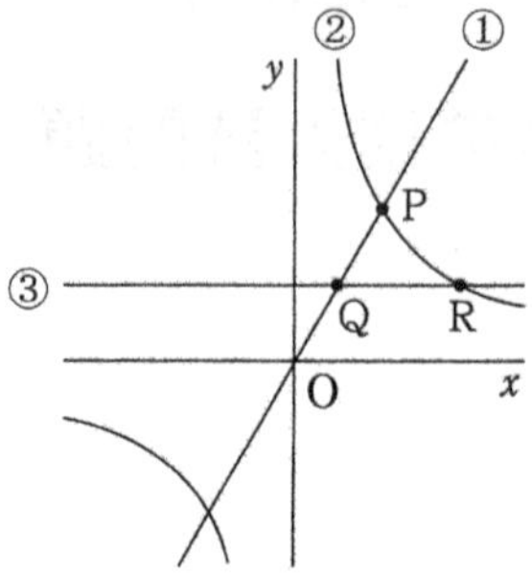

⑻　右の図のような正四角錐がある。この正四角錐を辺OA，OD，DC，CBで切ってできる展開図を下のア～エから１つ選びなさい。

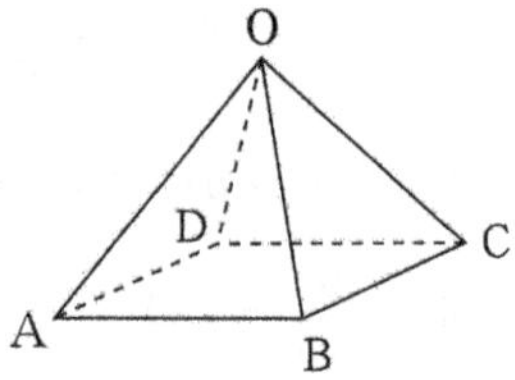

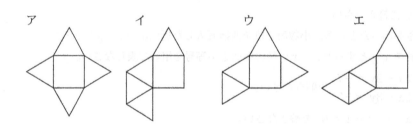

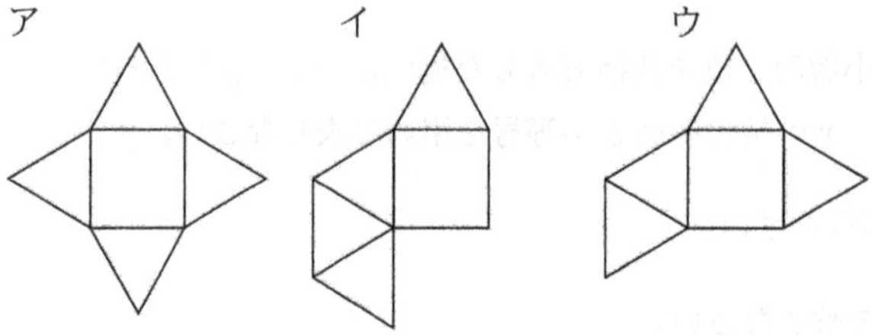

3　大小２つのさいころを同時に投げる。出た目をそれぞれ a，b としたとき，次の問いに答えなさい。

⑴　$ab=12$となる確率を求めなさい。

⑵　$\sqrt{ab}$が整数となる確率を求めなさい。

⑶　$1<\sqrt{ab}<3$となる確率を求めなさい。

4　１辺の長さが７㎝の正方形の折り紙を，のりしろを１㎝にして縦や横にぴったりとはり合わせて四角形を作るとき，次の問いに答えなさい。

<縦に2枚，横に3枚にはり合わせた例>

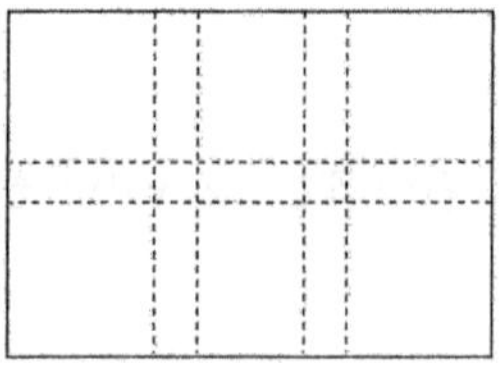

⑴　横に４枚の折り紙をはり合わせて四角形を作るとき，この四角形の横の長さを答えなさい。

⑵　縦に n 枚，横に n 枚の折り紙をはり合わせて正方形を作るとき，この正方形の面積を n を用いて表しなさい。
ただし，n は２以上の自然数とする。

⑶　⑵で作った正方形と，縦に（$n+1$）枚，横に（$n+1$）枚の折り紙をはり合わせてできた正方形の面積の差が1488㎠であるとき，n の値を求めなさい。ただし，n は２以上の自然数とする。

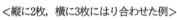

5　右の図のように，放物線 $y = ax^2$ 上に２点A，Bがあり，点Aの x 座標は２，点Bの座標は(4, 8)である。このとき，次の問いに答えなさい。

⑴　a の値を求めなさい。

⑵　△OABの面積を求めなさい。

⑶　y 軸上に点Ｐを AP＋BP の長さが最も短くなるようにとるとき，点Ｐの座標を求めなさい。

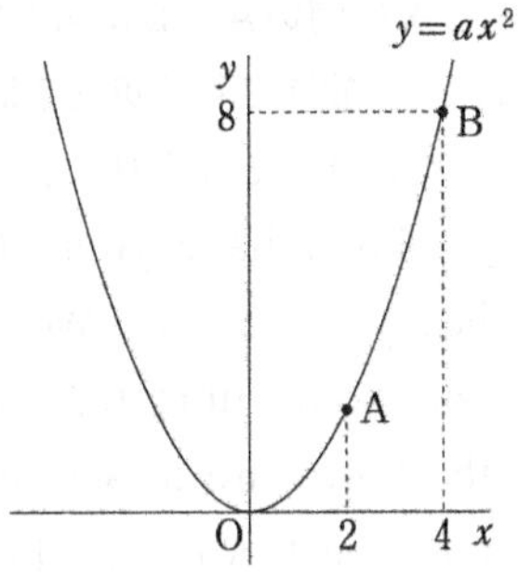

【英　語】（45分）　＜満点：100点＞

1　次の問いA，Bに答えなさい。

A　次に放送される英文を聞いて，印刷されている文中の（　）内に入れるのにもっとも適当な語を聞きとり，それぞれ1語ずつ答えなさい。なお，英文は2度読まれます。

May I have your attention please. All （　1　） services have stopped due to the heavy （　2　）. We are now checking for the （　3　） of the problem, so it will take some time for services to start again. We are sorry for the trouble. However, the buses are in service so if you are in a （　4　）, please go to exit B3. You can take the bus there. For more information, please ask the （　5　） staff. Thank you.

B　次に放送される2人の人物による対話を聞いて，その最後の発言に対する応答としてもっとも適当なものを，それぞれ印刷されている選択肢ア～エのうちから1つずつ選び，記号で答えなさい。なお，すべての対話は2度ずつ読まれます。

No. 1

ア　I want to read them.
イ　I'll be glad to.
ウ　I need your help.
エ　I like watching the news.

No. 2

ア　He plays baseball.
イ　He plays with his friends.
ウ　He plays the trumpet.
エ　He plays video games.

No. 3

ア　Yes.　There's a garden in my yard.
イ　Yes.　They're so pretty.
ウ　Yes.　They'll be here soon.
エ　Yes. There's one by the post office.

No. 4

ア　Let's go there again.
イ　It's my first time.
ウ　Two years ago.
エ　Next year.

No. 5

ア　We use the gym.
イ　We had a soccer game yesterday.
ウ　I'm good at soccer.
エ　I forgot my uniform.

＜リスニング放送台本＞

A

May I have your attention please. All train services have stopped due to the heavy rain. We are now checking for the cause of the problem, so it will take some time for services to start again. We are sorry for the trouble. However, the buses are in service so if you are in a hurry, please go to exit B3. You can take the bus there. For more information, please ask thc station staff. Thank you.

B

１．

Man: These newspapers are heavy.

Woman: Are you recycling them?

Man: Yes. Can you help me?

Woman: (　　　)

２．

Woman: How's your brother? Is he still playing baseball?

Man: Well, he was in the baseball club in Jr. high school. But now he's in the brass band.

Woman: Oh, what does he play?

Man: (　　　)

３．

Man: Let's give some flowers to Mr. Kimura on his birthday.

Woman: Good idea.

Man: Is there a flower shop near here?

Woman: (　　　)

４．

Woman: How many times have you been to Canada?

Man: I've been there twice.

Woman: When was the last time you visited?

Man: (　　　)

５．

Woman: Where do you usually practice soccer?

Man: At the school ground.

Woman: What do you do when it rains?

Man: (　　　)

2　次の２人のメールを読み，各問いに答えなさい。

Subject: How have you been?

Hi Yusuke,

I haven't (1)(hear) from you since you arrived in San Diego in America. How have you been? Is your host family kind? How is your new life? If you have time to reply to me, please send me back an email. I'll be happy if you do.

I hope everything goes well.

Ren

Subject: Re: How have you been?

Hello Ren!

It's great to hear from you. How have you been in Japan? I'm so sorry I couldn't write to you soon. I've been very busy with my new school life. I'm now making new friends and taking many classes at school. I've had no time to email you. 【ア】

Since I got here, I've been speaking English and playing with my friends in class. Here in San Diego, there are many races. They are from China, Korea, Spain, Brazil, and so on. Of course, we all talk in English but I sometimes learn other languages from them. For example, I learned some Spanish words yesterday. I enjoy learning other languages!

Now, let me tell you about my host family. 【イ】 The parents, Nick and Sue, are very friendly and kind to me. Their children, Michel and Janet, are both in elementary school. They are so cute but a bit (2) naughty. The other day, when I was watching a Japanese popular anime on the Internet, they copied the characters in it and kicked me. I love that anime but I won't watch it with them anymore. Hahaha.

Also, I'll tell you about my life here. My school is a bit far so I have to take the bus to get there. 【ウ】 There are many shops and cafes on my way to school, so I want to go there someday. In addition, San Diego has a lot of festivals. The most exciting festival is the "San Diego Country Fair." The tickets for the festival were so expensive that my friends and I couldn't buy them, so we walked the streets and watched free street performances. It was so much fun!

I want to send you some picture postcards of San Diego. 【エ】 If you let me know your address, I'll send them soon!

Sincerely,

Yusuke

（注） reply 返事をする　races 人種　In addition 加えて

問１　文中の下線部(1)の語を適当な形に直しなさい。

問２　次の英語の問いの答えになるように，下の英文の（　）内に入れるのにもっとも適当な英語１語をそれぞれ答えなさい。ただし，与えられた文字で始まる語で答えなさい。

How many races are there in San Diego?

— There are（m　　　）（t　　　）four races.

問３　文中の下線部(2)の語の意味としてもっとも適当なものを，次のア～エから１つ選び，記号で答えなさい。

ア　やんちゃな　イ　心の優しい　ウ　よそよそしい　エ　頭が良い

問４　次の英文を入れる箇所としてもっとも適当なものを，本文中のア～エから１つ選び，記号で答えなさい。

It takes me about twenty minutes.

問５　次のア～カの各英文のうち，本文の内容と合っているものを２つ選び，記号で答えなさい。

ア　Ren is in San Diego now.

イ　Yusuke couldn't send an email to Ren because he was busy.

ウ　Yusuke learned Spanish and Chinese from his friends yesterday.

エ　His host parents like to watch Japanese anime.

オ　Yusuke and his friends couldn't buy the festival tickets.

カ　Ren said to Yusuke that he wanted to get San Diego's picture postcards.

3　**次の問いＡ，Ｂに答えなさい。**

Ａ　次のページのチラシの内容に関して，各問いに答えなさい。

問１　You need your family photo in 2 days but have only $20. Any type and color are okay. You are not an Asahi Photo Studio member. In this case, which sheet can you choose?

ア　One large sheet

イ　One special sheet

ウ　One medium and one small sheets

エ　One medium sheet

問２　If you are an Asahi Photo Studio member, and now you need 2 large and 3 small photos, how much is the lowest price you have to pay?

ア　＄49　イ　＄56　ウ　＄70　エ　＄80

問３　次の１～３の各英文がチラシの内容と合うように，１，２の（　）内にはそれぞれもっとも適当な英語１語，３の（　）内にはもっとも適当な算用数字を答えなさい。

1　Asahi Photo Studio mainly takes (　　　) photos.

2　If you take a photo on January 31st, you can get your picture on (　　　) 4th.

3　This photo shop opened (　　　) years ago.

Asahi Photo Studio

We offer nice photos of your greatest moments!

✓ **Our Services**

- We focus on family photos.
- You can choose the color of your photos for free : full color, black and white, or sepia.
- Your pictures will be ready in 4 days.
- If you want to get them soon, pay $3 more and you can get the photos 2 days earlier.

✓ **Basic Photo Types**

Single sheet			Special sheet
$20	$15	$10	$80
Large (102mm×152mm)	Medium (89mm×127mm)	Small (89mm×119mm)	Any size combination of 2 to 5 photos on one big sheet

◇ **Special offers**

- Asahi Photo Studio Member's Club
  If you join our member's club, you will receive a 30% discount on all our services and products.
  As a member, you need to pay $10 every year.
- 25th Anniversary Campaign
  Send us your greatest photo! If your photo is chosen as the best picture, you will receive a free gift.
  Send your best photo online by March 31st, 2024.

☎ **CALL NOW +121 987 6543 to make an appointment.**

（注）sepia　セピア色　　combination　組み合わせ

B　次のページのチラシの内容に関して，各問いに答えなさい。

問１　文中の下線部(1)の日本語を英語に直しなさい。

問２　Yuki is 15 years old. And her brother is 12 years old. If she takes part in the Tour B and her mother and brother take part in the Tour A, which day can they go to the museum?

ア　Sunday　　イ　Monday　　ウ　Tuesday　　エ　Wednesday

問３　It is 6:30 pm on Friday now. You think that you want to take part in the Tour A. Which day is the earliest you can take part in?

ア　Saturday　　イ　Sunday　　ウ　Monday　　エ　Wednesday

問４　Yumiko is 40 years old. She has a 15-year-old daughter and a 10-year-old son. Yumiko wants to take part in Drawing and Photo classes. If Yumiko takes both classes and her daughter and son take part in the Tour A, how much does it cost?

ア　$23　　イ　$30　　ウ　$34　　エ　$43

問5 Takeshi is interested in art. He is 13 years old now. He likes seeing pictures, drawing pictures, and taking photos with his smartphone. He doesn't have his own camera. He wants to take part in programs as much as possible on Friday. How much does he have to pay for the Maebashi Art Museum?

ア $33　イ $40　ウ $41　エ $48

Maebashi Art Museum

Welcome! Maebashi Art Museum displays many kinds of paintings and offers art programs like paintings and photos. This museum started in 1968. Since then, we have collected a lot of paintings. We offer classes by professional artists for school children and tours through our museum. If you are interested in our classes and tours, please check the fees and opening times below and feel free to contact us!

☏ **CALL NOW +09 222 3236 (From 10 am to 6 pm).**

Program Fees

Tour A (45 minutes)	Adult (18 years old or over)	$12	2 times a day 10 am / 3 pm
	Student (13 to 17 years old)	$8	
	Child (12 years old or under)	$5	
Tour B (120 minutes)	Adult (18 years old or over)	$25	Monday / Friday / Saturday 10 am
	Student (13 to 17 years old)	$18	
	Child (12 years old or under)	$12	
Drawing class (120 minutes)	Adult (18 years old or over)	$20	Friday 6 pm
	Student (13 to 17 years old)	$15	Friday 4 pm
	Child (12 years old or under)	$10	Friday 3 pm
Photo class (90 minutes)	Adult (18 years old or over)	$10	Saturday 4 pm
	Student (13 to 17 years old)	$7	Friday 6 pm

Notes

- Closing day: (1) 木曜日 and Sunday.
- Please call us two days before you want to take part in the tour.
- If you want to join both Drawing and Photo classes, you'll receive 30 % discount (This is only for "Adult").
- Please bring your own camera to Photo class. If you don't, you can't take part in it. Smartphones aren't accepted.
- You should pay the money before the tour or the class starts.

4 次の英文を読み，各問いに答えなさい。

Are boys generally better at math than girls? Is there a big difference between boys' and girls' brains? If you read the following article, you will find an answer for these questions.

In 2019, researchers found that brains of boys and girls are similar and they have equal math ability. Jessica Cantlon at Carnegie Mellon University led a research team that studied the brain development of young boys and girls. Their research revealed no gender difference in brain function or math ability.

Her team used MRI scanner to measure the brain activity in 104 children. 55

of them were girls, between the ages of 3 and 10. The kids watched an educational video covering early math topics like counting and addition, (1) the scientists measured their brain activity. Then the researchers compared all the scan results.

According to the data, there was no difference between the children's brain functions or development. It was the first study to use neuroimaging to check biological gender differences in the math ability of young children.

The team also looked at the results of the Test of Early Math Ability, (2)(take) by 97 children. 50 of them were girls, between the ages of 3 and 8. Again, (3) they found that math ability was equal among the children and showed no difference in gender or with age.

Cantlon said that she thinks society and culture are likely (4) steering girls and young women away from math and other STEM (Science, Technology, Engineering, and Mathematics) fields. Previous studies show that families spend more time with young boys in play that involves spatial cognition.

Between 2015 and 2016, women were only 35 percent of STEM students in college in the U.S. In Japan, women were only about 20 percent of STEM students in college in 2021, and it was the lowest among the members of the OECD (Organization for Economic Cooperation and Development).

It is thought that gender bias mainly leads to these gaps. So, if our minds change, more women will study and work in STEM fields. If more women can have more choices in their studies and jobs, it means that we can have more ideas in various fields.

Sense of value depends on times and places. Gender bias is made by our society and culture. (5) It restricts our opportunity to develop our society and culture, so we should break the bias and change the world for the next generation.

（注） researchers 研究者たち　brains 脳　similar 類似した　equal 等しい
gender （社会的・文化的役割としての）性　including ～を含む
MRI scanner 磁気共鳴診断装置　count ～を数える　addition 足し算
compared 比較した　According to ～によると　neuroimaging 神経画像
biological 生物学的　likely ～しそう　previous 前の　involve ～を含む
spatial cognition 空間認知　bias 偏見，先入観　depends on ～次第である
restricts ～を制限する

問１　文中の（１）に入れるのにもっとも適当なものを次のア～エから１つ選び，記号で答えなさい。

ア while　イ because　ウ which　エ though

問２　文中の下線部(2)の語を適当な形に直しなさい。

問３　文中の下線部(3)が指すものを次のア～エから１つ選び，記号で答えなさい。

ア 97 children　イ 50 girls

ウ children between the ages of 3 and 8　エ Cantlon and her team

問４　文中の下線部(4)の意味にもっとも近いものを次のア～エの中から１つ選び，記号で答えなさい。

ア　throwing　　イ　running　　ウ　leading　　エ　accepting

問５　文中の下線部(5)が指すものを次のア～エから１つ選び，記号で答えなさい。

ア　sense of value　　イ　gender bias

ウ　society and culture　　エ　the next generation

問６　次の各英文が本文の内容と合っていれば○を，合っていなければ×で答えなさい。

a　Researchers found no gender difference in brain function or math ability.

b　Cantlon’s team used STEM scanner to measure the brain activity.

c　The result of the early math test showed some difference between boys and girls.

d　Women were only 35 percent of STEM students in college in the U.S. in 2021.

e　Gender bias reduces our chance to develop our society and culture.

【理　科】（45分）　＜満点：100点＞

1　生命の連続性に関する次の⑴～⑸の問いに答えなさい。

⑴　生物の細胞内の核に含まれる染色体の数は種によって異なっている。表１は各生物の細胞内の核に含まれる染色体の数を示したものである。このうち，細胞が生殖細胞であると推測されるものとして最も適するものを表１中①～⑥の中から選び番号で答えなさい。

表1

	生物名	染色体の数
①	タマネギ	16
②	イネ	24
③	ニワトリ	39
④	ヒト	46
⑤	チンパンジー	48
⑥	フナ	100

⑵　生殖の方法の中には，ゾウリムシのように受精を行わずに増える無性生殖がある。そのうち，ジャガイモが行う生殖を何というか答えなさい。

⑶　⑵のような生殖で増えた個体の集団は，親と子で同じ形質と遺伝子をもっている。このような集団を何というか答えなさい。

⑷　カエルの前あしとクジラの胸びれのように，もとは同じものがそれぞれの生活やはたらきに適したものに変化してできたものを何というか答えなさい。

⑸　メンデルはエンドウを用いた実験で，丸い種子をつくる純系のエンドウとしわのある種子をつける純系のエンドウを親として交配実験を行い子の代を得た。さらに，子の代のエンドウを自家受粉させることで孫の代を得た。表２は，孫の代のエンドウⅠ～Ⅲの交配実験と，そのとき得られる種子の比を示したものである。丸い種子にする遺伝子をＡ，しわのある種子にする遺伝子をａとして，エンドウⅠ～Ⅲのもつ遺伝子として適当なものを次の①～③の中から選び番号で答えなさい。

表2

交配実験の組み合わせ	得られる種子の比
Ⅰ×Ⅱ	丸：しわ　＝　1　：　0
Ⅰ×Ⅲ	丸：しわ　＝　1　：　1
Ⅲ×Ⅲ	丸：しわ　＝　3　：　1

①　AA　　②　Aa　　③　aa

2　心臓は規則正しい運動（拍動）によって全身に血液を送り出している。心臓における血液の循環について次の⑴～⑷の問いに答えなさい。

⑴　図Ａ～Ｃ（次のページ）はヒトの心臓の動き方について表したものである。図Ａ～Ｃの説明として最も適するものを次の①～⑧からそれぞれ選び番号で答えなさい。

①心室が広がると動脈から心室に血液が流れ込む。

②心室が広がると心房から心室に血液が流れ込む。

③心房が収縮すると静脈に血液が流れ出る。

④心室が収縮すると静脈に血液が流れ出る。

⑤心室が広がると心室から心房に血液が流れ込む。
⑥心室が収縮すると心室から動脈に血液が流れ出る。
⑦心房が広がると動脈から心室に血液が流れ込む。
⑧心房が広がると静脈から心房に血液が流れ込む。

図A　　　　　　　　図B　　　　　　　　図C

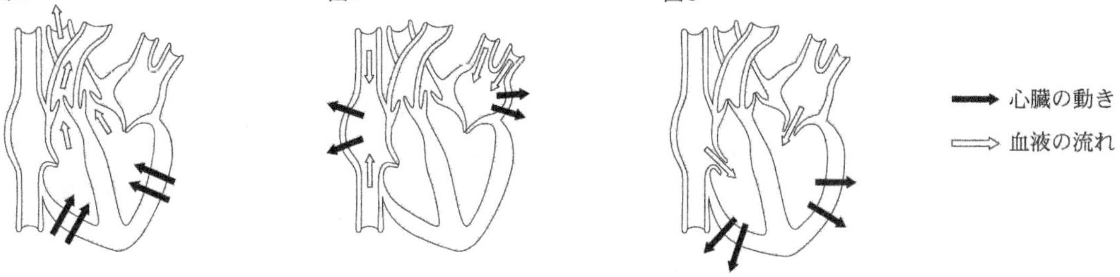

⑵　血液が心臓に流れ込み，心臓から出ていくまでの過程となるよう，⑴の図Ａ～Ｃを並びかえなさい。

⑶　次の文章を読み，①～③に適する語句や数字を答えなさい。

一般的に健全な成人において，１日の心拍数は約10万回になる。Ｉさんは１分間当たり70回の拍動を生じていた。Ｉさんについて，毎分4.9Ｌの血液が心臓から送り出されているとすると，１回の拍動で（　①　）mLの血液を送り出していることになる。

また，各組織へと送られる血液量の割合はさまざまであるが，肝臓は人体の中で最も大きな器官であるため，血液の流入量も多い。肝臓へ流入する血液を運ぶ血管は２種類ある。肝臓には心臓から送り出される血液の４分の１が流入する。このことから，Ｉさんの場合，１分間あたりに肝臓に流入する血液の全量は（　②　）mLとなる。このうち，370mLは酸素を多く含む（　③　）という血液であるとすると，残りが小腸などの消化管から吸収した栄養素を含む血液である。

⑷　血液循環において，肺循環の過程として正しい順番となるよう，空欄ア～エに適する語句の組み合わせを次の①～⑧から選び番号で答えなさい。

〔　肺循環　〕　　右心室　→　（　ア　）　→　（　イ　）　→　（　ウ　）　→　（　エ　）

	（　ア　）	（　イ　）	（　ウ　）	（　エ　）
①	肺静脈	肺	肺動脈	右心室
②	肺静脈	各組織	肺動脈	左心室
③	肺動脈	肺	肺静脈	左心室
④	肺動脈	各組織	肺静脈	右心房
⑤	肺動脈	肺	肺静脈	左心房
⑥	肺動脈	各組織	肺静脈	左心房
⑦	肺静脈	肺	肺動脈	右心房
⑧	肺静脈	各組織	肺動脈	右心室

3　Ａ～Ｆの６種類の気体の性質を，次のページの表にまとめた。Ａ～Ｆは水素，塩化水素，酸素，二酸化炭素，窒素，アンモニアのいずれかである。また，Ａ～Ｆの６種類の気体について実験１と実験２を行った。後の⑴～⑷の問いに答えなさい。

表

	A	B	C	D	E	F
水への溶けやすさ	溶けやすい	溶けにくい	溶けにくい	溶けやすい	溶けにくい	少し溶ける
燃えるか燃えないか	燃えない	燃えない	燃える	燃えない	燃えない	燃えない
におい	あり	なし	なし	あり	なし	なし
空気を1としたときの密度の比	0.6	1.1	0.07	1.3	0.97	1.5
その他の性質	有毒	空気中の約20%を占める	無色	有毒	空気中の約80%を占める	空気中の約0.04%を占める

〔実験１〕 ６本の試験管それぞれに気体と水を入れ，栓をしてふってからマグネシウムの小片を入れたところ，Dの試験管内だけ激しく反応した。

〔実験２〕 水で湿らせた赤色リトマス紙をそれぞれの気体にふれさせると，Aだけ青色に変化した。

(1) B，C，Fの気体の名称をそれぞれ答えなさい。

(2) BTB溶液を黄色に変化させる気体をすべて選び，A～Fの記号で答えなさい。

(3) Fの気体を集めるには図のア，イのどちらの方法でもよいが，アの方法で集めることが多い。その理由を述べた次の文の空欄にあてはまる句を15字以内で答えなさい。

「Fの気体は水に少しだけ溶けるので，アの方が［　　　　　　　　］から。」

図　ア　イ

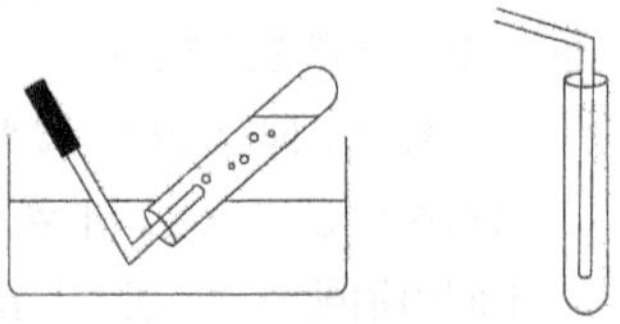

(4) 実験１において，マグネシウムの小片の代わりに炭酸水素ナトリウムの粉末を用いて実験を行った場合でも，Dの試験管内だけに変化があった。この変化を化学反応式で示しなさい。

4 図のような装置を使って，金属の粉末を空気中で加熱する実験１と実験２を行った。次の(1)～(4)の問いに答えなさい。

図

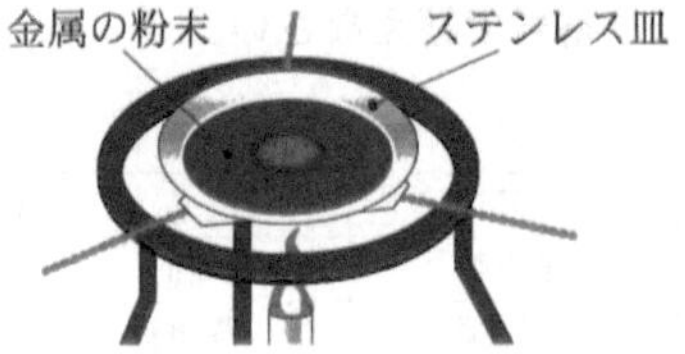

〔実験１〕 異なる質量のマグネシウム粉末を用意し，十分に加熱した後に質量をはかった。その結果は表１のようになった。

表1

加熱前の質量〔g〕	3.0	6.0	9.0	12	15
加熱後の質量〔g〕	5.0	10	15	20	25

〔実験２〕 一定質量の銅粉末を複数用意し，加熱時間を変えて質量をはかった。その結果は表２のようになった。

表2

加熱時間〔分〕	0	1	2	3	4	5	6
質量〔g〕	2.8	3.0	3.2	3.4	3.5	3.5	3.5

⑴　3.6 g のマグネシウムに結びつく酸素は何 g か答えなさい。

⑵　一定量の酸素と結びつくマグネシウムと銅の質量の比を最も簡単な整数の比で答えなさい。ただし，マグネシウムも銅も十分加熱したものとする。

⑶　4.0 g の銅に，ある量のマグネシウムを加えた混合物を十分加熱したところ，反応後の質量は6.0 g になった。加えたマグネシウムは何 g か答えなさい。

⑷　マグネシウムと銅の混合物10 g を十分加熱したところ，反応後の質量は15 g になった。加熱前の混合物に銅は何 g 含まれていたか答えなさい。

5　モノコードを用いた実験１と実験２について次の⑴～⑷の問いに答えなさい。

図は，モノコード，マイクロホン，簡易オシロスコープを用いた装置でありＸ，Ｙはことじを置く位置を示している。弦は一方の端を図のＺ部分に固定し，他方をねじで張ることとする。同じ材質で太さの異なる弦を２本用意し，実験に用いることじの位置，ねじの張りの強弱，弦の太さの組み合わせを変えてＺとことじの中央をはじいた。そのときに出た音をマイクロホンを通して簡易オシロスコープに表示させ記録した。

図

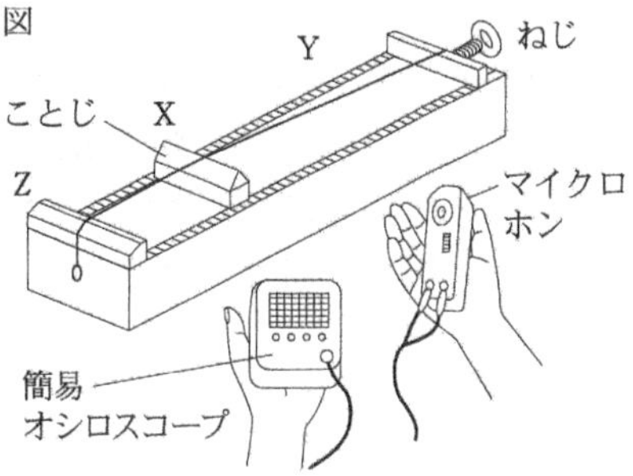

〔実験１〕　ことじの位置，ねじの張りを変えずに細い弦と太い弦を同じ強さではじいた。

〔結　果〕　細い弦の方が高い音が出た。

〔実験２〕　はじく強さを同じにし，ことじの位置，ねじの張り，弦の太さをＡ～Ｄにそれぞれ変え簡易オシロスコープの表示を記録した。次の表は結果をまとめたものである。

〔結　果〕

表

	A	B	C	D
ことじの位置	X	Y	X	Y
ねじの張りの強さ	強い	弱い	弱い	弱い
弦の太さ	細い	細い	細い	太い
簡易オシロスコープの画面	a	b	c	d

a　　b　　c　　d

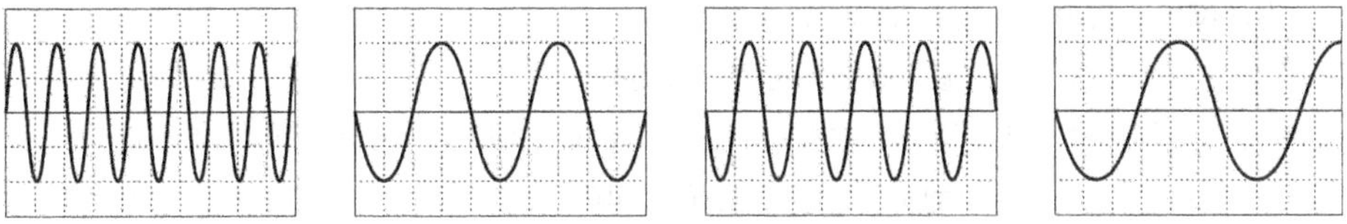

⑴　同じ太さの弦で長さやねじの張りを変えずにはじく強さを変えたとき，観察される簡易オシロスコープの画像として次に示す画像Ⅰ～Ⅳの中から最も適する組み合わせを下のア～カから選び記号で答えなさい。

Ⅰ　　Ⅱ　　Ⅲ　　Ⅳ

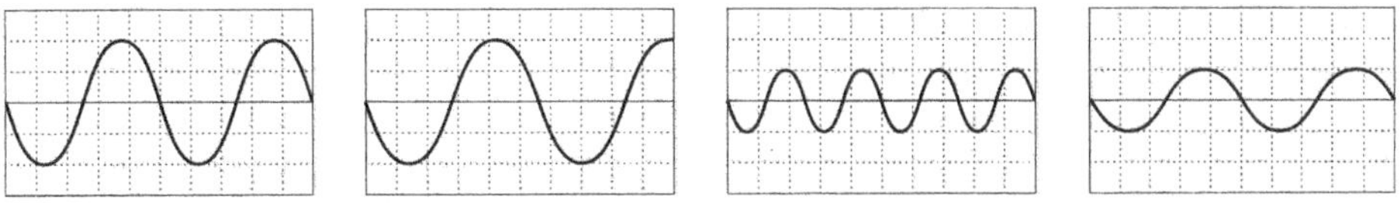

ア．ⅠとⅡ　　イ．ⅠとⅢ　　ウ．ⅠとⅣ　　エ．ⅡとⅢ　　オ．ⅡとⅣ　　カ．ⅢとⅣ

⑵　実験２において，弦の長さによる簡易オシロスコープの画面の変化を観察したいとき，ａ～ｄのどの画面を比較すればよいか。次のア～カから選び記号で答えなさい。

ア．ａとｂ　イ．ａとｃ　ウ．ａとｄ　エ．ｂとｃ　オ．ｂとｄ　カ．ｃとｄ

⑶　実験２において，装置のことじの位置をX，ねじの張りを強く，弦を太い弦に変えたところ，表示された画面は実験２の結果の画面ａ～ｄのいずれかと同じになった。表示された画面として最も適するものをａ～ｄから選び記号で答えなさい。

⑷　実験２において，表中のＢのモノコードの振動数は何Ｈｚか答えなさい。ただし，簡易オシロスコープの横軸の目盛りは１マス0.001秒で10マス分表示されている。

6　Ｉさんは部屋のコンセントで使っている電気製品のうち，電気料金が多くかかるものは何かに興味をもち，身の回りの電気製品の消費電力と１日の使用時間を表にまとめた。この表について次の⑴～⑷の問いに答えなさい。ただし，部屋のコンセントは100Ｖであり，使用している間の各製品の消費電力量は一定で待機電力は考えないものとする。

表

電気製品名	テレビ	電気ポット	エアコン	デスクライト	電気毛布
消費電力	100V－35W	100V－1200W	100V－400W	100V－8W	100V－50W
1日の使用時間	3時間	10分	2時間	4時間	8時間

⑴　テレビを１分間使用したときの電力量は何kJか答えなさい。

⑵　電力量の単位にはWではなくkWhも用いられる。１kWhは１kWの電力を１時間使用した場合の電力量である。１kWhの電力量を使用すると，エアコンは何分間動かすことができるか答えなさい。

⑶　電気ポットで2000ｇの水を20℃から100℃まで沸かすとき，何分何秒かかるか答えなさい。ただし，水１ｇの温度を１℃上げるのに必要な熱量は4.2Ｊであるとする。

⑷　表から，全ての電気製品を１日使用したとき，電力量の最も大きい電気製品の名称を答えなさい。

7　火山に関する次の⑴～⑹の問いに答えなさい。

⑴　次の文章中のＡ～Ｃに適する語句を答えなさい。

地球の内部では，熱・圧力・水などの影響により，地下の岩石が溶けてできた（　Ａ　）が存在している。（　Ａ　）が地上付近まで上昇して噴火が始まると，火口から火山ガスや火山灰がふき出されたり，（　Ａ　）が（　Ｂ　）として地表に流れたりする。火山ガスや火山灰，（　Ｂ　）をまとめて（　Ｃ　）と呼ぶ。

⑵　⑴の（Ｃ）の１種である軽石の表面には，一般的に穴が開いている。この穴ができる原因として最も適するものを次のア～エから選び記号で答えなさい。

ア．軽石同士が空中でぶつかったから。

イ．軽石の表面に付着した鉱物が取れてしまったから。

ウ．溶けていた気体が抜け出しながら冷えて固まったから。

エ．軽石ができた後に雨が降って，水に溶ける成分が流れ出たから。

⑶　火山灰が堆積してできた岩石を何というか答えなさい。

＊⑷～⑹の問いは，次に示す観察の内容について答えなさい。

ある火山から噴出した火山灰がどのようなものを含んでいるか調べるために，以下の手順で観察を行った。

〔手順１〕　火山灰を用意する。

〔手順２〕

〔手順３〕　手順２をおこなった火山灰を双眼実体顕微鏡で観察し，スケッチする。

⑷　手順２として最も適するものを，次のア～エから選び記号で答えなさい。

ア．火山灰を試験管に入れ，ベネジクト液を加えて加熱する。

イ．火山灰を蒸発皿に入れ，にごりがなくなるまで水を加えて指でおし洗いをする。

ウ．火山灰をショ糖水溶液がはいったホールスライドガラスに入れる。

エ．火山灰をステンレス皿に入れ，ガスバーナーで加熱して，冷ましておく。

⑸　観察した火山灰にはカンラン石や輝石などの有色鉱物が多く観察された。この火山灰を噴出した火山の特徴として最も適するものを，次のア～カから選び記号で答えなさい。

ア．地下の岩石が溶けてできた物質は粘り気が強く，噴火が激しく，火山の形は傾斜が緩やかである。

イ．地下の岩石が溶けてできた物質は粘り気が強く，噴火が激しく，火山の形は傾斜が急である。

ウ．地下の岩石が溶けてできた物質は粘り気が強く，噴火が穏やかで，火山の形は傾斜が急である。

エ．地下の岩石が溶けてできた物質は粘り気が弱く，噴火が激しく，火山の形は傾斜が緩やかである。

オ．地下の岩石が溶けてできた物質は粘り気が弱く，噴火が激しく，火山の形は傾斜が急である。

カ．地下の岩石が溶けてできた物質は粘り気が弱く，噴火が穏やかで，火山の形は傾斜が緩やかである。

⑹　この火山からつくられる火山岩として最も適するものを，次のア～エから選び記号で答えなさい。

ア．はんれい岩　　イ．花こう岩　　ウ．流紋岩　　エ．玄武岩

【社　会】（45分）　＜満点：100点＞

1　次のⅠ～Ⅳ図を見て，後の⑴～⑷の問いに答えなさい。なお，Ⅰ図中のⓐ～ⓓは都市を示している。

Ⅰ図

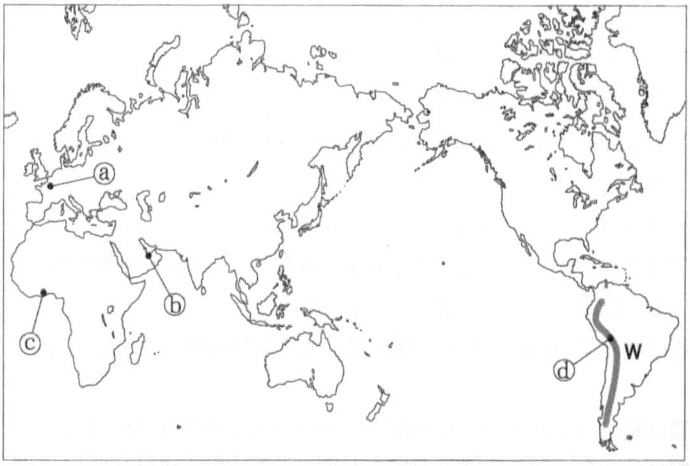

Ⅱ図

	A	いも類	野菜類	B	肉類	C
オランダ	27	221	284	22	176	224
ドイツ	152	117	40	25	114	123
フランス	190	116	73	57	98	123
イタリア	66	45	141	106	79	68
スペイン	72	60	183	135	125	76
日本	12	73	77	38	51	59

自給率（%）　120以上　100～120　50～100　50未満

※日本のみ2018年，ほかは2013年。

（平成30年度食料需給表より作成）

Ⅲ図

Ⅳ図

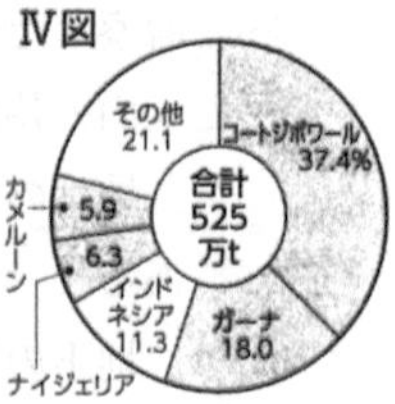

（FAOSTAT）

⑴　Ⅰ図中の都市ⓐは西岸海洋性気候に属するパリである。次のⅰ）・ⅱ）の問いに答えなさい。

ⅰ）西岸海洋性気候の特徴について述べた文として正しいものを，次のア～エから一つ選び，記号で答えなさい。

ア　夏と冬の気温差が大きく，四季が明確であり，一年を通して降水量が多い。

イ　偏西風や暖流の影響を受けるため，冬は緯度のわりに比較的温暖であり，一年を通して降水がみられる。

ウ　夏は温暖であるが，降水量が少なく乾燥するため，かんきつ類などの栽培に適している。

エ　一年を通して気温が高く降水量も多いため，四季の変化がみられない。一日の天気が変化しやすくスコールなどがみられる。

ⅱ）都市ⓐを首都とする国は，ＥＵ最大の農業国である。Ⅱ図はＥＵ加盟国と日本の食料自給率を表している。Ⅱ図中の**A**～**C**に当てはまる品目の組み合わせとして正しいものを，右のア～カから一つ選び，記号で答えなさい。

記号	A	B	C
ア	果実類	小麦	牛乳乳製品
イ	果実類	牛乳乳製品	小麦
ウ	小麦	果実類	牛乳乳製品
エ	小麦	牛乳乳製品	果実類
オ	牛乳乳製品	果実類	小麦
カ	牛乳乳製品	小麦	果実類

⑵　Ⅰ図中の都市ⓑは砂漠気候に属するドバイである。次のⅰ）・ⅱ）の問いに答えなさい。

ⅰ）Ⅲ図は都市ⓑにつくられた人工島である。砂漠が多いこの地域に豊かな生活をもたらしたものとして，原油があげられる。産油国が自らの利益を守るために1960年に結成した組織を何というか，答えなさい。

ⅱ）都市ⓑとその周辺について述べた次のページの文中の空欄（**X**）・（**Y**）に当てはまる語句の組み合わせとして正しいものを，後のア～エから一つ選び，記号で答えなさい。

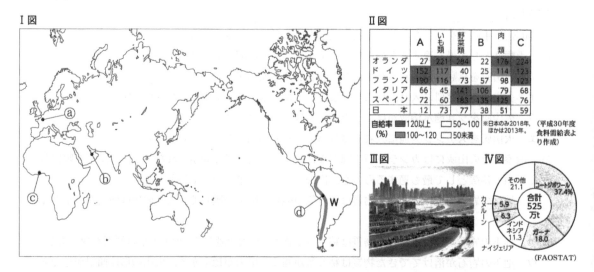

> 都市ⓑは（　X　）半島に位置し，半島の東側にはペルシャ湾がみられる。宗教は主に（　Y　）教が信仰されており，人々はモスクでの礼拝や日常生活の規律など，細かいきまりを守りながら生活をしている。

記号	X	Y
ア	アラビア	ヒンドゥー
イ	アラビア	イスラム
ウ	イベリア	ヒンドゥー
エ	イベリア	イスラム

⑶　Ⅰ図中の都市ⓒは熱帯気候に属するアクラである。Ⅳ図は熱帯気候での栽培に適したある作物の生産量（2018年）を示したものである。この作物は何か，答えなさい。

⑷　Ⅰ図中の都市ⓓは高地に位置するクスコである。次のⅰ）・ⅱ）の問いに答えなさい。

ⅰ）都市ⓓが位置するWの山脈名を答えなさい。

ⅱ）都市ⓓとその周辺で多くみられる民族衣装の写真を，次のア～エから一つ選び，記号で答えなさい。

ア

イ

ウ

エ

2　次のⅠ図・表1を見て，後の⑴～⑷の問いに答えなさい。

Ⅰ図　山陰・瀬戸内・南四国を含む地域

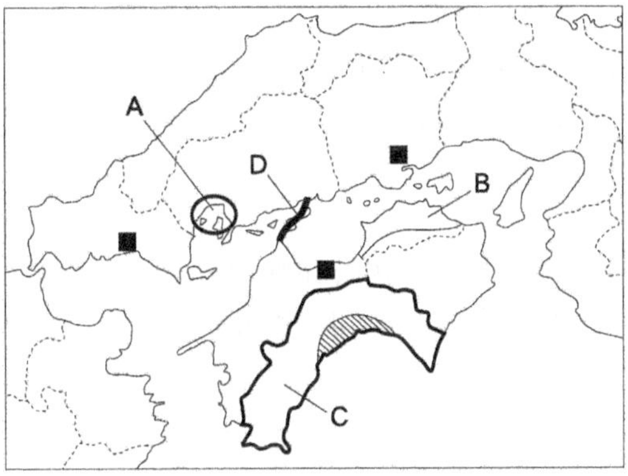

表1　ある農産物の都道府県別出荷量上位5県（2022年）

都道府県	出荷量（t）
C県	38,663
熊本県	30,900
群馬県	24,780
福岡県	16,040
茨城県	15,978
その他	110,539
合計	236,900

（農林水産省統計表より作成）

⑴　Ⅰ図中の瀬戸内について，次のⅰ）～ⅲ）の問いに答えなさい。

ⅰ）Ⅰ図中Aの地域で盛んな養殖業を，次のア～エから一つ選び，記号で答えなさい。

ア　スケソウダラの養殖　　イ　昆布の養殖　　ウ　かきの養殖　　エ　ほたてがいの養殖

ⅱ）Ⅰ図中Bの平野を何というか，答えの欄に合う形で答えなさい。

ⅲ）瀬戸内の気候の特徴について述べた文として正しいものを，次のア～エから一つ選び，記号で答えなさい。

ア　夏から秋にかけて吹く南東からの季節風や台風の影響を受け，多くの雨が降る。

イ　夏も冬も季節風が山地にさえぎられるため，晴天の日が多く降水量が少ない。

ウ　冬に吹く北西からの季節風の影響で雪や雨の日が多く，山沿いを中心にたくさんの雪が積もる。

エ　暖流である親潮と寒流であるリマン海流が近くを流れているため，冬でも比較的温暖である。

⑵　Ⅰ図中■の都市には石油製品の生産に関連する企業が集まり，互いにパイプラインで結ばれ，原料や燃料などを効率よく輸送できるようになっている。このような企業が集まっている地域を何というか，答えなさい。

⑶　Ⅰ図中C県について，次のⅰ）・ⅱ）の問いに答えなさい。

ⅰ）Ⅰ図中 ▨ の平野では，温暖な気候を生かした野菜の生産が盛んで，夏が旬であるピーマンやししとうなどの野菜を端境期にあたる冬から春にかけて出荷するため，ビニールハウスを利用した栽培が行われている。この栽培方法を何というか，答えの欄に合う形で答えなさい。

ⅱ）表1は，ある農産物の都道府県別出荷量上位5県を示したものである。この農産物は何か，次のア～エから一つ選び，記号で答えなさい。なお，Ⅰ図中と表1中の記号は一致している。

ア　なす　　イ　トマト　　ウ　キャベツ　　エ　玉ねぎ

⑷　Ⅰ図の地域では，1988年から1999年にかけて3ルートの本州四国連絡橋が建設された。本州四国連絡橋について，次のⅰ）・ⅱ）の問いに答えなさい。

ⅰ）Ⅰ図中Dのルートは，1999年に開通した「しまなみ海道」である。しまなみ海道は何市と何市を結んでいるルートか，次のア～エから一つ選び，記号で答えなさい。

ア　児島－坂出　　イ　神戸－鳴門　　ウ　尾道－今治　　エ　下関－北九州

ⅱ）本州四国連絡橋の開通は，地域の人々の生活に変化をもたらした。この生活の変化について述べた文として正しいものを，次のア～エから一つ選び，記号で答えなさい。

ア　フェリーの利用者が増えたため，フェリーの便数が増加した。

イ　四国地方から，近畿地方の大都市に買い物に出かける人が減少した。

ウ　自動車を利用する人が減り，交通渋滞や騒音などの公害が減少した。

エ　移動時間が短縮され，農作物などの輸送が活発になった。

3　育美さんと英二さんは夏休みの自由研究で，各世紀のできごとの中で印象に残ったものを年表形式でまとめることにした。英二さんは偶数の世紀の担当となり，次のような表をつくった。表を見て，後の⑴～⑹の問いに答えなさい。

世紀	できごと
2世紀	中国で製紙法が改良された。
4世紀	西日本を中心に、①多くの古墳がつくられた。
6世紀	仏像・経典が朝鮮半島経由で日本に伝わり、②寺院がつくられるようになった。
8世紀	710年に都が奈良の（　X　）に移された。
10世紀	関東では（　Y　）が、瀬戸内地方では藤原純友が、同時期に大きな反乱を起こした。
12世紀	（　Z　）が鎌倉に幕府を開いた。
14世紀	第3代将軍③足利義満のころ、南北朝の動乱が次第に収まり、南北朝が統一された。
16世紀	イエズス会宣教師により、④キリスト教が日本に伝来した。
18世紀	⑤徳川吉宗が政治改革を行い、幕府の財政難に対応した。

⑴　表中の空欄（X）～（Z）に当てはまる語句を，それぞれ答えなさい。

⑵　①について，右の図のような形状の古墳を何というか，答えの欄に合う形で答えなさい。

⑶　②について，７世紀に聖徳太子（厩戸皇子）によって斑鳩《いかるが》の地につくられ８世紀初めまでに再建された，右の写真の寺院を何というか，**漢字**で答えなさい。

⑷　③について，この人物が誕生した14世紀後半のできごととして正しいものを，次のア～エから一つ選び，記号で答えなさい。

ア　ドイツのルターが，免罪符を売るカトリック教会の活動を批判し，宗教改革が始まった。

イ　バスコ・ダ・ガマがアフリカ南端を通って，インドに到達した。

ウ　マルコ・ポーロが「東方見聞録」の中で，日本をジパングと紹介した。

エ　中国で元王朝がほろび，明王朝がおこった。

⑸　④について，次のⅰ）・ⅱ）の問いに答えなさい。

ⅰ）16世紀のできごととして**誤っているもの**を，次のア～エから一つ選び，記号で答えなさい。

ア　豊臣秀吉が，バテレン追放令を出した。

イ　幕府が，かくれているキリスト教信者を発見するために，絵踏を行った。

ウ　大村氏が，領地の長崎をイエズス会に寄進した。

エ　イエズス会宣教師として，ザビエルが来日した。

ⅱ）1582年，大友宗麟らはキリスト教信者の少年四人をローマ教皇のもとへ派遣した。この使節を何というか，答えの欄に合う形で答えなさい。

⑹　⑤について，次のⅰ）・ⅱ）の問いに答えなさい。

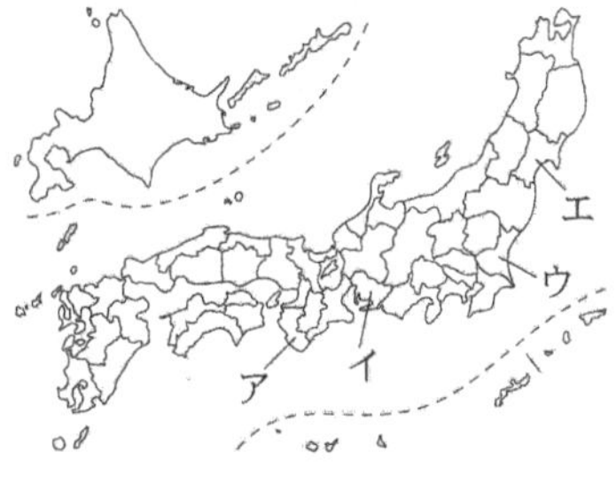

ⅰ）徳川吉宗の出身地である紀伊藩の中心はどこか，現在の都道府県に置き換え，右の地図中ア～エから一つ選び，記号で答えなさい。

ⅱ）徳川吉宗の政治改革について述べた文として正しいものを，次のア～エから一つ選び，記号で答えなさい。

ア　出稼ぎを禁止し，江戸に出てきていた農民を村に帰らせた。

イ　佐賀藩を中心に反射炉をつくらせ，質の良い鉄をつくることができるようになった。

ウ　上げ米の制を定めて幕府への収入増加をはかったほか，新田開発などによる年貢増加も試みた。

エ　人々に慈悲の心を持たせるため，極端な動物愛護政策を採用した。

4　日本と他国との関係を年代順に述べた次のＡ～Ｆの文を読んで，後の⑴～⑻の問いに答えなさい。

Ａ：朝鮮で起こった農民反乱をきっかけに，その鎮圧を朝鮮政府から求められた清とそれに対抗した日本の軍隊が衝突したことで，①日清戦争が始まった。日本軍は優勢に戦いを進め，下関条約が結ばれた。

Ｂ：義和団事件が鎮圧された後もロシアは大軍を満州にとどめたため，満州と隣り合う韓国を勢力範囲としたい日本と，清での利権を確保したいイギリスは日英同盟を結び，ロシアに対抗した。②戦争の危機がせまる中で開戦に反対する人々もいたが，ほとんどの新聞は開戦論を主張し，世論を動かした。政府は交渉をあきらめて，開戦に踏みきり，（　X　）が始まった。

C：サラエボ事件をきっかけとして，オーストリアはセルビアに宣戦布告し，まもなく各国も参戦して③同盟国と連合国に分かれて，第一次世界大戦が始まった。日本も日英同盟に基づいて連合国側で参戦し，戦争はアジア・太平洋地域にも広がった。

D：中国で日本が持つ権益を取り戻そうとする動きがさらに強まると，関東軍は④南満州鉄道（満鉄）の線路を爆破し（柳条湖事件），これを中国軍のしわざとして軍事行動を開始し，（　Y　）が始まった。関東軍は満州の主要地域を占領し，清の最後の皇帝であった溥《ふ》儀《ぎ》を元首とする満州国の建国が宣言された。

E：満州を支配下に置いた日本はさらに中国北部に侵入した。北京郊外で起こった日中両国軍の武力衝突（盧溝橋事件）をきっかけに，⑤日中戦争が始まった。戦火は中国中部に拡大し，全面戦争に発展した。

F：日本が南進を行うなかで，⑥アメリカは日本に対し石油などの輸出禁止に踏みきり，イギリスやオランダも同調した。中国との戦争に不可欠な石油を断たれた日本では，早期にアメリカ・イギリスと開戦するしかないという主張が高まった。東条英機内閣はアメリカとの交渉を打ち切り，日本軍はアメリカの軍事基地があるハワイの真珠湾を奇襲攻撃するとともに，イギリス領マレー半島に上陸し，（　Z　）が始まった。

⑴　文中の空欄（X）～（Z）に当てはまるできごとを，それぞれ**漢字**で答えなさい。

⑵　Aの文中①＿＿＿について，日清戦争の開戦直前にイギリスと日英通商航海条約を結び，領事裁判権の撤廃に成功した外務大臣を，次のア～エから一人選び，記号で答えなさい。

ア　大隈重信　　イ　陸奥宗光　　ウ　小村寿太郎　　エ　井上馨

⑶　Bの文中②＿＿＿について，キリスト教徒の立場から非戦論を主張し開戦に反対した人物を，次のア～エから一人選び，記号で答えなさい。

ア　石川啄木　　イ　新島襄　　ウ　内村鑑三　　エ　芥川龍之介

⑷　Cの文中③＿＿＿について，連合国側に加わった国として**誤っているもの**を，次のア～エから一つ選び，記号で答えなさい。

ア　ドイツ　　イ　イタリア　　ウ　フランス　　エ　ロシア

⑸　Dの文中④＿＿＿について，日本がこの鉄道の利権を獲得した条約を，次のア～エから一つ選び，記号で答えなさい。

ア　ワシントン海軍軍縮条約　　イ　ポーツマス条約

ウ　南京条約　　エ　ベルサイユ条約

⑹　Eの文中⑤＿＿＿　ついて，日中戦争が長期化するにつれて，日本政府は軍部の要求に従い，戦時体制を整えていった。近衛文麿内閣の下で政府は議会の承認なしに労働力や物資を徴発できるようになった。このことを定めた法律を何というか，答えなさい。

⑺　Fの文中⑥＿＿＿について，アメリカ主導による経済封鎖政策を日本では何と呼んだか，次のア～エから一つ選び，記号で答えなさい。

ア　大西洋憲章　　イ　大東亜共栄圏構想　　ウ　ヤルタ協定　　エ　ＡＢＣＤ包囲陣

⑻　次のGの文を，上のA～Fとともに年代順に並べる場合，どの位置が適切か，次のページのア

～キから一つ選び，記号で答えなさい。

> Ｇ：東京・横浜を中心に大きな被害をもたらした関東大震災は，日本の経済に大きな打撃をあたえ，その後の混乱などから金融恐慌が起こり，多くの銀行が休業に追いこまれた。さらにアメリカから始まった世界恐慌は日本にもおよび，昭和恐慌と呼ばれる深刻な不況が発生した。

ア　Ａの前　　イ　ＡとＢの間　　ウ　ＢとＣの間　　エ　ＣとＤの間
オ　ＤとＥの間　　カ　ＥとＦの間　　キ　Ｆの後

5　次の会話文を読んで，後の(1)～(6)の問いに答えなさい。

先生：育男さんと英子さんは将来どんな仕事に就きたいと思っているの。

育男：私は裁判官になりたいです。

英子：私は地方公務員になりたいです。

先生：二人ともすてきな夢を持っているね。育男さん，裁判には民事裁判と刑事裁判があることは知っているよね。何が違うかわかるかな。

育男：民事裁判は訴えた人と訴えられた人の間で裁判が行われます。刑事裁判は警察官が捜査して，（　Ａ　）官が起訴すると裁判が行われます。

先生：そうだね。刑事裁判では，罪を犯した疑いのある人にも多くの権利が保障されているよ。なぜだかわかるかな。

育男：①被疑者や被告人は，有罪の判決を受けるまでは無罪とみなされるからです。

先生：その通り。だからこそ慎重に②公開された場で審理を進める必要があるね。
英子さんの夢は地方公務員だったね。地方公務員も国家公務員も，公務員は「（　Ｂ　）の奉仕者」として仕事をすることが求められているよ。

英子：はい。そのことは社会科の授業で教わったので覚えています。私はまず市役所で働きたいです。

先生：地方自治は身近な民主主義を行う場であることから，「民主主義の（　Ｃ　）」とよばれているよ。市役所で働き始めたら，住民の満足度を高めるために住民の声を行政に反映させてね。

英子：市役所でいろいろと勉強した後，いつか③市長や県知事に立候補したいです。

先生：大きな夢を抱いているね。④地方自治には住民が首長も地方議員も直接選挙で選ぶという特徴があるから，地方議員として地方自治に関わる方法もいいかもね。

英子：住民の代表になれて，いい政策を考えたとしても，それを実現するためには財源が必要ですよね。

先生：そうだね。地方公共団体には自主財源と依存財源があって，自主財源には（　Ｘ　）や公共施設の使用料などがあるね。ただ各地域の住民数が違うから地方公共団体間で税収の格差が大きいし，自主財源だけで必要な事業を行うことは難しいんだ。だから国は地方公共団体に対して依存財源として，格差をおさえるための（　Ｙ　）を配分しているし，義務教育や公共工事などに使い方を限定する（　Ｚ　）を支給しているよ。それでも不足する場合，地方公共団体は地方債を発行するよ。

育男：私の家の周りにも東京などに引っ越していく人が多いから，私の地域の自主財源はどんどん減っているのかな。

先生：そうかもしれないね。そのような中でも工夫して地方創成を進めていくことが大切だね。

⑴　会話文中の空欄（A）～（C）に当てはまる語句を，それぞれ**漢字二字**で答えなさい。

⑵　会話文中の空欄（X）～（Z）に当てはまる地方財政の歳入の組み合わせとして正しいものを，次のア～エから一つ選び，記号で答えなさい。

記号	X	Y	Z
ア	地方税	地方交付税交付金	国庫支出金
イ	国庫支出金	地方交付税交付金	地方税
ウ	地方税	国庫支出金	地方交付税交付金
エ	国庫支出金	地方税	地方交付税交付金

⑶　①＿＿について，この原則を何というか，答えの欄に合う形で答えなさい。

⑷　②＿＿について，公正な裁判を行うために，裁判は原則として公開される。公開された裁判の傍聴の仕方について述べた文として**誤っているもの**を，次のア～エから一つ選び，記号で答えなさい。

ア　裁判所に入る前に，身分証明書を提示しなければならない。

イ　裁判の妨げとなるような発言をしたり，大きな声を出したりしてはいけない。

ウ　裁判を録音・撮影することは，基本的に許可されていない。

エ　法廷内にビラや旗等を持ち込んで，傍聴することはできない。

⑸　③＿＿について，市長と県知事の被選挙権が認められる年齢の組み合わせとして正しいものを，次のア～エから一つ選び，記号で答えなさい。

記号	市長	県知事
ア	満18歳	満20歳
イ	満18歳	満25歳
ウ	満20歳	満25歳
エ	満25歳	満30歳

⑹　④＿＿について，この制度を何というか，答えの欄に合う形で答えなさい。

6　「公民」の授業で，『私たちの暮らしと経済』について調べてまとめる課題が出された。右のメモは，生徒たちが取り組んだテーマの一覧である。メモを見て，後の⑴～⑷の問いに答えなさい。

生徒A：世界経済の歴史
生徒B：私たちの消費生活
生徒C：企業活動のしくみ
生徒D：価格の働きと経済

⑴　生徒Aのテーマ「世界経済の歴史」について，次の表は世界経済に関するできごとについてまとめたものである。表中の①～③を，古いものから年代順に並べかえなさい。

①	第四次中東戦争をきっかけとした石油価格の高騰によって、第一次石油危機が発生した。
②	アメリカの大手証券会社の破綻をきっかけに、世界金融恐慌が起こった。
③	ソ連において、経済の活性化を目指してペレストロイカと呼ばれる改革が進められた。

⑵　生徒Bのテーマ「私たちの消費生活」について，次のⅰ）・ⅱ）の問いに答えなさい。

ⅰ）次のページの文中の空欄（X）～（Z）に当てはまる語句の組み合わせとして正しいものを，後のア～カから一つ選び，記号で答えなさい。

商品の性能などについては，（　X　）がすべてのことを理解することは難しく，（　Y　）のほうが圧倒的に多くの情報を持っている。そこで，（　X　）は自ら商品に対する知識や情報を広く収集するとともに，（　Z　）が（　X　）を守るために法律やしくみを整備することが重要になる。

ア　X－企業　Y－政府　Z－消費者　　イ　X－企業　Y－消費者　Z－政府
ウ　X－政府　Y－企業　Z－消費者　　エ　X－政府　Y－消費者　Z－企業
オ　X－消費者　Y－企業　Z－政府　　カ　X－消費者　Y－政府　Z－企業

ⅱ）次の①・②の文について，正誤の組み合わせとして正しいものを，下のア～エから一つ選び，記号で答えなさい。

①商品の販売動向の分析や，商品の製造，流通の効率化をはかるために，ＰＯＳシステムが導入されている。

②流通の合理化をはかることを目的として，大規模小売業者が生産者から直接仕入れる流通経路はなくなった。

ア　①－正　②－正　　イ　①－正　②－誤
ウ　①－誤　②－正　　エ　①－誤　②－誤

⑶　生徒Cのテーマ「企業活動のしくみ」について，次のⅰ）・ⅱ）の問いに答えなさい。

ⅰ）株式会社について，**株主**と**経営者**の一般的な立場を示した次のⓐ～ⓓの文の組み合わせとして正しいものを，下のア～エから一つ選び，記号で答えなさい。

ⓐ株式を発行して資金を集める。　ⓑ経営の基本方針について議決権を持つ。
ⓑ利益の一部を分配する。　ⓓ会社が倒産しても，出資額以上の責任はない。

ア　**株主**：ⓐ・ⓒ　**経営者**：ⓑ・ⓓ　　イ　**株主**：ⓑ・ⓒ　**経営者**：ⓐ・ⓓ
ウ　**株主**：ⓐ・ⓓ　**経営者**：ⓑ・ⓒ　　エ　**株主**：ⓑ・ⓓ　**経営者**：ⓐ・ⓒ

ⅱ）次の図は**家計・企業**と**銀行**の関係を模式的に表したものである。解説文中の空欄（X）・（Y）に当てはまる語句の組み合わせとして正しいものを，下のア～エから一つ選び，記号で答えなさい。

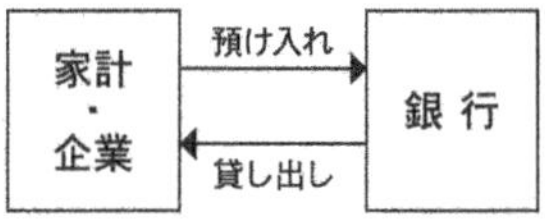

解説：銀行は家計・企業から資金を預かり，資金を必要とする人に貸し出す。この場合，貸し出しの利子率は，預け入れの利子率よりも（　X　）。また，一般的に，銀行の貸し出し利子率が下がれば，資金を借りようとする人は（　Y　）。

ア　X－低い　Y－増える　　イ　X－低い　Y－減る
ウ　X－高い　Y－増える　　エ　X－高い　Y－減る

⑷　生徒Dのテーマ「価格の働きと経済」について，次のⅰ）・ⅱ）の問いに答えなさい。

ⅰ）右の表は，ある商品の価格と需要量・供給量の関係を示している。表を見て，次のページの文中の空欄（X）に当てはまる数字を答えなさい。

価格（円）	需要量（個）	供給量（個）
300	500	180
400	420	260
500	340	340
600	260	420
700	180	500

この商品の価格が（　X　）円の場合，商品は160個売れ残る。このとき，価格は需要量と供給量がつりあうように変化する。

ⅱ）右のグラフは，家庭用ゲーム機と携帯電話における日本での生産集中度を示している。このグラフから考えられる問題について述べた次の文中の空欄（Y）に当てはまる語句を，**漢字二字**で答えなさい。

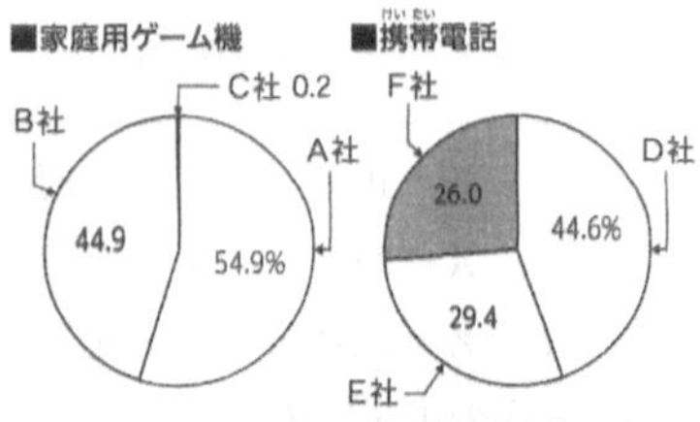

（2017年、日本経済新聞社資料より作成）

少数の企業に生産や販売が集中する状態では，企業同士の価格（　Y　）が弱まり，商品の価格が一方的に決められる恐れがある。さらに，価格（　Y　）が弱まると，消費者は不当に高い価格で商品を購入する状況も起こる。このような場合には，政府の取り組みが求められることになる。

1　この作品の作者を次から選び、記号で答えなさい。

ア　与謝蕪村　　イ　小林一茶　　ウ　正岡子規　　エ　松尾芭蕉

2　次に挙げたのは、この作品の作者による俳諧である。夏の季節を詠んだものを選び、記号で答えなさい。

ア　五月雨の降りのこしてや光堂

イ　旅に病んで夢は枯野をかけめぐる

ウ　草の戸も住みかはる代ぞひなの家

エ　荒波や佐渡に横たふ天の川

問八　次の□を返り点に従って読むとき、**□**は何番目に読むか。**算用数字**で答えなさい。

□レ**□**レ□二□□□一。

の」は「大きなる土蜘蛛」に襲われた。

ウ　「座頭」と「琵琶法師」は同一の存在であるが、「座頭」と「大きなる土蜘蛛」は別の存在である。

エ　「宮」の霊妙不可思議な力を得た「ある人」の導きによって、「旅いたすもの」はやっとのことで命拾いをした。

オ　「命の親なり」には、「大きなる土蜘蛛」から救出してくれた「ある人」への感謝の念が込められている。

三　次の問いに答えなさい。

問一　次の漢字の部首名を後から選び、記号で答えなさい。

腕

ア　こざとへん　　イ　ふしづくり

ウ　うかんむり　　エ　にくづき

問二　次の――線部と同じ漢字になるものを後から選び、記号で答えなさい。

問題の解決策についてケン討する。

ア　理科の実ケンをする。　　イ　質素ケン約に努める。

ウ　真ケンなまなざし。　　エ　毎日、ケン温する。

問三　次の慣用句の□に共通する、身体の一部を表す漢字を答えなさい。

□に余る　　□を焼く　　□を回す

問四　次の――線部と品詞が同じものを後から選び、記号で答えなさい。

そんな難しいことは、僕にはできない。

ア　それぞれの動きはぎこちないが、なんとか劇はできあがった。

イ　話をよく聞かないので、同じ失敗を繰り返してしまう。

ウ　映画祭で受賞した作品だが、あまりおもしろくない。

エ　毎日習い事があるので、クラスの友人と遊ぶ暇がない。

問五　次の四字熟語のうち、□に入る漢数字の合計が最も小さいものを選び、記号で答えなさい。

ア　□寒□温　　イ　□差□別

ウ　□束□文　　エ　□載□遇

問六　次の――線部のうち、敬語の使い方が**誤っているもの**を**二つ**選び、記号で答えなさい。

先日、第一志望の大学のオープンキャンパスに参加した。その際の模擬講義で最後に教授がア申し上げていた、「ぜひ一緒に学びましょう」という言葉がとても印象に残った。キャンパスツアーでは、先輩が丁寧にイ案内してくださったおかげで、大学生活を具体的にイメージすることができた。その後、学生食堂で友人と昼食をウ召し上がっていると、先ほどの教授がエいらっしゃったので、「先生のお話をオうかがい、ますます入学したい気持ちが強まりました」と自分の思いをお伝えすることができた。

問七　次の文は、ある俳人の紀行文の一部である。これを読んで、後の問いに答えなさい。

月日は百代の過客にして、行きかふ年もまた旅人なり。

*土蜘蛛…地蜘蛛の異称。樹幹や垣根などの根元に巣を作る。
*座頭…盲人の琵琶法師のこと。
*とりもち…ガム状の粘着物質で、捕鳥・捕虫に用いる。

問一　═══線部「寄りゐて」を現代仮名遣いに改め、すべてひらがなで答えなさい。

問二　〰〰線部Ⅰ「いぶかしかりければ」・Ⅱ「つれづれに侍りしに」の本文中での意味として最も適当なものを次からそれぞれ選び、記号で答えなさい。

Ⅰ　いぶかしかりければ
ア　肌寒くなってきたので
イ　不審に思ったので
ウ　感興をもよおしたので
エ　聞き覚えのある声だったので

Ⅱ　つれづれに侍りしに
ア　辛くてどうしようもなく思っておりましたところ
イ　眠気にさいなまれてうとうとしておりましたところ
ウ　連れ立つ仲間が欲しいと思っておりましたところ
エ　なすこともなくぼんやりしておりましたところ

問三　――線部1「たそがれ」とは一日のうちのいつ頃か。最も適当なものを次から選び、記号で答えなさい。
ア　明け方のほの明るい頃　　イ　正午を少し過ぎた頃
ウ　夕方の薄暗い頃　　エ　夜がすっかり更けた頃

問四　――線部2「我にひとしき人もあめり」からうかがえる心情として最も適当なものを次から選び、記号で答えなさい。
ア　親近感　　イ　達成感　　ウ　違和感　　エ　焦燥感

問五　――線部3「『これ良きものか見て給れ』とて、わが方へ投げたり」とあるが、この言動の意図として最も適当なものを次から選び、記号で答えなさい。
ア　「旅の物語」にかこつけて宝を自慢する意図。
イ　「旅いたすもの」を油断させて動きを封じる意図。
ウ　「命の親」に対して感謝の気持ちを伝える意図。
エ　「大きなる土蜘蛛」を退治するための時を稼ぐ意図。

問六　《右の手にとるに、~血を吸ひ喰ふ。》とあるが、このような状況を表した慣用句として**適当でないもの**を次から一つ選び、記号で答えなさい。
ア　危急存亡の秋《とき》　　イ　風前の灯火《ともしび》
ウ　俎板《まないた》の鯉《こい》　　エ　諸刃《もろは》の剣

問七　――線部4「語り侍りし」とあるが、誰が誰に対して語ったのか。正しいものを次から選び、記号で答えなさい。
ア　「ある人」が「旅いたすもの」に対して語った。
イ　「旅いたすもの」が「ある人」に対して語った。
ウ　「ある人」が「作者」に対して語った。
エ　「旅いたすもの」が「作者」に対して語った。

問八　本文の内容として適当なものを次から**二つ**選び、記号で答えなさい。
ア　「旅いたすもの」は、たった一人で夜を明かそうとしていたとき、辛くもの悲しい思いであった。
イ　「琵琶法師」の投げた香箱を奪い去ろうとしたため、「旅いたすも

Y

ア　感染症というものはよくわからないものだ

イ　感染症というのは決して収束しないものだ

ウ　人類はどこまでも努力を惜しまない存在だ

エ　人類の英知が多くの危機を乗り越えてきた

問十一　本文において筆者は、「ポスト・ヒューマン」のとらえ方は一通りではないと述べているが、そのとらえ方として適当なものを次から**二つ**選び、記号で答えなさい。

ア　近代という時代は、一部の優秀な人間が世界の中心を占める時代であることを強調した言葉である。

イ　人間が世界の中心となって、神の一部であった自然に介入することを可能にした言葉である。

ウ　ヒューマニズムが終焉《えん》し、世界の中心が人間から科学技術へ変わったことを表す言葉である。

エ　便利で快適な生活の実現よりも、科学技術の飛躍的発展を中心に据えた考え方である。

オ　科学技術の万能性を人類の万能性に因《よ》るものとする、人間中心主義の考え方である。

二　次の文章を読んで、後の問いに答えなさい。

ある人、まだ朝まだき《（朝早く）》、＊宮へ参りて、＊瑞垣《みづがき》のほとりうそぶくに《（詩歌を口ずさんでいると）》、拝殿《はいでん》の天井に、こちたく《（甚だしく）》もうめくものあり。Ⅰいぶかしかりければ、上《あが》りてこれを見るに、大きなる＊土蜘蛛《つちぐも》、をのが《（自らの）》糸にて人を巻き、首筋に喰《く》いつきてゐたり。上るとそのまま蜘蛛は逃げぬ。やがて《（すぐに）》立ちより、取《とり》まく蜘蛛の糸筋をとりて、「さて、いかなる人ぞ《（ところで、あなたはどなたですか）》」といへば、「されば《（実は）》とよ、是は《（私は）》旅いたすものに侍《はべ》るが、昨日の1たそがれ、此《この》ところにきたり。求《もとむ》べきやどしなければ《（宿さえないので）》、この宮居にあかさんと思ひ、行方も知らぬ旅の空、憂さもつらさも身をかこちて《（嘆いて）》、Ⅱつれづれに侍りしに、またあとより＊座頭《ざとう》、これも疲れ顔の、をちかた人《（旅人）》とみえてきたる。ともに寄りゐて、あだくらべの旅の物語などするにぞ《（互いにはかない旅の話をしたのですが）》、『2我にひとしき人もあめり《（いるようだ）》』と思ふに、かの琵琶法師、香箱のやさしき《（雅やかなもの）》を取りだし、『3これ良きものか見て給れ《（ください）》』とて、わが方へ投げたり。さらばとて、《右の手にとるに、＊とりもちのごとくして離れず。左にておさふるにも又とりつく。左右の足にて踏み落とさんとせしに、足も離れず。とかくとする内に、かの座頭、蜘蛛と現じて《（姿を変えて）》、我をまとひて天井へのぼり、ひたもの《（ひたすらに）》血を吸ひ喰《くら》ふ。》いたく堪へがたふして、命も消ゆべきにきはまりしに、不思議に救ひ給ふ。命の親なり」と4語り侍りしとなり。

（「御伽《おとぎ》物語」による）

語注　＊宮…神社。

＊瑞垣…神社の周囲の垣根。

問五　次の一文は〈１〉～〈４〉のどこに入るか。最も適当なものを選び、番号で答えなさい。

> もう人間は「世界の中心」ではない――これが「ポスト・ヒューマン」という言葉の核心にある考え方です。

問六　[A]・[B]・[C]に入る語の組み合わせとして最も適当なものを次から選び、記号で答えなさい。

ア　A　けれども　B　きっと　C　あるいは
イ　A　なぜなら　B　たとえ　C　つまり
ウ　A　たとえば　B　しかし　C　そして
エ　A　もちろん　B　そして　C　さらに

問七　――線部２「近代自然科学は自然の他者性を原理的には消去している」とはどういうことか。最も適当なものを次から選び、記号で答えなさい。

ア　人類が発達させた自然科学は有能で、かつては思い通りにならなかった自然を一切なくすことができたということ。
イ　人類は科学技術によって生み出した構造物を自然と入れ替えていくことで、人工的な世界を作り出したということ。
ウ　近代の人々は自然の原理を解明し、生活に取り入れることで、自分たちの一部として身近に感じているということ。
エ　近代の科学技術は万能であり、その技術によれば自然界の法則はいずれ必ず解明できるととらえられているということ。

問八　――線部３「倫理的な葛藤」は、どのような考えとどのような考えのあいだで起こるのか。最も適当なものを次から選び、記号で答えなさい。

ア　完全な人体操作は不可能であるという考えと、科学の応用次第では可能だという考え
イ　科学技術のさらなる発展を望む考えと、人権的な課題に慎重になるべきだという考え
ウ　ＡＩによる犯罪を規制する法の整備を急ぐ考えと、技術発展を優先すべきだという考え
エ　人間は自由であるという考えと、社会で生きる以上はルールを守るべきだという考え

問九　――線部４「外なる自然の征服」とはどういうことか。説明している部分を「～行為。」につながる形で、本文中から二十字以内で抜き出し、はじめと終わりの三字を答えなさい。

問十　[X]・[Y]に当てはまる内容を次からそれぞれ選び、記号で答えなさい。

[X]
ア　人間の開発した技術によっても解明できない謎はあり、人間の技術開発にはいつか限界が生じる
イ　人間の開発した技術によっても解明できない謎はあり、それゆえに人類の知識は更新されていく
ウ　人間の開発した技術は世界の謎を解明し尽くして、役割を果たし終えた後は消え去ってしまう
エ　人間の開発した技術は世界の謎を解明し尽くして、思うがままに自然を改変することができる

いからこそ、一人一人の人間の人としての価値には区別をつけられず、したがってあらゆる人間に対して等しく人権が認められるべきだという考えが通用してきたと思われますが、遺伝子操作によって生殖・出生に介入できるとなると、この考えが揺らいでくることにもなるはずです。どんな子供が生まれてくるかは偶然に③ユダねるほかないという意味で、生殖・出生はまさに強固な他者性を有していたはずなのですが、それが消滅しつつあるのです。いずれのケースも、ある人々を「非人間」と認定して社会から排除する（あるいは生まれさせない）ような状況が生じてくる可能性を示唆しています。

総じて言えば、AIをめぐるb狂騒、遺伝子テクノロジーをめぐる狂騒といった、Ⅱ喧伝されてきた「4外なる自然の征服」と「内なる自然の征服」のプロジェクトは、新技術によって「より便利で安全で快適な暮らし」が可能になることを夢見させつつ、私たちの懐《いだ》いてきた人間の定義をグラグラと揺るがせるがゆえに、漠然とした不安の感情を行き渡らせてきたように思われます。

私の考えでは、新型コロナによる危機が吹き飛ばしたのは、こうした「X」といった観念ではなかったでしょうか。繰り返しますが、感染症に対する人類の知識が限られていることには、驚きを禁じ得ません。新型コロナ危機に④ウナガされて、私も専門家が書いた本を読むなど感染症に関するにわか勉強を少々してみましたが、そこですぐにわかったことは、「Y」ということでした。

人類が意図的な努力によってc撲滅できた感染症は天然痘ただ一つにすぎず、ペスト、エイズ、結核、エボラ等々の多様な感染症の問題は、d画期的な薬やワクチンの開発によってその被害を食い止めることができるようになったものも多いとはいえ、根本的には何ら解決されていないのです。気が遠くなるほどの長い歳月にわたって、多くの優れた知性が時に自らの命を危険にさらしながら感染症の脅威と戦い、その正体を見極めようと努力を重ねてきたにもかかわらずいまだにわからないことだらけで、ある感染症の流行が収束した理由もよくわからないものがほとんどなのです。

（白井聡「技術と社会」による）

問一 ══線部a～dの漢字の読みをひらがなで答えなさい。

問二 ══線部①～④のカタカナを漢字で答えなさい。

問三 〰〰線部Ⅰ「典型」・Ⅱ「喧《けん》伝」の語句の意味として最も適当なものを次からそれぞれ選び、記号で答えなさい。

Ⅰ 典型

ア 特性を的確に表しているもの
イ 方向性が極端であるもの
ウ 内容を深く理解しているもの
エ 最先端で革新的であるもの

Ⅱ 喧伝

ア 交錯すること　イ 迎合すること
ウ 吹聴《ふいちょう》すること　エ 浸透すること

問四 ――線部1「「神をも畏れぬ」仕方」とはどのようなやり方のことか。最も適当なものを次から選び、記号で答えなさい。

ア 個人の利益や権力の増強だけを目的とするようなやり方
イ 神話において神そのものとされる自然と、敵対するやり方
ウ 法律を無視し、とにかく科学技術の発展を目指すやり方
エ 自然の摂理を超えた領域にまで踏み込もうとするやり方

【国　語】（四五分）〈満点：一〇〇点〉

一　次の文章を読んで、後の問いに答えなさい。

ここ10年程の間、学問の世界では「ポスト・ヒューマン」という概念・言葉がキーワードになってきていました。これは、近代＝人間中心主義（ヒューマニズム）の時代が終わったという時代認識を示しています。

前近代が神中心の時代だったのに対して、近代は人間中心の時代である。人間を世界の中心にａ据えたからこそ、1「神をも畏れぬ」仕方で自然に手を入れられるようになり、自然の法則を解明してそこに介入する技術が飛躍的に発展してきました。その結果、私たちの日常生活の有り様は、次々に激変してきたわけですが、多くの場合、これらの変化は「便利で安全で快適になった」ととらえられています。〈　1　〉

こうして技術発展の万能性が①シンポウされるようになると、今度は世界の中心を占めるのは人間ではなく科学技術である、ということになってきます。こうした考え方のⅠ典型が、ＡＩ（人工知能）は人間を超えるといったような議論です。一部の論者によると、人間がやってきたさまざまな知的活動は、ＡＩによってことごとくとって代わられるのだそうです。〈　2　〉

しかし、「ポスト・ヒューマン」は同時に、極端なまでの人間中心主義（ヒューマニズム）でもあるのです。［Ａ］、科学技術をつくり出すのはもちろん人間なのですから、科学技術が万能だとすれば、それは人間の万能性を意味するからです。〈　3　〉

ただし、「ポスト・ヒューマン」を脱人間中心主義と見るにせよ、究極の人間中心主義と見るにせよ、ひとつのことは確実に言えると思います。それは、「ポスト・ヒューマン」とは、「他者としての自然」が消滅した状況を指している、ということです。ここで言う「他者」とは、「自分の思う通りにはどうしてもならない相手」というような意味だととりあえず了解してください。近代の人間中心主義は、自然の他者性をどんどん縮減してきました。［Ｂ］自然の成り立ちにわからないところがあっても、それは「まだ」わからないにすぎない（＝いつか必ずわかる）ものとしてとらえられるわけで、2近代自然科学は自然の他者性を原理的には消去しているわけです。〈　4　〉

こうして、近代の始まりと同時に自然の他者性は原理的に縮減し始めたわけですが、現代世界で起こった重要な変化は、人間の外界としての自然だけでなく、私たちの内なる自然、［Ｃ］「自然としての人間」に対する態度が変わってきた、ということです。それは、自然物としての人間に対して手を入れる技術が飛躍的に発展してきたことと関係しています。臓器移植、遺伝子②チリョウ、遺伝子操作、脳科学による脳の操作等々、「生命の神秘」にかかわる領域の操作可能性が大幅に高まってきたのです。

これらの新しい技術発展による人間の身体に対する操作可能性は、近代社会が約束事として合意してきた「人間とは何か」という定義とぶつかり、その定義によって支えられてきた社会的ルールを揺るがせ、3倫理的な葛藤を生じさせることになります。

例えば、「人間には理性がある（ゆえに、善悪の判断ができ、したがって罪を犯したときには責任を問われる）」という定義は、脳科学の使い方次第で変更可能になります。あるいは、人間の生殖・出生は操作できな

MEMO

大切なことはメモしておこうネ！

学特Ⅰ期

2024年度

解　答　と　解　説

《2024年度の配点は解答欄に掲載してあります。》

＜数学解答＞

1　(1)　-8　(2)　$27ab$　(3)　$\frac{1}{3}x-\frac{2}{3}y$　(4)　$-\frac{\sqrt{2}}{2}$

2　(1)　エ　(2)　1997　(3)　$x=3,\ -3$　(4)　$\angle x=33°$　(5)　$y=15$

(6)　$x=3,\ y=1$　(7)　$\frac{5}{12}$　(8)　6π

3　(1)　BQ=6　(2)　AR$=\frac{16}{5}$　(3)　△CQR$=\frac{17}{50}$S

4　(1)　$\frac{2}{3}t$　(2)　$t=\frac{3}{2}$　(3)　△OAB$=\frac{27}{2}$

5　(1)　36枚　(2)　$2n^2-2n+1$(枚)　(3)　31番目の図形

○配点○

1，2(1)　各4点×5　他　各5点×16　計100点

＜数学解説＞

基本 1　**(数・式の計算，平方根の計算)**

(1)　$7-15=-(15-7)=-8$

(2)　$12a^3b\div\left(\frac{2}{3}a\right)^2=12a^3b\times\frac{9}{4a^2}=27ab$

(3)　$\frac{2}{3}(5x-2y)-\frac{3}{2}\left(2x-\frac{4}{9}y\right)=\frac{10}{3}x-\frac{4}{3}y-3x+\frac{2}{3}y=\left(\frac{10}{3}-\frac{9}{3}\right)x+\left(-\frac{4}{3}+\frac{2}{3}\right)y=\frac{1}{3}x-\frac{2}{3}y$

(4)　$\sqrt{18}-\frac{7}{\sqrt{2}}=3\sqrt{2}-\frac{7\sqrt{2}}{2}=\frac{6\sqrt{2}-7\sqrt{2}}{2}=-\frac{\sqrt{2}}{2}$

2　**(平方根，式の計算の利用，2次方程式，角度，比例関数，連立方程式の応用問題，確率，回転体の体積)**

基本 (1)　ア　3の平方根は$\pm\sqrt{3}$なので，正しくない。　イ　$\sqrt{(-5)^2}=\sqrt{25}=5$なので，正しくない。　ウ　$\sqrt{25}=5$なので，正しくない。　エ　$(\sqrt{5})^2=5$，$2.1^2=4.41$から，$\sqrt{5}$は2.1より大きいので正しい。よって，正しいのはエ

(2)　$999^2-998^2=(999+998)(999-998)=1997\times1=1997$

(3)　$(x+1)^2-2(x+1)-8=0$　　M$=x+1$とすると，$\mathrm{M}^2-2\mathrm{M}-8=0$，$(\mathrm{M}-4)(\mathrm{M}+2)=0$，M$=4,\ -2$　　$x+1=4$から，$x=3$　　$x+1=-2$から，$x=-3$　　よって，$x=3,\ -3$

(4)　△ABCは二等辺三角形なので，∠BAC$=180°-32°\times2=116°$　　ABとDE，BCの交点をG，Hとすると，∠AGH$=32°+65°=97°$　　∠DAG$=97°-90°=7°$　∠GAF$=90°-7°=83°$　　よって，$\angle x=116°-83°=33°$

基本 (5)　$9\times\frac{4}{3}=12$より，反比例の式は，$y=\frac{12}{x}$　　この式に$x=\frac{4}{5}$を代入して，$y=12\div\frac{4}{5}=12\times\frac{5}{4}=15$

(6)　試合数から，$3+x+4+1+y+1+3=16$，$x+y=4$…①　　得点の合計から，$0\times3+1\times x+2\times4+3\times1+4\times y+5\times1+6\times3=41$，$x+4y=7$…②　　②－①から，$3y=3$，$y=1$　　①に$y=1$を代入して，$x+1=4$，$x=3$

(7)　カードの取り出し方は，(＋，－)，(＋，×)，(＋，÷)，(－，＋)，(－，×)，(－，÷)，(×，＋)，(×，－)，(×，÷)，(÷，＋)，(÷，－)，(÷，×)の12通り　　そのうち，答えが整数にならない場合は，(＋，÷)，(－，÷)，(÷，＋)，(÷，－)，(÷，×)の5通り　　よって，求める確率は，$\frac{5}{12}$

(8)　点Cから直線ABへ垂線CHをひくと，△CBHは直角二等辺三角形だから，BH＝CH＝3　　AH＝2＋3＝5　　求める回転体の体積は，底面が半径3の円で高さが5の円すいの体積から，底面が半径3の円で高さが3の円すいの体積をひいたものになるから，$\frac{1}{3}\times\pi\times3^2\times5-\frac{1}{3}\times\pi\times3^2\times3=15\pi-9\pi=6\pi$

③　(平面図形の計量問題－中点連結の定理，三角形の相似，面積)

基本　(1)　中点連結の定理から，点QはBCの中点になるので，BQ＝12÷2＝6

(2)　AP＝8÷2＝4　　△ACBと△APRにおいて，∠Aは共通…①　　仮定から，∠ACB＝∠APR…②　　①，②から2組の角がそれぞれ等しいので，△ACB∽△APR　　よって，AB：AR＝AC：AP，8：AR＝10：4，10AR＝32，AR＝$\frac{32}{10}=\frac{16}{5}$

重要　(3)　RC＝10－$\frac{16}{5}=\frac{34}{5}$，RC：AC＝$\frac{34}{5}$：10＝34：50＝17：25　　△CQR＝$\frac{17}{25}$△CQA＝$\frac{17}{25}\times\frac{1}{2}$△ABC＝$\frac{17}{50}$S

④　(図形と関数・グラフの融合問題)

基本　(1)　$y=2x^2$…①　①に$x=-t$を代入して，$y=2\times(-t)^2=2t^2$　　よって，A$(-t,\ 2t^2)$　　$y=x^2$…②　②に$x=2t$を代入して，$y=(2t)^2=4t^2$　　よって，B$(2t,\ 4t^2)$　　直線ABの傾きは，$\frac{4t^2-2t^2}{2t-(-t)}=\frac{2t^2}{3t}=\frac{2}{3}t$

(2)　直線ABの式を$y=\frac{2}{3}tx+b$として点Aの座標を代入すると，$2t^2=\frac{2}{3}t\times(-t)+b$，$b=2t^2+\frac{2}{3}t^2=\frac{8}{3}t^2$　　よって，直線ABの式は，$y=\frac{2}{3}tx+\frac{8}{3}t^2$　　$\frac{8}{3}t^2=6$から，$t^2=6\times\frac{3}{8}=\frac{9}{4}$　$t>0$から，$t=\sqrt{\frac{9}{4}}=\frac{3}{2}$

(3)　△OAB＝△OAC＋△OBC＝$\frac{1}{2}\times6\times\frac{3}{2}+\frac{1}{2}\times6\times2\times\frac{3}{2}=\frac{9}{2}+9=\frac{27}{2}$

重要　⑤　(規則性，2次方程式)

(1)　白と黒のタイルの枚数を表にしてみる。

n	1	2	3	4	5	6
白	0	4	4	16	16	36
黒	1	1	9	9	25	25

表から，6番目の図形の白のタイルの枚数は36枚

(2)

n	2	3	4	5	6
白	2^2	2^2	4^2	4^2	6^2
黒	1^2	3^2	3^2	5^2	5^2

n番目の白と黒のタイルの枚数は，$(n-1)^2+n^2=n^2-2n+1+n^2=2n^2-2n+1$(枚)

(3)　$2n^2-2n+1=1861$から，$2n^2-2n-1860=0$，$n^2-n-930=0$，$(n+30)(n-31)=0$，$n>0$から，$n=31$　　よって，31番目の図形

★ワンポイントアドバイス★

⑤は，白と黒のタイルの数が平方数になっていることに気づくことがポイントである。図形を左上方向から見るとわかりやすい。

＜英語解答＞

[1] A 1 everyone 2 minute 3 beautiful 4 animals 5 miss
B (1) イ (2) エ (3) ウ (4) ア (5) ウ

[2] 問1 ア 問2 エ 問3 ウ 問4 イ 問5 3番目 キ 5番目 エ

[3] A 問1 began 問2 イ 問3 23.99 問4 エ，カ B 問1 イ 問2 ア
問3 must [may] 問4 ウ，オ

[4] 問1 (1) and (3) to 問2 3番目 ア 6番目 カ 問3 known
問4 diseases 問5 A ウ B ア C イ 問6 ア，エ

○配点○

[1]A 各2点×5 他 各3点×30([2]問5，[4]問2各完答) 計100点

＜英語解説＞

[1] リスニング問題解説省略。

[2] (長文読解問題：内容吟味，要旨把握，語句整序，不定詞，進行形，助動詞，比較，前置詞)

(大意) 話題：新年についての質問／親愛なるエミリ／私は英語を勉強するために滞在しているニューヨークでの最初の月を楽しんでいます。英語をもう少し上手く話すことができたら良いのですが。ところで，頼みたいことがあります。学校の研究課題でアメリカの文化について書かなければなりません。アメリカの人達は正月休暇中に何をしますか。日本では，多くの店が数日閉まり，自宅で家族と過ごし，特別の料理を食べます。友人や家族へ新年のカードを送ります。幸運を願い，神社にも訪れます。あなた達はどうですか。／ジュン

親愛なるジュン／私は歴史の授業のメンバーとスペインに修学旅行に行っていました。ニューヨークでの正月休暇は楽しいですよ。12月31日には多くの人が夜間にパーティーやレストランへ行き，市の中心地では，大規模な花火が打ち上げられます。翌日はほとんどの人々がくつろぎます。アメリカでは多くの店が1日のみ閉まります。今年は，自宅でパーティーを開き，食事やゲームを楽しもうと思っています。参加したいですか。そうすれば，日本の新年についてもっと私達に話すことができます。／エミリ

基本 問1 「なぜジュンはエミリにメールを書いたのか」ジュンのメールには What do American people do during the New Year's holiday? とあり，次いで，日本での正月休暇の過ごし方を紹介した後に，最後に What about you? と尋ねていることから考えること。正解は，ア「アメリカでの正月休暇について尋ねるため」。write to「～へ手紙を書く」 the New Year's holiday「正月休暇」 What[How]about ～?「～はどうですか，どうしましたか」 イ「日本への彼女の旅行について尋ねるため」 ウ「彼に英語を教えてくれるように彼女に依頼するため」 エ「彼のパーティーに来るように彼女を招待するため」

基本 問2 「なぜエミリは返事を書くのに長い時間を要したのか」エミリのメールに Sorry, I took so long to write back. I was in Spain on a school trip with my history class. と述べられているのを参考にする。正解は，エ「彼女は修学旅行へ出かけていたから」。write back「返事を書く[書き送る]」 不定詞[to ＋ 原形]の副詞的用法(目的)「～するために」 school trip「修学旅行，遠足」 ア「彼女のスペイン語の授業のメンバーと彼女は勉強していたから」was studying ← <be動詞 ＋ 現在分詞[−ing]>進行形 イ「彼女はアメリカの友人を訪ねていたから」was visiting ← 過去進行形「～していた」 ウ「彼女は日本で休暇中だったから」on holiday = on one's holidays「休暇で，休暇をとって」

基本 問3 「なぜ12月31日の晩に，ニューヨークでは，多くの人々が屋外に立つのか」エミリのメールには(On December 31,)in the center of New York, there is a really big fireworks show at night. It's really cold, but thousands of people stand outside to watch it. と書かれている。正解は，ウ「花火ショーがあるから」。there is a fireworks show.／there is really big fireworks show ～ ← <There ＋ be動詞 ＋ S>「Sがある，いる」 thousands of「何千もの～」 ア「翌日早く店が開くので」 イ「通りでパーティーが開かれるから」 エ「天候が非常に暖かいので」

基本 問4 ジュンは，おせち(eat special dishes)，初もうで(We visit shrines for good luck.)，年賀状(People send New Year's cards to their friends and families.)に関しては言及している。

重要 問5 (You)can tell us more about the Japanese(New Year then.) <can ＋ 動詞の原形>「～することができる」 <tell ＋ 人 ＋ about ＋ 事>「(人)に(事)について話す」 then「そのとき，それから，それでは」

3 **(長文読解問題・資料読解：語句補充・選択・記述，要旨把握，助動詞，受動態，現在完了，分詞，助動詞，関係代名詞，受動態，前置詞，比較)**

A (大意) L&Aバーガー／L&Aバーガーは，カリフォルニアで最も有名なハンバーガーレストランの1つで，その歴史は100年以上前にさかのぼり，現在では，人気のあるハンバーガーを提供し，口コミサイトでは多くの高評価を受けている。

開店以来，調理法は変わっていませんが，最良の時間をお過ごしいただけるように，サービスは改善されてきました。最近，別の店を開店し，最初の店は改装しました。

メニュー		
ハンバーガー(全てフライドポテト付)	飲み物ナシ	ソフトドリンク付
チーズバーガー	11.99ドル	13.99ドル
バーベキューバーガー	14.99ドル	16.99ドル
レッドホットバーガー	14.99ドル	16.99ドル
L&Aスペシャルバーガー	16.99ドル	18.99ドル
トッピング ― ベーコン：2ドル チーズ：2ドル 卵：2ドル アボカド：3ドル		
副菜・デザート ― グリーンサラダ：5ドル アイス：4ドル アップルパイ：5ドル		
ソフトドリンク ― コーヒー／アイスティー／コーラ／オレンジジュース／レモネード		

オンライン上の注文でトッピングが1品無料。テイクアウト対応。1日24時間，1年365日オープン。

基本 問1 下線部(1)を含む文は「私達の歴史は，100年以上前に，2人の人物，ルークとアンドルーから始まった」という意味になるので，begin「始まる」を過去形にする。begin-began-begun begin with「～で始まる」

やや難 問2 「コーヒーと一緒にL&Aスペシャルバーガー1個と$_{イ}$レモネードと一緒に1個のチーズバーガーを注文すれば，32.98ドル払うことになる」32.98(合計)－18.99(L&Aスペシャルバーガーのソフトドリンク付)＝13.99(チーズバーガーのソフトドリンク付)

やや難 問3 「オンラインで，チーズ，ベーコンのトッピングとコーラ付のレッドホットバーガー1つとアップルパイ1つを頼めば，23.99ドル支払うことになる」2ドル(チーズ)＋16.99(ソフトドリンク付レッドホットバーガー)＋5ドル(アップルパイ)＝23.99 customers can even order online and get one free topping！とあるので，注意。

重要 問4　ア「このレストランでは，客はハンバーガーをテイクアウトできる」(○)You can buy our hamburgers and eat them at home. とあるので，本文に一致。「テイクアウトする」take out／carry out／take away　イ「ハンバーガーとフライドポテトはセットとして一緒に出てくる」(○)all hamburgers come with french fries と書かれているので，一致。come with「～に付属している，が付いている」　ウ「レストランで客は甘い食べ物を楽しむことができる」(○)副菜・デザートの欄に，アイスやアップルパイが表示されているので，一致。　エ「従業員が複数の店を改装しようと計画しているので，それらのレストランは店じまいすることになっている」(×)別店舗の開店と最初の店舗の改装について記されているが，複数の店舗を閉店するとは述べられていないので，不一致。will be closed ← ＜助動詞 ＋ be ＋ 過去分詞＞助動詞付きの文の受動態　have opened／have renovated ← ＜have[has]＋ 過去分詞＞現在完了(完了・継続・経験・結果)　オ「L&Aバーガーには休業日がない」(○)We're open 24 hours a day, 365 days a year. と記されているので，一致。closed days ← ＜過去分詞 ＋ 名詞＞「～された名詞」過去分詞の形容詞的用法　24 hours a day／365 days a year ← a[an]～「～につき」　カ「ルークとアンドルーはいまだにL&Aバーガーで働いている」(×)Our history began over 100 years ago with two men, Luke and Andrew.　Now, their families have taken over the restaurant. と記されているので，不一致。have taken over the restaurant ← ＜have[has]＋ 過去分詞＞現在完了(完了・継続・経験・結果)／take over「～を引き継ぐ」

B　(大意)　群馬ABC市立図書館へようこそ

初めての利用者へ／図書館の資料を借りる際には，利用者カードが必要です。群馬に住み，働き，学んでいる全ての人はカードを作ることができます。ABC市内在住者には青いカードを，ABC市外に住む人にはオレンジ色のカードをお渡ししています。

利用者カードの作り方／(i)ABC市内在住者は，運転免許証，マイナンバーカードのような，名前と住所を確認できるものをご持参ください。(ii)ABC市内の勤労者，学生で，市外に住んでいる場合には，(i)に加えて，市内で働いているか，勉強していることを証明する書類も必要となります。

貸出／利用者カードを持参のうえ，借りたい資料をカウンターまでお持ちください。

借りられる点数と期間		
資料	青いカード利用者	オレンジカード利用者
本，雑誌	21日間15冊まで	14日間10冊まで
CD，DVD	14日間10点まで	10日間5点まで
新刊本	7日間3冊まで	5日間2冊まで

返却／資料はカウンターまで返却してください。返却が遅滞した場合には，30日間借りることはできません。閉館時間の場合には，正面入り口のそばの返却ポストへ資料を入れてください。

お知らせ／○CDとDVDは開館時間中にカウンターへ返却してください。／○2年間以上ご利用のない場合には，利用者カードの更新が必要です。／○新聞は貸出していません。

基本 問1　「もし図書館で初めて資料を借りたければ，最初に何をするべきか」First time users の欄に，If you want to borrow material in the library, a user card is needed.／Please come to the counter when you visit the library for the first time. と書かれているのを参考にすること。正解は，イ「カウンターで利用者カードを作る」。for the first time「初めて」　should「～すべきである」　is needed ← ＜be動詞 ＋ 過去分詞＞受動態「～される，されている」　ア「借りたい資料をカウンターまで持参する」material that you want to borrow ← ＜先行詞 ＋

目的格の関係代名詞 that ＋ 主語 ＋ 動詞＞「主語が動詞する先行詞」 ウ「利用者カードを更新する」 エ「ウェブサイト上で利用者カードを作る」

重要 問2「もしABC市外に住み，11月15日に新刊本を借りたければ，いつまでに返却すべきか」 市外在住者なので，オレンジカード利用者で，かつ，新刊の貸出期間は5日間となっていることを確認する。さらに，Borrowing period included the day you borrow the items. とあり，借りた当日も貸出期間に含まれるので，注意すること。正解は，ア「11月19日までに」。should「～すべきである」 by「～によって／のそばに／までに」 the day you borrow ← ＜時を表す語(句)＋主語＋動詞＞「主語が動詞する時」 イ「11月22日までに」 ウ「11月25日までに」 エ「11月29日までに」

やや難 問3「利用者は，CDやDVDを返却ポストに返してはいけない」Notices の欄に，Don't put the CDs and DVDs into the return post. とあるのを参考にすること。「～してはいけない」(禁止) ＜must[may] not＋原形＞ ＝ ＜Don't ＋原形＞ ―命令文の否定形

やや難 問4 ア「利用者は新聞を除いて，いかなる資料も借りることができる」(○)Notices の欄に You can't borrow any newspapers. とあり，他の資料を借りることができないという記述はないので，本文に一致。except「～以外は，を除いて」any「(疑問文で)いくつかの，いくらかの／(否定文で)1つも～ない／(肯定文で)どんな～でも」 イ「オレンジカード利用者は3枚のCDと2枚のDVDを1週間借りることができる」(○)表より，オレンジカード利用者はCDやDVDを5点まで10日間借りられることが確認できるので，本文に一致。 ウ「貸出期間内に資料を返却できなければ，利用者はお金を払わなければならない」(×)Returning の欄に If you return late, you can't borrow any material for thirty days. と書かれているが，罰金が科せられるとは述べられていないので，本文に不一致。＜have[has]＋ 不定詞[to ＋ 原形]＞「～しなければならない／にちがいない」 within「～以内で[に]」 borrowing period「貸出・借用[入]期間」 any「(疑問文で)いくつかの，いくらかの／(否定文で)1つも～ない／(肯定文で)どんな～でも」 エ「1年と半年の間，いかなる資料も借りていない利用者は，カードを更新する必要はない」(○) Notices の欄に，If you have not used the library for more than two years, you need to renew your user card.(2年間利用がない場合に更新が必要)とあり，1年半は更新期間に達していないので，本文の内容に一致。users who have not borrowed any material ← 主格の関係代名詞 who／現在完了＜have ＋ 過去分詞＞(完了・結果・継続・経験) ＜have ＋ 不定詞[to ＋ 原形]＞の否定形「～する必要がない」 have not used ← 現在完了＜have ＋ 過去分詞＞(完了・結果・継続・経験) more than「～以上」 オ「栃木に住んでいるが，ABC市で働いている人は，図書館を利用できない」(×)First time users の欄に，All the people that live, work, or study in Gunma can make one[a user card]. We will give ～ and an orange one to people who live outside ABC city. とあり，群馬県内のABC市内で働いているので，市内在住でなくとも，利用者カードは発行してもらえて，図書館は利用できるので，本文に不一致。people who live in ～, but work in ～／people who live outside ABC city／all the people that live, work or study in ～ ← ＜先行詞(人)＋主格の関係代名詞 who[that]＋動詞＞「動詞する先行詞」 is needed ← ＜be動詞 ＋ 過去分詞＞受動態「～される，されている」

4 (長文読解問題・論説文：語句補充・選択，語句整序，英問英答，文挿入，要旨把握，不定詞，関係代名詞，受動態，進行形，比較，間接疑問文，前置詞，動名詞，接続詞)

(大意) 夏のある日，起床すると，腕に多くの腫れがあるのに気づいた。痛くはないが，かゆかった。部屋を去る際に，飛ぶ虫を見つけた。蚊だった。

蚊の種類はおよそ100種類で，水中に卵を産むので，川の近くに生息するものが大半であり，300

個まで卵を産む個体も存在する。気温が26度から30度になると，わずか10日間で成虫になるので，多くの蚊は夏場に見かける。

蚊は果物や植物から栄養を得ているが，メスの蚊のみが噛む。産卵するのに必要なたんぱく質を得るために，メスの蚊は血を必要としているのである。体が発する二酸化炭素の匂いにより，蚊は噛む対象がどこに存在しているかを簡単に見つけ出すことができる。噛む際には，細いストローのような口を使い，液体が注入される。この液体により，噛まれた側の痛みは軽減され，蚊は血を吸収するのが容易になる。

蚊は人命を奪う最大の原因となっている。1年間に世界で，約720,000の人々が蚊によって落命している。蚊はマラリアのような危険な病気をもたらし，高熱や痛みを引き起こす。2020年には，200,000,000人以上がマラリアに感染し，そのほとんどの患者はアフリカのような高温多雨の地域に住んでいた。

蚊は汗，体温，暗い色に引き寄せられる。さらに，蚊を引き付けやすい血液型が存在する。

重要 問1 (1) both A and B「AのBの両方」 (3) thanks to「～のおかげで，のため」

重要 問2 (They take our blood to) get protein which they need to make (their eggs.) to get protein ／ to make their eggs ← 不定詞の副詞的用法(目的)「～するために」 <先行詞(もの) + 目的格の関係代名詞 which + 主語 + 動詞>「主語が動詞する先行詞」

重要 問3 <be動詞 + 過去分詞>の受動態の形を完成するように，過去分詞 known にする。<be動詞 + known as>「～として知られている」

やや難 問4 「なぜ蚊は危険な虫だと考える人々がいるのか」―「蚊はマラリアのような深刻な(　　)を運び，それにより多く人々が死ぬから」第4段落4・5文に Why can mosquitoes kill people with such a small mouth ? This because they bring dangerous diseases like Malaria to people. とあるので，空所には diseases「病気」が当てはまる。A such as B「BのようなA」 die from「～［間接的原因］で死ぬ」This is because「そのわけは～である」

やや難 問5 [A] の直前で，liquid「液体」という言葉が初めて出てきており，空所Aの直後では，液体の効用について記されていることから考える。「メスの蚊が噛んでいる時に，口から分泌される液体が我々の体内へ注入される」→ A ウ「この液体は，人々にとってだけではなく，蚊にとっても，非常に重要だ」→「人が噛まれると，液体のおかげで，我々の痛みはひどくならない。～また，液体により，蚊は血を簡単に吸収できるようになる」not only A but also B「AばかりでなくBもまた」 are biting ← 進行形<be動詞 + 現在分詞[−ing]> a liquid that is produced ← 主格の関係代名詞 that／受動態<be動詞 + 過去分詞>「～される，されている」← are bitten the liquid makes mosquitos take blood easily. ← <make + O + 原形>「Oに原形させる」 [B] の直前で，マラリアのような病気に言及していることから考える。「なぜ蚊は小さな口で人を殺せるのか。それは，蚊がマラリアのような危険な病気を人にもたらすからだ」→ B ア「それは私達の体に熱と痛みを引き起こす」This is because ～「これ[それ]は～だからである」 直後の文が [C] の例となっていることから考える。 C イ「蚊は汗や体温に引き付けられる」→「例えば，蚊は走り回ったり，自転車に乗ったりしている人を好む」are attracted to ← 受動態<be動詞 + 過去分詞>「～される，されている」 people who are running around or riding a bicycle ← 主格の関係代名詞の who／進行形<be動詞 + 現在分詞[−ing]>

重要 問6 ア「水中に100以上の卵を産む蚊が存在する」(○)第2段落第3・4文に一致。lay「置く，横たえる，(卵を)産む」 more than「～以上」 at once「ただちに，すぐ」 イ「蚊が成虫になるには10週間要する」(×)第2段落第5文に it takes only ten days to grow into adults if it is 26℃

to 30℃. とある。<It takes ＋ 時間 ＋ for ＋ S ＋ 不定詞[to ＋ 原形]>「Sが～ [不定詞]するには… [時間]かかる」 ウ「オスだけではなくメスの蚊も人々を噛む」(×)第3段落第3文に only female mosquitos bite us. とある。 エ「蚊は二酸化炭素の匂いを嗅ぐことで，人々がどこにいるかを見いだせる」(○)第3段落第5文に一致。～ find where people are ← 疑問文が他の文に組み込まれる(間接疑問文)と，<(疑問詞)＋ 主語 ＋ 動詞>の語順になる。 by smelling ～ ← <前置詞 ＋ 動名詞[−ing]>前置詞の後ろに動詞を持ってくる時には，動名詞にする。 carbon dioxide which our body produce ← 目的格の関係代名詞 which ～, so …「～である，だから…」 オ「蚊に噛まれると，人々は強い痛みを感じる」(×)第3段落最後から第2・3文に When we are bitten, we don't have much pain ～. people cannot notice that they are bitten by mosquitoes. とある。are bitten ← <be動詞 ＋ 過去分詞>受動態「～される，されている」

★ワンポイントアドバイス★

[3]問1と[4]問3の語形変化問題を取り上げる。本校では，文法の独立問題は出題されていないが，長文の中で文法の知識を確認している。語形変化問題はそのひとつだ。文法の基礎知識は肝要なので，日頃からしっかりと取り組むこと。

<理科解答>

[1] (1) ②, ⑤ (2) ア 顕性 イ 潜性 (3) 分離の法則 (4) ウ 60 エ 74 (5) ③

[2] (1) 外とう膜 (2) 胎生 (3) 両生類 (4) B (5) E (6) ② カブトムシ ④ ワシ ⑦ メダカ

[3] (1) 溶解度 (2) B (3) 60(℃) (4) 44(%) (5) 10(g) (6) 30(g)

[4] (1) イ 0.3 オ 1.4 (2) 右図 (3) a, c, g

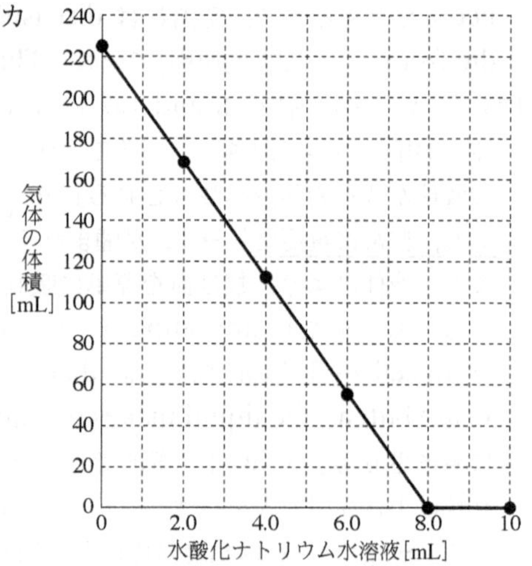

[5] (1) 119(cm/s) (2) 17(cm/s) (3) 0(cm/s) (4) ケ

[6] (1) 40(Ω) (2) 0.9(A) (3) 0.8(A) (4) オ

[7] (1) イ, オ (2) オ (3) 露点 (4) ア (5) 9.0(g) (6) 記号 d 標高 600m (7) 208(g)

○配点○

[1]・[2]・[7] 各2点×23([1](1), [7](1)各完答) 他 各3点×18([4](3)完答) 計100点

<理科解説>

[1] (生殖と遺伝―遺伝の規則性)

基本 (1) 親，子，孫…と世代を重ねていっても同じ形質しか現れないものを純系といい，純系の個体は，「AA」,「BB」というような同じ遺伝子だけの組み合わせをもつ。

基本 (2) 対立形質の純系どうしを交配したとき，子に現れる形質を顕性の形質，子に現れない形質を潜性の形質といい，顕性の形質を示す遺伝子を顕性の遺伝子，潜性の形質を示す遺伝子を潜性の遺伝子という。

基本 (3) 生殖細胞ができるときの減数分裂で，対になっている遺伝子が分かれて別々の生殖細胞に入ることを分離の法則という。

(4) ウ…黒を丸い形質の遺伝子，白をしわの形質の遺伝子と考えると，丸い形質が顕性の形質，しわの形質が潜性の形質なので，「黒黒」「黒白」のときは丸い形質，「白白」のときはしわの形質が現れると考えることができる。よって，表1をもとにしたときの丸い種子が現れる割合は(3＋3)÷(3＋3＋4)×100＝60(%) エ…ウのときと同様に考えて，(12＋25)÷(12＋25＋13)×100＝74(%)

(5) くり返しの回数が少ないほど偶然による影響が大きくなる。

2 (動物—動物の分類)

基本 (1) 軟体動物の内臓は外とう膜とよばれるやわらかい膜でおおわれている。

基本 (2) 子としての体ができてからうまれる子のうまれ方を胎生という。

基本 (3) サンショウウオやイモリは両生類に分類される。

(4) Ⅲが毛や羽毛の有無で分類され，(3)より⑥が両生類であることから，⑤・⑥・⑦は，毛や羽毛のないグループであり，⑤と⑦は魚類とは虫類のいずれかであることがわかる。⑥と⑦が殻のない卵をうみ，⑥が両生類であることから，⑦は殻のない卵をうむ魚類であることがわかり，⑤はは虫類であるとわかる。選択肢中では虫類に分類されるのはカメである。ペンギンは鳥類，コイは魚類，クモとカタツムリは無セキツイ動物，サルはほ乳類である。

やや難 (5)・(6) Ⅰの背骨の有無で分類すると，カナヘビ・ライオン・メダカ・ワシ・カエルは背骨のあるセキツイ動物，カブトムシ・アサリは背骨のない無セキツイ動物に分類される。①は軟体動物なのでアサリがあてはまり，②はカブトムシがあてはまる。アサリ(軟体動物)とカブトムシ(節足動物の昆虫類)は，からだに節があるかどうかで分類できる(Ⅱ)。(4)より，⑥は両生類なのでカエル，⑦は魚類なのでメダカがあてはまる。カエル(両生類)とメダカ(魚類)は呼吸のしかた(肺呼吸ができるかどうか)で分類できる(Ⅴ) Ⅲの「毛や羽毛の有無」で分類すると，毛や羽毛があるライオン・ワシと，毛や羽毛がないカナヘビ・メダカ・カエルに分類できるので，カエル(⑥)とメダカ(⑦)と同じなかまに分類される⑤はは虫類のカナヘビとわかる。ライオンとワシは子のうまれ方で分類でき(Ⅳ)，(2)より，③は胎生のほ乳類なのでライオンがあてはまり，④は卵生の鳥類のワシだとわかる。

3 (水溶液—溶解度)

基本 (1) 一定量の水に溶ける物質の最大量を溶解度という。

(2) 同じ温度の水に溶ける物質の量は水の質量に比例するので，80℃の水200gにもっとも多く溶ける物質は，80℃の水100gにもっとも多く溶ける物質と同じである。よって，グラフよりBである。

(3) 水25gに物質Aを25g溶かそうとすることは，水100gに物質Aを100g溶かそうとすることと同じだと考えられる。グラフより，水100gに物質Aが100g溶けるのは60℃のときである。

やや難 (4) 40℃の水100gに物質Aは80gまで溶けるので，質量パーセント濃度は80(g)÷(80＋100)(g)×100＝44.4…より44%

やや難 (5) 60℃の水100gに物質Bは100gまで溶けるので，60℃の物質Bの飽和水溶液100gは，水50gに物質B50gが溶けていることがわかる。50℃の水100gに物質Bは80gまで溶けるので。50℃の水50gに物質Bは40gまで溶ける。よって，60℃の物質Bの飽和水溶液100gを50℃まで冷却すると，50－40＝10(g)の物質Bが結晶となって出てくる。

やや難 (6) (5)より，60℃の物質Bの飽和水溶液100gは，水50gに物質B50gが溶けているので，30gの水を蒸発させると，水は50－30＝20(g)となる。60℃の水20gに溶ける物質Bは$100(\mathrm{g}) \times \frac{20(\mathrm{g})}{100(\mathrm{g})} = 20$

(g)なので，結晶は50－20＝30(g)出てくる。

4 (酸とアルカリ・中和―塩酸と水酸化ナトリウム水溶液の中和)

やや難 (1) 塩酸と水酸化ナトリウムが反応すると，塩化ナトリウムと水ができる。塩酸は気体の水溶液なので，実験2で試験管Aの水溶液を蒸発させても何も残らない。酸性の水溶液である試験管B～Dと中性の水溶液である試験管Eの水溶液を蒸発させると，塩酸と水酸化ナトリウムの反応によって生じた塩化ナトリウムが残り，その質量は加えた水酸化ナトリウム水溶液の量に比例する。よって，試験管Bの水溶液を蒸発させたときに個体がxg残ったとすると，2.0(mL)：x(g)＝8.0(mL)：1.2(g)　x＝0.3(g)より，イにあてはまる数は0.3gである。アルカリ性の水溶液である試験管Fの水溶液を蒸発させると，塩酸と水酸化ナトリウムの反応によって生じた塩化ナトリウムと，未反応の水酸化ナトリウム水溶液にふくまれていた水酸化ナトリウムが残る。塩酸5.0mLと水酸化ナトリウム水溶液8.0mLがちょうど反応するので，未反応の水酸化ナトリウム水溶液は10－8.0＝2.0(mL)である。水酸化ナトリウム水溶液の濃度は10%，密度は1.0g/mLなので，溶けている水酸化ナトリウムは2.0(g)×0.1＝0.2(g)である。塩酸と水酸化ナトリウム水溶液の中和によって生じた塩化ナトリウムは1.2gなので，残った固体の質量の合計は0.2＋1.2＝1.4(g)である。

重要 (2) マグネシウムは塩酸とは反応するが，水酸化ナトリウム水溶液や塩化ナトリウム水溶液とは反応しないので，試験管E，Fの水溶液とマグネシウムは反応せず，気体は発生しない。水酸化ナトリウム水溶液と反応する塩酸の量は，加えた水酸化ナトリウム水溶液の量に比例するので，発生する気体の体積は，水酸化ナトリウム水溶液の量がふえるにつれて減っていく。よって，加えた水酸化ナトリウム水溶液が0mLのとき，発生する気体は224mL，加えた水酸化ナトリウム水溶液の量が8.0mLのとき，発生する気体は0mLとなる直線のグラフと，加えた水酸化ナトリウム水溶液の量が8.0mL以上では発生する気体が0mLとなるようなグラフを合わせたものとなる。

(3) 実験3で，塩酸とマグネシウムが反応して発生する気体は水素である。　b…炭酸水素ナトリウムと塩酸が反応すると二酸化炭素が発生する。　d…水素はにおいのない気体である。　e…二酸化マンガンにオキシドールを加えて発生するのは酸素である。　f…水素は水に溶けにくいので水上置換法で集める。

5 (運動とエネルギー―運動と速さ)

基本 (1) 0.20秒から0.40秒の間で，小球は54.4－30.6＝23.8(cm)移動しているので，この間の平均の速さは23.8(cm)÷0.20(秒)＝119(cm/s)

(2) (1)と同じように，0.40～0.60秒，0.60～0.80秒，0.80～1.0秒の平均の速さを求めると，(0.40～0.60秒) 85cm/s　(0.60～0.80秒) 51cm/s　(0.80～1.0秒) 17cm/sとわかり，0.20秒で34cm/sずつ遅くなっていることがわかる。よって，0.1秒間では17cm/sずつ遅くなる。

(3) 斜面を上るにつれて速さはだんだんと遅くなっていき，速さが0cm/sになったところが最高点となる。

重要 (4) 斜面上の物体にはたらく力は重力と斜面からの垂直抗力である。斜面の傾きが変わらなければこれらの力の大きさは変化しない。よって，斜面を上るときも下るときも重力の斜面方向の分力である，斜面に平行な力の大きさは一定である。

6 (電流と電圧―電流回路)

基本 (1) 表より，2.0(V)÷0.05(A)＝40(Ω)

重要 (2) 抵抗Aの抵抗の大きさは2.0(V)÷0.20(A)＝10(Ω)，抵抗を直列につなぐと抵抗の大きさはそれぞれの抵抗の大きさの和となるので，図2の回路全体の抵抗の大きさは10＋10＝20(Ω)である。また，直列回路では回路に流れる電流の大きさはどこも同じなので，図2の抵抗Aに流れる電流

の大きさは18(V)÷20(Ω)=0.9(A)

やや難 (3) 抵抗Aと抵抗Bの並列部分の抵抗の大きさをRとすると，$\frac{1}{R}=\frac{1}{10}+\frac{1}{40}=\frac{1}{8}$より，R=8(Ω)となる。回路全体の抵抗の大きさは10+8=18(Ω)なので，回路全体に流れる電流の大きさは18(V)÷18(Ω)=1.0(A)である。並列ではないほうの抵抗Aに加わる電圧の大きさは1.0(A)×10(Ω)=10(V)なので，並列部分に加わる電圧の大きさは18−10=8(V)とわかる。よって，電流Iの大きさは8(V)÷10(Ω)=0.8(A)

やや難 (4) 抵抗の大きさは電流の流れにくさを表しているので，抵抗Bの抵抗を大きくしていくと抵抗Bに電流が流れにくくなり，電流が抵抗Aに流れやすくなる。抵抗Bの抵抗が非常に大きくなると，ほとんどの電流が抵抗Aに流れるようになり，抵抗A2つの直列回路とほぼ同等の回路となる。図3のときの電流が0.8Aなので，そこからしだいに抵抗Aに流れる電流が大きくなる(オ)のような変化を示す。

7 (天気の変化―雲のでき方・空気中の水蒸気)

基本 (1) 水蒸気が水滴に変化して集まるときの核(凝結核)となるように，線香のけむりを入れる。ぬるま湯を入れて湿度を高めておくと容器内の水蒸気が水滴に変化しやすくなる。

重要 (2) 容器内の気圧を下げると，空気を押す力が小さくなるので空気は膨張する。空気は膨張すると内部の気温が低くなる。気温が下がって飽和水蒸気量が小さくなり，空気中の水蒸気量がその気温での飽和水蒸気量より多くなると，超過分の水蒸気が水滴に変化して白くくもって見える。

基本 (3) 水蒸気が水滴となり白くくもって見えるようになるときの温度を露点といい，露点では空気中の水蒸気量と飽和水蒸気量が等しくなる。

基本 (4) くもりの天気記号は◎である。

(5) 1m^3あたりの水蒸気量は，飽和水蒸気量×湿度で求められる。a～dの空気の水蒸気量は a…30.4(g/m^3) ×0.4=12.16(g/m^3)，b…23.1(g/m^3) ×0.5=11.55(g/m^3)，c…17.3(g/m^3) ×0.6=10.38(g/m^3)，d…12.8(g/m^3) ×0.7=8.96(g/m^3)より，もっとも水蒸気量が少ないのはdの空気で，その量は1m^3あたり9.0gである。

やや難 (6) 湿度が高いほど気温を下げたとき，小さい温度差で水蒸気が水滴に変化する。よって，最初に雲ができるのはdの空気である。dの空気にふくまれる水蒸気量は8.96(g/m^3)なので，空気の温度が9℃になると雲ができると考えられる。dの空気の温度は15℃なので，15−9=6(℃)低下したときに雲ができる。よって，空気は100m上昇するごとに温度が1.0℃低下するので，dの空気は600m上昇すると雲ができはじめる。

(7) cの空気の気温は20℃，飽和水蒸気量は17.3g/m^3なので，1m^3あたり17.3−10.38=6.92(g)の水蒸気をふくむことができる。よって，30m^3では，6.92×30=207.6より208gの水蒸気をふくむことができる。

★ワンポイントアドバイス★

基本～標準レベルの問題が中心だが，試験時間に対する問題数がやや多めなので，すばやく正確に読解して解答できるように練習を重ねておこう。また，計算問題の数値は計算しやすいものが多いので注意して確認するとよいだろう。

＜社会解答＞

1 (1) i ア ii d (2) イ (3) エ (4) イ (5) i ウ
ii バイオ燃料[バイオエタノール] (6) エ

2 (1) i イ ii ウ (2) X 静岡 Y ア (3) イ (4) 濃尾平野
(5) ア (6) 木曽山脈

3 (1) X 蝦夷 Y 分国法[家法・家訓] (2) 漢委奴国王 (3) ア (4) エ
(5) 院政 (6) ウ (7) 島原・天草一揆[島原の乱] (8) イ (9) ウ

4 (1) X 富岡製糸場 Y 成金 Z SDGs[持続可能な開発目標] (2) ウ
(3) i 水平社 ii エ (4) ニューディール政策 (5) イ (6) i ア
ii ア ウ エ

5 (1) i 集団的自衛権 ii イ (2) ア (3) i イ ii エ (4) 過半数
(5) イ (6) エ

6 (1) 為替 (2) イ (3) ウ (4) i 産業の空洞化 ii ア (5) i ウ
ii X ウ Y ア

○配点○
各2点×50(2(2), 6(5)各完答) 計100点

＜社会解説＞

1 (地理―地図・雨温図・貿易・農業など)

重要 (1) ⓐサウジアラビア 首都：リヤド ⓑモンゴル 首都：ウランバートル ⓒシンガポール 首都：シンガポール ⓓニュージーランド 首都：ウェリントン ⓔボリビア 首都：スクレ(憲法上) ラパス(事実上) i それぞれの首都の緯度経度を暗記するというよりも，赤道・本初子午線(経度0度)・日付変更線が世界地図上でどこを通っているのか知っておく必要がある。 ii ⓓは南半球で，赤道からも離れ熱帯ではないとわかれば，雨温図上で北半球とは逆に7月が冬となり，そして夏と冬の気温差が出てくるはずと推定できる。

(2) **い** ナイル川 **ろ** チグリス川 ユーフラテス川 **は** インダス川 **に** 黄河 モヘンジョ・ダロ⇒インダス文明 太陰暦⇒メソポタミア文明 甲骨文字⇒黄河文明 ピラミッド⇒エジプト文明

やや難 (3) A国 イギリス B国 ドイツ C国 ポーランド ポーランド語はスラブ系言語。イギリスは2020年にEUを離脱した。

(4) D国 インド ICT⇒情報通信技術。インドを植民地としていた国はイギリスであるためイが誤りとわかる。インドでは数学の教育水準が高く，英語を話せる人が多い。

(5) E ブラジル i ア コーヒー豆 イ さとうきび ウ 大豆 エ とうもろこし 生産国名からア・イは除外できる。残りは，ブラジルが世界一の大豆の生産国という知識か，もしくは総生産量(重量)の違いで推定する。

(6) 「人口密度」＝面積÷人口，「貿易額が黒字」＝輸出額が輸入額より多いということ。表の該当部分を比較する。一般的にオーストラリアなどの資源輸出国は貿易黒字のことが多い。

2 (日本の地理―地名・雨温図・農業・産業など)

(1) i 舞鶴・日本海側の気候，大阪・瀬戸内の気候，潮岬・太平洋側の気候，松本・内陸性の気候 〔雨温図〕ア・太平洋側，イ・瀬戸内，ウ・日本海側，エ・内陸性 ii ア・兵庫県神戸市

イ・滋賀県近江八幡市　エ・長崎県長崎市⇒「中之島」とあるが，オランダとの交易は「出島」に限られていた。

(2)　茶の生産量1位静岡・2位鹿児島は知っておきたい。栽培適地は両県の気候からも推定できる。

(3)　淀川は琵琶湖から瀬戸内海に流れている。瀬田川(滋賀)⇒宇治川(京都)⇒淀川(大阪)と河川名が変わる。

(4)　旧国名「美濃」と「尾張」が名前の由来。

重要 (5)　船舶は航空機よりはるかに重い荷物を運搬できる。また，所在地付近で盛んな産業(愛知県の自動車産業)を考える。

(6)　3000m級の山々が連なる「日本の屋根」，飛騨山脈(北アルプス)・木曽山脈(中央アルプス)・赤石山脈(南アルプス)は漢字も含めて正確に覚えておくこと。

3　(日本の歴史―古代から江戸時代まで)

(1)　大和朝廷から続く歴代の中央政権から見て，東国や北方などに住む人々の呼称。

(2)　「後漢書」東夷伝に記載されている金印であると言われている。

(3)　ア「魏志」倭人伝　イ「漢書」地理志　ウ「後漢書」東夷伝　エ「宋書」倭国伝　いずれも古代日本の重要な記録。

(4)　この敗戦により九州を防備する必要に迫られ，「水城」「大野城」の築城⇒「大宰府」の設置・「防人」制度の創設につながっていく。

(5)　1086年という年号，摂関政治⇒院政⇒武士の台頭という流れも覚えておく。

(6)　ア　天武天皇・大宝律令の制定，「古事記」「日本書紀」の編さん開始　イ　崇徳上皇　ウ　後鳥羽上皇・新古今和歌集は勅命によって編纂。1221年に承久の乱を起こし鎌倉幕府に敗れた　エ　後醍醐天皇・1333年に鎌倉幕府を滅ぼし建武の新政を開始した。

(7)　1637年に発生。大規模な一揆で江戸幕府は鎮圧に苦労したことから，後の鎖国政策につながっていった。

(8)　1841年開始の天保の改革のこと。贅沢の禁止，農村の復興(人返しの法)，経済の統制(株仲間の解散)，幕府財政の立て直し(上知令)などを主な内容とする一連の改革。成果を出せず，水野忠邦は失脚することとなった。　ア　寛政の改革　ウ　享保の改革　エ　田沼意次の政治

やや難 (9)　後三条天皇は院政を始めた白河上皇の父。1069年に荘園整理令を出して藤原摂関家の力を削ぐことに成功した。やや細かい知識のため「藤原氏との関係が薄い」という文言から年代を推定する。

4　(日本の歴史―近現代)

(1)　X　富岡製糸場は世界遺産に登録されている。　Y　教科書に掲載されている重要な絵・写真には，目を通しておきたい。　Z　環境問題に関するニュース・話題には普段から注意しておこう。

(2)　ア　第一次護憲運動は桂太郎内閣の打倒が目的だった。　イ　ヨーロッパは主戦場となったため，鉄鋼を含む工業製品の輸出が著しく低下した。　ウ　米騒動の年号(1918年)も覚えておきたい。　エ　平民宰相と呼ばれたのは原敬である。

(3)　大正デモクラシーに関する問題　i　穢多《えた》・非人《ひにん》と呼ばれ，江戸時代から続いてきた差別解消を目的とした。　ii　ア　作家・歌人　日露戦争に参加した弟を思う「君死にたまふことなかれ」の詩が有名。　イ　女子教育を進めた人物，津田塾大学の創設者，日本初の女子留学生，2024年から発行される5000円紙幣の顔となる。　ウ　小説家(生没年共に明治時代)　2004～2024年まで発行されている5000円紙幣の顔となっている。　エ　作家・思想家，女性解放運動の先駆者，同じく新婦人協会の設立に関わった市川房江も押さえておく。

(4)　世界恐慌を乗り切るための政策の総称。金融機関の管理・公共事業の拡大・社会保障制度の

拡充などを柱とする。自由な経済活動を尊重する資本主義経済において，政府が積極的に介入するところが画期的であった。

やや難 (5)　社会主義国だったソビエト連邦は，五か年計画によって計画的に経済活動をしていたため世界恐慌の影響をほとんど受けなかったとされている。　ア　ロシア革命(1917年)の指導者。ウ　キューバ危機(1962年)を招いた。　エ　ソビエト連邦最後の最高指導者。ペレストロイカと呼ばれる改革を進めたが，ソビエト連邦崩壊(1991年)を招いた。

(6)　高度経済成長⇒1955年頃より1973年の第一次石油危機までの経済状況を指す。　i　ア　明治～大正時代に活躍した作家，医者(軍医)としての経歴もある。　イ　戦後に活躍した漫画家，代表作「鉄腕アトム」など。　ウ　戦後に活躍した映画監督，代表作「七人の侍」「生きる」など。　エ　大正～戦後にかけて活躍した小説家・ノーベル文学賞受賞，代表作「雪国」「伊豆の踊子」など。　やや難 ii　高度経済成長初期の電化製品の普及を表した言葉。1960年代に入ると自動車・カラーテレビ・クーラーが3Cもしくは新三種の神器などと呼ばれた。

5 (公民―人権・選挙・憲法など)

(1)　i　時事問題，ニュースで話題となっている言葉には注意を払おう。　ii　非軍人が軍の最高指揮権を持ち統制していくことを「文民統制(シビリアンコントロール)」という。軍の政治介入を防ぎ，民主主義を守るためにある。

重要 (2)　比例代表選挙はドント式といわれる計算によって当落を決定する。①各政党の得票数を整数(1・2・3…)で割り②その計算結果が多い順に当選者を決定する。一覧表を作るとわかりやすい。

政党名	A党	B党	C党	D党
得票数	7200	5800	4400	2800
÷1	◎7200	◎5800	◎4400	◎2800
÷2	◎3600	◎2900	2200	1400
÷3	2400	≒1933	≒1466	≒933
÷4	1800	1450	1100	700

注：◎が付いているのが当選者6名

(3)　i　自由権は，3種類に分類される　身体の自由⇒奴隷的拘束・苦役からの自由，拷問・残虐な刑罰の禁止　など　精神の自由⇒思想・良心の自由，信教の自由，表現の自由，学問の自由など　経済(活動)の自由⇒居住・移転・職業選択の自由，財産権の保障　など　X＝学問の自由，Y＝職業選択の自由　ii　単に男性・女性というだけで給与に差をつけることは不合理であり，平等権に反するといえる。また，具体的にも「男女雇用機会均等法」に反している。

(4)　日本は議院内閣制であり，国会(立法権)と内閣(行政権)が密接な関係にある。その内容の一部として国務大臣の過半数は国会議員から選ばれるが，一方では，過半数でなければ一般民間人を大臣としてもよいということになる。

(5)　日本の裁判では三審制がとられている。一審(主に地方裁判所)から二審(主に高等裁判所)に訴えることを「控訴」と言い，二審から三審(主に最高裁判所)に訴えることを「上告」と言う。従って問題文中に「控訴を断念した」とあるため，地方裁判所で判決されたものと推定できる。エの弾劾裁判所は，国会が設置し，裁判官を罷免するかどうかを判断する裁判所のこと。

(6)　日本の国民審査は，最高裁判所裁判官に対して行われている。衆議院議員選挙と同時に行われ，罷免すべきと考える裁判官の氏名の上に×をつけるという方式である。　ア・憲法改正手続き上は「国民投票」と呼ばれる　イ・国務大臣の任免権は内閣総理大臣にある　ウ・違憲審査権は裁判所にある。最高裁判所は最終の判断を下すことになるため「憲法の番人」と呼ばれている

[6] (公民　経済的分野—貿易・為替・消費者保護など)

(1)　為替《かわせ》と読む。

(2)　石炭・鉄鉱石・天然ガスはオーストラリアからの輸入が多い。

重要 (3)　円高・円安の定義に注意。「円の価値」が上がることを円高，逆を円安という。ドルと円を交換するときに「円の価値」が高ければより少ない円(金額)で交換できるからである。円安の時は日本からの輸出が有利になる。同じ商品を同じドル(価格)で売った場合，円安ならばより多くの円(金額)を得られるからだ。逆に円高のときは日本への輸入が有利となる。

(4)　i　人件費などが安い外国で生産すれば商品の価格を安くすることができるが，為替レートや相手国の政情の変化などによって安定した価格・生産が維持できなくなる危険性もある。　ii　競争相手がいない独占状態では消費者が多大な不利益を受ける。それを監視するのが公正取引委員会である。独占は3つに分類され，カルテル(企業連合：価格調整など)，トラスト(企業合同：1つの企業に合併してしまうなど)，コンツェルン(企業連携：資本や株式によって多くの企業を支配する，戦前の財閥など)と呼ばれる。

やや難 (5)　i　第35代ケネディ大統領のこと。「消費者の四つの権利」とは，安全を求める権利・知らされる権利・選択できる権利・意見を反映できる権利のこと。核戦争の危険が迫った1962年「キューバ危機」を解決し，1963年には「部分的核実験禁止条約(PTBT)」をイギリス・ソビエト連邦との間で調印したが，同年11月に暗殺されてしまった。　ア　第16代リンカーン大統領　奴隷解放宣言1862年。　イ　第28代ウィルソン大統領　任期1911年～1921年，第一次世界大戦への参加，国際連盟の創設に尽力したがアメリカは最終的に加盟しなかった。　エ　第41代ジョージ・H・W・ブッシュ大統領　任期1989～1993年　マルタ会談でゴルバチョフ書記長と冷戦終結を宣言，1991年のソ連崩壊・湾岸戦争時の大統領。　ii　イ　2000年成立2001年施行，契約時の消費者保護を目的としている。　エ　1994年成立1995年施行，別名PL法，製造物の欠陥による製造業者等の損害賠償責任を定めた。

★ワンポイントアドバイス★

図や表などの読み取り問題が解けるか・書きにくい漢字が書けるかで差がつく構成になっている。やや難しい問題が散見されるので，取捨選択して時間配分に気をつけたい。

<国語解答>

[一]　問一　a　さかのぼ　b　ほかく　c　きょじょう　d　もよお　問二　①　遂　②　鹿　③　火葬　④　脅威　問三　Ⅰ　エ　Ⅱ　ウ　問四　ア　問五　群れのリーダーの地位　問六　ウ　問七　1　問八　ウ　問九　ア　問十　ア・オ　問十一　イ・エ

[二]　問一　まいるように　問二　Ⅰ　ウ　Ⅱ　ア　問三　イ　問四　イ　問五　ウ　問六　エ　問七　ア・エ　問八　ウ

[三]　問一　イ　問二　エ　問三　エ　問四　誤　完　正　貫　問五　イ　問六　1　ウ　2　イ　3　ア　4　イ　問七　[1][3]レ[2][7][4]二[5][6]一。

○配点○
一　問一～問三　各2点×10　　他　各3点×10　　二　各3点×10　　三　各2点×10
計100点

＜国語解説＞

一　（論説文一漢字の読み書き，語句の意味，文脈把握，指示語の問題，接続語の問題，脱文補充，内容吟味，表現技法）

問一　a 「遡る」とは「流れと反対に進むこと。また，過去へと立ち返ること」。　b 「捕獲」とは，「動物などを捕らえること」。　c 「居城」とは，「その人がふだん住んでいる城のこと」。d 「催す」とは「人々が集まる行事を企て準備し，行うこと」また「そのような気持ちをかきたてること」。「催おす」としないよう注意。

問二　① 「添い遂げる」とは，「死ぬまで夫婦として暮らすこと」また，「困難を乗り越えて夫婦になること」。ここでは「一生」なので前者の意味。　② 「鹿」は動物を表す語ながらけものへんを用いない点に注意。　③ 「カソウ」は仮想，仮装など同音異義語もあるが，遺跡から骨が発見されたという文脈なのだから「火葬」が適当。　④ 「脅威」は「驚異」と迷いやすいが，「驚異」は「非常に驚くべきこと」。「脅威」は「威力によるおどし。また，おびやかされること」。ここでは，オオカミは「毛皮のために……友とされたのであろうか」と，人間がオオカミを使っていたということに触れているので，「人間のキョウイの対象ではなかった」とはつまり人間がオオカミを怖がって避けたりしなかったという意味であるから，「脅威」が適当。文脈をよく読まないと，同音異義語でミスをすることにつながるので注意しよう。

問三　Ⅰ 「わきまえ」とは，「物事の違いを見分けること，また，道理をよく知っていること」。Ⅱ 「点在」とは「あちこちに散らばって存在すること」。

問四　傍線部後の「オオカミは人間に使われるようになった最初の動物」という記述からは，人間が主でオオカミが従という主従関係が，「おそらく人間とオオカミは……分け合っていたのではないだろうか」という記述からは，お互いを尊重して友好関係を気付いていたということがそれぞれ読み取れるので，アが適当。イと迷うが，イだと「オオカミは人間に使われるようになった最初の動物」という記述を取りこぼしてしまう。

問五　「リーダーは他のものより尾を高く上げて歩く」とは，リーダーが他の個体とは異なることを示す行為である。つめり，リーダーがリーダーであることを，尾を高く上げて歩くことで示したということである。ただ，設問指示は「本文中から十字で抜き出し」なので同じく第二段落「群れのリーダーの地位」が適当。ここで「リーダーの地位は不変」と答えないこと。十字ではあるが，「他のものより尾を高く上げて歩く」ことは不変性を表すのではなく，他の個体との差別化が目的である。

問六　A　空欄の直前では「鹿，カリブー，……木の実など」とさまざまなものが挙げられており，直後ではそれらをまとめて「何でも」と表現されているので，前と同じ意味内容を示しながらまとめる「つまり」が適当。　B　空欄直前に「か」があり，洞窟に骨が残っていた理由について，さまざまな動物が「子孫を増やし，子育てをする場所だった」ことと「厳しい気候からのがれるための場所だった」ことの二つの可能性を挙げるという構成になっている。したがって，AとBの二者択一を示す「あるいは」が適当。　C　砦の話題で，空欄直前ではグリーナーン・エリーは王が居城として建てたと述べ，空欄直後ではその後の時代の砦は農場をオオカミから守る防御壁として建てられた，と全く異なる用途・目的であったことが示されている。前に述べた内容と異なることを示しているのだから，逆接「しかし」が適当。

問七　「さらにそれよりずっと昔」とあることから，「それ」が指し示す内容が「昔」のことでなければならない。すると，1の直前では「オオカミはアイルランドにすくなくとも二万八〇〇〇年前にはすんでいた」と，「二万八〇〇〇年前」というかなり昔のことに言及されている。1にこの一文をあてはめれば，オオカミは二万八〇〇〇年以上前にアイルランドにいたという説もあり，具体的にいつなのかを断定するのは難しい，という内容で成立する。

基本　問八　ウは第五段落「オオカミは寒い気候に適応し，また泳ぎの名人でもある」と矛盾する。

重要　問九　これは文脈把握というより，一般教養を持っているかどうかという側面が強い設問。リングフォートについては，第八段落に「鉄器時代につくられるようになった」とある。中石器時代というのは，石や骨，木のみが道具として使われた時代であって，鉄器時代というのはそれらに加えて鉄も使用するようになった時代であり，かなり広義では現代も含む。鉄器というのは石器に比べて高度な加工技術が必要なものだから，石器時代よりも鉄器時代の方が現代に近いということは常識として知っておきたい。リングフォートは鉄器時代につくられるようになったのだから，それよりも技術的に未熟であった石器時代には存在していないはずである。

問十　イ　「海外由来の」以降誤り。本文はオオカミの由来が海外にあることではなく，オオカミがどのような歴史をたどってきたのかということをメインに据えているので，海外由来であることを殊更強調する必要はないはずである。　ウ　「読点を積極的に用い」ることと，「一文を短く簡潔にする」ことはやや矛盾する。読点とは「，」のことで，一文が短く簡潔であればあまり用いなくてもよいからだ。読点は文が長くても読みやすくするために用いるものである。この時点でウは除外してもよい。また本文を参照しても，例えば第七段落「たとえばデリー県の……骨があった」という一文は，やや長めだが読点が一切用いられていないため，「読点を積極的に用い」というのは誤りである。　エ　「擬人法」とは，人ではないものを人のように，例えば無生物に意思があるように描写する表現技法。(例)「太陽が僕にほほえみかけている。」「倒置法」とは，通常の語順とは異なる順序で文を組み立てて強調する表現技法。(例)「僕はプリンが好きだ。」→「プリンが好きだ，僕は。」このような表現技法は本文中に登場しない。また，専門用語の多い文章であることはそうかもしれないが親しみやすさも特にない。

重要　問十一　ア　「遺伝学的に」が誤り。遺伝学的に検証するのであれば，オオカミの遺伝子はどうなっているとか，どのオオカミの遺伝子には何％ほど他のオオカミの遺伝子が入っているとかいった説明になるはずであるが，そのようなことはない。骨の遺跡から，何年前ほどからオオカミがいたのかということには言及されているが，それは歴史であって遺伝学ではない。　ウ　「互恵関係」が誤り。「互恵」とは，「互いに特別の便宜や利益などを与えたり，受けたりすること」。「各地の洞窟や住居跡，貝塚など」については第七段落に記述があるが，「これらのオオカミハ……友とされたのであろうか」から，人間がオオカミから利益を受けとっただろうことは読み取れるが，オオカミも人間から利益を受けとったかどうかははっきりしない。　オ　「二万年以上早く」が誤り。第三段落によれば，「アイルランドに最初の人類が上陸したのは，およそ九〇〇〇年前」であり，第四段落によれば，「オオカミはアイルランドにすくなくとも二万八〇〇〇年前にはすんでいた」のだから，二万八〇〇〇から九〇〇〇を引くと一万九〇〇〇である。二万八〇〇〇年以上前からオオカミがアイルランドにいたという説はあるものの，あくまでも説であり「判明している」とは言い難い。

二　**(古文―仮名遣い，口語訳，指示語の問題，文脈把握，品詞・用法，内容吟味，文学史)**

〈口語訳〉　今となっては昔のことだが，河原院は，源融左大臣の家であった。陸奥の塩釜の風景をまねて庭を造り，潮を汲んでもってきて，塩を焼かせるなど，さまざまなみやびで趣のあることを尽くして，住みなさっていた。左大臣が亡くなった後，宇多天皇に(河原院を)差し上げたのです。醍醐天皇は，たびたび(河原院に)おでかけになった。まだ宇多天皇が住みなさっていた時に，夜中頃に，西の別棟の小部屋をあけて，そよそよと音がして，人が三条したように(宇多天皇が)お思いになったので，ご覧になると，昼の服装をきちんとしている人が，太刀を身につけ，笏を持って，二間ほど引き下がってかしこまって座っていた。「おまえは誰だ」と(宇多天皇が)お尋ねになると，(その人は)「ここの主人の老人です」と申し上げる。「(亡くなった)源融左大臣(の幽霊)か」と(宇多天皇が)お尋ねになると，(その人は)「その通りです」と申し上げる。「これはどうしたことか」と(宇多天皇が)おっしゃると，(左大臣は)「(自分の)家なので(私が)住んでいますが，(宇多天皇が)いらっしゃるのが畏れ多く，気詰まりなのです。どうしたものでございましょう」と申し上げるので，(宇多天皇は)「それは大変おかしな話だ。亡くなった左大臣の子孫が，私に(この家を)渡したので，住んでいるのだ。私が奪い取って住んでいるわけでもないのに，礼儀も知らず，どうしてこのように恨むのか」と，声高におっしゃたっところ，(左大臣の幽霊は)かき消えるようにいなくなった。その時の人々は，「やはり宇多天皇は普通とは違っていらっしゃる方です。ただの人は，その左大臣(の幽霊)に会って，あんなにもはきはきとものが言えるだろうか(いや，言えはしないだろう)」と言った。

問一　「参る」は「まいる」と読む。「やうに」など「子音a＋う」の組み合わせは，「子音o＋う(ー)」と読む。「かう」→「こう(こー)」，「さう」→「そう(そー)」など。

問二　Ⅰ　「をかし」とは「趣がある，素晴らしい」などという意味の必修語。　Ⅱ　「かしこまる」は，現代語と同じように「恐縮する」といった意味。「居る」は「座っている」という意味。

問三　ア　「勝手に改造した」が誤り。宇多天皇が河原院に住んだとは明記されているものの，庭を改造したという根拠は本文中にない。　ウ　「先祖代々守ってきた」が誤り。そのような根拠は本文中にない。また「売却された」根拠もない。差し上げた，とは明記されているが，それで売却したことが断定されるわけではない。また，ふつう「差し上げる」とは無償で行われることである。　エ　「宇多院によって……封じ込められていた」が誤り。左大臣の幽霊が出た際，宇多院は「おまえは誰だ」と，心当たりがなさそうな反応を示している。また，左大臣の幽霊の発言でも「おはしますがかたじけなく」，つまり「いらっしゃるのが畏れ多く」とあるので，宇多天皇の存在が気詰まりなのだと言っているのである。「おはします」は「いらっしゃる」という意味の尊敬語。

問四　「故大臣」とは，「大臣失せて後」とあるので，もともと河原院に住んでいた左大臣のことである。その子孫が，「我」に取らせたので住む，ということは，「我」とは左大臣亡き後に河原院に住んだ宇多天皇のことである。

問五　係助詞は「ぞ・なむ・や・か・こそ」であるが，「ぞ・なむ・こそ」は協調を，「や・か」は疑問・反語を表す。「ぞ・なむ・こそ」は訳す必要はないが，「や・か」は訳す必要がある。

やや難　問六　「高やかに」は活用語尾が「に」なので，ナリ活用の形容動詞である。形容動詞は物事の性質・状態を表し，活用をする。　ア「つひに」，イ「ひとへに」は用言を修飾する副詞。活用をしない。　ウ　「こと」は名詞(＝体言)，「に」は助詞である。　エ　「さびしげに」は「さびしげなり」という形容動詞であり，「さびしげ」という状態を表し，活用をする。

重要　問七　イ　「批判された」が誤り。人々が言っていたのは，左大臣の幽霊に会って〈はきはきとものを言えた〉ことに対する驚きであり，その点において宇多天皇は他の人とは違う，と称賛していたのである。　ウ　「特殊な能力」と，「人々は」以後が誤り。古文において，幽霊や妖怪，神仏の類に会うというのはさほど珍しいことではなく，特殊能力も必要ない。そのような場合は，向こうから会いに来るのである。また，イの解説通り人々は宇多天皇が幽霊を前にしても怖気づかなかったことを称賛しているのであり，幽霊に会う能力のことを話題にしていない。　オ「人々は……恐れていた」が誤り。左大臣の幽霊がこれ以前にも出たという根拠も，人々が恐れていたという根拠も本文中にない。また「心から感謝した」も誤り。ア・ウの解説に同じ。

問八『宇治拾遺物語』は鎌倉時代に成立した説話集である。作者は不明。　ア　江戸時代に成立した俳諧紀行文。作者は松尾芭蕉。　イ　平安時代に成立した随筆。筆者は清少納言。　ウ　平安時代に成立した説話集。作者は不明。　エ　平安時代に成立した物語。作者は不明。

三 (画数，熟語，漢字の読み，故事成語，分節，品詞，表現技法，文学史，漢文)

問一　ア・ウ　12画　イ　14画　エ　13画

問二「去就」とは，「離れ去ることと従うこと」。よって，反対の意味の字の組み合わせである。　ア「腹を立てる」なので，上が動詞で下が目的語の組み合わせ。　イ　ともに，「とても長い時間」を表すので，似た意味の字の組み合わせ。　ウ「日が暮れる」なので，上が主語で下が動詞の組み合わせ。　エ「経緯」は，「経」が縦線，「緯」が横線を表すので，反対の意味の字の組み合わせ。

問三　ウ→エ→ア→イ。　ア「かたず」。「固唾をのむ」で「どうなることかと緊張して息をこらし，思わずつばをのみ込むさま」。　イ「かわせ」。異なる国同士で通貨を交換すること。　ウ「かじ」。金属を熱して打ちきたえ，いろいろの器械や器具を作ることや，その職人。　エ「かぜ」。「かじゃ」と読まないように注意。

問四「初志貫徹」とは，「最初に決めた目標を，最後まで貫き通すこと」。ゆえに，「貫」という字が用いられる。

問五「塞翁が馬」とは，「人生の幸不幸は予測できないものだというたとえ」。老人の馬が逃げるという不幸があったが，数か月後，他の馬を連れて帰ってきたという幸があったり，その老人の子が馬に乗り落馬して足を折ったという不幸があったが，おかげで兵役を免れて命が助かったという幸があったりしたということから。したがって，高校に合格できたという幸があったのであれば，反対に不幸が訪れるかもしれないから注意せよと忠告するか，以前に不幸があったからこそ幸が訪れたのだと言うかでないと「塞翁が馬」にあてはまらない。

問六　1　文節とは，「ネ」や「ヨ」をつけて区切ることのできる単位を言う。例えば，いよいよ天城峠に近づいた」は，「いよいよネ／天城峠にネ／近づいたヨ」と区切れるので，三文節である。「道が／つづら折りに／なって，／いよいよ／天城峠に／近づいたと／思う／頃，／雨脚が／杉の／密林を／白く／染めながら，／すさまじい／早さで／麓から／私を／追って／きた。」　2「いよいよ」は「追ってきた」という動詞を修飾しているので，副詞。「き」は「追ってくる」の「くる」が，過去を表す「た」に続くよう活用したものなので，動詞。漢字でが「追って来た」。　3「雨脚が……私を追ってきた」とあるが，実際に「雨脚」が意思を持って人間を追いかけるということはない。したがって，この部分は人間ではないものをあたかも人間のように表現する「擬人法」が用いられている。　イ「直喩」とは，「～ように／ような」を用いながら比喩を行うこと。(例)「僕は，捨てられた仔犬のように孤独だ。」　ウ「体言止め」とは，文末を名詞で終えること。(例)「僕は，孤独。」　エ「倒置法」とは，通常の語順の逆にすること。(例)「僕は，孤独だ。」→「孤独だ，僕は。」など。　4『伊豆の踊子』は川端康成の作品。日本人でノーベル文学賞を受賞しているのは，他に大江健三郎。代表作は『万延元年のフットボール』。

問七　上から順に読んでいくと，2と3の順番が逆転しているので，3の左下にレ点を打ち，2から返って読む必要がある。続けて読もうとすると，7が邪魔をしているが456，と正しい順序で続いているので，456の三つを先に読んで最後に7を読むため，6の左下に一点を打ち，7の左下に二点を打つ必要がある。レ点は一字のみ，一・二点は二字以上返って読む際に用いられる。

★ワンポイントアドバイス★

論説文は，本文中の明記の有無ではなく，文脈から読み取れるかどうかを中心に考えよう。また，一般常識・教養も読解には不可欠だ。古文は，語彙力がかなりものを言う。単語帳も活用しながら，問題集で多くの文章に触れておこう。国語の知識は限定せず幅広くつけておこう。

●2024年度　学特Ⅱ期問題　解答●

《配点は解答欄に掲載してあります。》

＜数学解答＞

1　(1)　10　(2)　$\frac{3x+2y}{12}$　(3)　$\frac{8b^6}{a}$　(4)　$-2\sqrt{5}$

2　(1)　$22.25 \leqq x < 22.35$　(2)　$x=-1,\ y=1$　(3)　$x=\frac{-1\pm\sqrt{2}}{2}$　(4)　96％

(5)　$\frac{160}{3}\pi\ (\mathrm{cm}^3)$　(6)　$\angle x=80°$　(7)　$\triangle \mathrm{PQR}=\frac{9}{2}$　(8)　エ

3　(1)　$\frac{1}{9}$　(2)　$\frac{7}{36}$　(3)　$\frac{5}{12}$

4　(1)　25(cm)　(2)　$36n^2+12n+1\ (\mathrm{cm}^2)$　(3)　$n=20$

5　(1)　$a=\frac{1}{2}$　(2)　$\triangle \mathrm{OAB}=4$　(3)　P(0, 4)

○配点○

1・2(1)　各4点×5　他　各5点×16　計100点

＜英語解答＞

1　A　1　train　2　rain　3　cause　4　hurry　5　station

B　1　イ　2　ウ　3　エ　4　ウ　5　ア

2　問1　heard　問2　more than　問3　ア　問4　ウ　問5　イ，オ

3　A　問1　エ　問2　ア　問3　1　family　2　February　3　25

B　問1　Thursday　問2　イ　問3　ウ　問4　ウ　問5　ウ

4　A　問1　ア　問2　taken　問3　エ　問4　ウ　問5　イ

問6　a　○　b　×　c　×　d　×　e　○

○配点○

1A　各2点×5　他　各3点×30（2問2・問5各完答）　計100点

＜理科解答＞

1　(1)　③　(2)　栄養生殖　(3)　クローン　(4)　相同器官

(5)　Ⅰ　③　Ⅱ　①　Ⅲ　②

2　(1)　図A　⑥　図B　⑧　図C　②　(2)　B→C→A　(3)　①　70　②　1225

③　動脈血　(4)　⑤

3　(1)　B　酸素　C　水素　F　二酸化炭素　(2)　D，F　(3)　純粋な気体を集めることができる　(4)　$NaHCO_3 + HCl \rightarrow NaCl + CO_2 + H_2O$

4　(1)　2.4g　(2)　マグネシウム：銅＝3：8　(3)　0.6g　(4)　4.0g

5　(1)　ウ　(2)　エ　(3)　C　(4)　250Hz

6　(1)　2.1kJ　(2)　150分間　(3)　9分20秒　(4)　エアコン

7　(1)　A　マグマ　B　溶岩　C　火山噴出物　(2)　ウ　(3)　凝灰岩　(4)　イ

(5)　カ　(6)　エ

○配点○

1・2・7　各2点×23（2(2)完答）　他　各3点×18　計100点

＜社会解答＞

1　(1)　i　イ　ii　ウ　(2)　i　OPEC[石油輸出国機構]　ii　イ　(3)　カカオ
(4)　i　アンデス山脈　ii　ウ

2　(1)　i　ウ　ii　讃岐(平野)　iii　イ　(2)　コンビナート　(3)　i　促成(栽培)
ii　ア　(4)　i　ウ　ii　エ

3　(1)　X　平城京　Y　平将門　Z　源頼朝　(2)　前方後円(墳)　(3)　法隆寺　(4)　エ
(5)　i　イ　ii　天正遣欧(使節)　(6)　i　ア　ii　ウ

4　(1)　X　日露戦争　Y　満州事変　Z　太平洋戦争　(2)　イ　(3)　ウ　(4)　ア
(5)　イ　(6)　国家総動員法　(7)　エ　(8)　エ

5　(1)　A　検察　B　全体　C　学校　(2)　ア　(3)　推定無罪(の原則)　(4)　ア
(5)　エ　(8)　二元代表(制)

6　(1)　①→③→②　(2)　i　オ　ii　イ　(3)　i　エ　ii　ウ
(4)　i　600　ii　競争

○配点○

各2点×50(6(1)完答)　計100点

＜国語解答＞

一　問一　a　す(えた)　b　きょうそう　c　ぼくめつ　d　かっきてき
問二　①　信奉　②　治療　③　委(ねる)　④　促(されて)
問三　Ⅰ　ア　Ⅱ　ウ　問四　エ　問五　<2>　問六　イ　問七　エ　問八　イ
問九　自然の～入する(行為。)　問十　X　エ　Y　ア　問十一　ウ，オ

二　問一　よりいて　問二　Ⅰ　イ　Ⅱ　エ　問三　ウ　問四　ア　問五　イ
問六　エ　問七　イ　問八　ア，オ

三　問一　エ　問二　エ　問三　手　問四　イ
問五　ウ　問六　ア，ウ　問七　1　エ　2　ア　問八　5(番目)

○配点○

一　問一～問三　各2点×10　他　各3点×10　二　各3点×10　三　各2点×10　計100点

2023年度

★★★★★★★★★★★★★★★★★★★★★★★

入　試　問　題

2023年度

前橋育英高等学校入試問題（学特Ｉ期）

【数　学】（45分）　　＜満点：100点＞

1　次の(1)～(4)の計算をしなさい。

(1)　$3-10$

(2)　$(-2a)^2\times(ab^2)^3$

(3)　$\dfrac{x}{2}-\dfrac{2x+6y}{3}$

(4)　$\dfrac{1}{\sqrt{3}}+\sqrt{12}$

2　次の(1)～(8)の問いに答えなさい。

(1)　$x^2-2xy-35y^2$を因数分解しなさい。

(2)　連立方程式$\begin{cases}2x+5y=1\\5x+2y=13\end{cases}$を解きなさい。

(3)　右の図は，直方体の展開図である。この展開図をもとにして直方体をつくるとき，辺ABと平行になる面をア～カから選び，すべて答えなさい。

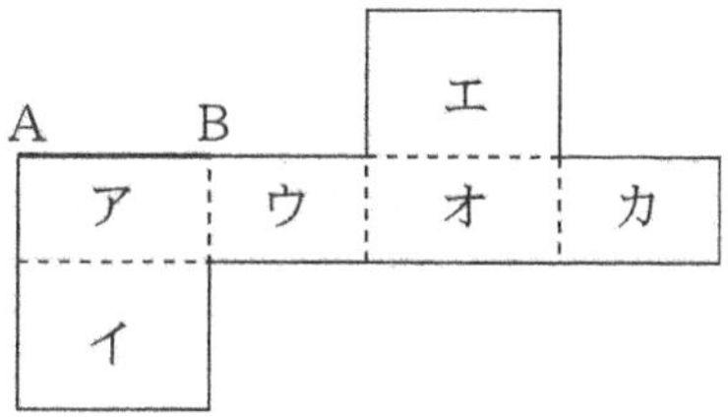

(4)　一の位が０でない２けたの自然数Pがあり，Pの十の位と一の位を入れかえた数をQとする。$P-Q=45$であり，$\sqrt{P+Q}$が自然数になるとき，Pの値を求めなさい。

(5)　右の図において，$\ell /\!/ m$，$\angle ABC=\angle BAC$である。$\angle x$の大きさを求めなさい。

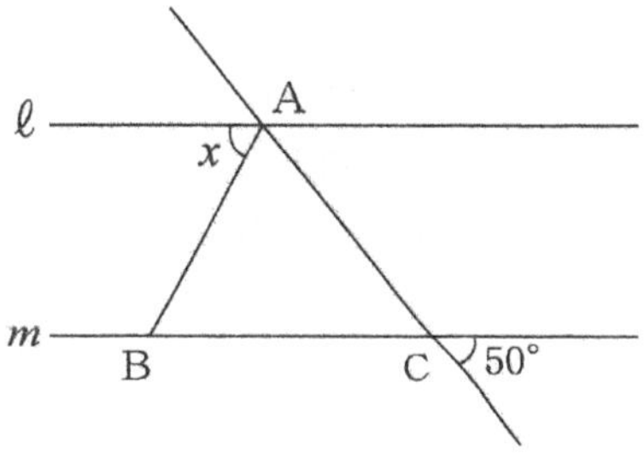

(6)　座席総数が500席として，野外コンサートを行うことを企画した。大人はチケット１枚500円で，中学生以下はチケット１枚を大人の４割引きで販売した。座席総数の500枚が完売したとき，チケットの売り上げ合計金額は196000円であった。

　このとき，中学生以下のチケットの販売枚数を求めなさい。ただし，消費税は考えないものとする。

⑺　右の図のように，BC＝4，CD＝3，DA＝6の四角形ABCDがある。
　四角形ABCDを直線ℓを軸として1回転させてできる立体の体積を求めなさい。
　ただし，円周率はπを用いなさい。

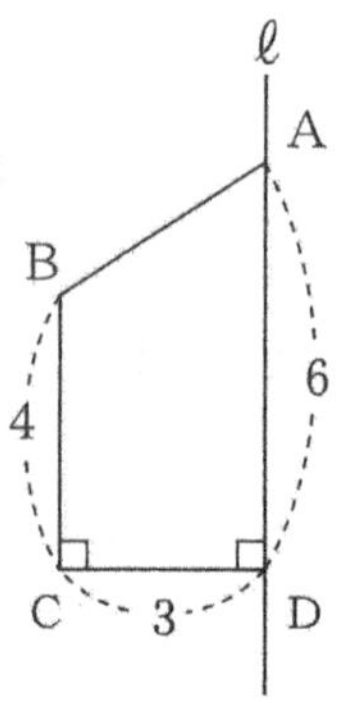

⑻　白と黒の同じ大きさの石がたくさんある。右の図のように，まん中に黒石を1つ置く。（これを1回目とする）
　次にその黒石の外側に，正方形になるように白石を並べる。（これを2回目とする）
　さらにその白石の外側に，正方形になるように黒石を並べる。（これを3回目とする）
　これを繰り返していき，7回目の石を並び終えたとき，並べられている黒石の総数を求めなさい。

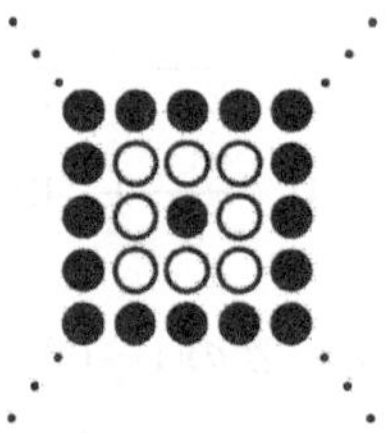

3　赤色，白色，緑色，黄色の箱が1個ずつ，また，箱と同じ色の玉が1個ずつある。
この玉を1個ずつ4個の箱に入れるとき，次の問いに答えなさい。
⑴　玉の入れ方は何通りあるか求めなさい。
⑵　箱の色と玉の色がすべて異なる確率を求めなさい。
⑶　箱の色と玉の色が2個だけ同じになる確率を求めなさい。

4　右の図のように，関数$y=\frac{1}{2}x^2$のグラフ上に異なる2点A，Bが，関数$y=ax^2$（$a<0$）のグラフ上に異なる2点C，Dがある。
　ここで，四角形ABCDは点Aのx座標が2のとき，辺ABと辺BCの長さの比が1：2の長方形になった。このとき，次の問いに答えなさい。
⑴　点Dの座標を求めなさい。
⑵　直線ACの式を求めなさい。
⑶　関数$y=ax^2$のグラフ上に点Pをとる。関数$y=ax^2$のxの変域が$-4 \leqq x \leqq 2$のとき，△ABPの面積Sのとりうる値の範囲を不等号を使って表しなさい。

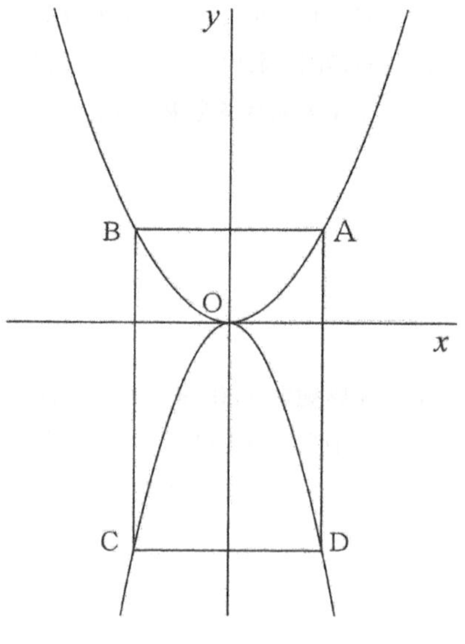

5 下の図の平行四辺形ABCDにおいて，辺AD上にAE：ED＝2：1となるような点Eをとる。
　また，直線BEと対角線AC，直線CDとの交点をそれぞれF，Gとする。このとき，次の問いに答えなさい。

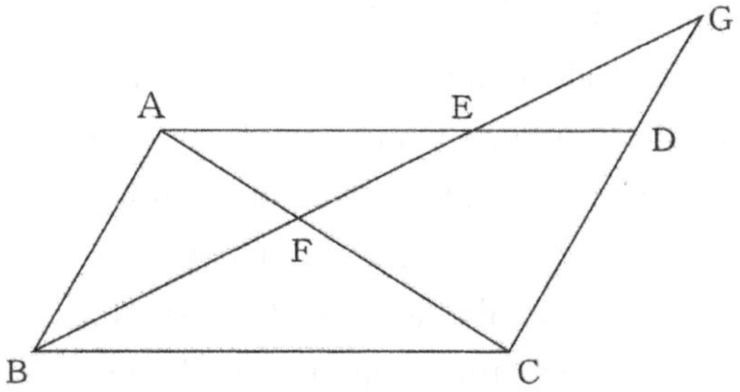

(1)　△AEFと△CBFの面積の比を最も簡単な整数の比で表しなさい。

(2)　BF：FGを最も簡単な整数の比で表しなさい。

(3)　△AEFと△CFGの面積の比を最も簡単な整数の比で表しなさい。

【英　語】（45分）　＜満点：100点＞

1　次の問いA，Bに答えなさい。

A　次の１～５の英文の下線部の誤りを正しく直しなさい。

例）Yesterday I asked to clean the kitchen by my mother. → was asked to

1　I wanted to visit the museum which stand in the hill over there.

2　ABC Ballpark is one of the oldest stadiums build with Joe McDonald.

3　Manaka and Shota know each other for ten years.

4　The food is more hot than the food I ate yesterday.

5　Let's stay home tomorrow afternoon if it will rain.

B　文中の(1)～(5)の（　）に入るもっとも適当な英語１語を答え，対話文を完成させなさい。ただし，答えは（　）の＿につき１字ずつとし，指定されたアルファベットを必ず解答に含めること。

Son：Are you going to recycle those food packages, Mom?

Mother：Yes, David. Oh, do you know if we can recycle this one?

Son：Just a (1)(_ _ _ _ _t). What kind of material is it made of?

Mother：I think it's plastic.

Son：Oh, I don't think we can recycle this type of plastic.

Mother：Wait, have a look at the back of this package. Don't (2)(f_ _ _ _ _) to check the label on the back, here. It tells us if we can recycle it or not.

Son：Oh, I didn't know there was a label on this one. Some packages don't have a recycling label. It's difficult to tell what kind of packages we can recycle.

Mother：You're (3)(_i_ _ _). Also you can find some information about recycling online.

Son：I see. I'll check (4)(_o_ _) a label on the back and information online. You know a lot about recycling.

Mother：My friend and I talked about caring more for the (5)(_ _v_ _ _ _ _ _ _ _). Some plastics will lead to the greenhouse effect. But in fact, I sometimes find that it is hard to tell the difference between things we can recycle and things we can't.

Son：I think so, too.

Mother：But we should recycle many things to protect our precious earth.

（注）packages　包装　　if　～かどうか　　material　材料　　plastic　プラスチック
label　ラベル　　precious　貴重な

2　次のメールを読み，各問いに答えなさい。

From : Yume
To : Laura
Date : February 25, 2021
Subject : Happy Birthday!

Hi Laura, this is Yume. How's it going? How is your family? It's been a long time since I went to America as a foreign student last year. Thanks to you, I enjoyed studying English in America.

Today is a special day for you! Congratulations on your 20th birthday!
Just half a year ago, when I spent time with your family, you made a birthday cake for me on my 20th birthday. It was so delicious. You said you like making sweets and you want to be a pastry chef in the future.

I want to cheer for your dream so I sent you the butter which is famous and luxury in Japan as your birthday present. Have you already received it?

You were always kind to me. I will never forget spending days with you. I cannot be with you to celebrate today, so I will send all my love to you from Japan.

Have a nice day!
Yume

From : Laura
To : Yume
Date : February 25, 2021
Subject : Re: Happy Birthday!

Hi Yume, we are all fine. I'm very happy to hear from you.

Thank you so much for（1）(send) me the wonderful present!
I am so surprised because I have been interested in it these days. I will make many sweets with it. As you said, I'm learning hard to be a pastry chef. How about you? Are you still studying English every day?

Thank you again, I'm very happy.
Laura

（注）　congratulations　おめでとう　　pastry chef　パティシエ　　cheer　応援する　　luxury　高級な
celebrate　お祝いする

問1　When is Yume's birthday?
ア　January 25.　　イ　February 25.　　ウ　August 25.　　エ　April 25.

問2　Why did Yume go to America last year?
ア　To study abroad.　　イ　To meet friends.
ウ　To see beautiful views.　　エ　To send emails.

問3　Why is Laura so surprised?
ア　Because Yume will visit America next year.
イ　Because Yume sent emails to Laura too often.

ウ　Because Laura found the most famous butter in America.
　エ　Because Laura has got the present she has been interested in.

問４　文中の下線部(1)の（　）の語を適当な形に直しなさい。

問５　次のア～エの英文の中から本文の内容に合うものを１つ選び，記号で答えなさい。
　ア　Yume is younger than Laura.
　イ　Yume always makes communication with Laura.
　ウ　Yume was in Japan when she wrote this email.
　エ　Yume got a cake Laura bought at the bakery.

3　**各問いＡ，Ｂに答えなさい。**

Ａ　次の広告を読み，各問いに答えなさい。

Contact with animals

Do you like animals? Do you want to live together with them or do you already have them now? These days, many people have various kinds of them as pets. This means that relationships between animals and people are getting closer. How about coming into contact with animals?

Program: Three days from September 10
Place: ASAHI park
Time: 10:00 to 16:00 ☆The last day: 10:00 to 14:00

Character of each area

Dog	See puppies / Hold them in your arms	You can feed them.
Cat	See kittens / Play together	
Rabbit	Hold them in your arms	
Horse	Ride on them	You can touch them only on Sep.10 and 11.
Penguin	Walk with them	
Bird	Talk to them	

○Feeding a dog, a cat and a rabbit costs 100 yen each.
○Children under 10 years old must join with their parents.

Stamp Card

Start →	Feed a dog →	Feed a cat →	Hold a rabbit ↓
Goal ←	Talk to a bird ←	Walk with a penguin ←	Ride on a horse

○If you complete the Stamp Card, you can get the special goods of this event.

（注）puppies　子犬たち　kittens　子猫たち　feed　えさをあげる，えさ　complete　完成する

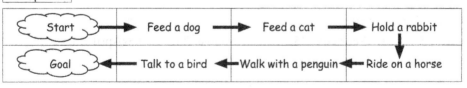

問１　次の英文は，イベント最終日の注意事項をまとめたものです。下の空欄（１）～（３）に入るもっとも適当な数字を答え，英文を完成させなさい。

The last day of this event is September（　1　）.　And the park is open for（　2　）hours.

Also, we are sorry but you can't touch（　3　）kinds of animals.

問２　If you want to get the special goods, how much money will you need?

ア　100 yen.　　イ　200 yen.　　ウ　300 yen.　　エ　600 yen.

問３　次のア～エの英文の中から本文の内容に合わないものを１つ選び，記号で答えなさい。

ア　You can't hold some of the animals.

イ　Children under nine without parents can join this event.

ウ　You can become close with animals through this event.

エ　You have to take six steps to complete the stamp card.

Ｂ　次の案内を読み，各問いに答えなさい。

Job experiences

You can experience some jobs. Let's try this chance and imagine your future!

Job	To do	Time	Age	money
Doctor	Use some real machines for operations	40min	Over13	1500 yen
Police officer	Patrol the town	70min	10 － 15	500 yen
Farmer	Harvest some vegetables	25min	5 － 8	700 yen
Pilot	Operate a model plane by a simulator	40min	9 － 15	1000 yen
Singer	Sing on the stage	30min［Only 13:00］	3 － 5	500 yen

○Each experience starts at 9:00, 10:00, 11:00, 13:00, and 14:00.

○Wear each uniform during the experiences.

○If you join a Singer program, please come to the stage at 12:00 to practice singing.

（注）experience　経験する　　imagine　想像する　　harvest　収穫する　　simulator　シミュレーター

問１　If you have a sister who is four years old, which job experience can she join?

ア　Police officer.　　イ　Farmer.　　ウ　Pilot.　　エ　Singer.

問２　If your brother is fourteen and he wants to join all job experiences which he can join, how much money should he pay?

ア　1700 yen.　　イ　2200 yen.　　ウ　3000 yen.　　エ　3200 yen.

問３　本文の内容に合っている文は○を，間違っている文には×を書きなさい。

Ａ　When you try job experiences, you don't have to change your clothes.

Ｂ　Children who are five can join only two kinds of job experiences.

Ｃ　Everyone starts each job experience on the stage at noon.

4 次の英文を読み，各問いに答えなさい。

When two people are talking to each other, they often keep some distance between them. Each person has their own personal space which others can't see. If someone's personal space is stepped into, he or she will feel uncomfortable and move away to increase the distance between them. This personal distance is not related to the smell of body or bad breath, but with their relationship to the other.

It is said that there are four zones of personal space.

○ Public distance : over 3.5m

Public distance is a distance that people can take when the target person has a social status at an official meeting or event. Because it is the farthest of the four zones, it is not a personal relationship.

○ Social distance : 1.2m ~ 3.5m

Social distance isn't good for a personal relationship, but it's a distance to someone you know (1)(well) than someone who takes a public distance. It's a distance that you can't reach if you try to touch, so it's a good distance for people who you don't know well. Generally, many people don't want such people to step into their personal area.

○ Individual distance : 45cm ~ 1.2m

Individual distance means that you and the other person can reach if you try to touch. It is the ideal distance between close people (2) friends. It's a sense of distance—you can see each other's face well.

○ Intimate distance : 0cm ~ 45cm

Intimate distance is a very personal sense of distance—a distance between family members or lovers. People who are close to you feel comfortable when they are at this distance. Only a few people can accept this distance, so (3) when you are talking to people you are not close to.

Interestingly, the average personal distance are different from culture to culture. Americans usually need more personal space than people in other cultures. For example, if you try to get close to an American woman during your conversation, she will feel that (4)you are "in her face" and will try to step back away. If you understand this, you don't need to close the gap. It is also important to know that physical contact will lead to discomfort. Touching is sometimes a little too intimate for others so you should avoid it. Until you have a close friendship with others, don't put your arm around their shoulders, touch their faces, or hold their hands. If you think you're close enough to touch them, check first if they're OK with it – some may not feel the same as you. Shaking hands may be the only exception. It is usually done when we are meeting and leaving others in a business or formal situation.

（注） distance 距離　uncomfortable 不快な　related 関係して　breath 息
relationship 関係　zone ゾーン　target 対象　status 地位
farthest もっとも離れた　individual 個人の　intimate 親密な
interestingly 興味深いことに　average 平均的な　gap へだたり　physical 身体的な
contact 接触　discomfort 不快　friendship 友人関係　if ～かどうか
exception 例外　situation 状況

問1　次の英語の質問に対する答えとしてもっとも適当なものを下のア～エから選び，記号で答えなさい。

What happens after someone feel uncomfortable when their personal space is stepped into?

ア　He or she tries to talk to the other.
イ　He or she tries to see the space they can’t see.
ウ　He or she tries to make a small distance away.
エ　He or she tries to move near to the other.

問2　次の英語の質問に対する答えとしてもっとも適当なものを下のア～エから１つ選び，記号で答えなさい。

Which zone of personal space should we take when we are listening to the speech of the company president?

ア　Public distance.　　イ　Social distance.
ウ　Individual distance.　　エ　Intimate distance.

問3　文中の下線部(1)の（　）の語を適当な形に直しなさい。

問4　文中の（２）（３）に入るもっとも適当な表現をそれぞれ下のア～エから１つ選び，記号で答えなさい。

(2)　ア　look like　　イ　more than　　ウ　next to　　エ　such as
(3)　ア　hurry up　　イ　be careful　　ウ　don’t worry　　エ　never mind

問5　文中の下線部(4)が表す内容としてもっとも適当なものを下のア～エから１つ選び，記号で答えなさい。

ア　You are too close.　　イ　You are touching her face.
ウ　You are looking at her face.　　エ　You are too friendly.

問6　次の英語の質問に対する答えとしてもっとも適当なものを下のア～エから１つ選び，記号で答えなさい。

Which of the following is the basic communication which is usually accepted?

ア　Touching bodies.　　イ　Shaking hands.
ウ　Closing eyes.　　エ　Talking loudly.

問7　次のア～キの英文の中から本文の内容に合うものを３つ選び，記号で答えなさい。

ア　A social status is the most important point in human relationship.
イ　Social distance is a good distance to take when you meet someone for the first time.

ウ You can see the other person's face well in an individual distance.
エ You have to talk in an intimate distance between family members.
オ You can always touch the person you are talking to if you need.
カ Personal space shows a difference about each cultural way of thinking.
キ Close friends never take a social distance when they are talking.

【理　科】（45分）　＜満点：100点＞

1　次の動物と植物のからだのつくりとはたらきに関する会話文を読んで，(1)～(5)の問いに答えなさい。

先生　：今日の授業は動物と植物のからだのつくりとはたらきについての復習です。まず，動物と植物のからだのつくりで共通していることは何があったか確認しましょう。

タロウ：はい。動物のからだも植物のからだも多細胞生物であれば成り立ちが共通していて，$_{\mathrm{A}}$細胞が集まることで組織をつくり，さらに組織が集まることで器官をつくります。

先生　：そうですね。それでは，動物と植物の細胞はそれぞれ同じつくりをしていたのでしょうか？

ハナコ：顕微鏡で観察すると同じ部分も多くありますが，$_{\mathrm{B}}$植物の細胞には動物の細胞では見ることのできない部分が３つありました。

タロウ：確か１つは葉緑体だったよね。この葉緑体で光合成が行われるんだよね。$_{\mathrm{C}}$実験で確認したよ。

先生　：そうですね。光合成は植物の代表的なからだのはたらきの１つでした。それでは，動物のからだのはたらきで印象的だったものは何かありますか？

ハナコ：私は，植物にはない，神経についてのはたらきが印象的でした。$_{\mathrm{D}}$刺激を受けることで敏感に反応を示すことのできるしくみが面白かったです。

タロウ：私は，$_{\mathrm{E}}$血液のはたらきが印象的でした。ただの赤い液体だと思っていましたが，私たちのからだを守るしくみを担っていることに感動しました。

先生　：動物も植物も，からだのつくりとはたらきには関係性がありますね。それでは，復習したことを確認するために問題演習をしてみましょう。

(1)　下線部Aについて，組織や器官に関する次のア～カの文のうち正しいものを１つ選び記号で答えなさい。

ア．組織とは形やはたらきの異なる細胞が集まってつくられるものである。

イ．器官とは同じはたらきの組織のみが集まってつくられるものである。

ウ．植物の葉で見ることのできる表皮組織では積極的に光合成が行われている。

エ．植物の葉で見ることのできる葉肉組織は外からの刺激から内側の構造を守ることが主なはたらきである。

オ．動物の小腸で見ることのできる上皮組織は養分を吸収することが主なはたらきである。

カ．動物の小腸で見ることのできる筋組織は植物の葉でも見ることができる。

(2)　下線部Bについて，植物の細胞のみで見ることのできる構造のうち葉緑体を除く２つの名称をそれぞれ漢字で答えなさい。

(3)　下線部Cについて，この実験の説明として適当なものを次のア～ウの文から１つ選び記号で答えなさい。

ア．息を吹き込んで緑色にしたBTB溶液を３本の試験管に入れ，それぞれA，B，Cとする。Aの試験管にはオオカナダモを入れる。Bの試験管にもオオカナダモを入れるが，試験管の周囲をアルミはくで覆った。Cの試験管にはオオカナダモを入れなかった。このA，B，Cの試験管に十分に光を当て，BTB溶液の色の変化を観察した。

イ．一日光の当たらない部屋に置いた，ふ入りのアサガオの葉にアルミはくを帯状に巻く。このときアルミはくは，ふの入った部分と入っていない部分に巻くようにする。この葉に十分に光を当てた後，葉を脱色しヨウ素液に浸した。アルミはくの巻かれた部分と巻かれていない部分で，ふの入った部分と入っていない部分のそれぞれの色の変化を観察した。

ウ．アジサイの枝を３本用意し，それぞれの枝についている葉の大きさと枚数をそろえる。この枝をそれぞれ同じ量の水が入った３本の試験管に入れ液面に油を浮かべる。それぞれの試験管をA，B，Cとし，Aの試験管の枝は葉の裏側にワセリンをぬり，Bの試験管の枝は葉の表側にワセリンをぬる。また，Cの試験管の枝はすべての葉を取り除いた。十分な時間が経った後，A，B，Cの試験管の水の量を観察した。

(4)　下線部Dについて，ハナコさんは自転車で時速10.8㎞の速さで走行していた。その時ハナコさんの前方に小動物が急に飛び出してきた。ハナコさんはブレーキを掛け自転車は停止した。小動物の飛び出しに気づいてから自転車が停止するまで4.0m進み，1.4秒かかった。なお，ブレーキを掛け始めてから自転車が止まるまでに1.3m進んでいた。このときハナコさんが小動物の飛び出しに気づいてからブレーキを掛け始めるまでの時間は何秒か答えなさい。

(5)　下線部Eについて，血液に関する次のア～オの文のうち，誤りを含むものを１つ選び記号で答えなさい。

ア．血液は固形の成分として赤血球，白血球，血小板，液体の成分として血しょうを含んでいる。

イ．血液の液体成分が毛細血管からしみ出した液体をリンパ液という。

ウ．赤血球はヘモグロビンという物質を含み，ヘモグロビンは肺で酸素を受け取ると鮮やかな赤色になる。

エ．白血球はリンパ管にも含まれ，からだの中に侵入した異物を排除するはたらきをもっている。

オ．血小板は，けがなどによって血液がからだの外に流出しないように血液を固めるはたらきをもっている。

2　植物に関する次の(1)～(4)の問いに答えなさい。

［A］　図１は，花の断面図の模式図である。

(1)　図１のア～ウの名称を答えなさい。

(2)　植物の精細胞が子房内の胚珠に含まれる卵細胞にたどり着くまでの過程に関する，次の文章中の空欄a～cにあてはまる語句をそれぞれ答えなさい。

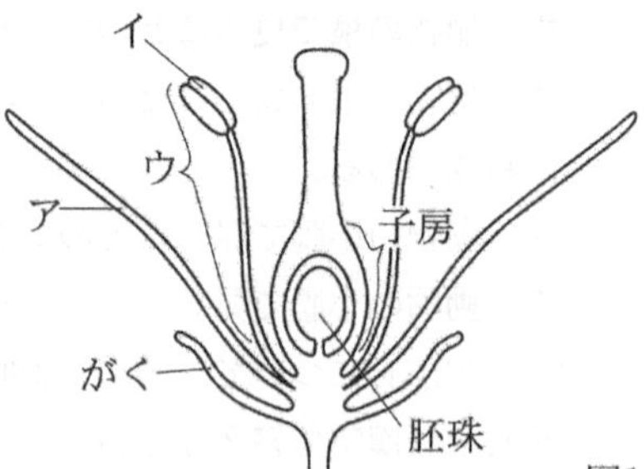

図1

「ユリなどの植物がつくる花粉は，（　a　）分裂で作られた生殖細胞を含んでいる。花粉がめしべの先端である柱頭に付着すると，めしべから分泌される液を吸収し，精細胞を含む花粉管を伸長させる。花粉管はめしべの内部を進んでいき，胚珠にたどり着き，胚珠内の卵細胞と精細胞が受精し受精卵となる。受精卵が分裂を繰り返して（　b　）になり，成長する過程を（　c　）という。」

［B］　タロウさんが授業で行った花粉管の観察実験では，次のページの図２のように花粉管は伸長するが進行方向がばらばらであり，花粉管がどのように胚珠内の卵細胞にまでたどり着けるのか

疑問が残った。そこで，この疑問を解決するために書籍やインターネットを活用して調べ学習を行い，次のような知識を得た。

「多くの植物の胚珠の中には，図３のように７個の細胞があり，そのうち１つが卵細胞である。また，残りの細胞６個（細胞Ａ～Ｆ）のうち，いずれかの細胞が卵細胞まで花粉管を＊誘引し，受精を助けるはたらきがある。」

＊誘引…いざない導くこと。

そこで，実際に，花粉管が誘引される様子を観察するために実験１を行った。

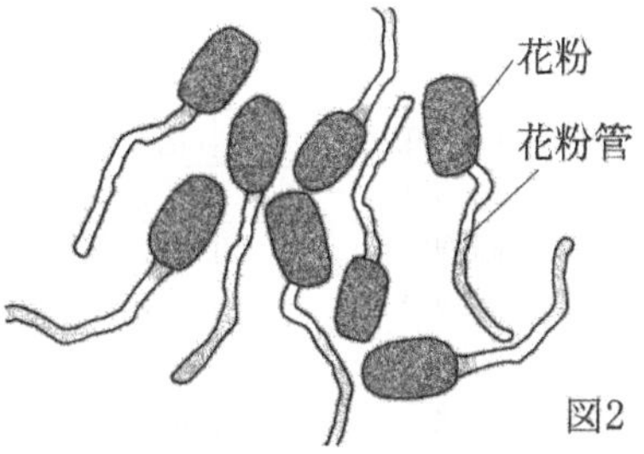

図2

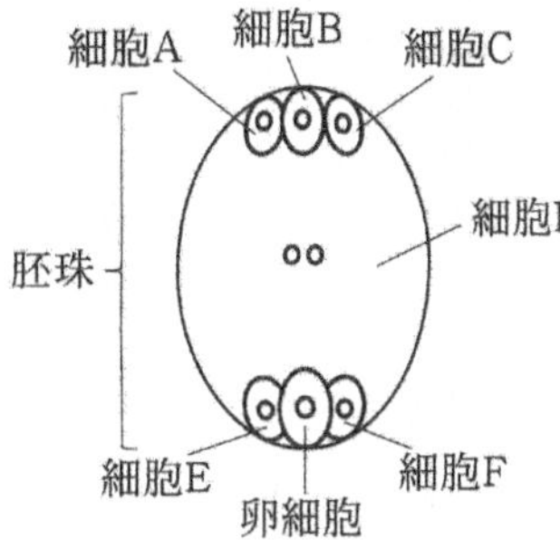

図3

〔実験１〕

ある植物の未受精の胚珠を取り出し，培養液（スクロースやそのほかの栄養素を含んでいる液体）の中に入れる。その後，花粉を直接培養液の中にいれ，受精するか確認した。

〔実験１結果〕

図４のように花粉管は伸長したが，胚珠のほうに行かず，バラバラの方向へ進み，受精は起きなかった。

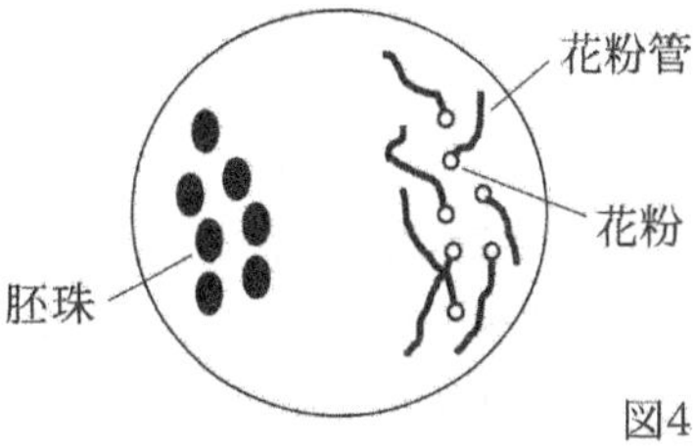

図4

実験１では花粉管が誘引されずに，バラバラの方向に進んでしまった。そこで，より植物で起こっている生殖の状態に近づけ，花粉管が誘引される様子を確認するために実験２を行った。

〔実験２〕

培養液を準備し，ある植物から取り出した未受精の胚珠を培養液の中に入れる。その培養液の中に，花粉を柱頭に受粉させためしべを切り取ったものを，未受精の胚珠が入った培養液の中にいれ，花粉管が誘引され，受精が起こるか確認した。

〔実験２結果〕

図５のように花粉管が誘引され，受精が起こった。

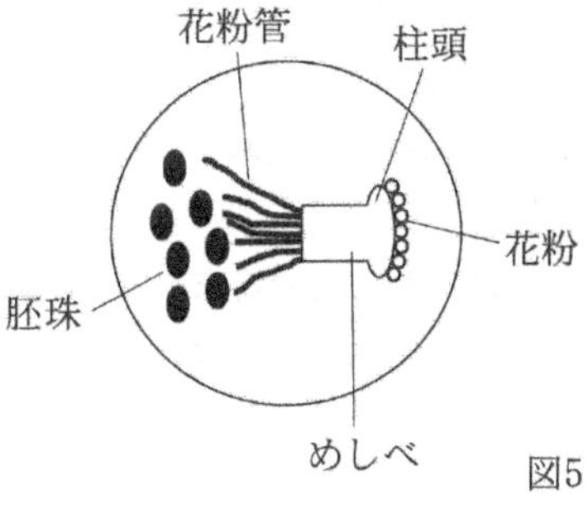

図5

実験２では花粉管が誘引され受精する様子を観察することができた。そこで，胚珠内に含まれる細胞Ａ～Ｆのはたらきを調べるために，実験３を行った。

〔実験３〕

ある植物の未受精の胚珠を取り出し，細胞Ａ～Ｆをレーザーの熱によって様々な組み合わせで破壊し，培養液の中に入れる。その後，その培養液と同じ容器に，花粉を柱頭に受粉させためしべを切り取ったものをいれ，花粉管が誘引されることで受精するか確認した。

〔実験3結果〕

破壊した細胞	結果
細胞A	花粉管が誘引され，受精が起こった。
細胞B	花粉管が誘引され，受精が起こった。
細胞C	花粉管が誘引され，受精が起こった。
細胞D	花粉管が誘引され，受精が起こった。
細胞E	花粉管が誘引され，受精が起こった。
細胞F	花粉管が誘引され，受精が起こった。

破壊した細胞	結果
細胞A～F	受精しなかった。
細胞A～C	花粉管が誘引され，受精が起こった。
細胞D～F	受精しなかった。
細胞A～D	花粉管が誘引され，受精が起こった。
細胞A～E	花粉管が誘引され，受精が起こった。
細胞A～DとF	花粉管が誘引され，受精が起こった。
細胞Eと細胞F	受精しなかった。

(3)　実験１・２からわかるものとして誤りを含む文章を，次のア～ウから１つ選び記号で答えなさい。

ア．花粉を直接培養液にまくと，必要な栄養分が不足して花粉管が伸長しないため，誘引されない。

イ．めしべを通ることで，花粉管は胚珠のほうへ向かうことができるようになる。

ウ．花粉管が伸長するには，培養液の栄養分だけで十分である。

(4)　実験３からわかるものとして，正しい文章を次のア～オから２つ選び記号で答えなさい。

ア．胚珠内の細胞では卵細胞さえ存在していれば受精は成立する。

イ．胚珠が受精するには卵細胞以外に，細胞Ｅと細胞Ｆの両方が必要である。

ウ．胚珠が受精するには卵細胞以外に，細胞Ｅまたは細胞Ｆの存在が必要である。

エ．細胞を５個以上破壊しても，破壊する細胞の組み合わせによっては受精が起こる場合がある。

オ．細胞を５個以上破壊すると，破壊する細胞の組み合わせに関わらず，必ず受精が起こらない。

3　酸化銅と炭素粉末を混ぜて加熱したときの質量変化を調べるため，次のような実験を行った。(1)～(5)の問いに答えなさい。ただし，試験管Ａ内では酸化銅と炭素粉末の反応以外は起こらないものとする。

〔実験〕

①　酸化銅4.00ｇと炭素粉末0.10ｇを乳鉢に入れてよく混ぜる。

②　①の混合物を試験管Ａに入れ，図のような装置で加熱する。

③　反応が終わったら石灰水の入っている試験管Ｂからガラス管を取り出し，熱するのをやめ，ピンチコックでゴム管を止めて，試験管Ａを冷やす。

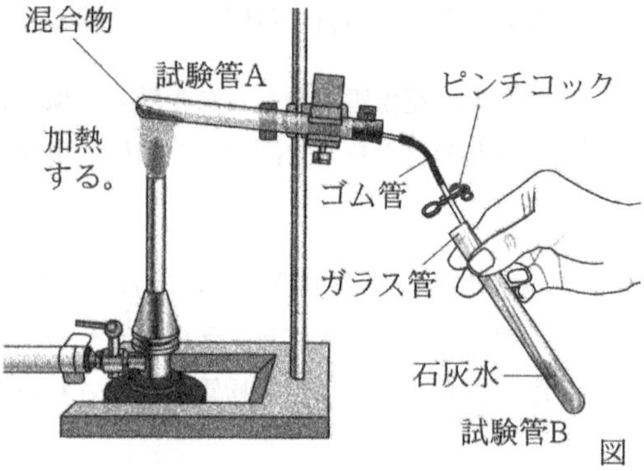

図

④　試験管Ａ内に残った固体の質量を測定する。

⑤　酸化銅の質量は4.00ｇと変えず，炭素粉末の質量を０ｇ，0.20ｇ，0.30ｇ，0.40ｇ，0.50ｇ，0.60ｇに変えて，①～④の操作をそれぞれ行う。

〔結果〕

混ぜた炭素粉末の質量〔g〕	0	0.10	0.20	0.30	0.40	0.50	0.60
反応後の試験管A内に残った固体の質量〔g〕	4.00	3.73	3.46	3.20	3.30	3.40	3.50
石灰水の様子	白濁しなかった	白濁した					

(1)　上記の結果をもとにグラフを作成しなさい。

(2)　グラフから反応前の酸化銅の質量とその酸化銅中の銅の質量の比を最も簡単な整数で求めなさい。

(3)　実験結果から酸化銅8.00ｇと炭素粉末0.30ｇをよく混ぜた混合物を試験管Ａに入れ加熱した後，残っている酸化銅と銅の合計は何ｇと考えられるか求めなさい。

(4)　酸化銅8.00ｇと炭素0.60ｇを反応させたとき，発生する二酸化炭素の質量は何ｇになると考えられるか求めなさい。

(5)　この実験で酸化銅から銅が取り出せるのはなぜか。次の文中の □ にあてはまる内容を10文字以内で書きなさい。
「この実験で，酸化銅から銅が取り出せるのは，炭素が銅よりも □ ためである。」

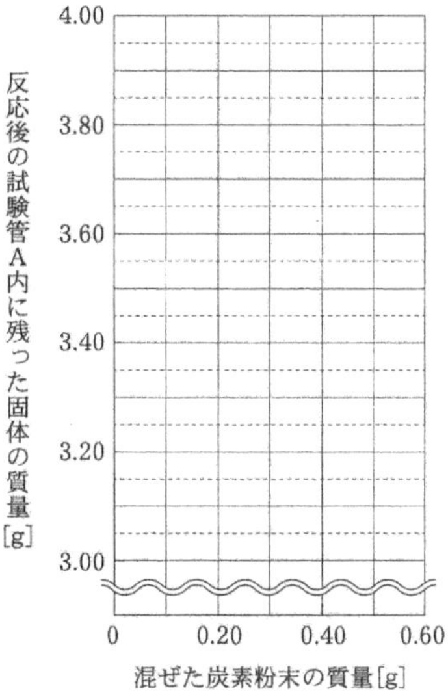

4　うすい塩化銅水溶液，うすい塩酸，うすい水酸化ナトリウム水溶液のいずれかの電解質水溶液を用いて実験１～２を行った。次の(1)～(5)の問いに答えなさい。

〔実験１〕

Ｈ形ガラス管ⅠとⅡに異なる２種類の電解質水溶液を満たした。それを電源装置に直列につないで一定時間電流を流すとガラス管Ａ～Ｄすべてに気体が集まった。図は一定時間の経過後，電源装置のスイッチを切った時の様子であり，表はガラス管Ａ～Ｄに集まった気体の体積〔cm³〕と質量〔mg〕を測定した結果を示したものである。

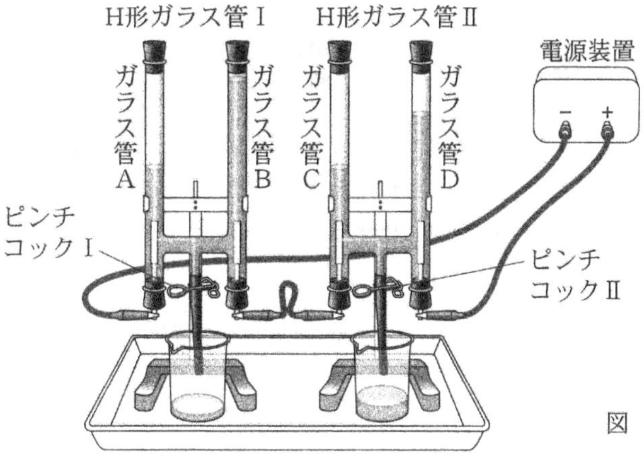

図

表

ガラス管	A	B	C	D
体積〔cm^3〕	10.2	0.10	10.2	5.10
質量〔mg〕	0.91	0.32	0.91	7.29

〔実験２〕

実験１の後，ガラス管A，C，Dに集まった気体を混合し，その一部を別の試験管に移し，点火したところ反応がおこり，試験管がくもった。

⑴　実験１において，H形ガラス管ⅠとⅡに満たされていた電解質水溶液として正しい組み合わせを次のア～カから選び記号で答えなさい。

	H形ガラス管Ⅰ	H形ガラス管Ⅱ
ア	うすい塩化銅水溶液	うすい水酸化ナトリウム水溶液
イ	うすい塩酸	うすい水酸化ナトリウム水溶液
ウ	うすい水酸化ナトリウム水溶液	うすい塩酸
エ	うすい水酸化ナトリウム水溶液	うすい塩化銅水溶液
オ	うすい塩化銅水溶液	うすい塩酸
カ	うすい塩酸	うすい塩化銅水溶液

⑵　実験１において，ガラス管A～Dに集まった気体として正しい組み合わせを次のア～カから選び記号で答えなさい。

	A	B	C	D
ア	塩素	水素	酸素	水素
イ	酸素	水素	塩素	酸素
ウ	水素	塩素	水素	酸素
エ	水素	酸素	水素	塩素
オ	酸素	塩素	酸素	水素
カ	水素	塩素	酸素	水素

⑶　実験１において，電気分解中，ピンチコックⅠとⅡは開けておくか閉じておくか。正しい組み合わせを次のア～エから選び記号で答えなさい。

	ピンチコックⅠ	ピンチコックⅡ
ア	閉じておく	閉じておく
イ	開けておく	閉じておく
ウ	閉じておく	開けておく
エ	開けておく	開けておく

⑷　実験１の結果から，ガラス管Aに集まった気体の密度とガラス管Dに集まった気体の密度を比較したとき，どちらが大きいと考えられるか記号で答えなさい。

⑸　実験２の反応を化学反応式で示しなさい。

5　電車の運動について，次の⑴～⑷の問いに答えなさい。

次の表は発車時刻とA駅からの距離を表している。ただし，各駅には１分間停車するものとする。

表

	A駅	B駅	C駅	D駅	E駅	F駅
発車時刻	15:00	15:04	15:08	15:15	15:22	15:30
A駅からの距離〔km〕	0	2.8	4.0	7.3	12.1	17.7

(1) 各駅間の平均の速さを比べた時，最も速い区間を次のア～オから１つ選び記号で答えなさい。

ア．A駅からB駅　　イ．B駅からC駅　　ウ．C駅からD駅

エ．D駅からE駅　　オ．E駅からF駅

(2) 各駅間の平均の速さを比べた時，最も遅い区間の平均の速さは時速何kmになるか答えなさい。

(3) 図１は各駅間の電車内のつり革の様子を表している。電車が急ブレーキをかけた瞬間のつり革の様子を図１中のア～ウから１つ選び記号で答えなさい。

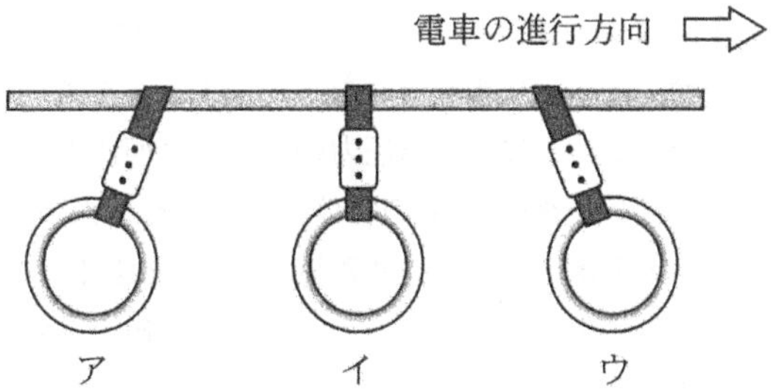

図1

(4) 図２はB駅を出発してからC駅に到着するまでの電車の速さと走行時間をグラフにしたものである。電車がB駅を出発してから１分後までに進んだ距離は何mになるか答えなさい。

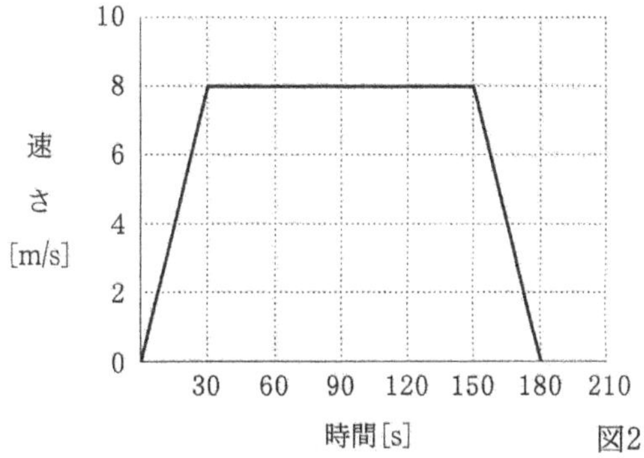

図2

6 図１の回路について，次の(1)～(4)の問いに答えなさい。

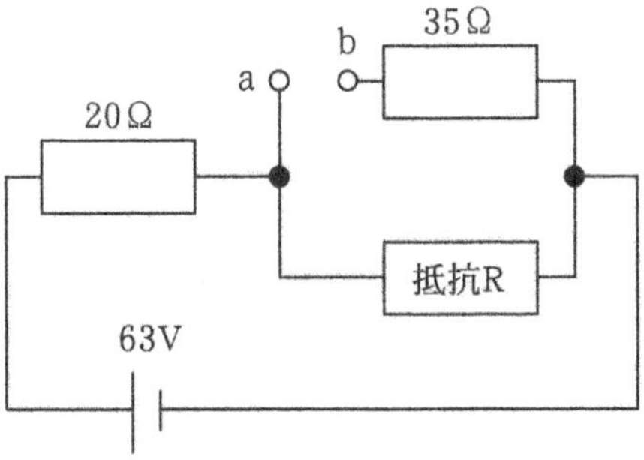

図1

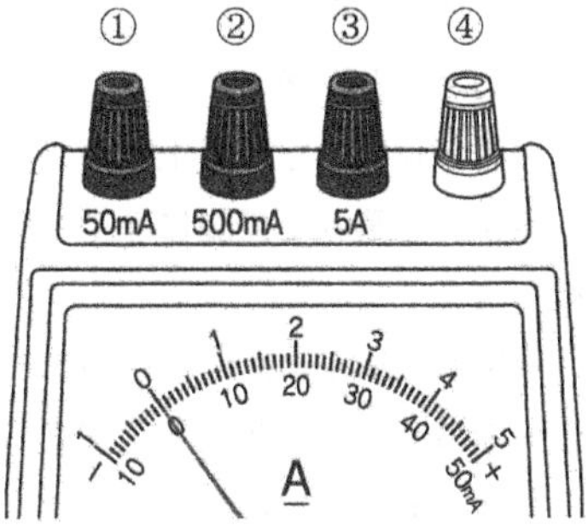

図2

(1) 35Ωの抵抗に流れる電流を図２の電流計で測定したところ，0.6Aであった。このとき，接点a，bは図２の①～④のどこに接続したか，最も適当なものを次のア～カから選び記号で答えなさい。

	ア	イ	ウ	エ	オ	カ
端子a	①	②	③	④	④	④
端子b	④	④	④	①	②	③

(2) 抵抗Rを流れる電流の大きさは何Aになるか答えなさい。

(3) 抵抗Rの抵抗の大きさは何Ωになるか答えなさい。

(4) 35Ωの抵抗で，消費される電力は何Wになるか答えなさい。

7 気象の仕組みと天気の変化について，次の(1)～(6)の問いに答えなさい。

(1) 図１のようにスポンジの上に一辺が10㎝の正方形の板を乗せ，その上に水を入れたペットボトルを置いた。このとき，板がスポンジに加える圧力の大きさは何Paになるか求めなさい。ただし，質量100ｇの物体にはたらく重力の大きさを１Ｎとし，ペットボトルと板の総質量は1.5kgとする。

(2) 次の表から，日本の上空には強い風が一定方向へとふいていることがわかる。この風の名称を答えなさい。また，この風に関する文章を次のア～オから１つ選び記号で答えなさい。

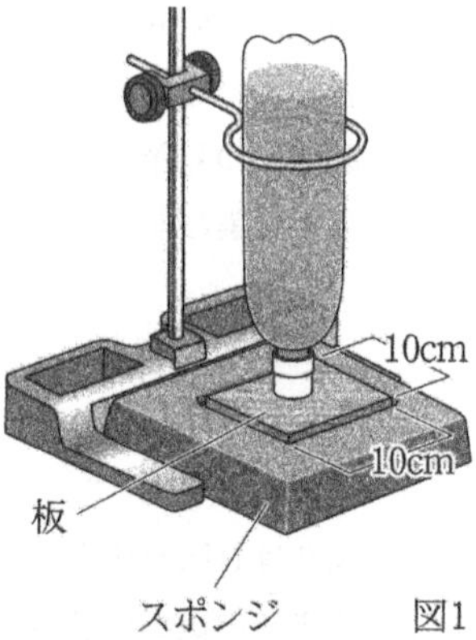

図1

表

地名	風向き	風速（m/s）
秋田	西南西	32
輪島（石川県）	西南西	35
潮岬（和歌山県）	西南西	60
福岡	西	58
鹿児島	西	52

ア．陸上の気温が海上よりも大きく上昇するため，上昇気流により気圧が下がり，海から陸に向かって風がふく。

イ．高気圧や低気圧が西から東へと交互に通過することが多く，日本列島付近の天気も西から東へ変わることが多い。

ウ．日射が強いときは陸上と海上の空気に温度差が生まれ，海から陸に向かって風がふく。

エ．風が弱く晴れた夜間に陸上の気温が海上の気温より低くなるので陸から海に向かって風がふく。

オ．熱帯低気圧があたたかい海上で発達し，強い風を起こす。その結果，強い上昇気流を発生させ，南の海上から北上へと移動していく。

(3) 図２は，ある日の日本付近の温帯低気圧を示した天気図である。図中のＡ～Ｅの中で弱い雨が長時間降っている地点はどこか，１つ選び記号で答えなさい。また，図中の天気図から現在，積乱雲が発達していると考えられる場所は①～⑤のどこか，最も適するものを選び番号で答えなさい。

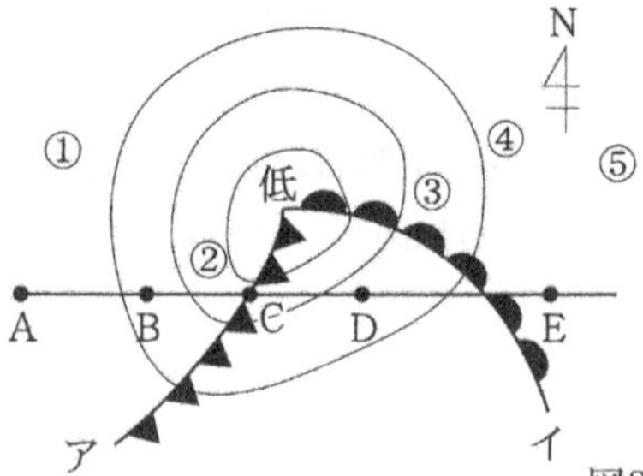

図2

(4) 図２の温帯低気圧が今後，西から東へ進んだとき，Ｃの地点ではどのようなことが起こると考えられるか。次のページの文章中の空欄Ⅰ～Ⅲに当てはまる正しい語句の組み合わせをａ～ｈの中から１つ選び記号で答えなさい。

「アの前線が通過前は（　Ⅰ　）寄りの風がふくが，アの前線の通過後は，（　Ⅱ　）寄りの風がふき，（　Ⅲ　）。」

	Ⅰ	Ⅱ	Ⅲ
a	北	南または西	寒気におおわれて気温は上がる
b	東	西または北	暖気におおわれて気温は下がる
c	南	北または東	暖気におおわれて気温は上がる
d	西	東または南	寒気におおわれて気温は下がる
e	東	北または東	暖気におおわれて気温は上がる
f	南	西または北	寒気におおわれて気温は下がる
g	北	南または西	暖気におおわれて気温は下がる
h	西	東または南	寒気におおわれて気温は上がる

(5)　図３のA～Cは，日本列島周辺の３つの気団を示したものである。日本の冬の天気に大きく関与する気団はどれか，A～Cの記号で答えなさい。また，その影響に伴う日本の冬型の気圧配置を何というか答えなさい。

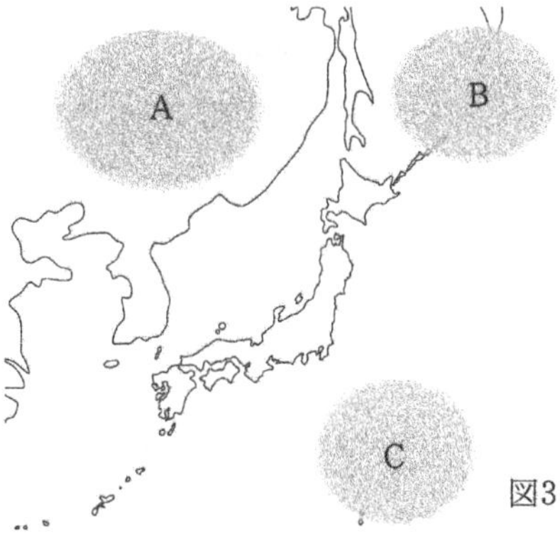

図3

(6)　日本の春と秋によく見られる移動性高気圧の説明として誤りを含むものを次のア～ウから１つ選び記号で答えなさい。

ア．海面からの水蒸気を多くふくみ，筋状の雲をつくる。その後，太平洋側では冷たく乾いた風がふき，乾燥した晴天の日が続く。

イ．昼と夜間の温度差が激しく，農作物に被害を与える。

ウ．高気圧と低気圧が次々に日本列島付近を通過するため，同じ天気は長く続かない。

【社　会】（45分）　＜満点：100点＞

1　次のⅠ～Ⅲ図および**表１**を見て，後の(1)～(7)の問いに答えなさい。

Ⅰ図

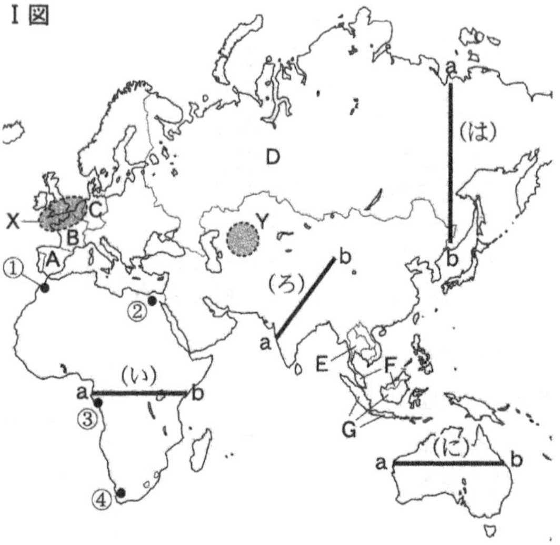

Ⅱ図

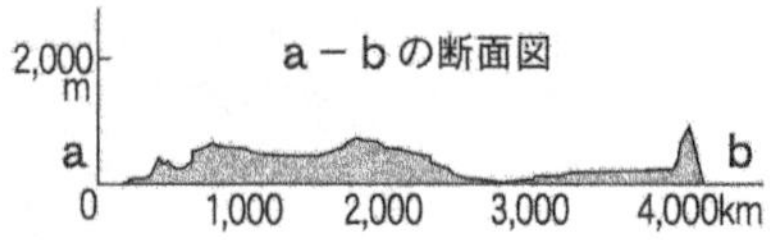

Ⅲ図

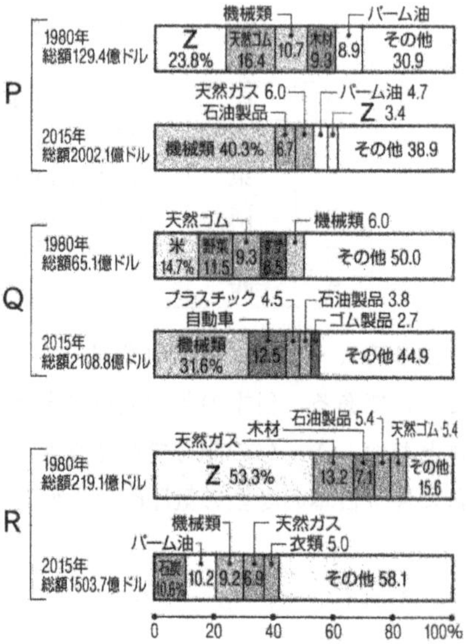

（国連資料ほか）

(1)　Ⅰ図中①～④の都市について，同じ気候区に属する都市の組み合わせとして正しいものを，次のア～エから一つ選び，記号で答えなさい。

ア　①と②　　イ　②と③　　ウ　①と④　　エ　③と④

(2)　Ⅱ図は，Ⅰ図中(い)～(に)のいずれかの断面図である。当てはまる場所をⅠ図中(い)～(に)から一つ選び，記号で答えなさい。

(3)　次の**写真１～３**は，Ⅰ図中**X**の地域で撮影されたものである。これらの写真について述べた下の文中の空欄（　）に共通して当てはまる語句は何か，**漢字三字**で答えなさい。

表１

国名	万トン	%
D	5,435	19.5
B	3,802	13.7
C	2,973	10.7
アメリカ	2,595	9.3
トルコ	1,809	6.5
その他	11,236	40.3
世界計	27,850	100.0

（『データブック オブ・ザ・ワールド2022』より作成）

写真１

写真２

写真３

写真１はオランダの風車である。干拓地造成のために（　　　）を利用して風車を回し，排水ポンプの動力源とした。また，海岸付近で（　　　）が強く吹く地域では，写真２のような西側に窓のない家屋や，写真３のような東に傾いて生育する樹木などもみられる。

(4) 前のページのⅠ図中Yの地域について述べた文として正しいものを，次のア～エから一つ選び，記号で答えなさい。

ア　一年中降水量が少なく，かんがい設備が整備された地域を除くと，農業は困難である。

イ　多くの野生動物が生息する丈の長い草原地帯で，焼畑農業が盛んに行われている。

ウ　寒冷のため樹木が十分育たず，主にコケ類が生育する。トナカイなどの遊牧が行われている。

エ　常緑広葉樹を中心に，様々な種類の樹木が密林を形成している。一年中高温・多雨である。

(5) Ⅰ図中A～D国について述べた文として正しいものを，次のア～エから一つ選び，記号で答えなさい。

ア　A国では，1789年からはじまった市民革命を経て，ナポレオンが皇帝についた。

イ　B国は，第二次世界大戦に敗れた後，北緯38度線を境に南北に分裂した。

ウ　C国は，コロンブスのアメリカ大陸到達以降，中南米の多くの地域を植民地化した。

エ　D国は，日本と戦争をした後に結んだポーツマス条約で，北緯50度以南の樺太を日本に譲った。

(6) 前のページの**表1**は，ある農作物の主要生産国（2019年）を表している。ある農作物とは何か，次のア～エから一つ選び，記号で答えなさい。なお，**表1**中とⅠ図中のB～Dは同じ国を示している。

ア　オリーブ　　イ　てんさい　　ウ　キャッサバ　　エ　綿花

(7) 前のページのⅢ図中のP～Rは，Ⅰ図中E～Gのいずれかの国における輸出品の変化を示したものである。Pに当てはまる国とⅢ図中の品目Zの組み合わせとして正しいものを，次のア～エから一つ選び，記号で答えなさい。

ア　E国－鉄鉱石　　イ　E国－ボーキサイト　　ウ　F国－石油（原油）　　エ　G国－銅

2 次のⅠ～Ⅳ図を見て，後の(1)～(4)の問いに答えなさい。

Ⅰ図

Ⅱ図

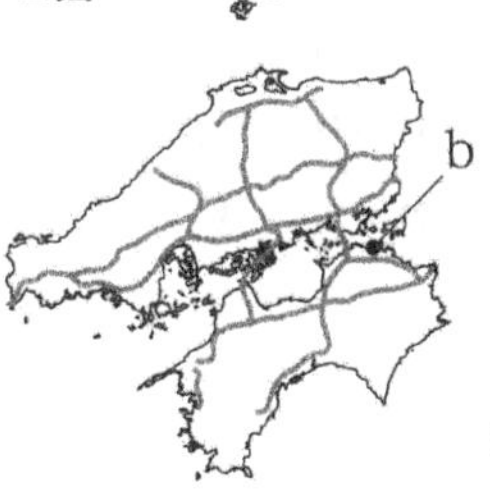

Ⅲ図

Ⅳ図　日本の人口ピラミッドの変化と予測

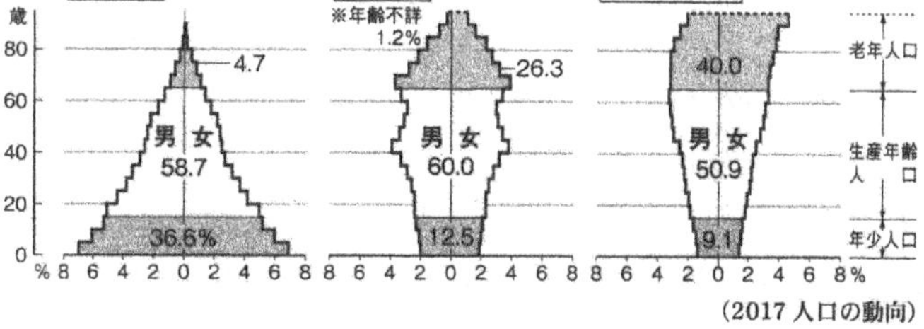

(2017 人口の動向)

(1) 前のページのⅠ図について，次のⅰ）・ⅱ）の問いに答えなさい。

ⅰ）平野Aの名称を答えなさい。

ⅱ）Ⅰ図の地方について述べた文として**誤っているもの**を，次のア～エから一つ選び，記号で答えなさい。

ア　20世紀の初めに日本初の本格的な製鉄所が建設された。日本の近代的な重工業発祥の地ともいわれる。

イ　1950年代，化学工場から排水とともに海に流されたメチル水銀が原因となって，水俣病が発生した。

ウ　きめ細かいごみの分別やリサイクル活動を国から評価され，環境モデル都市に選出された都市が存在する。

エ　高度経済成長期に進んだエネルギー革命以降，この地方での炭鉱開発が活発化し，鉄鋼の生産量が急増した。

(2) 前のページのⅡ図について，次のⅰ）・ⅱ）の問いに答えなさい。

ⅰ）Ⅱ図中の ━ は，この地方における主な高速道路網を表したものである。都市の間が交通網で結ばれた結果，大都市に人が吸い寄せられて移動する現象のことを何というか，答えなさい。

ⅱ）Ⅱ図の地方には，早くから過疎化や高齢化が問題となっている地域がある。日本の人口ピラミッドの変化と予測を表したⅣ図について述べた文として正しいものを，次のア～エから一つ選び，記号で答えなさい。

ア　1930年には，人口に占める年少人口の割合は4割を超えていた。

イ　2015年の人口ピラミッドは，年少人口よりも老年人口が多いつぼ型となっている。

ウ　2060年推定の人口ピラミッドは，年少人口も老年人口も少ないつりがね型となっている。

エ　2017年の予測によれば，人口に占める老年人口の割合は，今後も低下が続くと推定されている。

(3) 前のページのⅢ図について，次のⅰ）・ⅱ）の問いに答えなさい。

ⅰ）Ⅲ図の地方では，りんご，さくらんぼ，洋なしなど果物の生産が盛んである。右のグラフは，これらの果物の県別生産量を表したものである。グラフ中のP～Rに当てはまる果物の組み合わせを，次のア～エから一つ選び，記号で答えなさい。

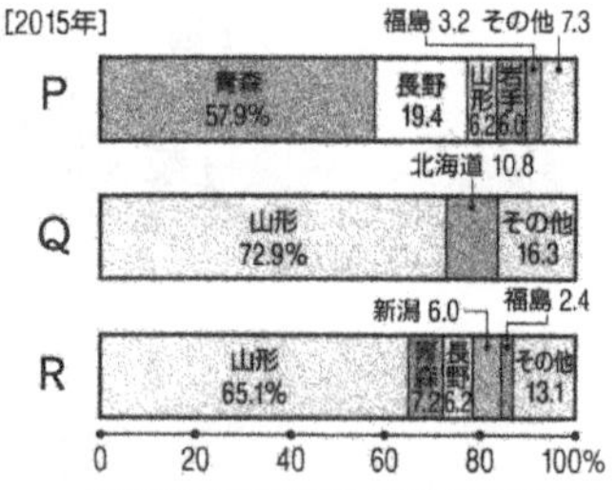

（「果樹生産出荷統計」平成27年産ほか）

記号	P	Q	R
ア	りんご	さくらんぼ	洋なし
イ	さくらんぼ	りんご	洋なし
ウ	さくらんぼ	洋なし	りんご
エ	洋なし	さくらんぼ	りんご

ⅱ）Ⅲ図の地方には雪が多く降る地域がある。このような地域では，生活のさまざまな場面に防災の工夫が施されている。このことについて述べた文として**誤っているもの**を，次のア～エから一つ選び，記号で答えなさい。

ア　道路の中に電熱線や温水パイプを入れ，その熱で雪を溶かすロードヒーティングがみられる。

イ　家を石垣で囲ったり，屋根のかわらをしっくいでかためたりして，吹雪や暴風に備えている。

ウ　雪が積もらないように工夫された，縦型の信号機や上部がななめになっている看板などがみられる。

エ　室内の暖かさを外に逃がしにくくするため，家の造りに二重とびらや二重窓などの工夫が施されている。

(4)　21ページのⅠ～Ⅲ図について，次のⅰ）・ⅱ）の問いに答えなさい。

ⅰ）右の雨温図X～Zは，Ⅰ～Ⅲ図中のa～cいずれかの都市のものである。X～Zに当てはまる都市の組み合わせを，次のア～エから一つ選び，記号で答えなさい。

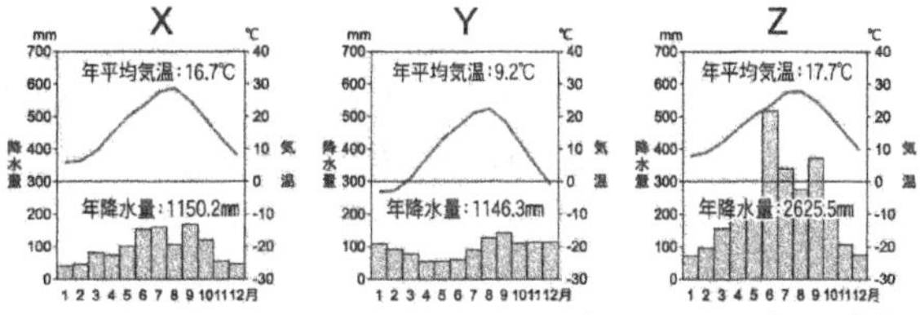

（1991～2020年の平均値、雨温図作成サイトで作成）

記号	X	Y	Z
ア	a	b	c
イ	b	a	c
ウ	b	c	a
エ	c	b	a

ⅱ）次のア～エは，日本におけるいずれかの地方の特徴について説明したものである。これらのうち，**Ⅰ～Ⅲ図に含まれない地方の説明**を一つ選び，記号で答えなさい。

ア　この地方には，戦国大名毛利氏以来の城下町だった都市が存在する。この都市は，明治時代以降は軍事都市として発展した。第二次世界大戦時には，世界で最初の被爆都市になった。

イ　この地方には，阿蘇山の噴火で火山灰や溶岩が噴き出したあとがくぼんでできたカルデラがみられる。

ウ　この地方の雪国では，副業から発達した小千谷ちぢみや輪島塗，加賀友禅などの伝統産業がみられる。

エ　この地方では，伝統行事を受け継いだ風習・祭りが残されており，なまはげやねぶた祭などが有名である。

3　タカハルさんは，歴史の授業で，「歴史における分裂」をテーマに調べたことをまとめて発表した。次のページのパネルはそのときに使用したものの一部である。これを見て，後の(1)～(9)の問いに答えなさい。

(1)　パネル中の空欄（A）・（B）に当てはまる人物は誰か，それぞれ答えなさい。

(2)　①＿＿について，この史料を何というか，**漢字五字**で答えなさい。

(3)　②＿＿について，魏に朝貢を行った目的として正しいものを，次のア～エから一つ選び，記号で答えなさい。

ア　対等な貿易を実現するため　　イ　王としての地位を認めてもらうため

ウ　百済の復興を支援するため　　エ　仏教の教えを学ぶため

(4)　③＿＿について，室町幕府において将軍の補佐役として置かれた役職を何というか，答えなさい。

３世紀になると、中国では後漢がほろびて、魏・蜀・呉の三国に分かれて争いました。

魏の歴史書に①当時の日本について記述された史料があり、②魏に朝貢していたことが書かれています。

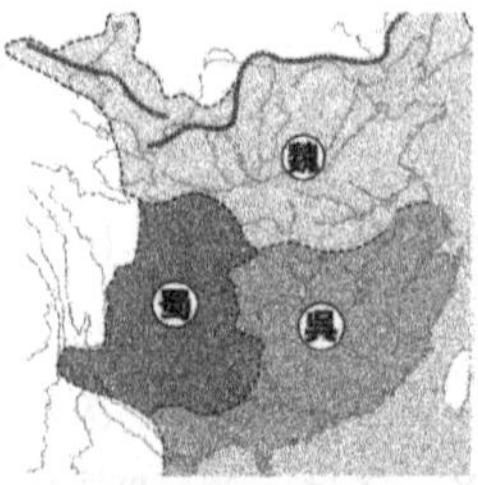

足利尊氏が新しい天皇を即位させ、自分は征夷大将軍となって③室町幕府を開くと、吉野にのがれた（　A　）も自分の正統性を主張したため、二つの朝廷が生まれました。約60年間動乱が続きましたが、足利義満が④南北朝の統一を実現しました。

⑤19世紀半ばのアメリカは、国内に深刻な対立がありました。この対立から⑥南北戦争が起こり、北部が（　B　）大統領の指導の下、この戦いに勝利しました。この後、アメリカは工業が急速に発展しました。

⑦第二次世界大戦後の世界は、アメリカを中心とする資本主義国と、ソ連を中心とする社会主義国とに分かれ、厳しく対立しました。直接には戦火を交えないこの対立は「⑧冷たい戦争（冷戦）」とよばれました。

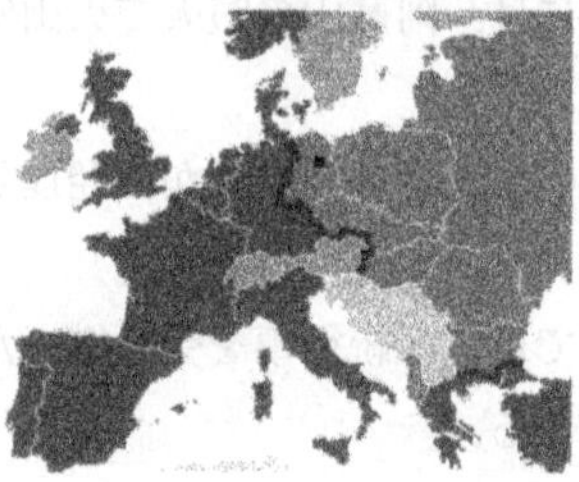

(5)　④＿＿について，足利義満が南北朝の統一を実現した年に，朝鮮半島でも新しい国が建国された。同じ授業で「日本の周辺国の歴史」をまとめたケイマさんは，このことを次のパネルのように発表したが，１カ所間違えてしまった。内容が**誤っている部分**をア～エから一つ選び，記号で答えなさい。また，正しい語句を答えなさい。

> 1392年に，ア李成桂がイ新羅をほろぼして，ウ朝鮮国（李氏朝鮮）を建てました。この国ではエハングルという文字がつくられるなど，独自の文化が発展しました。

(6)　⑤＿＿について，19世紀のできごとを，次のア～エから一つ選び，記号で答えなさい。

ア　中山王となった尚氏が琉球王国を建てた。

イ　琉球王国が薩摩藩に攻められて服属した。

ウ　アメリカ合衆国が日本に沖縄を返還した。

エ　日本政府が琉球藩を廃止して沖縄県を設置した。

(7)　⑥　について，次の文は南北戦争が起こった背景について述べたものである。文中の空欄（X）・（Y）に当てはまる語句の組み合わせとして正しいものを，下のア～エから一つ選び，記号で答えなさい。

> **この頃のアメリカの経済は，イギリス向けの（　X　）の輸出が中心だったが，これは主に南部の大農場で生産されていた。（　Y　）を主張して奴隷制度に賛成する南部と，奴隷制度に反対する北部の対立が深まり，国が西に拡大するにしたがって，新しい州で奴隷制を認めるかどうかが，国を二分する大問題になった。**

ア　X－綿織物　Y－保護貿易　　イ　X－綿花　Y－保護貿易
ウ　X－綿織物　Y－自由貿易　　エ　X－綿花　Y－自由貿易

(8)　⑦　について，右の資料から，日本では第二次世界大戦後に有権者の割合が急増したことがうかがえる。この変化の理由として最も適当なものを，次のア～エから一つ選び，記号で答えなさい。

全人口に占める有権者の割合（%）

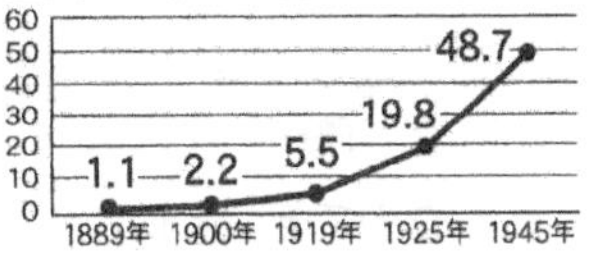

（『新版 日本長期統計総覧』より作成）

ア　選挙法の改正により，直接国税３円以上を納入する満25歳以上の全ての男子に選挙権が認められたため。
イ　選挙法の改正により，満25歳以上の全ての男子に選挙権が認められたため。
ウ　選挙法の改正により，満20歳以上の全ての男女に選挙権が認められたため。
エ　選挙法の改正により，満18歳以上の全ての男女に選挙権が認められたため。

(9)　⑧　について，冷戦の終結が宣言された後のできごとを，次のア～エから一つ選び，記号で答えなさい。

ア　ソ連の解体　　イ　ベルリンの壁崩壊
ウ　第１回主要国首脳会議の開催　　エ　ベトナム戦争勃発

4　次の日本で起こった争いとその前後の政治について述べた文Ａ～Ｅを読んで，後の(1)～(5)の問いに答えなさい。

Ａ：（　X　）は中臣鎌足などとともに，蘇我蝦夷・入鹿の親子をたおし，①新しい支配のしくみをつくる改革を始めた。

Ｂ：②天智天皇のあとつぎをめぐる戦いに勝って即位した（　Y　）は，天皇の地位を高めて，新しく強力な支配のしくみをつくり上げていった。

Ｃ：保元の乱では後白河天皇に味方した【　a　】と【　b　】が勝利した。続く平治の乱では【　a　】が【　b　】を破って勢力を広げた。また【　a　】は，③瀬戸内海の航路を整え，兵庫（神戸市）の港を整備して，中国との貿易で利益を上げた。

Ｄ：キリスト教徒への迫害や，重い年貢の取り立てに苦しんだ島原や天草の人々は，④少年に率いられて一揆（反乱）を起こした。これを鎮圧した幕府は【　c　】船の来航を禁止し，【　d　】商館を長崎の出島に移した。

Ｅ：1932年，海軍の青年将校などが首相官邸をおそい，（　Z　）首相を暗殺した。⑤この事件により政党内閣の時代が終わり，軍人が首相になることが多くなっていった。

(1)　Aのできごとについて，次のⅰ)・ⅱ）の問いに答えなさい。

ⅰ）文中の空欄（X）に当てはまる人物は誰か，次のア～エから一人選び，記号で答えなさい。

ア　聖徳太子　　イ　大友皇子　　ウ　中大兄皇子　　エ　小野妹子

ⅱ）①＿＿の改革を何というか，答えなさい。

(2)　Bのできごとについて，次のⅰ)・ⅱ）の問いに答えなさい。

ⅰ）文中の空欄（Y）に当てはまる人物は誰か，答えなさい。

ⅱ）②＿＿の戦いを何というか，答えなさい。

(3)　Cのできごとについて，次のⅰ)・ⅱ）の問いに答えなさい。

ⅰ）文中の空欄【a】・【b】に当てはまる人物の組み合わせとして正しいものを，次のア～エから一つ選び，記号で答えなさい。

ア　a－平将門　b－源頼朝　　イ　a－平清盛　b－源義朝

ウ　a－源頼朝　b－平清盛　　エ　a－源義朝　b－平将門

ⅱ）③＿＿について，この時の中国の国の名前を，次のア～エから一つ選び，記号で答えなさい。

ア 隋　イ 唐　ウ 宋　エ 元

(4)　Dのできごとについて，次のⅰ)・ⅱ）の問いに答えなさい。

ⅰ）文中の空欄【c】・【d】に当てはまる国の組み合わせとして正しいものを，次のア～エから一つ選び，記号で答えなさい。

ア　c－イギリス　d－スペイン　　イ　c－スペイン　　d－ポルトガル

ウ　c－オランダ　d－イギリス　　エ　c－ポルトガル　d－オランダ

ⅱ）④＿＿について，この一揆（反乱）を率いた人物は誰か，答えなさい。

(5)　Eのできごとについて，次のⅰ)・ⅱ）の問いに答えなさい。

ⅰ）文中の空欄（Z）に当てはまる人物は誰か，答えなさい。

ⅱ）⑤＿＿の事件を何というか，次のア～エから一つ選び，記号で答えなさい。

ア　二・二六事件　　イ　盧溝橋事件　　ウ　柳条湖事件　　エ　五・一五事件

5　次の**メモ**は，育男君が日本国憲法の勉強をしているときに書いたものである。これらの**メモ**を見て，後の(1)～(7)の問いに答えなさい。（**メモ**は次のページに続きます。）

メモ：前文
・「日本国民は、正当に①選挙された②国会における代表者を通じて行動」という部分から、日本は間接民主制を採用していることが分かる。

メモ：内閣
・③内閣総理大臣は、国務大臣を任命して、内閣を組織する。
・内閣総理大臣とその他の国務大臣は、文民でなければならない。

メモ：国会
・臨時会の召集は、いずれかの議院の（　A　）の要求が必要である。
・衆議院で可決されて参議院で否決された法律案は、衆議院で（　B　）の多数で再び可決されれば法律となる。

メモ：司法
・裁判所は、④法律や命令、規則などが憲法に適合するかしないかを決定する権限を持っている。
・⑤検察官は、最高裁判所が定める規則に従わなければならない。

メモ：改正の手続き
・各議院の（　C　）の賛成で可決されると、国会は国民に対して憲法改正の発議を行う。
・国民の承認を経たときは、【　1　】が【　2　】の名において、憲法改正を公布する。

(1)　メモ中の空欄（A）～（C）に当てはまる語句の組み合わせとして正しいものを，下のア～エから一つ選び，記号で答えなさい。

記号	A	B	C
ア	総議員の過半数	出席議員の過半数	総議員の３分の２以上
イ	総議員の過半数	出席議員の３分の２以上	出席議員の３分の２以上
ウ	総議員の４分の１以上	出席議員の３分の２以上	総議員の３分の２以上
エ	総議員の４分の１以上	出席議員の過半数	出席議員の３分の２以上

(2)　メモ中の空欄【1】・【2】に当てはまる語句の組み合わせとして正しいものを，次のア～エから一つ選び，記号で答えなさい。

ア　1－国会　2－天皇　　イ　1－国会　2－国民
ウ　1－天皇　2－国会　　エ　1－天皇　2－国民

(3)　①＿＿について，ある小選挙区制選挙の結果が下の表のようになったとき，この選挙区における死票数の合計はいくつになるか，答えの欄に合う形で答えなさい。

候補者名（政党名）	a氏（〇〇党）	b氏（××党）	c氏（△△党）	d氏（□□党）
得票数	20,000票	40,000票	10,000票	60,000票

(4)　②＿＿について，国会議事堂の中央広間には，議会政治の基礎を築いた板垣退助，大隈重信，伊藤博文の銅像がある。次のX～Zは，それぞれの人物について述べた文である。X～Zと人物の組み合わせとして正しいものを，次のページのア～エから一つ選び，記号で答えなさい。

X　明治の初めに国会の開設を求めて自由民権運動を起こした。

Y　日本で最初の内閣総理大臣であり，大日本帝国憲法を起草する際に中心的な役割を果たした。

Z　日本で最初の政党内閣の総理大臣で，議会政治の確立のために活動した。

記号	X	Y	Z
ア	板垣退助	大隈重信	伊藤博文
イ	板垣退助	伊藤博文	大隈重信
ウ	大隈重信	伊藤博文	板垣退助
エ	大隈重信	板垣退助	伊藤博文

(5) ③＿＿ について，内閣の条件について述べた文として正しいものを，次のア～エから一つ選び，記号で答えなさい。

ア　内閣総理大臣は国会議員の中から指名され，その他の国務大臣も全員国会議員の中から任命される。

イ　内閣総理大臣は国会議員の中から指名され，その他の国務大臣の過半数は国会議員の中から任命される。

ウ　内閣総理大臣は国会議員でなくてもよいが，その他の国務大臣は全員国会議員の中から任命される。

エ　内閣総理大臣は国会議員でなくてもよいが，その他の国務大臣の過半数は国会議員の中から任命される。

(6) ④＿＿ について，この権限を何というか，答えなさい。

(7) ⑤＿＿ について，検察官が事件を起訴しなかったことが適切かどうかを判断する機関を何というか，**漢字五字**で答えなさい。

6　ある授業で班に分かれて「私たちの暮らしと経済」に関する調べ学習を行うことになった。右のメモは，各班が設定したテーマの一覧である。メモを見て，後の(1)～(5)の問いに答えなさい。

A班：私たちの消費生活　　B班：生産活動と企業
C班：労働者の権利　　D班：市場経済
E班：景気と金融

(1)　A班が設定した「私たちの消費生活」について，次のⅰ）・ⅱ）の問いに答えなさい。

ⅰ）家計の収入から，税金や社会保険料などの非消費支出を引いた残りが実際に使えるお金である。このお金を何というか，次のア～エから一つ選び，記号で答えなさい。

ア　給与所得　　イ　財産所得　　ウ　可処分所得　　エ　事業所得

ⅱ）右の図は，クレジットカードによる商品の購入のしくみを表したものであり，次の①～③は，図中のa～cのいずれかに当てはまる。図中のa～cと①～③の組み合わせとして正しいものを，下のア～カから一つ選び，記号で答えなさい。

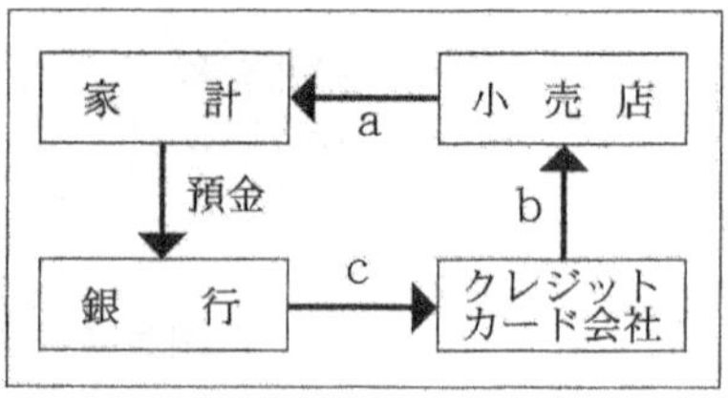

①口座からの代金の支払い　　②商品の引きわたし
③代金の立て替え払い

ア　a－①　b－②　c－③　　イ　a－①　b－③　c－②
ウ　a－②　b－①　c－③　　エ　a－②　b－③　c－①
オ　a－③　b－①　c－②　　カ　a－③　b－②　c－①

(2)　B班が設定した「生産活動と企業」について，次のⅰ）～ⅲ）の問いに答えなさい。

ⅰ）右の図は，日本経済にしめる中小企業の割合を表したものである。図中の空欄（X）～（Z）に当てはまる項目の組み合わせとして正しいものを，次のア～エから一つ選び，記号で答えなさい。

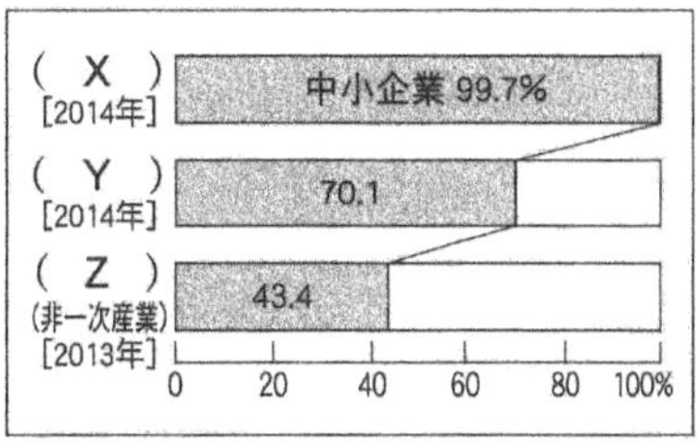

（「中小企業白書」2018年版）

ア　X－企業数　　Y－従業員数　Z－売上高
イ　X－売上高　　Y－企業数　　Z－従業員数
ウ　X－企業数　　Y－売上高　　Z－従業員数
エ　X－従業員数　Y－企業数　　Z－売上高

ⅱ）企業は，個人企業と法人企業に大きく分けられる。法人企業の中で最も数が多いのが，株式会社である。株式会社について述べた文として**誤っているもの**を，次のア～エから一つ選び，記号で答えなさい。

ア　株式を発行することで，多くの人たちから資金を集めようとする。
イ　市場で売買される株式の値段（株価）は，企業の業績に関係なく常に一定である。
ウ　株主総会では，経営の基本方針や役員の選出などの議決が行われる。
エ　株主には個人だけでなく，企業もなることができる。

ⅲ）新しい技術や独自の経営ノウハウをもとに起業し，革新的な事業を展開する企業をベンチャー企業という。今後の成長が期待できるベンチャー企業に積極的に投資する会社を何というか，答えの欄に合う形で答えなさい。

(3)　C班が設定した「労働者の権利」について，日本国憲法において結成が認められている，労働者が使用者と交渉するための組織を何というか，**漢字四字**で答えなさい。

(4)　D班が設定した「市場経済」について，右のグラフは，葉物野菜の需要曲線と供給曲線を表したもので，Pは当初の均衡点を示している。次の **新聞の見出し** のような状況のとき，この状況以外に消費者の事情に変化がないとすれば，新たな均衡点はどこになるか，最も適当なものを，グラフ中のア～カから一つ選び，記号で答えなさい。

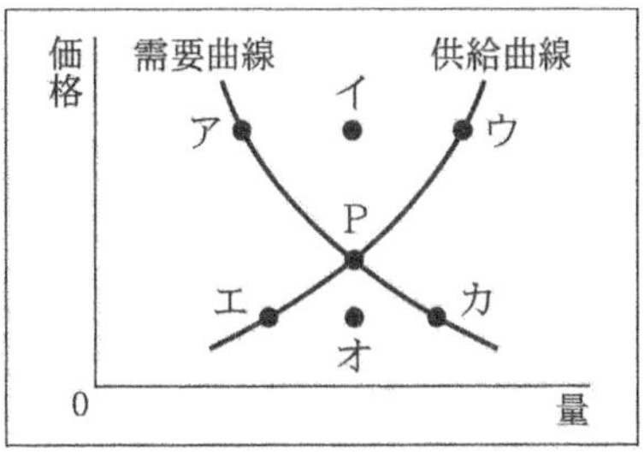

大雪，農作物に打撃 －葉物野菜高騰，長引く恐れ－

(5)　E班が設定した「景気と金融」について，景気について述べた文として**誤っているもの**を，次のア～エから一つ選び，記号で答えなさい。

ア　景気は好景気と不景気が交互にくり返されるが，このことを景気変動という。
イ　好景気のときは，インフレーションが発生しやすくなる。
ウ　1955年からはじまった高度経済成長期には，国内総生産が年平均で10％程度の伸びを示した。
エ　不景気のとき，日本銀行は金利を上げるために，一般の銀行に国債を売る。

上のものだ

イ　千尺もあるという桃花潭の水の深さは、わたしの友情の深さには及ばない

ウ　あなたの友情の深さは、千尺もあるという桃花潭の水の深さ以上のものだ

エ　わたしの友情の深さは、千尺もあるという桃花潭の水の深さには及ばない

5　結句の返り点の付け方として最も適当なものを次から選び、記号で答えなさい。

ア　不㆓及汪倫㆒送㆓我情㆒

イ　不㆓及㆓汪倫送㆒我情㆒

ウ　不㆑及㆑汪倫送㆑我㆑情

エ　不㆑及㆓汪倫送㆑我情㆒

ア　A「なさる」は「する」の謙譲語で、○○先生への敬意を表す目的で用いられているため、適切な表現といえる。
イ　B「うかがい」は「聞く」の尊敬語で、△△先生を敬う目的で用いられているため、適切な表現といえる。
ウ　C「ご苦労様」は、役所や企業の中でのみ用いられる言葉であるため、適切な表現とはいえない。
エ　D「おっしゃられ」は尊敬語が重複して用いられているため、適切な表現とはいえない。

2　――線部「目からうろこが落ちた」の意味として最も適当なものを次から選び、記号で答えなさい。
ア　急に物事の真相や本質がわかるようになった。
イ　喜びや感動のあまり胸が詰まって涙が流れた。
ウ　動揺してどうしてよいかわからなくなった。
エ　衝撃的な事態が生じて見ていられなくなった。

問四　次の漢詩とその鑑賞文を読んで、後の問いに答えなさい。

【漢詩】

贈*汪倫*　李白

李　白　乗　舟　将*　欲　行　（李白《りはく》　舟《ふね》に乗《の》りて　将《まさ》に行《ゆ》かんと欲《ほっ》す）
忽*　聞　岸　上　踏*　歌　[A]　（忽《たちま》ち聞《き》こゆ　岸上踏歌《がんじやうたふか》の [A] ）
桃*　花　潭　水　深　千　尺　（桃花潭水《たうかたんすい》　深《ふか》さ千尺《せんじやく》）
不　及　汪　倫　送　我　情　（汪倫の我《われ》を送《おく》るの情《じやう》に及《およ》ばず）

語釈　*贈…眼前の相手に詩をおくること。
*汪倫《わうりん》…桃花潭の村人の名。おそらく村の有力者で、旅する李白の面倒を見ていた人であろう。
*将欲…～しようとする。
*忽聞…突然聞こえてくる。「聞」は、耳に入ってくる。
*踏歌…足踏みしながらうたう。
*桃花潭…今の安徽省涇県《あんきしょうけいけん》の川。または、その淵の名。

【鑑賞】

李白が五十五、六歳のころ、滞在していた桃花潭という川べりの村を旅立つときの作です。送別詩には、見送る人が旅立つ人に贈る場合が多いのですが、この詩は逆で、旅立つ李白が見送りに来てくれた汪倫に [B] の詩を贈っているのです。「送別詩」に対して、「留別詩」とも言います。…中略…
また、後半二句では、滞在中にしばしば酒でもてなしてくれた汪倫の厚情に感謝し、 [C] 、と結んでいる着想には、胸いっぱいの情が存分に込められています。

（大上正美「唐詩の抒情」による）

1　漢詩の形式を漢字四字で答えなさい。
2　[A] に入る語として適当なものを次から選び、記号で答えなさい。
ア　人　イ　声　ウ　波　エ　詩
3　[B] に入る語として適当なものを次から選び、記号で答えなさい。
ア　惜別　イ　分別　ウ　望郷　エ　郷愁
4　[C] に入るものとして適当なものを次から選び、記号で答えなさい。
ア　千尺もあるという桃花潭の水の深さは、あなたの友情の深さ以

（生徒A）　比叡山延暦寺のことを特に立派に書いているとあるけど、これは行長を救ってくれた慈鎮和尚の存在も影響しているんだろうな。

（生徒B）　「徒然草」のこの段はあくまでも筆者である［②］法師の記録という解釈のようだけど。文学の生まれるプロセスがリアルだわね。

（生徒C）　僕は韻律の素晴らしさが改めて納得できた気がしたな。

問七　本文の内容に**当てはまらないもの**を次から一つ選び、記号で答えなさい。

ア　後鳥羽院は慈鎮和尚に命じて、行長の面倒を見させた。

イ　行長は源義経のことはよく知っていたので、「平家物語」中に多く書き記した。

ウ　行長が作った「平家物語」は、盲目の琵琶法師生仏によって語られた。

エ　生仏は東国の生まれであり、武士たちに尋ねて知った事柄を行長に書き記させた。

［三］　次の問いに答えなさい。

問一　次の漢字を楷書で書いたとき、画数が同じになるものを後から選び、記号で答えなさい。

率

ア　背　　イ　混　　ウ　貿　　エ　夏

問二　次の文章を読んで、後の問いに答えなさい。

「今回の事故は、社内のルールAさえ徹底していれば未然に防ぐことのできた、人為的なミスによるものです。心よりB陳謝いたします。」

1　――線部A「さえ」と文法的に用法が同じものを次から選び、記号で答えなさい。

ア　合格したことは、まだ家族にさえ伝えていない。

イ　昨日は忙しくて、昼食を食べる暇さえなかったんだ。

ウ　本気になって練習しさえすれば、もっと上手になるよ。

エ　彼は幼いため、まだ自分の名前さえ書くことができない。

2　――線部B「陳」とほぼ同じ意味で「陳」を用いているものを次から選び、記号で答えなさい。

ア　新陳代謝　　イ　陳列方法　　ウ　平凡陳腐　　エ　意見陳述

問三　次の文章は、定年退職する先生に生徒が送った手紙の一部である。これを読んで、後の問いに答えなさい。

○○先生が定年退職Aなさるということを、昨日、担任の△△先生からBうかがいました。四十年間、Cご苦労様でした。私が人間関係で悩んでいたとき、○○先生は私に、「己の欲《ほっ》せざる所、人に施すこと勿《な》かれ」とDおっしゃられました。その言葉に、私は目からうろこが落ちた思いがして、すぐに自らの言動を改めました。

1　――線部A～Dの説明として正しいものをア～エの中から選び、記号で答えなさい。

問一 ══線部「くはしく」を現代仮名遣いに改めなさい。

問二 〰〰線部Ⅰ「異名をつきにける」・Ⅱ「多くのことどもを記しもらせり」の本文中での意味として最も適当なものを次からそれぞれ選び、記号で答えなさい。

Ⅰ 異名をつきにける

ア （院が）位を与えた
イ （人々が）あだ名をつけた
ウ （行長が）別の名を名乗った
エ （世間の人が）評判を口にした

Ⅱ 多くのことどもを記しもらせり

ア 多くの事柄が煩雑でも記録しきれていた
イ 多くの子どもたちの名前を忘れていた
ウ 多くの事柄を書かずじまいでいた
エ 多くの事件をすべて記録してしまった

問三 ――線部1「稽古の誉ありける」・4「生れつきの声」の解釈として最も適当なものを次からそれぞれ選び、記号で答えなさい。

1 稽古の誉ありける

ア 武芸の特訓の成果があった
イ 学識がすぐれているという名声があった
ウ 政治家としての評価が高かった
エ 人柄が良いと評判が高かった

4 生れつきの声

ア 京ことば　イ 天のお告げ
ウ 東国なまり　エ 弱気な小声

問四 ――線部2「不便にせさせ給ひけれ」の動作の主体は誰か、最も適当なものを次から選び、記号で答えなさい。

ア 後鳥羽院　イ 信濃前司行長　ウ 慈鎮和尚　エ 生仏

問五 ――線部3「の」と意味・用法が**異なるもの**を次から一つ選び、記号で答えなさい。

ア 月日は百代の過客にして、行きかふ年もまた旅人なり。（奥の細道）
イ いづれの御時にか、女御更衣あまた候ひ給ひける中に、（源氏物語）
ウ おのが身は、この国の人にもあらず。（竹取物語）
エ 僧の、「もの申し候はむ。おどろかせ給へ。」と言ふを聞くに、（宇治拾遺物語）

問六 次の高校生A、B、Cの会話の ① ・ ② に漢字二字でそれぞれ最も適当な語を補い、会話を完成させなさい。

（生徒A）僕は高校生になって初めて、授業で「平家物語」と信濃前司行長という人の関わりを知ったよ。

（生徒B）そうね。「祇園精舎の鐘の声、諸行無常の響きあり。」は中学生の時に暗唱したわね。リズム良く流れるような印象だったな。

（生徒C）その、リズムの良さだけど、この本文を読むと少し理解できるよ。だって文字通り、行長と生仏の関係性から生まれた、「琵琶法師の語り」でできているんだものね。「 ① 」と呼ぶのにふさわしいと感じたよ。

ア　A　つまり　B　また　C　だから
イ　A　また　B　それでも　C　そして
ウ　A　むしろ　B　そのため　C　つまり
エ　A　さらに　B　だから　C　しかし

問九　――線部４「不可視化されている」とはどのようなことか。最も適当なものを次から選び、記号で答えなさい。
ア　あまりにも悲惨な事故を自分たちが引き起こしているという現実が直視できず、問題の本質から目を背けているということ。
イ　特権的な地位を維持する上で犠牲となってしまう人々に対し、寄付をすることによって罪の意識から逃れているということ。
ウ　豊かさの代償として生じる問題は遠くで起こっており、自分たちの目には入ってこないようになっているということ。
エ　先進国の豊かさを維持するための犠牲は、豊かさを享受している人々にとって、見てはいけない禁忌とされているということ。

問十　［X］に入る最も適当な語句を本文中から五字程度で抜き出しなさい。

問十一　本文の内容として適当なものを次から**二つ**選び、記号で答えなさい。
ア　資本主義による収奪は、人間の労働力だけでなく、資源やエネルギーなどの地球環境全体が対象になる。
イ　現代では、利潤率が低下し資本蓄積が困難になったことで、資本主義が終焉を迎えかねない状況になっている。
ウ　資本主義による大量生産・大量消費型の社会の持続には、今までにない社会システムが不可欠だ。
エ　資本主義による経済成長は、南北問題を解決したように、やがてグローバル・サウスの生活を豊かにする。
オ　「周辺国」が消滅する前に、資本主義の維持に必要な新たなフロンティアを創り出す必要がある。

［二］　次の文章を読んで、後の問いに答えなさい。

後鳥羽院の御時、*信濃前司行長《しなののぜんじゆきなが》、１稽古の誉ありけるが、*楽府の御論義の番に召されて、*七徳の舞を二つ忘れたりければ、五徳の冠者とⅠ異名をつきにけるを、心憂き事にして、学問を捨て遁世《とんぜい》したりけるを、*慈鎮和尚、一芸あるものをば下部までも召し置きて、２不便《ふびん》にせさせ給ひければ、この信濃入道を扶持し給ひけり。

この行長入道、平家物語を作りて、*生仏といひける盲目に教へて語らせけり。さて、山門《（比叡山延暦寺）》のことを、ことにゆゆしく書けり。九郎判官《（源義経）》の事はくはしく知りて書き載せたり。蒲冠者《（源範頼）》の事は、よく知らざりけるにや、Ⅱ多くのことどもを記しもらせり。武士の事、弓馬３のわざは、生仏、東国のものにて、武士に問ひ聞きて書かせけり。かの生仏が４生れつきの声を、今の琵琶法師は学びたるなり。

（「徒然草」による）

語注　*信濃前司行長…本文中の「信濃入道」、「行長入道」と同一人物である。
*楽府の御論義…漢詩を院の御前で問答・討議すること。
*七徳の舞…唐の太宗の陣中での舞曲をもとにしたもので、ここではそのうちの七つの項目のこと。
*慈鎮和尚…比叡山延暦寺の住職で、一門を統括した。
*生仏…伝未詳の琵琶法師で、「平家物語」の語りの始祖とされる。

問五　——線部2「資本主義の矛盾」とはどのようなものであると筆者は考えているか。最も適当なものを次から選び、記号で答えなさい。

ア　資本主義の国々では、遠い国の自然資源や労働力ばかり搾取・収奪して、自国の資源や労働力は使用しないという矛盾。

イ　資本主義の国々では、環境問題や労働問題に関心が高いにもかかわらず、環境破壊や人権侵害が横行しているという矛盾。

ウ　資本主義というシステムでは、豊かで安全なはずの先進国ほど、多くの悲惨な事件が発生してしまっているという矛盾。

エ　資本主義というシステムでは、一方が豊かさを追求すればするほど、他方の犠牲が増えてしまうという矛盾。

問六　本文中の［　］について述べた生徒の発言として、**適当でないもの**をア～オの中から**二つ**選び、記号で答えなさい。

ア　（生徒A）「これらの事故」は、グローバル・ノースでの豊かな生活の裏側で繰り返されてきた、グローバル・サウスにおける大規模な災害を指していると思うな。

イ　（生徒B）私は、かぎカッコの使い方が特徴的だと感じた。これらの事故はあくまでも必然的な人災であるという点を強調するため、あえて偶発的なニュアンスのある「不運な」という言葉にもかぎカッコを使って、その違いを読者に意識させているんだと思うよ。

ウ　（生徒C）僕も、筆者はこれらの事故が人災であるということを強調していると感じたよ。人災ということを強調するため、反語表現や反復法、倒置法などの修辞技法を使って効果的に印象付けているよね。

エ　（生徒D）筆者は私たち日本人に対しても、これらの事故は決して他人ごとではなく、むしろその悲惨な事故に深く関与してきたのだと主張しているね。それが、文字の横に振られた「、、、、、、」からも伝わってきたよ。

オ　（生徒E）全体を通して、「いや、そうではない」「それにもかかわらず」「そうはいっても」「だが」などの逆接表現が多用されているよね。それによって、これらの事故の悲惨さを強く読者に印象付けると同時に、その要因となっている私たち日本人を厳しく批判しているね。

問七　——線部3「ここでの悲劇」の内容として最も適当なものを次から選び、記号で答えなさい。

ア　グローバル・サウスの人々は、自分たちの生活や生命を犠牲にしてまで、ひたすらグローバル資本主義の尻拭いをしているという悲劇。

イ　グローバル・サウスの人々は、グローバル資本主義が引き起こしている様々な事件の濡れ衣を着せられてしまっているという悲劇。

ウ　グローバル・サウスの人々は、自分たちの生活を脅かすグローバル資本主義を頼みの綱としなければ、生活が維持できないという悲劇。

エ　グローバル・サウスの人々は、自分たちを苦しめているグローバル資本主義の片棒を、気付かぬうちに担いでしまっているという悲劇。

問八　［A］・［B］・［C］に入る語の組み合わせとして最も適当なものを次から選び、記号で答えなさい。

使って、簡単にまとめてみよう。

　ウォーラーステインの見立てでは、資本主義は「中核」と「周辺」で構成されている。グローバル・サウスという周辺部から廉価な労働力を搾取し、その生産物を買い叩《たた》くことで、中核部はより大きな利潤を上げてきた。労働力の「不等価交換」によって、先進国の「過剰発展」と周辺国の「過小発展」を引き起こしていると、ウォーラーステインは考えたのだった。

　ところが、資本主義のグローバル化が地球の隅々まで及んだために、新たに収奪の対象となる「フロンティア」が消滅してしまった。そうした利潤獲得のプロセスが限界に達したということだ。利潤率が低下した結果、資本蓄積や経済成長が困難になり、「資本主義の終焉《しゅうえん》」が謳《うた》われるまでになっている。

　ただ、この章で指摘したいのは、その先の話である。ウォーラーステインが主に扱っていた搾取対象は人間の労働力だが、それでは、資本主義の片側しか扱ったことにならないからだ。

　もう一方の本質的側面、それが地球環境である。資本主義による収奪の対象は周辺部の労働力だけでなく、地球環境全体なのだ。資源、エネルギー、食料も先進国との「 X 」によってグローバル・サウスから奪われていくのである。人間を資本蓄積のための道具として扱う資本主義は、自然もまた単なる掠奪《りゃくだつ》の対象とみなす。このことが本書の基本的主張のひとつをなす。

　そして、そのような社会システムが、無限の経済成長を目指せば、地球環境が危機的状況にd陥るのは、いわば当然の帰結なのである。

（斎藤幸平『人新世の「資本論」』による）

語注　＊「人新世」…筆者によると、人類が地球を破壊しつくす時代のこと。

　　　＊イマニュエル・ウォーラーステイン…アメリカの社会学者、経済史家。

問一　＝＝線部①～④のカタカナを漢字で答えなさい。

問二　＝＝線部a～dの漢字の読みをひらがなで答えなさい。

問三　～～線部Ⅰ「枚挙にいとまがない」Ⅱ「いくばくかの」の語句の意味として最も適当なものを次からそれぞれ選び、記号で答えなさい。

Ⅰ　枚挙にいとまがない

ア　想定していた以上のことが立て続けに生じる

イ　たくさんあり過ぎていちいち数えきれない

ウ　同じような失敗を何度も繰り返してしまう

エ　黙って見ていられないほど心が揺さぶられる

Ⅱ　いくばくかの

〔ア　わずかな　イ　ばく大な　ウ　適度な　エ　余剰の

問四　――線部1「グローバル・サウスという言葉を使いたい」とあるが、その理由を筆者はどのように述べているか。最も適当なものを次から選び、記号で答えなさい。

ア　グローバル化による被害が、そこで生きる住民だけでなく、国家間の関係にまで及ぶようになってきたから。

イ　世界的に広がる新興国や先進国の問題によって、南北問題が地理的位置とは無関係になったから。

ウ　資本主義の問題が地球規模に拡大したため、国際公用語である英語での表現がふさわしいと考えたから。

エ　南北格差の「南北」は、南北という地理的位置とは必ずしも一致するわけではなくなってきたから。

く、魅力的なものとして受け入れられている。だが、その裏では、グローバル・サウスの地域や社会集団から収奪し、さらには私たちの豊かな生活の代償を押しつける構造が存在するのである。

　問題は、このような収奪や代償の転嫁なしには、帝国的生活様式は維持できないということだ。グローバル・サウスの人々の生活条件の悪化は、資本主義の前提条件であり、南北の支配従属関係は、例外的事態ではなく、平常運転なのである。

　ひとつ例を挙げよう。私たちの生活にすっかり入り込んだファスト・ファッションの洋服を作っているのは、劣悪な条件で働くバングラデシュの労働者たちである。二〇一三年に、五つの縫製工場が入った商業ビル「ラナ・プラザ」が崩壊し、一〇〇〇人以上の命が犠牲になる事故があったのは有名だ。

　そして、バングラデシュで生産される服の原料である綿花を②サイバイしているのは、四〇℃の酷暑のなかで作業を行うインドの貧しい農民である。ファッション業界からの需要増大に合わせて、遺伝子組み換えの綿花が大規模に導入されている。その結果、自家採取の種子が失われ、農民は、遺伝子組み換え品種の種子と化学肥料、除草剤を毎年購入しなくてはならない。干ばつや熱波のせいで不作ともなれば、農民たちは借金を抱えて、自殺に追い込まれることも少なくない。

　3ここでの悲劇は、帝国的生活様式による生産と消費に依存しているグローバル・サウスも、グローバル資本主義の構造的理由から、この平常運転に依存せざるを得ないことにある。

　先述したように、ブラジル人も、ブルマジーニョの尾鉱ダムが危険なのはわかっていた。同様の事故は起きていたのだ。だが、それにもかかわらず、採掘を続けるよう強制されるのである。そこで働く労働者たちも自らの生活のために、採掘現場で働き、その近くに住むしかないのだ。

　バングラデシュのラナ・プラザの縫製工場でも、事故の前日に従業員たちは、壁や柱の異常に気がついていたが、その声は無視されたのだった。［A］、インド人も、除草剤が身体《からだ》や自然に有害だとわかっている。［B］、ファッション産業の市場は拡大していき、世界中の需要を満たすために生産続行が強制される。

　［C］、犠牲が増えるほど、大企業の収益は上がる。これが資本の論理である。

　もちろん、このような耳の③イタい指摘は、これまでも何度もなされてきた。けれども、私たちは、Ⅱいくばくかのお金を寄付するくらいで、すぐにまた忘れてしまう。すぐに忘れることができるのは、これらの出来事が、日常においては4不可視化されているからである。

　ミュンヘン大学の社会学者シュテファン・レーセニッヒは、このようにして、代償を遠くに転嫁して、不可視化してしまうことが、先進国社会の「豊かさ」には不可欠だと指摘する。これを「外部化社会」と彼は呼び、批判するのだ。

　先進国は、グローバル・サウスを犠牲にして、「豊かな」生活を享受している。そして、「今日だけでなく、明日も、未来も」この特権的な地位を維持しようとしているとレーセニッヒは断罪する。「外部化社会」は、絶えず外部性を作り出し、そこにさまざまな負担を転嫁してきた。私たちの社会は、そうすることでのみ、④ハンエイしてきたのである。

　先進国の資本主義とグローバル・サウスの犠牲の関係について、もっと有名な＊イマニュエル・ウォーラーステインの「世界システム」論を

【国　語】（四五分）〈満点：一〇〇点〉

一　次の文章を読んで、後の問いに答えなさい。

＊「人新世《ひとしんせい》」の資本主義と環境危機の関係を分析するにあたって、まずは、グローバル・サウスに目を向けてみよう。グローバル・サウスとは、グローバル化によって被害を受ける領域ならびにその住民を指す。グローバル・サウスの抱える問題は、以前なら「南北問題」と呼ばれていた事態だ。ただ、新興国の①タイトウや、先進国への移民増大によって、「南北」格差は地理的位置との関係が必然ではなくなりつつある。そのため、本書では、1グローバル・サウスという言葉を使いたい。

ともかく、旧来の南北問題も含め、資本主義の歴史を振り返れば、先進国における豊かな生活の裏側では、さまざまな悲劇が繰り返されてきた。いわば、2資本主義の矛盾がグローバル・サウスにa凝縮されているのである。

近年の大きな事件に絞ってみても、イギリスのBP社が引き起こしたメキシコ湾原油流出事故、多国籍アグリビジネスが乱開発を進めるアマゾン熱帯雨林での火災、商船三井が運航する貨物船のモーリシャス沖重油流出事故などⅠ枚挙にいとまがない。

被害の規模も大きい。二〇一九年に起きたブラジル・ブルマジーニョ尾鉱《びこう》ダムの決壊事故では二五〇人以上が死亡した。このダムは、資源三大メジャーのひとつであるヴァーレ社の所有で、鉄鉱石の尾鉱（選鉱の際に生じる水と鉱物の混ざったスライム状の廃棄物）を貯《た》めておくダムであった。

ヴァーレ社は二〇一五年にも同様の事故を、別のダムで起こしていたが、今回もずさんな管理によって決壊事故を引き起こし、数百万トンの泥流が近くの集落を一気に呑《の》み込んだのだ。尾鉱があたり一面にぶちまけられることで、b河川は汚染され、生態系も深刻なダメージを負った。

これらの事故は単なる「不運な」出来事なのだろうか。いや、そうではない。事故が起こる危険性は、専門家や労働者、住民たちによって繰り返し指摘されてきた。それにもかかわらず、国や企業はコストカットを優先して、有効な対策を取らず放置してきたのである。これらは、起こるべくして起きた「人災」なのだ。

そうはいっても、遠く離れたメキシコやブラジルで起きた事故など、日本人の関心は及ばないかもしれない。自分にはまったく関係ないと思う読者もいるだろう。だが、この「人災」に、私たち日本人も、間違いなく加担してきた。

自動車の鉄、ガソリン、洋服の綿花、牛丼の牛肉にしても、その「遠い」ところから日本に届く。グローバル・サウスからの労働力の搾取と自然資源の収奪なしに、私たちの豊かな生活は不可能だからである。

ドイツの社会学者ウルリッヒ・ブラントとマルクス・ヴィッセンは、グローバル・サウスからの資源やエネルギーの収奪にc基づいた先進国のライフスタイルを「帝国的生活様式」（imperiale Lebensweise）と呼んでいる。

帝国的生活様式とは要するに、グローバル・ノースにおける大量生産・大量消費型の社会のことだ。それは先進国に暮らす私たちにとっては、豊かな生活を実現してくれる。その結果、帝国的生活様式は望まし

2023年度

前橋育英高等学校入試問題（学特Ⅱ期）

【数　学】（45分）　＜満点：100点＞

1 次の(1)～(4)の計算をしなさい。

(1) $-3-(-7)$

(2) $\dfrac{12x+6y}{5}-(2x+y)$

(3) $(-3ab^2)^3\div(-a^3)$

(4) $\dfrac{4}{3\sqrt{3}}+\dfrac{5\sqrt{2}}{3\sqrt{6}}$

2 次の(1)～(8)の問いに答えなさい。

(1) 方程式$\dfrac{x}{5}-\dfrac{x-3}{10}=6.3$を解きなさい。

(2) $\dfrac{70}{n}$が素数となるような自然数nは何個あるか求めなさい。

(3) 2022×2023－2020×2023＋2023の計算をしなさい。

(4) 2点（－3，4），（3，8）を通る直線が点（－1，k）を通るようにkの値を定めなさい。

(5) 横が縦より4㎝長い長方形の紙がある。この紙の4すみから1辺が3㎝の正方形を切り取り，直方体の容器を作ったら，容積が351㎝^{3}になった。もとの紙の縦の長さを求めなさい。

(6) ある文房具店で1本50円の鉛筆と1本70円の色鉛筆と1本90円のボールペンを購入した。3種類の合計本数は26本で合計金額は1920円であった。鉛筆と色鉛筆の本数が等しいとき，ボールペンを何本購入したか求めなさい。ただし，消費税は考えないものとする。

(7) 下の図の△ABCの頂点Cにおける外角を100°とする。辺AB上に2点D，Eを，辺AC上に点Fを，AD＝DF＝FE＝EC＝CBとなるようにとった。∠BACの大きさを求めなさい。

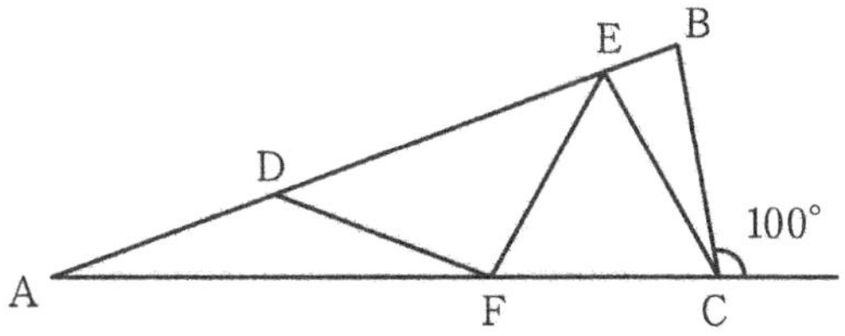

(8) 右の図のように，平行四辺形ABCDの辺AB，BC上にAE＝EB，BF＝FCとなるような点E，Fをとる。△EFCの面積が7㎝^{2}であるとき，平行四辺形ABCDの面積を求めなさい。

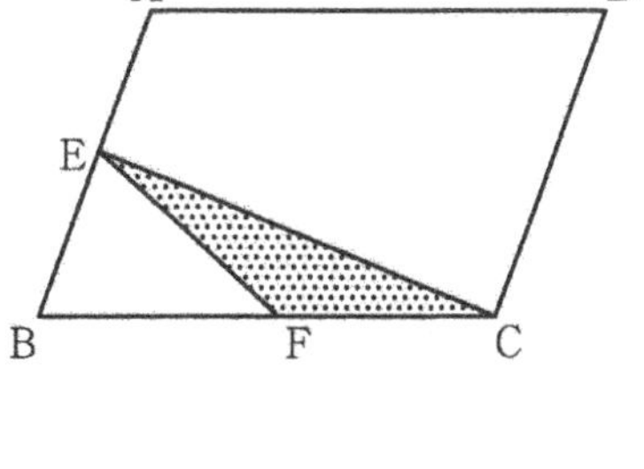

3　右の図のように，１辺が１㎝の正五角形ABCDEがある。点Pは頂点Aの位置にあり，正五角形の辺上を次の規則でA，B，C，D，E，A，B，C，……の順に動く。

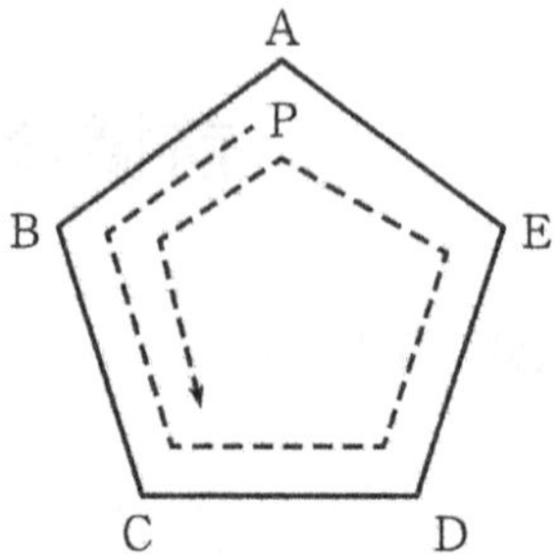

> 規則
> ・１枚の硬貨を１回投げたとき，表は３㎝，裏は２㎝動く。
> ・［1］，［4］，［5］の数字が書かれた３枚の番号札から１枚を引いたとき，［1］は１㎝，［4］は４㎝，［5］は５㎝動く。

このとき，次の問いに答えなさい。

(1)　硬貨を２回投げたとき，点Pが頂点Aの位置にもどる確率を求めなさい。

(2)　硬貨を２回投げ，続けて番号札から１枚を引いたとき，点Pが頂点Aの位置にもどる確率を求めなさい。

(3)　硬貨を２回投げ，続けて番号札から１枚を引いたとき，点Pが９㎝以上動く確率を求めなさい。

4　図１は，底面の円周が12π㎝の半球である。図２は，底面に平行な平面で，高さが３等分されるように３つの立体A，B，Cに分けた円錐であり，立体Bの体積は168π cm^3である。
このとき，次の問いに答えなさい。
ただし，円周率はπを用いなさい。

図1

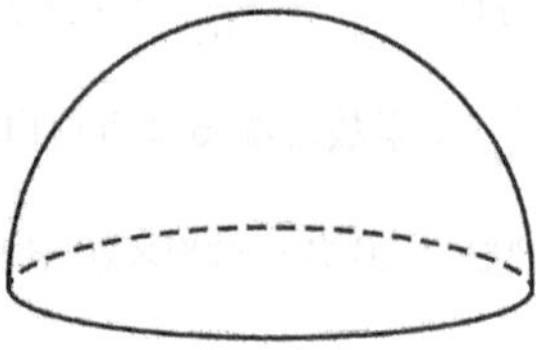

(1)　図１について，底面の半径を求めなさい。

(2)　図２について，立体Cの体積を求めなさい。

(3)　図１の半球の体積は，図２の円錐全体の体積の何倍か求めなさい。

図2

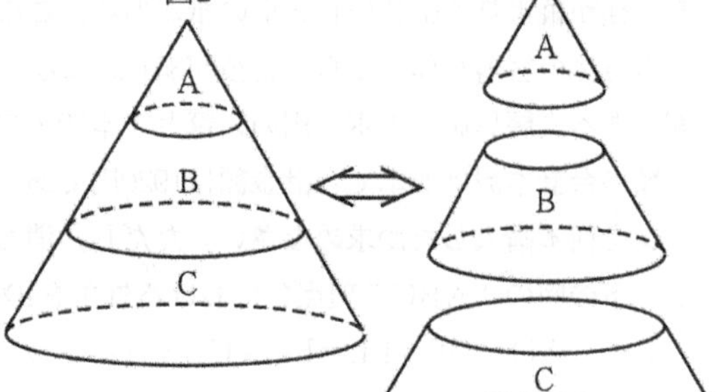

5　右の図のように曲線$y = ax^2$…①と直線$x = 5$…②がある。
曲線①と直線②の交点をA（５，５），直線②とx軸の交点をBとする。
点Pは原点Oから点Aまで，曲線①上を移動し，点Pからx軸，直線②にそれぞれ垂線PQ，PRを引くとき，次の問いに答えなさい。

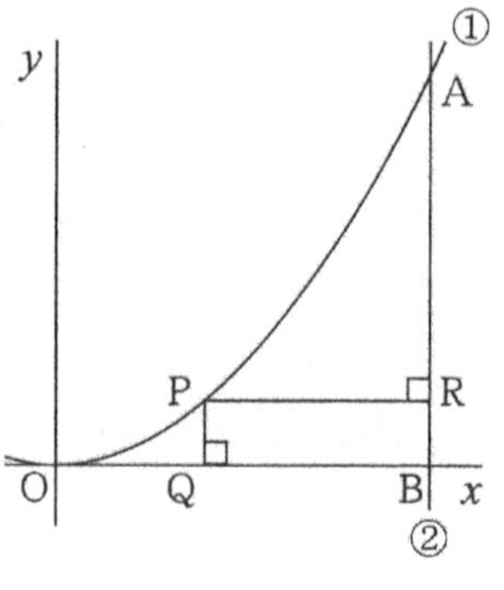

(1)　aの値を求めなさい。

(2)　点Pのy座標が３であるときの△OPQの面積を求めなさい。

(3)　四角形PQBRが正方形になるときの点Qのx座標を求めなさい。

【英　語】（45分）　＜満点：100点＞

1　次の１～５の英文の下線部の誤りを正しく直しなさい。

例）Yesterday I asked to clean the kitchen by my mother. → was asked to

1　My grandfather was reading a newspaper now.

2　A: How far is this T-shirt?　B: It's 1,000 yen.

3　My mother has written this letter to my sister last night.

4　A: Could you turning on the TV?　B: Nobody is watching.

5　You should clean your tooth after dinner.

2　次の１～５の会話文中の（　）に入るもっとも適当なものをそれぞれ下のア～エから１つずつ選び，記号で答えなさい。

1　John : Can you help me with my homework?

Mary : Sorry, I have to take care of my brothers today.

John : OK.（　　）

ア　I have nothing to do today.

イ　I'll ask somebody else.

ウ　He should do it by himself.

エ　You're going to go to a hospital next Monday.

2　Bob : I'll go to the supermarket.

Ken :（　　）

Bob : Sure.　I'll stop at the ABC rental shop on my way to the supermarket.

ア　Shall we go to the library?

イ　Would you cook some eggs in the kitchen?

ウ　May I watch these DVDs?

エ　Can you return these DVDs when you go?

3　Mika : Ms. Green is going to go back to America next month.

Kumi : Yeah, I heard that.（　　）

Mika : We can write her a message card.

ア　Let's prepare something nice for her.

イ　I went to Australia last year.

ウ　Do you have something to write with?

エ　I'll give you a nice present.

4　Olivia : I really like this dress.　What size is this?

Shop staff : It's size S.（　　）

Olivia : Yes.

Shop staff : Then, please follow me.

ア　Would you like to return it?　　イ　Would you like to try it on?

ウ　Would you like some coffee?　　エ　Would you like to eat size M?

5 Sophia : I don't know how to use this computer.
Mason : I don't, either. How about asking your brother?
Sophia : (　　　)
Mason : That's too bad.

ア My mother is not at home now.　　イ Let's fix it together.
ウ He is on a trip to Hiroshima now.　　エ He will be back home soon.

3 次のメールを読み，各問いに答えなさい。

From : Tom
To : Kenji
Date : Monday, October 1
Subject : I need help!

Hi Kenji,
My cousin Mike is going to come to Japan from America next Friday. I want to show him around our town on Sunday. However, (1)(ア him　イ I　ウ should　エ know　オ where　カ don't　キ take　ク I) because I've been in Japan only for six months. Can you help me? Mike likes soccer very much. He is on the soccer team at his school in America. He is also interested in *anime*. He wants to buy comic books of his favorite *anime*. Do you have any ideas? If you can come with us on Sunday, that will be great!

From : Kenji
To : Tom
Date : Tuesday, October 2
Subject : Places to visit

Hello Tom,
There is a soccer game at Higashi Stadium next Sunday. It starts at 10:0 a.m. You can go there by bus. You can take a bus at Asahigaoka station. I think it'll be an (2) excite game. After that, why don't you take Mike to Nishi Book Store? They have many kinds of comic books so I'm sure he will have a great time. It's open until 8:00 p.m. You can go there with Mike after the soccer game. I want to join you, but I already have a plan to go camping with my family. I hope Mike will enjoy his stay in Japan.

From : Tom
To : Kenji
Date : Wednesday, October 3
Subject : Thank you!

Hi Kenji,
Thanks for your advice. I think Mike will enjoy the soccer game. We'll take a bus to the stadium. After the game, we'll have lunch. I'm planning to take him to the new restaurant that you told me about last week. Then, we'll visit the book store. Enjoy your camp!

（注） stadium スタジアム

問１ 文中の下線部(1)の語を意味が通る英文になるように並べ換え，３番目と６番目にくるものの記号を答えなさい。

問２ Tom が日本に来た時期としてもっとも適当なものを下のア～エから１つ選び，記号で答えなさい。

ア February イ April ウ June エ August

問３ Tom と Mike が日曜日に行く場所の順番としてもっとも適当なものを下のア～エから１つ選び，記号で答えなさい。

ア Higashi Stadium − Asahigaoka station − new restaurant − Nishi Book Store
イ Higashi Stadium − Nishi Book Store − Asahigaoka station − new restaurant
ウ Asahigaoka station − Higashi Stadium − Nishi Book Store − new restaurant
エ Asahigaoka station − Higashi Stadium − new restaurant − Nishi Book Store

問４ 文中の下線部(2)を適当な形に直しなさい。

問５ 次の各英文で本文の内容に合っているものを下のア～エから１つ選び，記号で答えなさい。

ア Tom heard about the new restaurant from Kenji before.
イ Kenji will join Tom and Mike on Sunday.
ウ Tom has been in Japan for more than a year.
エ Tom and Mike will play in the soccer game on Sunday.

4 次の問いＡ，Ｂに答えなさい。

Ａ 次のチラシの内容に関して，各問いに答えなさい。

Asahigaoka City's Top 4 Italian Restaurants 2022

☆***Bistro Asahi***
Bistro Asahi opened in 2020 and has been popular among families with kids. This restaurant has many seats and large tables for big families. They serve all kinds of delicious Italian dishes. Especially, they are famous for their pizza. Their pizza won the first place in the city's Pizza Contest 2022. The contest is held every year, and they have been winning the first place since the opening year. Kids can also enjoy this restaurant because the kids' menu comes with fun toys.

☆***Olive Garden***
How about a coffee break at Olive Garden? Olive Garden is a cafe restaurant that serves the best pasta in Asahigaoka city. Chef Kimura worked at famous hotels in Italy for many years before he came back to Japan. Their coffee also tastes great. Outside the restaurant, there is a large terrace with comfortable sofas. Come with your families and friends and enjoy a relaxing moment at Olive Garden. Pets are not allowed.

☆***Tomato Club***
Come and try Tomato Club's large pizza. Tomato Club is popular among young people and kids. Their

pizza won the second place after Bistro Asahi in the city's Pizza Contest 2022. "Sunny Pizza" is their largest pizza. It costs 2,500 yen. However, if you can finish eating it within 20 minutes, it's free! Also, they have all-you-can-eat menu at lunch time.

☆Hilltop Kitchen

Are you looking for a restaurant full of nature? Hilltop Kitchen stands on a hill near a large vegetable field. Their fresh and delicious vegetables come from the field every morning. There are tables on the terrace so you can enjoy eating in the nature. They accept pets on the terrace.

（注） Chef シェフ　terrace テラス　relaxing くつろげる　all-you-can-eat 食べ放題の

問１ How many times has Bistro Asahi won the first place in the Pizza Contest?

ア Once　イ Twice　ウ Three times　エ Four times

問２ If you want to sit at a terrace table with your pet, you should go to (　　).

ア Bistro Asahi　イ Olive Garden

ウ Tomato Club　エ Hilltop Kitchen

問３ If you want to eat the best pizza in 2022, you should go to (　　).

ア Bistro Asahi　イ Olive Garden

ウ Tomato Club　エ Hilltop Kitchen

問４ 次の１，２の各英文がチラシの内容と合うように，(　)に入るもっとも適当な英語１語をそれぞれ答えなさい。ただし，与えられた文字で始まる語で答えなさい。

1 The chef at Olive Garden worked (a　　) in the past.

2 If you can't finish eating "Sunny Pizza" within 20 minutes, you have to (p　　) 2,500 yen.

B 次の広告の内容に関して，各問いに答えなさい。

The 10th English Speech Contest

Thank you for your interest in Asahigaoka English Speech Contest. We are happy to hold the speech contest this year. This contest ①(g　　) English learners a chance to improve their English skills and ability to express their opinions.

Contest Date : Saturday, February 11, 2023
Time : 1:00 p.m. - 4:00 p.m.
Place : On the second floor of Asahigaoka International Center
Categories : A: Junior high school students / B: High school students / C: Adults

	Category A	Category B	Category C
Speech Topic	Learning English	Global Warming	Free
Speech Time	4-5 minutes	7-8 minutes	9-10 minutes
Participation Fee		¥500	¥1,000
Winner's Prize	¥10,000	¥20,000	¥50,000

Application Deadline : Friday, January 20, 2023

How to Apply
1. Write an original note for your speech. *Do not submit notes which were used in a different speech contest.
2. Download the application form from our website.
3. Send your application and note by email to asahigaokasc@gmail.com

Notices
・Applicants' first language must not be English.
・Applicants' parents must not be native English speakers.
・Applicants who have lived in English-speaking countries for more than 12 months are not allowed to enter the contest.

（注） interest 興味　skills 技術　participation fee 参加費　submit ～を提出する
application deadline 申し込み期限　apply 申し込む　download ダウンロードする
applicants 応募者

問１ 文中の下線部①の（ ）に入るもっとも適当な英語１語を答えなさい。ただし，与えられた文字で始まる語で答えなさい。

問２ 本文の内容に合うように，次の英文の（ ）に当てはまる英語を答えなさい。

Applicants must send an application form and a note about (　　　) weeks before the contest at the latest.

問３ 次のア～エのうち参加資格がある人物を選び，記号で答えなさい。

ア 英会話学校に通う小学生　イ 小学校６年間アメリカで過ごした中学生
ウ 母親の母語が英語の高校生　エ アメリカに半年間留学していた大学生

問４ 本文の内容に合っているものを次のア～オの中から２つ選び，記号で答えなさい。

ア The contest is held on the third floor of Asahigaoka International Center.
イ Applicants under eighteen can join the contest for free.
ウ Applicants must apply for the contest by email.
エ High school students must make a speech for more than 10 minutes.
オ Applicants must write a note which is different from the one used in other contests before.

5 次の英文を読み，各問いに答えなさい。

Electricity is one of the most important things which humans invented. Thanks to electricity, we can use the washing machines, smartphones, and air conditioners. (1)(ア to　イ without　ウ imagine　エ life　オ it　カ electricity　キ difficult　ク is). However, electricity is limited. If we use too much electricity every day, we may suffer from an electricity shortage. In fact, we couldn't get enough electricity and the Japanese government announced electricity supply shortage warning last June. Why did it happen? There are some reasons for this.

One of the reasons is a shortage of power plants. After the big earthquake happened in Fukushima in 2011, a lot of nuclear power plants stopped working.

Today, about seventy percent of electricity in Japan comes from thermal power plants. However, some thermal power plants were getting old and they were stopped recently. That led to the shortage of electricity.

Another reason is a higher demand for electricity. The temperature in Japan is becoming higher year by year. In June 2022, many parts of Japan were (2) hot that lots of people were taken to hospitals. Especially, Isesaki City recorded 40.2°C, the highest temperature for June. Many people didn't want to get heatstroke, so they used air conditioners more. (3), the demand for electricity increased more.

Because of these two reasons, the Japanese government asked homes to save electricity. What can we do to save electricity at our homes? We should change the way we use our home appliances. First, air conditioners use the most electricity of all home appliances in summer. They account for about 35 percent of total electricity consumption a day in this season. By turning them up by 1°C, we can save ten percent of electricity.

Second, refrigerators also use much electricity. They account for about fifteen percent of total electricity consumption a day during summer. To save energy, we should not open them often or should not keep them open for a long time. This is because every time we open the door, cold air goes out and warm air enters. When the temperature inside the refrigerator rises, much electricity is used to lower the temperature. If we keep these things in mind, we can save electricity.

An electricity shortage is a serious problem. It will make our lives difficult. We won't have enough electricity even in winter if we don't save it. Take a look around your homes, and find something you can do to save electricity. Although doing such things seems to be small changes, it will be a big difference not only for us but also for the world.

(注) electricity 電気　air conditioners エアコン　suffer from ～ ～に苦しむ
announce 発表する　electricity supply shortage warning 電力不足警報
power plants 発電所　earthquake 地震　nuclear 原子力の　thermal power 火力
demand 需要　year by year 年々　heatstroke 熱中症　home appliances 家電製品
account for ～ ～を占める　consumption 消費　refrigerators 冷蔵庫　lower ～を下げる

問1　文中の下線部(1)の（　）の語を「電気のない生活を想像することは難しい」という意味になるように並べ換え，3番目と6番目にくるものの記号を答えなさい。

問2　文中の（2）に入るもっとも適当なものを下のア～エの中から1つ選び，記号で答えなさい。

ア too　　イ so　　ウ such　　エ very

問3　文中の（3）に入るもっとも適当なものを下のア～エの中から1つ選び，記号で答えなさい。

ア For example　　イ However　　ウ Because　　エ As a result

問4　次の英文が本文の内容と合うように，(　)に当てはまるもっとも適当な英語1語を答えなさい。

Refrigerators use (　　) electricity than air conditioners on a summer day.

問5　本文で述べられている日本の電力の現状としてもっとも適当なものを下のア～エの中から1つ選び，記号で答えなさい。

ア　発電所は十分にある　　　　　　イ　原子力発電所はすべて稼働している

ウ　停止している火力発電所もある　エ　発電所をたくさん作っている

問6　次の英文が本文の内容と合っていれば○を，合っていなければ×を書きなさい。

a　About 70 percent of electricity in Japan is made by nuclear power plants.

b　The Japanese government stopped the use of air conditioners at homes.

c　There are things we can do to save electricity.

d　We should not open and close refrigerators quickly.

e　We may have an electricity shortage in winter as well.

【理　科】（45分）　＜満点：100点＞

1　生物の種類の多様性と進化に関する文章を読み，後の(1)~(3)の問いに答えなさい。

約46億年前に地球が誕生してから現在までの長い間に，さまざまな生物が現れたり，滅びたりを繰り返してきた。その結果，現在の地球にはさまざまな姿かたちをした生物があふれている。生物が長い時間をかけ何代も世代を重ね，その形質が変化することを進化といい，生物の種類の多様性は進化によってもたらされたと考えられている。また，形質は（　①　）によって現れるため，進化が起こる原因の一つも（　①　）の変化であると考えられる。

似た種類の生物であっても周囲の環境が異なれば，その環境に合わせて形質に違いが見られることもある。これは，もともと同じ種類の生物であってもその形質に違いがあり，周囲の環境に適した生物が何代も世代を重ねた結果であると考えられている。この考え方は1859年に発表された書物「種の起源」を記した，イギリスの自然科学者（　②　）によって提唱された。さらに，脊椎(セキツイ)動物のからだを調べると，ヒトの手と腕にあたる部分の骨と同じ骨を，クジラの胸ビレや鳥類の翼で見ることができる。このように，同じものから変化したと考えられるからだの部分を（　③　）といい，進化が起こった証拠の一つである。

生物が長い時間をかけてどのように進化してきたかの道筋は，生物のからだのつくりや，生活の様子を分析し図にまとめることができる。次に示す図は脊椎動物が，その共通の祖先からどのように進化していったのかを示したものである。A～Eは，「魚類，鳥類，は虫類，哺乳類，両生類」のいずれかを示している。また，分岐点a～dは特定の生物のからだのつくりや生活の様子を示し，それらが分岐していく先で異なることを示している。また，A～Eはその特徴に共通点が多ければ図の中の近い位置に並べて書かれている。例えば，A，B，Cを比較すると，CはAよりもBと共通点が多いことがわかる。

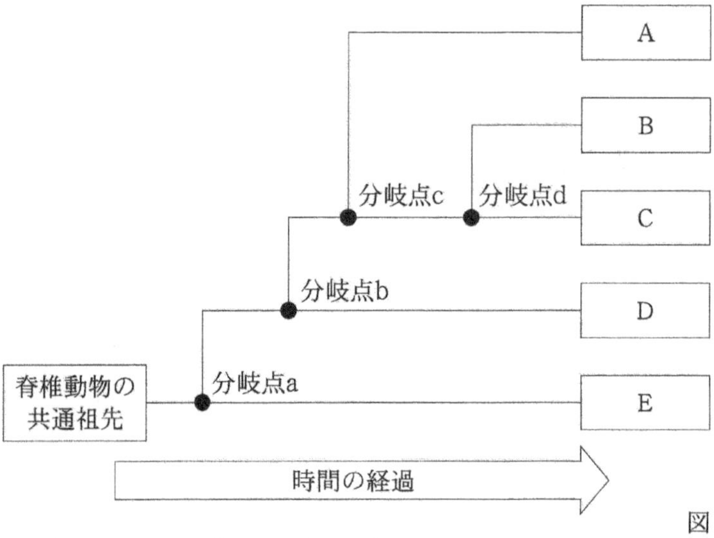

図

(1)　文章中の①～③にあてはまる語句をそれぞれ答えなさい。

(2)　図の分岐点aは「一生を通してえら呼吸を行う」，bは「子は陸上で生まれる」，cは「胎生である」，dは「恒温動物である」である。脊椎動物A～Eと分岐点a～dの関係を示す次のページの表の空欄を埋めたとき，最も適当なものをア～エの中から選び記号で答えなさい。

表

		脊椎動物				
		A	B	C	D	E
分岐点	a　一生を通してえら呼吸を行う	×	×	×	×	○
	b　子は陸上で生まれる					
	c　胎生である					
	d　恒温動物である					

ア．

	脊椎動物				
	A	B	C	D	E
a	×	×	×	×	○
b	○	○	○	×	×
c	○	×	○	×	×
d	○	○	×	×	×

イ．

	脊椎動物				
	A	B	C	D	E
a	×	×	×	×	○
b	○	○	○	×	×
c	○	×	×	○	×
d	○	○	×	×	×

ウ．

	脊椎動物				
	A	B	C	D	E
a	×	×	×	×	○
b	○	×	○	×	×
c	○	×	×	×	×
d	○	○	×	×	×

エ．

	脊椎動物				
	A	B	C	D	E
a	×	×	×	×	○
b	○	○	○	×	×
c	○	×	×	×	×
d	○	○	×	×	×

(3)　前のページの図中の脊椎動物Ａ～Ｃはそれぞれ何か答えなさい。

2　細胞分裂に関して，後の(1)～(6)の問いに答えなさい。

［Ａ］　ある試料を用いて細胞分裂を観察し，図のようなスケッチを得た。この試料では細胞分裂が活発に行われており，観察に適していた。

(1)　今回観察した試料には，細胞壁が見られたが，葉緑体が見られなかった。次のア～カの中から，今回観察した試料として最も適するものを選び，記号で答えなさい。

ア．タマネギの表皮　　イ．オオカナダモの葉　　ウ．ヒトのほおの内側

エ．ネギの根の先端　　オ．ニワトリの肝臓(レバー)　　カ．バッタの精巣

(2)　右の図のＡ～Ｄを細胞分裂の順に並べたとき，３番目にあてはまるものを記号で答えなさい。

(3)　細胞分裂を観察する際に，試料に次の手順①～④の処理を行った。

①　試料の観察したい部分だけを切断する。

②　60℃程度のお湯であたためた塩酸に，試料を２～３分入れる。

③　試料を柄付き針でよくほぐして，酢酸カーミン液を滴下し，２～３分待つ。

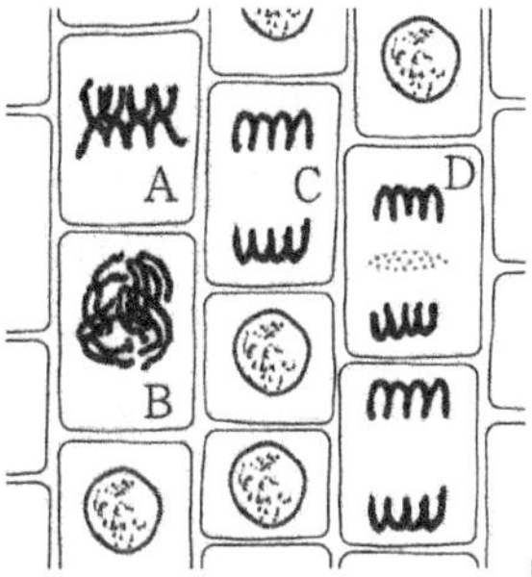

図

④　カバーガラスをかけ，ろ紙でおおって，試料を親指で押しつぶす。

このとき，手順②～④は何のために行うのか，理由として最も適当なものを，それぞれについて次のア～オから選び記号で答えなさい。

ア．核を大きくさせ，染色体を観察しやすくする。
イ．細胞の間の接着を強固にして，細胞同士をバラバラにしにくくする。
ウ．細胞の重なりを押し広げて，細胞を観察しやすくする。
エ．細胞同士のつながりを切り，細胞同士をバラバラにしやすくする。
オ．核を染色して，染色体を観察しやすくする。

(4)　この試料における細胞分裂に関することとして適当なものを次のア～カから2つ選び，記号で答えなさい。

ア．細胞分裂の前後で，1つの細胞の中に含まれている染色体の数が減少する。
イ．細胞分裂の前後で，1つの細胞の中に含まれている染色体の数が増加する。
ウ．細胞分裂の前後で，1つの細胞の中に含まれている染色体の数は変わらない。
エ．細胞分裂後の細胞が成長せず，細胞の大きさがどんどん小さくなっていく。
オ．細胞分裂後の細胞が成長して，元の大きさに戻る。
カ．細胞分裂後の細胞どうしが結合して，元の大きさに戻る。

［B］　また，別の試料に対して，薬品で処理を行うと，細胞分裂の開始をそろえることができる。薬品で処理をした試料を観察した結果，細胞の数が下の表のようになった。なお，観察開始時の細胞の数は10個であり，各細胞の分裂にかかる時間は同じものとする。

表

経過時間〔時間〕	20	40	80
細胞の数〔個〕	20	40	160

(5)　120時間後にはそれぞれの細胞が，観察開始時から何回分裂したと考えられるか答えなさい。
(6)　160時間後の細胞の数は何個と考えられるか答えなさい。

3　物質Xと物質Yが水に溶ける様子を調べるために次の実験Ⅰ・Ⅱ・Ⅲを行った。次のページの図は物質Xと物質Yの溶解度を表したグラフである。このことについて後の(1)～(5)の問いに答えなさい。

〔実験Ⅰ〕30℃の水5.0gを別々の試験管A・Bに入れた後，物質Xと物質Yをそれぞれ1.0g加え，よくかき混ぜ，その状態を観察した。このとき，［　①　］。

〔実験Ⅱ〕60℃の水を20g入れた別々のビーカーC・Dに物質Xと物質Yをそれぞれ7.0gずつ加え，すべて溶かした。その後，これらの水溶液をそれぞれ10℃まで冷やした。物質Xが溶けている水溶液からは固体が出てきたのでろ過して固体とろ液に分けた。物質Yが溶けている水溶液からは固体が確認できなかった。

〔実験Ⅲ〕60℃の水が150g入っているビーカーEに物質Xと物質Yをそれぞれ36gずつ入れ，60℃に保ちながらかき混ぜたところすべて溶けた。その後，この水溶液の温度を60℃からゆっくり下げていくと固体が出はじめた。さらに，水溶液の温度を20℃まで下げるとより多くの固体が出てきたので，ろ過して固体とろ液に分けた。なお，物質Xと物質Yは，水に溶けるのみで，互いに反応しないものとする。

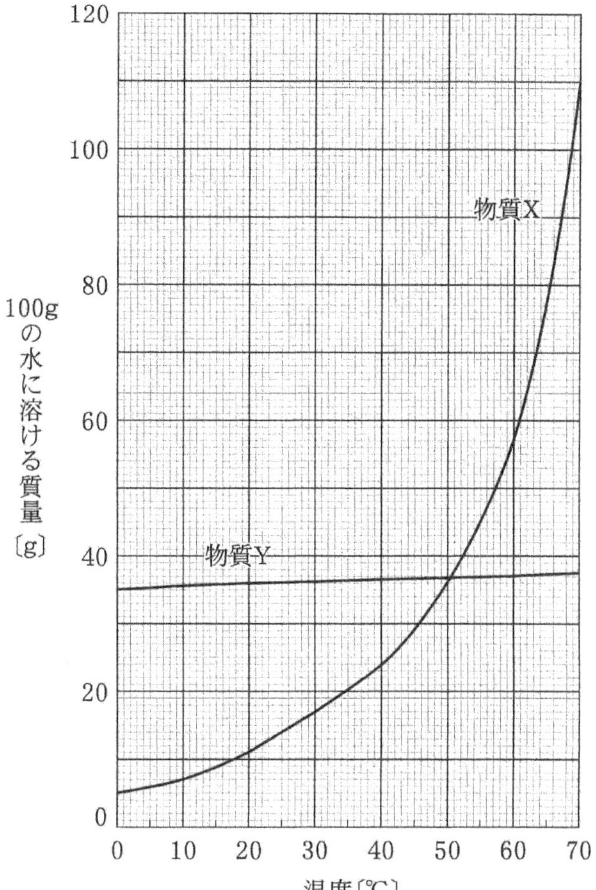

図

(1)　実験Ⅰはどのような結果になると考えられるか。①　に入る文として最も適当なものを次のア～エから選び記号で答えなさい。

ア．物質Xも物質Yもすべて溶けた

イ．物質Xはすべて溶けたが物質Yは少し残った

ウ．物質Xは少し残ったが物質Yはすべて溶けた

エ．物質Xも物質Yも少し残った

(2)　実験Ⅱで物質Xを溶かした水溶液の温度を60℃から10℃まで下げていくとき，固体として出てきた物質の質量と温度の関係を模式的にグラフで表すとどのようになるか。最も適するものを次のア～エから１つ選び記号で答えなさい。

ア

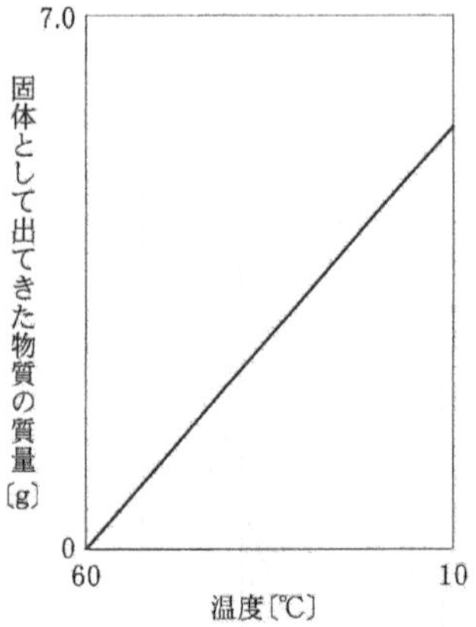

イ

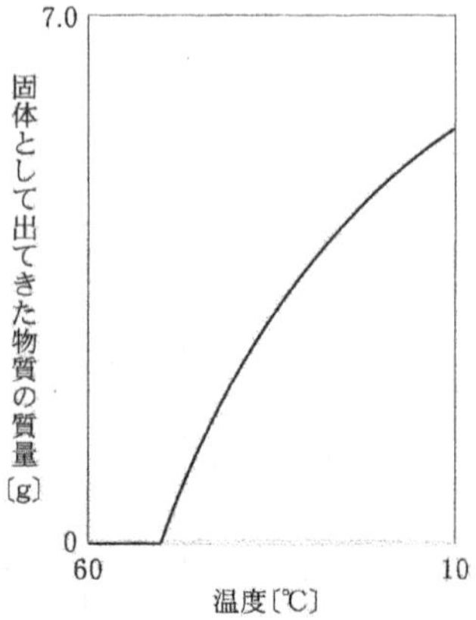

ウ

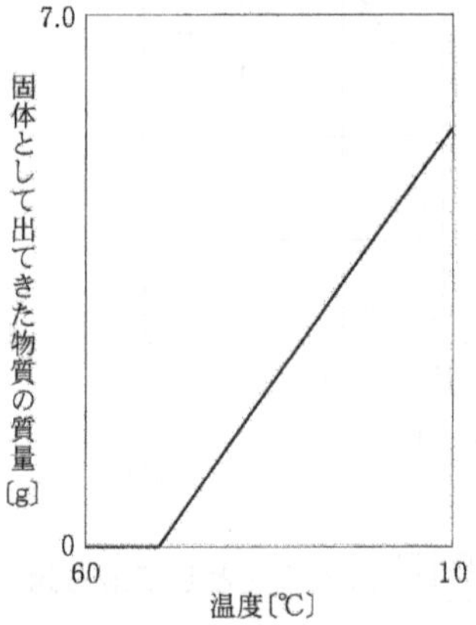

エ

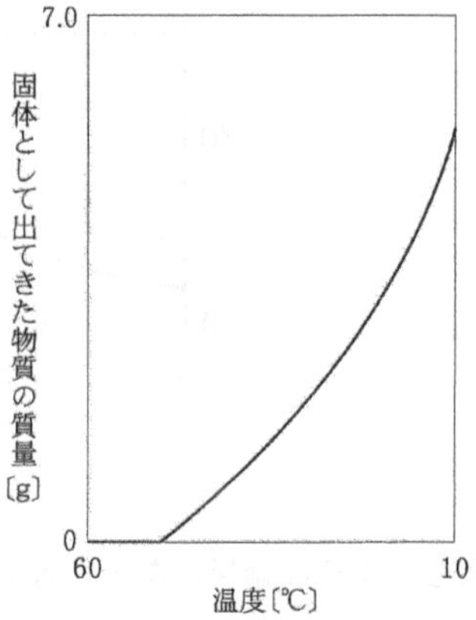

(3)　実験Ⅱの結果に関する次の文中の □ を20字以内でうめ，文を完成させなさい。ただし，「溶解度」という語句を用いること。

「物質Xと比べて，物質Yは再結晶しにくい。これは，物質Yは水溶液の温度が □ からである。」

(4)　実験Ⅲで物質が溶けている60℃の水溶液を，20℃に下げたとき出てきた固体の質量は約何gか。小数第１位を四捨五入し，整数で答えなさい。

(5)　55℃の水100gに物質Xを10g溶かした水溶液に物質Xを追加し，飽和水溶液としたい。追加する物質Xは何g必要か答えなさい。また，物質Xを追加する前の質量パーセント濃度と，追加した後との質量パーセント濃度の差はそれぞれ何％になるか。小数第１位を四捨五入し，整数で答えなさい。

4 図のように亜鉛板，銅板，炭素棒を用いて装置をつくり，実験を行った。これについて，次の(1)～(5)の問いに答えなさい。

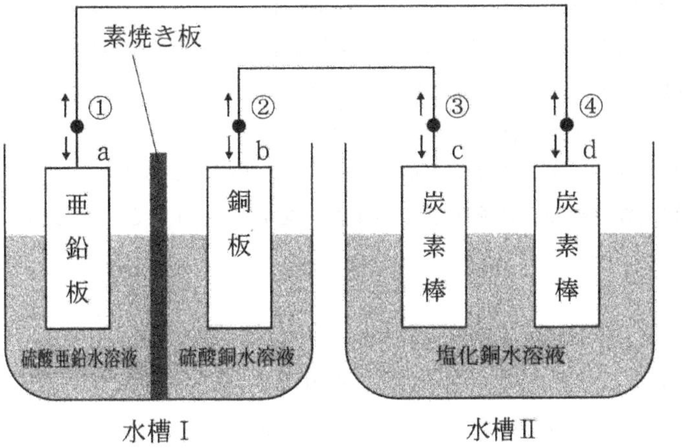

図

(1) 図中で電池を示しているのは水槽Ⅰ，水槽Ⅱのどちらか，記号で答えなさい。

(2) 導線中の①～④の各点における電子の流れの向きとして正しい組み合わせを右のア～カから選び記号で答えなさい。

	①	②	③	④
ア	↑	↑	↑	↑
イ	↓	↓	↓	↓
ウ	↑	↓	↑	↓
エ	↓	↑	↓	↑
オ	↑	↓	↓	↑
カ	↓	↑	↑	↓

(3) 銅が付着した電極をａ～ｄからすべて選び記号で答えなさい。

(4) 電気分解の前後で電極の質量を測定したところ，電極ａと電極ｂの和は0.15ｇ減少し，電極ｃと電極ｄの和は6.35ｇ増加していた。電気分解前の電極ａが15ｇであったとすると，電極ａは電気分解後に何ｇになっているか答えなさい。ただし，それぞれの電極における質量変化は，同じ種類の物質であれば，電極に付着する量および電極が溶解する量は同じとする。

(5) 図中の水槽Ⅰから，素焼き板と導線を取り除いた。このとき，亜鉛板で起こる反応を１つの化学反応式で示しなさい。

5 図のようなジュールの実験装置と呼ばれる装置を用いて実験を行った。この装置はハンドルを回転させると両側のおもりが同時に持ち上がり，手を離すとおもりが羽根車を回転させながら落下する。羽根車が回転すると水がかき混ぜられ水温が上がるしくみになっている。この実験について後の(1)～(4)の問いに答えなさい。

〔実験〕ハンドルを回転させ，質量が等しく3.0kg のおもり2個を30秒かけて，70㎝持ち上げた。続けて，ハンドルを手から離し，おもりを元の高さまで落下させた。この操作を60回繰り返したところ水温は2.5℃上昇し17.5℃になった。ただし，100ｇの物体にはたらく重力の大きさを1Nとし，

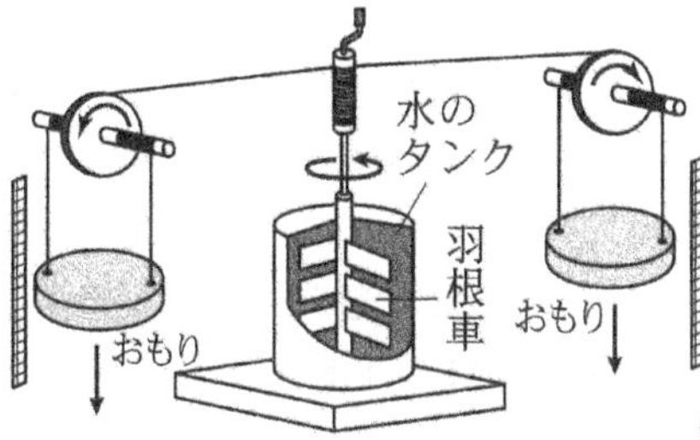

図

おもりが落下するときに発生するエネルギーはすべて水の温度上昇に使われ，水が得た熱は水のタンクや空気中に逃げないものとする。

(1) 2個のおもりを１回70cm持ち上げるのに必要な仕事Ｊを求めなさい。

(2) 2個のおもりを１回70cm持ち上げるのに必要な仕事率Ｗを求めなさい。

(3) この実験ではハンドルを回転させた仕事が最終的に何エネルギーに変化しているか，次のア～エから最も適当なものを選び記号で答えなさい。

ア．位置エネルギー　　イ．運動エネルギー　　ウ．力学的エネルギー　　エ．熱エネルギー

(4) 水１ｇを１℃上昇させるのに必要なエネルギーを4.2Ｊとすると，水は何ｇ入っていたか答えなさい。

6 次の実験について(1)～(4)の問いに答えなさい。

〔実験１〕材質の異なるストローA，B，C，Dを用いて，それぞれのストローが帯びている電気について調べるための実験を行った。図１のように一本のストローを洗濯ばさみではさんで吊るし，もう一本のストローを接触しないように近づけた。

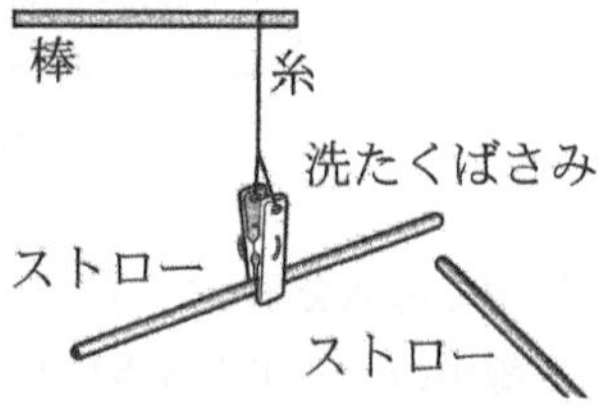

図1

〔結果１〕ストローAとB，BとC，CとDは引かれ合った。

〔実験２〕図２のように十字の形をした金属板を入れたクルックス管で真空放電させた。

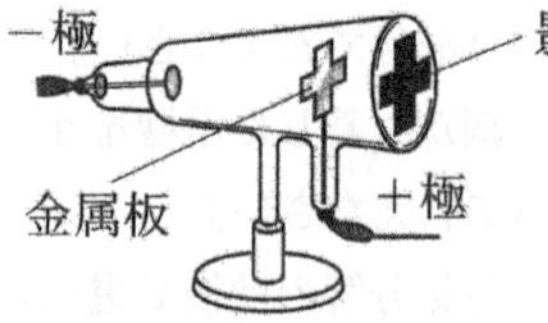

図2

〔結果２〕金属板の影がプラス極側にできた。

(1) ストローCが帯びている電気と同じ種類の電気を帯びているストローはどれか。最も適当なものを次のア～カから１つ選び記号で答えなさい。

ア．Aのみ　　イ．Bのみ　　ウ．Dのみ　　エ．AとB　　オ．BとD　　カ．AとD

(2) 実験２から分かることを記述した次の文中の①～③に適する語句の組み合わせを次のア～エから１つ選び記号で答えなさい。

「クルックス管内に流れているものは［①］極から［②］極に向かって進み［③］性質がある。」

	①	②	③
ア	陽	陰	曲がる
イ	陰	陽	曲がる
ウ	陽	陰	直進する
エ	陰	陽	直進する

(3) 実験２の注意点として最も適当なものを次のア～ウから１つ選び記号で答えなさい。

ア．見えにくいので，部屋を明るくし，なるべく近寄って長時間観測する。

イ．見えにくいので，部屋を暗くし，なるべく近寄って長時間観測する。

ウ．できるだけ装置から離れ，放電時間は短くする。

(4) ドイツのレントゲンは真空放電の実験から放射線の一種を発見した。放射線について述べた文として誤っているものを次のページのア～カから１つ選び記号で答えなさい。

ア．β線は紙などを通り抜けるがアルミニウムなどのうすい金属板を通り抜けることはできない。

イ．放射線を出す物質は自然界には存在しないので人工的につくりだしている。

ウ．放射線は物質を通り抜ける性質があり，物体を壊さずに内部を調べることができる。

エ．がんの検査として，放射性物質をふくむブドウ糖を体内に入れてがん細胞を特定している。

オ．放射線は細胞を損傷させたり死滅させたりするので，注射器などの滅菌に利用されている。

カ．放射線は物質を変質させる性質があるので，工業製品の材料の改良につかわれている。

7 鈴木君は性質が異なる岩石の表面をルーペで観察し，スケッチした。下の①～⑤は，それぞれの岩石のスケッチと特徴をまとめたものである。次のページの(1)～(7)の問いに答えなさい。

①

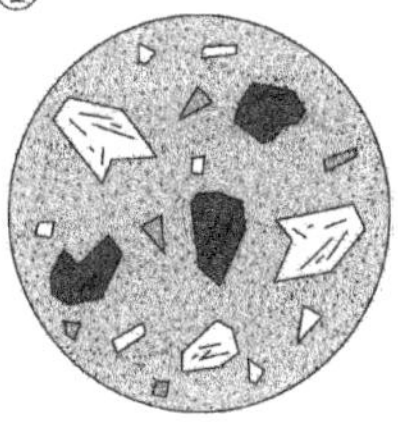

【特徴】

・比較的a大きな黒色と白色の鉱物が散らばって見えた。
・b形が分からないほどの小さな鉱物やガラス質の部分が含まれていた。

②

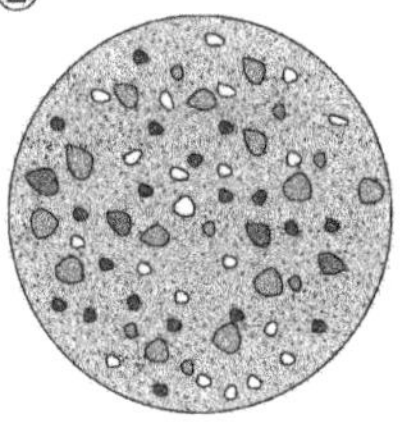

【特徴】

・丸みのある小さな粒がたくさん含まれていた。
・粒の直径の平均は約1mm～1.8mmであった。

③

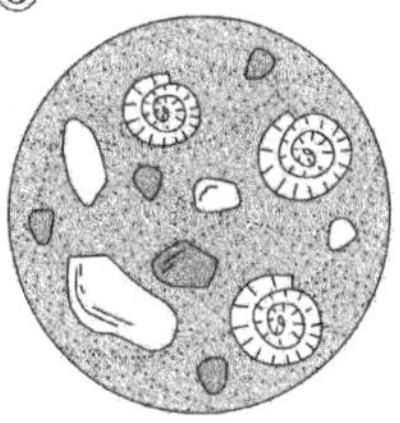

【特徴】

・cうずを巻いたような小さな化石が含まれていた。
・dうすい塩酸をかけると気泡が発生した。

④

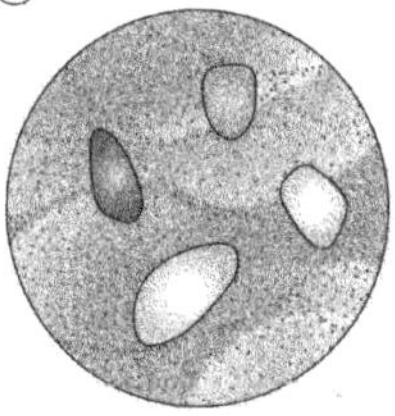

【特徴】

・所々に丸みのある粒が含まれており，手ざわりはごつごつしていた。
・粒の直径は3mmを超えるものもいくつかあった。

⑤

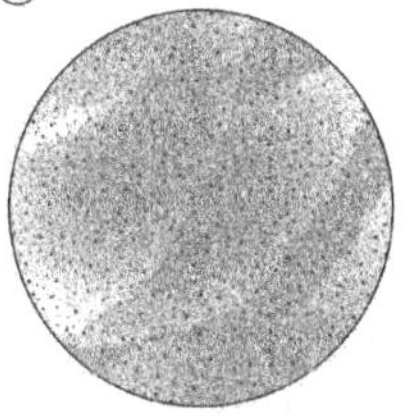

【特徴】

・手ざわりはさらさらしていた。
・スケッチした堆積岩の中では粒の直径は最小だった。

(1)　①の岩石に見られるつくりを何というか答えなさい。

(2)　下線部ａ，ｂの名称をそれぞれ何というか答えなさい。

(3)　①の岩石を調べた結果，火成岩の一種であることが分かった。①の特徴からこの岩石のでき方と岩石の種類の組合せとして最も適当なものを次のア～エから１つ選び記号で答えなさい。

	でき方	岩石の種類
ア	噴火のときに流れ出たマグマが地表や地表付近でゆっくりと冷え固まった。	せん緑岩・花こう岩
イ	マグマが地下深くで急速に冷え固まった。	玄武岩・石灰岩
ウ	噴火のときに流れ出たマグマが地表や地表付近で急速に冷え固まった。	安山岩・流紋岩
エ	マグマが地下深くでゆっくりと冷え固まった。	はんれい岩・堆積岩

(4)　下線部ｃを調べた結果，フズリナの化石であることが分かった。③の岩石を含む地層が堆積した地質年代を答えなさい。また，このように地層が堆積した年代を知る手がかりとなる化石を何というか答えなさい。

(5)　下線部ｄの反応において発生した気体を，試験管に集めた。この気体の性質について正しいものを，次のア～カから２つ選び記号で答えなさい。

ア．火のついた線香を入れると音を立てて爆発し，水滴ができる。

イ．石灰水を入れると白くにごる。

ウ．火のついた線香を入れると激しく燃える。

エ．赤インクをつけたろ紙を入れるとインクが消える。

オ．水でぬらした赤色リトマス紙を入れると青色に変わる。

カ．火のついた線香を入れると火が消える。

(6)　②～⑤の岩石について正しく述べているものを，次のア～カから１つ選び記号で答えなさい。

ア．④と⑤の岩石は噴火によって放出された火山噴出物が固まってできた火山岩である。

イ．③の岩石は水酸化ナトリウム水溶液をかけても気泡が発生する。

ウ．⑤の岩石はキ石やカクセン石などを多く含む玄武岩である。

エ．⑤の岩石に含まれる粒は，④の岩石に含まれる粒よりも，河口から離れたところに運ばれ堆積しやすい。

オ．③の岩石中のフズリナの化石と同じ地質年代に生息していたのはビカリアである。

カ．②の岩石は粒の直径から泥岩である。

(7)　鈴木君がスケッチした岩石以外にも堆積物が押し固められて形成する岩石があることが分かった。次のア・イの特徴を持つ堆積岩の名称をそれぞれ答えなさい。

ア．非常にかたく，うすい塩酸をかけても反応しない。また，砂や泥をほとんど含まず，大陸から遠く離れた海で堆積した。

イ．主に火山灰が堆積した岩石で，角ばった鉱物の結晶からできている。軽石など火山岩のかけらを多く含んでいる。

【社　会】（45分）　＜満点：100点＞

1　次の**Ⅰ図・Ⅱ図・表1**を見て，後の(1)～(7)の問いに答えなさい。

Ⅰ図

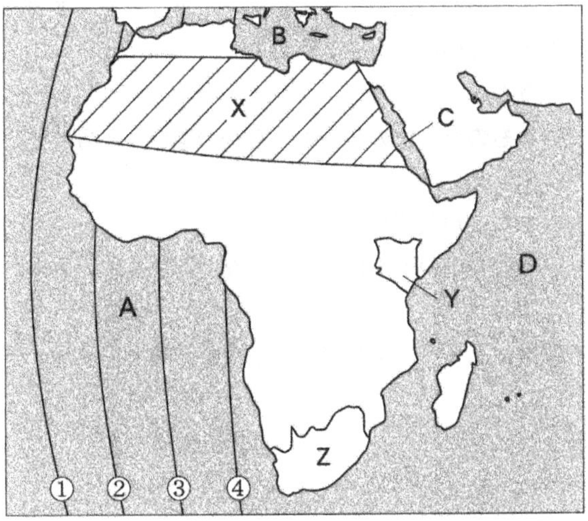

Ⅱ図

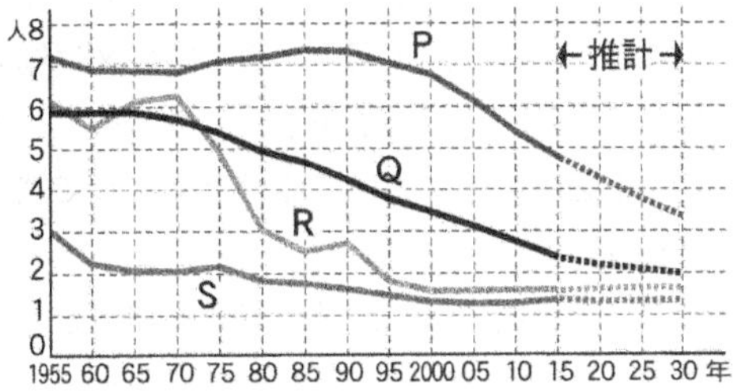

（国連統計局資料）

表1

国名	千トン	%
Y	476	23.7
中国	367	18.2
インド	258	12.8
スリランカ	170	8.4
ベトナム	135	6.7
その他	605	30.2
世界計	2011	100.0

（『データブック オブ・ザ・ワールド2022』より作成）

(1)　**Ⅰ図中A～Dの海（海洋）の組み合わせとして正しいものを，次のア～エから一つ選び，記号で答えなさい。**

記号	A	B	C	D
ア	インド洋	紅海	地中海	大西洋
イ	大西洋	地中海	インド洋	紅海
ウ	インド洋	紅海	大西洋	地中海
エ	大西洋	地中海	紅海	インド洋

(2)　**Ⅰ図中の①～④は，経線を示している。本初子午線を①～④から一つ選び，記号で答えなさい。**

(3)　**Ⅰ図中Xの地域について述べた文として誤っているものを，後のア～エから一つ選び，記号で答えなさい。**

ア　この地域の伝統的な家は，床が地面からはなれた高床になっていて，家の中に熱や湿気がこもらないように工夫されている。

イ　この地域は森林が少なく木材が得にくいため，伝統的な家には土でつくった日干しレンガが利用されている。

ウ　この地域は，日中の強い日差しや砂ぼこりから身を守るため，長そでや丈の長い衣服を着ている人が多い。

エ　この地域では，オアシスの周辺で，水が少なくても育つ小麦やなつめやしのような作物が，かんがいなどにより栽培されている。

(4)　**表1**（前のページ）は，**Ⅰ図**（前のページ）中Y国で栽培が盛んな「ある農作物」の輸出品上位国（2019年）を示したものである。この農作物は何か，次のア～エから一つ選び，記号で答えなさい。なお，**Ⅰ図**中と**表1**中のYは同じ国を示している。

ア　綿花　　イ　落花生　　ウ　茶　　エ　とうもろこし

(5)　**Ⅰ図**中Z国について述べた文として**誤っているもの**を，次のア～エから一つ選び，記号で答えなさい。

ア　この国では，温帯の気候を利用して小麦やぶどうが栽培されている。

イ　この国は，秋にハリケーンがたびたび発生し，風雨や洪水による大きな災害にみまわれることがある。

ウ　この国には，アパルトヘイトとよばれる政策によって，少数の白人が多数の黒人を支配してきた歴史がある。

エ　この国では，金やスマートフォンの液晶などに使われるレアメタルの採掘がすすんでいる。

(6)　**Ⅰ図**中のアフリカ州について，次のⅰ）・ⅱ）の問いに答えなさい。

ⅰ）アフリカ州の様々な地域は，自然環境や歴史，文化などを観光資源としている。観光資源をそこなうことなく，体験したり学んだりする観光のあり方を何というか，**カタカナ**で答えなさい。

ⅱ）アフリカ諸国や国民間の団結，アフリカの政治・経済・社会的な統合，平和や安全保障を目的に2002年に発足した国際機関を何というか，**アルファベット2文字**で答えなさい。

(7)　**Ⅱ図**中のP～Sは，日本・中国・インド・エチオピアのいずれかの合計特殊出生率を示したものである。P～Sの組み合わせとして正しいものを，次のア～エから一つ選び，記号で答えなさい。

記号	P	Q	R	S
ア	エチオピア	インド	中国	日本
イ	インド	エチオピア	日本	中国
ウ	中国	日本	エチオピア	インド
エ	日本	中国	インド	エチオピア

2　次のページの**Ⅰ図・Ⅱ図**を見て，後の(1)～(6)の問いに答えなさい。

(1)　**Ⅰ図**中X・Yの海流の組み合わせとして正しいものを，次のア～エから一つ選び，記号で答えなさい。

ア　X－対馬海流　Y－黒潮　　　イ　X－黒潮　Y－親潮

ウ　X－リマン海流　Y－対馬海流　　エ　X－親潮　Y－リマン海流

(2)　**Ⅰ図**中Aの都道府県について，次のⅰ）・ⅱ）の問いに答えなさい。

ⅰ）Aの都道府県と本州との間にある海峡を何というか，答えなさい。

ⅱ）Aの都道府県では地力の低下を防ぐために，年ごとに栽培する作物を変える方法がとられている。この方法を何というか，答えなさい。

Ⅰ図

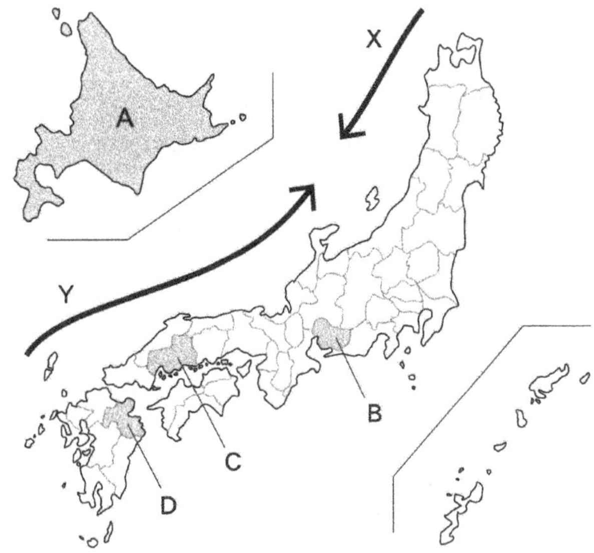

Ⅱ図

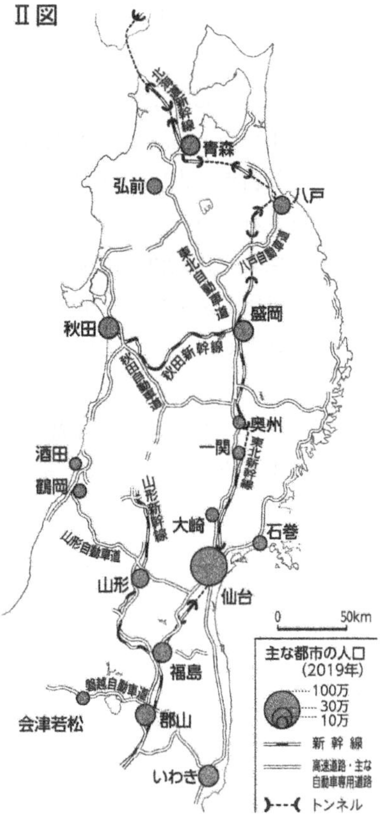

（住民基本台帳人口・世帯数表
平成31年版、ほか）

(3)　Ⅰ図中Bの都道府県は全国有数の菊の生産地である。ここでの菊の栽培に**関係がないもの**を，次のア～エから一つ選び，記号で答えなさい。

ア　施設園芸農業　　イ　電照栽培

ウ　抑制栽培　　　　エ　混合農業

(4)　Ⅰ図中Cとその周辺の都道府県には，瀬戸内工業地域が広がっている。下の表は，瀬戸内工業地域を含む日本の工業地域の製造品出荷額を示したものである。表中のP～Sは，食品工業・繊維工業・機械工業・化学工業のいずれかであるが，この中で化学工業に当てはまるものを，P～Sから一つ選び，記号で答えなさい。

日本の主な工業地域の製造品出荷額（2018年）（百億円）　工業統計表 地域別統計表 2019年

		計	金属工業		P		Q		R		S		その他	
				%		%		%		%		%		%
工業地域	関東内陸	3 249	382	8.5	1 486	9.7	627	9.1	503	12.7	20	5.2	233	10.6
	京葉	1 314	272	6.1	170	1.1	596	8.7	203	5.1	2	0.6	70	3.2
	東海	1 754	143	3.2	915	6.0	372	5.4	230	5.8	12	3.1	82	3.7
	瀬戸内	3 213	604	13.5	1 116	7.3	1 022	14.9	243	6.1	63	16.7	164	7.5
	北九州	1 024	169	3.8	476	3.1	124	1.8	173	4.4	6	1.5	77	3.5
	小計	10 554	1 571	35.1	4 162	27.2	2 741	39.9	1 351	34.2	103	27.1	625	28.6
全国計		33 181	4 470	100.0	15 321	100.0	6 867	100.0	3 956	100.0	378	100.0	2 188	100.0

（『データブック オブ・ザ・ワールド 2022』より作成）

(5)　Ⅰ図中Dの都道府県では火山活動が活発である。火山の恩恵について述べた次の文中の空欄（　）に当てはまる語句を答えなさい。

> 火山は災害をもたらす一方で，温泉や観光資源となる美しい景観をつくり出す。また，電力を生み出すエネルギーとして火山活動による熱を利用した（　　　）発電にも活用されている。

⑹　前のページのⅡ図は東北地方の主な都市の人口と交通網を示したものである。この図から読み取れる内容について述べた次の文ａ～ｄについて，正しいものの組み合わせを，下のア～エから一つ選び，記号で答えなさい。

ａ　東京から福島県の会津若松市には，東北新幹線で直接行くことができる。

ｂ　仙台市は人口100万人を超える東北地方唯一の政令指定都市であり，新幹線や高速道路も整備されている。

ｃ　東北・秋田新幹線で東京から秋田まで移動すると，東北地方の県庁所在地を５か所通過する。

ｄ　青函トンネルは新幹線で通過することができる。

ア　ａとｃ　　イ　ａとｄ　　ウ　ｂとｃ　　エ　ｂとｄ

3　育郎君は「歴史上の指導者・リーダー」に興味をもち，調べた内容について，年代の古い順に次の表にまとめた。表を見て，後の⑴～⑼の問いに答えなさい。

	人物	説明
	ハンムラビ王	メソポタミアを統一し、（　A　）文字で刻まれたハンムラビ法典をのこした。
	始皇帝	中国の①春秋・戦国時代を制した。
	聖徳太子（厩戸王）	（　B　）天皇のもとで政務に参加し、様々な改革を行った。
X		
	桓武天皇	平安京に遷都し、②平安時代が始まった。
Y		
	③藤原道長	摂政となり、天皇の外祖父として権勢をほこった。
Z		
	源頼朝	征夷大将軍に任命され、強大な力をもった。頼朝の死後、④鎌倉幕府の実権は北条氏にうつった。
	足利尊氏	征夷大将軍に任命され、京都に⑤室町幕府を開いた。
	徳川家康	２代将軍徳川秀忠の名で、諸大名の統制のために⑥武家諸法度を出した。
	井伊直弼	朝廷の許可のないまま⑦日米修好通商条約を結んだ。

⑴　表中の空欄（Ａ）・（Ｂ）に当てはまる語句を，それぞれ答えなさい。

⑵　次の人物・説明を表に追加する場合，どこが適当か，表中の X ～ Z から一つ選び，記号で答えなさい。

聖武天皇	東大寺を建てて，金銅の大仏を造らせた。

⑶　①　について，この時代の思想家である孔子による「仁」と「礼」を重んじる教えを何というか，答えなさい。

⑷　②　について，この時代の仏教について述べた文として当てはまるものを，次のア～エから一つ選び，記号で答えなさい。

ア　鑑真が来日し，日本に正式な仏教の教えを伝えた。

イ　真言宗を開いた空海は，高野山に金剛峯寺を建てた。

ウ　浄土宗を開いた法然は，「南無阿弥陀仏」と念仏を唱えれば極楽浄土に生まれ変われると説いた。

エ　浄土真宗（一向宗）の信仰で結びついた人々が，各地で一向一揆を起こした。

⑸　③　について，この人物の時代に栄えた国風文化の時期の作品として**当てはまらないもの**

を，次のア～エから一つ選び，記号で答えなさい。

ア　枕草子　　イ　伊勢物語　　ウ　万葉集　　エ　源氏物語

(6)　④　について，鎌倉幕府の実権を握った北条氏が独占した地位を何というか，**漢字二字**で答えなさい。

(7)　⑤　について，室町幕府が開かれるまでの次のア～エのできごとを，年代の古いものから順に並べかえなさい。

ア　建武の新政とよばれる天皇中心の国づくりが行われた。

イ　モンゴル軍が二度にわたって日本に襲来した。

ウ　御家人の救済のために永仁の徳政令が出された。

エ　新田義貞らにより，鎌倉幕府が滅ぼされた。

(8)　⑥　について述べた文として正しいものを，次のア～エから一つ選び，記号で答えなさい。

ア　武家社会の先例や慣習を法律化し，公平な裁判を重視した。

イ　借金を取り消し，手放した領地を取り戻せるようにした。

ウ　天皇の役割や朝廷の運営方針などを定めた。

エ　許可なく城を修理したり，無断で縁組をしたりすることを禁止した。

(9)　⑦　について，この条約が結ばれた背景にある当時の世界の動きとして当てはまるものを，次のア～エから一つ選び，記号で答えなさい。

ア　スエズ運河が開通し，ヨーロッパからインドへの航海日数の短縮が可能となった。

イ　清がイギリス・フランス連合に大敗した。

ウ　ドイツが植民地拡大をすすめる３Ｂ政策を展開した。

エ　レーニンの指導のもと，ロシア革命が起こった。

4　育男君（大学生の兄）と英子さん（中学３年生の妹）の会話文を読んで，後の(1)～(6)の問いに答えなさい。

育男：英子が受験する前橋育英高校は，今年創立60周年になるんだって。

英子：すごいね。60年といえば，昨年おばあちゃんが還暦をむかえてみんなでお祝いをしたよね。

育男：還暦って，60通りある干支（えと）が一周し，60年過ごせたことをお祝いする行事なんだよ。英子の干支は①「丁亥」（ひのとい）で，今年は「癸卯」（みずのとう）っていうんだ。

英子：私の干支って「亥」（いのしし）じゃないの？

育男：「亥」は十二支なんだよ。この前のテスト対策で教えた②辛亥革命にも「亥」の字が入っていたよね。実は「辛亥」（シンガイ）は，「かのとい」と読む干支の一つなんだ。「十干」と「十二支」の60通りの組み合わせが，「干支」になるんだよ。

英子：もしかして，③戊辰戦争にも干支が入ってるの？

育男：そうだよ。「戊辰」も干支なんだ。朝鮮で起こった④甲午農民戦争の「甲午」もそうだよ。あとは⑤豊臣秀吉の時代の文禄・慶長の役も，朝鮮では干支を使って，壬辰（ジンシン）・丁酉（テイユウ）の倭乱とよばれているらしいよ。

英子：面白いね。他には無いの？

育男：争いの名前に使われることが多いけれど，建造物の名前に使われることもあるんだ。⑥甲子園球場がその代表で，「甲子」は「きのえね」と読む干支の一つで，つくられた年を示しているんだよ。

英子：日本だけでなく中国や朝鮮（韓国）でも，共通して干支を利用している様子が分かってよかった。また，色々教えてね。

※干支の組み合わせ例

	1	2	3	4	5	6	7	8	9	10	11	12	13	
十干	甲	乙	丙	丁	戊	己	庚	辛	壬	癸	甲	乙	丙	…
十二支	子	丑	寅	卯	辰	巳	午	未	申	酉	戌	亥	子	…

(1) ①　　について，英子さんの生まれる60年前の1947年，パキスタンがインドから独立した。今日のパキスタン国民の90％以上が信仰している宗教を，次のア～エから一つ選び，記号で答えなさい。

ア　イスラム教　　イ　キリスト教　　ウ　ヒンドゥー教　　エ　仏教

(2) ②　　について，次のⅰ）・ⅱ）の問いに答えなさい。

ⅰ）三民主義を唱え，中華民国の臨時大総統となった人物は誰か，**漢字**で答えなさい。

ⅱ）辛亥革命よりも後に起こったできごとを，次のア～エから一つ選び，記号で答えなさい。

ア　日露戦争の結果，アメリカの仲介により，ポーツマス条約が結ばれた。

イ　清での利権を確保したいイギリスが，ロシアの南下に対抗し，日英同盟を結んだ。

ウ　日本が中国に対して二十一か条の要求を示し，大部分を認めさせた。

エ　日本が韓国の外交権をうばって保護国とし，伊藤博文を初代統監として韓国統監府を置いた。

(3) ③　　について，次のⅰ）・ⅱ）の問いに答えなさい。

ⅰ）この戦いの60年前の1808年，鎖国体制下の日本の長崎港で，イギリス軍艦侵入事件が起こった。このとき侵入したイギリス軍艦を何というか，答えなさい。

ⅱ）この戦いの60年後の1928年，中国奉天市近郊で満州の直接支配を目指した日本軍が，満州の軍閥の指導者を爆殺した。このとき爆殺された人物は誰か，次のア～エから一人選び，記号で答えなさい。

ア　毛沢東　　イ　袁世凱　　ウ　蔣介石　　エ　張作霖

(4) ④　　について，次のⅰ）・ⅱ）の問いに答えなさい。

ⅰ）この事件をきっかけに日清戦争が起こり，翌年に講和条約が結ばれた。この講和条約を何というか，答えなさい。

ⅱ）上記ⅰ）の講和条約によって日本が遼東半島を獲得すると，列強国はこれを清に返還するよう日本に勧告した。ドイツ・フランスとともに勧告した国はどこか，答えなさい。

(5) ⑤　　について，次のⅰ）・ⅱ）の問いに答えなさい。

ⅰ）豊臣秀吉が，一揆を防ぐために百姓や寺社から弓・やり・鉄砲などを取り上げた政策を何というか，答えなさい。

ⅱ）この時代に栄えた桃山文化を代表する次のページの屏風絵の作者は誰か，後のア～エから一人選び，記号で答えなさい。

ア　歌川広重
イ　狩野永徳
ウ　俵屋宗達
エ　雪舟

(6) ⑥＿＿ について，甲子園球場がつくられた1924年，『春と修羅』という詩集が発表された。その他にも，『銀河鉄道の夜』や『注文の多い料理店』などの作品で知られる詩人・童話作家は誰か，答えなさい。

5 育郎君のクラスで公民分野について調べ学習を行った。次の表は，そのときの分野とテーマをまとめたものである。表を見て，後の(1)～(8)の問いに答えなさい。

分野	テーマ
①日本国憲法	日本国憲法にはどのような基本原理が定められているか。
人権の歴史	②人権という考え方はどのように発展したか。
③新しい人権	新しい人権が主張されるようになった背景とは何か。
④裁判員制度	裁判員制度は何のために導入されたか。
生産と労働	⑤労働者の権利を保障する法律には、どのようなものがあるか。
⑥市場経済のしくみ	市場経済において、価格はどのような働きをしているか。
⑦物価と金融	物価や金融は、私たちの生活にどのような影響を与えるか。
地方自治のしくみ	⑧地方自治はどのようなしくみで行われているか。

(1) ①＿＿ について，日本国憲法で定められている天皇の国事行為として**誤っているもの**を，次のア～エから一つ選び，記号で答えなさい。
ア　国会の召集　　イ　法律の公布　　ウ　衆議院の解散　　エ　最高裁判所長官の指名

(2) ②＿＿ について，次の文ア～エは人権保障のあゆみの中で重要なできごとである。ア～エのできごとを，年代の古いものから順に並べかえなさい。
ア　ワイマール憲法が制定された。　　イ　アメリカ独立宣言が出された。
ウ　世界人権宣言が採択された。　　エ　フランス人権宣言が出された。

(3) ③＿＿ について，次のⅰ）～ⅲ）の問いに答えなさい。

ⅰ）新しい人権の一つに，「国民が政治に参加するために様々な情報を手に入れることが大切だ」という考えから生じた権利がある。この権利を保障するため，1999年には情報公開法が制定された。この権利を何というか，次のア～エから一つ選び，記号で答えなさい。
ア　生存権　　イ　自己決定権　　ウ　労働基本権　　エ　知る権利

ⅱ）医療の分野では，医師が患者に治療方法などを十分に説明し，患者が納得して治療を受けられることが重要であると考えられている。このような考え方を何というか，**カタカナ**で答えなさい。

ⅲ）著作物（文章や写真，映像，音楽など）に関する著作権や，商標，特許，意匠（デザイン）などを保護するための権利を総称して何というか，答えなさい。

(4) ④ について述べた文として**誤っているもの**を，次のア～エから一つ選び，記号で答えなさい。

ア　裁判員に選ばれたとき，家族の介護を理由に辞退することができる。

イ　裁判員は満25歳以上の国民から選ばれる。

ウ　裁判員制度では，原則として裁判官３人と裁判員６人で裁判が行われる。

エ　裁判員制度の対象は，重大な犯罪についての刑事裁判である。

(5) ⑤ について，次のⅰ）～ⅲ）の問いに答えなさい。

ⅰ）労働者と使用者の対立を予防したり，解決したりするための法律を何というか，答えなさい。

ⅱ）労働条件の最低基準を定めた法律の内容について述べた文として**誤っているもの**を，次のア～エから一つ選び，記号で答えなさい。

ア　使用者は労働者に対して，毎週少なくとも２日の休日を与えなければならない。

イ　使用者は労働者の性別を理由として，賃金に差をつけてはならない。

ウ　使用者は労働者に，休憩時間を除いて１週間に40時間を超えて労働させてはならない。

エ　労働条件は，労働者と使用者が対等の立場において決定するべきものである。

ⅲ）仕事に対する充実感をもちつつ，豊かで健康な人生を送るために，仕事と生活との調和をとろうとする考え方を何というか，**カタカナ**で答えなさい。

(6) ⑥ について，次のⅰ）・ⅱ）の問いに答えなさい。

ⅰ）需要量に変化はなく，供給量だけが変化することで価格が変動する例として正しいものを，次のア～エから一つ選び，記号で答えなさい。

ア　ある果樹園のブドウの値段は，産地の天候不順により，１房1,000円が１房2,000円になった。

イ　ある遊園地の入場料は，大人2,000円，子ども1,000円である。

ウ　ある旅館の宿泊料金は，日曜日から木曜日までは8,000円であるが，金曜日・土曜日は16,000円である。

エ　あるレンタルＤＶＤの料金は，１日300円，２日で600円である。

ⅱ）商品を供給する企業が１社だけの状態では価格競争がなくなり，消費者にとって不当に高い価格がつけられることがある。このような価格を何というか，答えの欄に合う形で答えなさい。

(7) ⑦ について，次のⅰ）～ⅲ）の問いに答えなさい。

ⅰ）次の文は，デフレスパイラルを説明したものである。文中の空欄（Ｘ）・（Ｙ）に当てはまる語句の組み合せとして正しいものを，下のア～エから一つ選び，記号で答えなさい。

物価の（　Ｘ　）と，企業利益の（　Ｙ　）が連続して起こる状況のことを，デフレスパイラルという。

ア　Ｘ：上昇　Ｙ：上昇　　イ　Ｘ：上昇　Ｙ：減少

ウ　Ｘ：下落　Ｙ：上昇　　エ　Ｘ：下落　Ｙ：減少

ⅱ）日本の金融の中心である日本銀行について述べた文として**誤っているもの**を，次のページのア～エから一つ選び，記号で答えなさい。

ア　日本銀行は政府の資金を出し入れする。

イ　日本銀行は家計や企業からお金を預かる。

ウ　日本銀行は一般の銀行へお金を貸し出す。

エ　日本銀行は紙幣を発行する。

iii）経済が急激に不景気になることを何というか，**漢字二字**で答えなさい。

(8)　⑧＿＿　について，市町村における地方自治のしくみを表す図として最も適当なものを，次のア～エから一つ選び，記号で答えなさい。

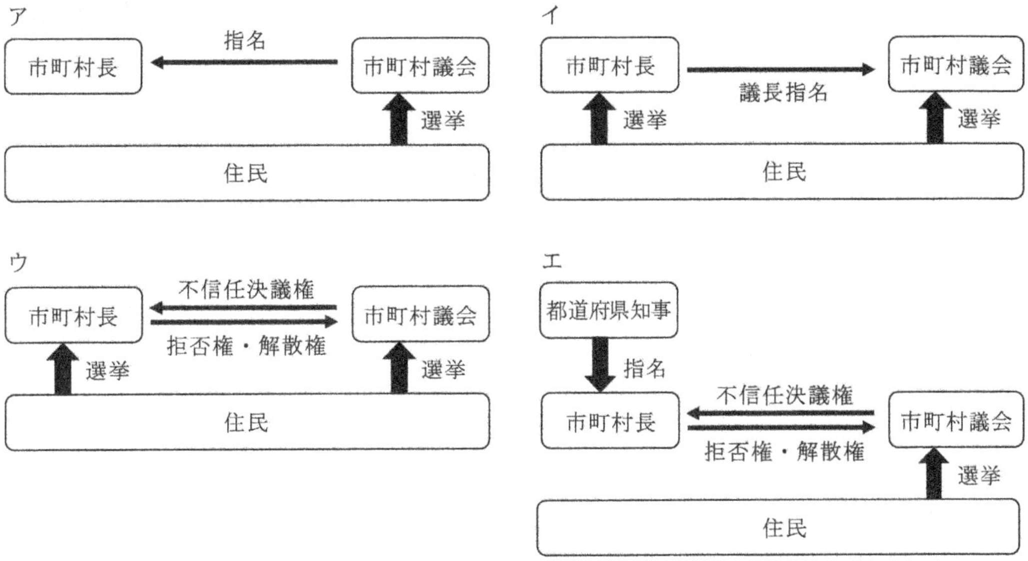

語注　＊慵し…けだるい。　＊小閣…小さな草堂。
　　　＊衾…掛け布団。　＊匡廬…廬山。

Ⅰ　この漢詩の形式を漢字四字で答えなさい。

Ⅱ　A に入る語として適当なものを次から選び、記号で答えなさい。

ア　人　　イ　齢　　ウ　体　　エ　官

意心伝心（いしんでんしん）

問五　次のうち、――線部の表現が正しく用いられているものを選び、記号で答えなさい。

ア　幼いころから付き合いのある彼女とは、気が置けない関係だ。
イ　とても重要な仕事なので、私には役不足で務まりません。
ウ　格下の相手との試合だったので、安心して兜《かぶと》を脱いだ。
エ　一刻も早く出発したくて、二の足を踏んだ。

問六　次の文の――線部A・Bの文節どうしの関係として最も適当なものを後から選び、記号で答えなさい。

雨が　上がり、空が　晴れて（A）　きた（B）。

ア　主・述の関係　　イ　補助の関係
ウ　並立の関係　　エ　修飾・被修飾の関係

問七　次の会話文を読んで、後の問いに答えなさい。

（生徒A）この前、国語の授業で習った a『枕草子』は、とてもおもしろかったね。
（生徒B）そうだね。作者の b 清少納言は千年も前に生きていた人だけど、現代の私たちでも共感できることが書いてあって驚いたな。
（生徒A）清少納言についていろいろと調べてみたんだけど、彼女には漢文の知識もあったみたいだね。c「香炉峰《こうろほう》の雪」の話は『枕草子』を代表する話で有名みたい。
（生徒B）そうなんだ。知らなかったな。

1　――線部a「『枕草子』」の冒頭部として適当なものを次から選び、記号で答えなさい。

ア　祇園精舎の鐘の声、諸行無常の響きあり。
イ　つれづれなるままに、日暮らし、硯《すずり》に向かひて、心にうつりゆくよしなしごとを、そこはかとなく書きつくれば、あやしうこそものぐるほしけれ。
ウ　ゆく川の流れは絶えずして、しかももとの水にあらず。
エ　春はあけぼの。やうやう白くなりゆく山ぎは、すこしあかりて紫だちたる雲の細くたなびきたる。

2　――線部b「清少納言」と同時代に活躍した人物として**適当でないもの**を次から選び、記号で答えなさい。

ア　額田王　　イ　在原業平　　ウ　紫式部　　エ　紀貫之

3　――線部c「「香炉峰の雪」の話」は、唐の詩人白居易による次の漢詩がもとになっている。この詩について、後の問いに答えなさい。

日高睡足猶慵ㇾ起　（日高く　睡《ねむ》り足りて　猶《な》ほ起くるに＊慵《ものう》し）
小閣重衾不ㇾ怕ㇾ寒　（＊小閣　＊衾《きん》を重ねて　寒を怕《おそ》れず）
遺愛寺鐘欹ㇾ枕聴　（遺愛寺の鐘は　枕を欹《そばだ》てて聴き）
香炉峰雪撥ㇾ簾看　（香炉峰の雪は　簾《すだれ》を撥《かか》げて看《み》る）
匡廬便是逃ㇾ名地　（＊匡廬《きやうろ》は便《すなは》ち是《こ》れ　名を逃るる地）
司馬仍為二送ㇾ老Ａ一　（司馬は仍《な》ほ　老を送るのＡたり）
心泰身寧是帰処　（心泰《ゆた》かに　身寧《やす》きは　是れ帰処なり）
故郷何独在二長安一　（故郷　何ぞ独り　長安に在るのみならんや）

問五　――線部３「猫を御懐に入れさせたまひて」について、命婦のおとどに対する上（天皇）の心情として最も適当なものを次から選び、記号で答えなさい。

ア　愛情　　イ　尊敬　　ウ　畏怖　　エ　憤怒

問六　――線部４「乳母かへてむ。いとうしろめたし」の現代語訳として最も適当なものを次から選び、記号で答えなさい。

ア　お世話係が帰ってしまった。やはり腹立たしい。
イ　お世話係が変わってしまった。大変気になるなあ。
ウ　お世話係がいなくなった。つらいことがあったのだろう。
エ　お世話係を代えてしまおう。ひどく気がかりだ。

問七　――線部５「三月」の月の異名を漢字で答えなさい。

問八　――線部６「かかる目」とはどのようなことを指しているか、最も適当なものを次から選び、記号で答えなさい。

ア　命婦のおとどが犬にかみつかれたこと。
イ　翁まろが追放されたこと。
ウ　翁まろが宮中から里へ下がったこと。
エ　命婦のおとどが無理難題を命じられたこと。

問九　本文の内容として最も適当なものを次から選び、記号で答えなさい。

ア　天皇は猫をかわいがり過ぎて政治を疎《おろそ》かにしたため、領民の怒りが増した。
イ　忠隆となりなかが猫をかわいがり過ぎて、天皇はないがしろにされてしまった。
ウ　天皇は飼い猫がおびえて逃げる様を見て、ひどく驚いた。
エ　馬命婦が猫を守るために犬をいじめたので、犬は逃げてしまった。

三　次の問いに答えなさい。

問一　次の漢字の太字の部分は何画目にあたるか、漢数字で答えなさい。

延

問二　次の――線部と同じ熟語が用いられているものを後から選び、記号で答えなさい。また、その熟語を漢字二字で答えなさい。

原文と訳文をタイショウする。

ア　左右タイショウの図形を描く。
イ　高校生タイショウのイベントに参加する。
ウ　兄と私はタイショウ的な性格だ。
エ　コンクールでタイショウを目指す。

問三　次の――線部と敬語の種類が同じものを後から選び、記号で答えなさい。

明日、ご自宅に参ります。

ア　授業のプリントをいただきたいです。
イ　校長先生がお見えになりました。
ウ　お探しの資料はこちらにございます。
エ　たくさん召し上がってください。

問四　次の四字熟語には誤った漢字が含まれている。正しい四字熟語を答えなさい。

二 次の文章を読んで、後の問いに答えなさい。

上《（天皇）》に候《（お仕えする）》ふ御猫は、＊かうぶりにて、命婦のおとどとて《（「命婦のおとど」と名付けられて）》、いみじうをかしければ、Ⅰかしづかせたまふが、1端に出でて臥したるに、＊乳母の馬命婦《むまのみやうぶ》、「あな正無や《（まあお行儀が悪いこと）》。入りたまへ」と呼ぶに、日のさし入りたるに、ねぶりてゐたるを、おどすとて、「＊翁まろ、いづら。命婦のおとど食へ」と言ふに、まことかとて、2痴《し》れ者は走りかかりたれば、おびえまどひて、御簾《みす》の内に入りぬ。朝餉《（天皇が食事をとる部屋）》の御前に、上おはしますに、御覧じて、いみじうおどろかせたまふ。3猫を御懐に入れさせたまひて、をのこども召せば、＊蔵人忠隆、なりなかまゐりたれば、「この翁まろ打ちてうじて、＊犬島へつかはせ、ただいま」と仰せらるれば、あつまり狩りさわぐ。馬命婦をもさいなみて、「4乳母かへてむ。いとうしろめたし」と仰せらるれば、御前にも出でず。犬は狩り出でて、滝口などして《（武士たちに命じて）》、追ひつかはしつ。

「あはれ、いみじうゆるぎありきつるものを。」《（ああ、今まで翁まろはたいそう得意げに歩き回っていたのに）》5三月三日、＊頭弁《とうのべん》の、柳かづらせさせ、桃の花を挿頭《かざし》にささせ、桜腰にさしなどして、ありかせたまひしをり、6かかる目見むとは、思はざりけむ」など、Ⅱあはれがる。

（「枕草子」による）

語注
＊かうぶり…高い位を与えられ、宮中で暮らすことを許された。
＊乳母の馬命婦…お世話係の女官。
＊翁まろ…后の飼い犬。
＊蔵人忠隆、なりなか…いずれも天皇の家来。
＊犬島…野犬などを収容する所。
＊頭弁…役職名。ここでは藤原行成のこと。

問一 ＝＝線部「ねぶりてゐたる」を現代仮名遣いに改めなさい。

問二 〰〰線部Ⅰ「かしづかせたまふ」・Ⅱ「あはれがる」の本文中での意味として最も適当なものを次からそれぞれ選び、記号で答えなさい。

Ⅰ かしづかせたまふ
ア （天皇が）頭を下げてお辞儀をしていらっしゃる
イ （天皇が）大切に世話をしていらっしゃる
ウ （天皇が）放任していらっしゃる
エ （天皇が）人目を避けて隠れていらっしゃる

Ⅱ あはれがる
ア 面白がる　　イ 不思議がる
ウ 気の毒がる　　エ 懐かしがる

問三 ――線部1「端に出でて臥したるに」の動作の主体は誰か、次から選び、記号で答えなさい。
ア 上　　イ 命婦のおとど　　ウ 乳母　　エ 翁まろ

問四 ――線部2「痴れ者」が指すものを次から選び、記号で答えなさい。
ア 上　　イ 命婦のおとど　　ウ 乳母　　エ 翁まろ

ア　手や指の動きを担当する脳の部分は極端に大きいということである。

イ　左右の手の間には明確な分業体制があるということである。

ウ　昔から多くのヒトが右利きであったということである。

エ　ヒトは「手の動物」であるということである。

問八　X・Y・Z に入る語の組み合わせとして最も適当なものを次から選び、記号で答えなさい。

ア　X　すなわち　Y　たとえば　Z　しかし

イ　X　いわゆる　Y　しかし　Z　つまり

ウ　X　つまり　Y　そして　Z　だから

エ　X　たとえば　Y　だから　Z　むしろ

問九　次に挙げるのは、――線部3「視覚運動協応」についての身近な例を発表している生徒たちの発言である。本文の内容に当てはまるものをア～エの中から選び、記号で答えなさい。

ア（生徒A）私は、車の運転が「視覚運動協応」にあてはまると思います。ドライバーは障害物を避けながら、事故を起こさないように運転しているからです。人々は目に映るその場の状況に対応して、うまくハンドルやブレーキを操作しています。

イ（生徒B）私たちは、相手の表情に無意識に反応してしまうことがあります。友だちの笑顔につられて私もニコニコしていることがあったり、目の前で怪我をして顔をゆがめている人を見て、ついついこちらもつらくなってしまったりします。私はこれが、「視覚運動協応」だと思います。

ウ（生徒C）将棋やオセロでは、対戦相手の次の一手や試合の展開を読むことが勝敗の鍵になることがあります。僕はこれが、「視覚運動協応」だと思います。知らず知らずの間に、僕たちは相手の性格や癖から読み取れる情報を駆使して勝負をしています。

エ（生徒D）僕は、旅行に出かける際には、見に行きたい観光地や名所を調べて計画を練るようにしています。事前に調査をしてルートを予測しておくことで、見知らぬ土地でも迷子になることがありません。このように、調べておいたことを実際に生かせるのは、「視覚運動協応」の働きだと言えます。

問十　――線部4「これ」が指す最も適当な内容を本文中から十五字程度で抜き出し、はじめの五字を答えなさい。

問十一　本文に関する内容として適当なものを次から**二つ選**び、記号で答えなさい。

ア　「ネガティヴ・ハンド」は、先史時代の人々が、手の機能性を崇敬してきた証である。

イ　野球の球種の例示は、ヒトの脳がいかに速く目の前の映像を処理できるかを表すものである。

ウ　ヒトが自然に行う繊細な動作は、現時点ではロボットや機械では再現ができない。

エ　かぎかっこ（「　」）を用いた語句や数値を入れることで、利き手の後天性についての自説を強調している。

オ　具体例やヒトと他の動物との比較を提示することで、専門用語も読者が理解しやすいように工夫している。

（鈴木光太郎「ヒトの心はどう進化したのか――狩猟採集生活が生んだもの――」による）

問一　═線部a～dの漢字の読みをひらがなで答えなさい。

問二　═線部①～④のカタカナを漢字で答えなさい。

問三　〰〰線部Ⅰ「稀」・Ⅱ「モニタリング」の本文中での意味として最も適当なものを次からそれぞれ選び、記号で答えなさい。

Ⅰ　稀

〔ア　実例が無い　　イ　日常的
　ウ　非常に珍しい　　エ　立て続けに見られる

Ⅱ　モニタリング

〔ア　測定　　イ　見学　　ウ　傍受　　エ　視聴

問四　――線部1「ヒトの手の特徴」として最も適当なものを次から選び、記号で答えなさい。

ア　「プレシジョングリップ」が得意なヒトの手は、霊長類の中でも握力が強い。

イ　ヒトにおいての「利き手」は、ものを押さえるなどの単純な動作をするという役割を持つ。

ウ　ヒトの手が細かく複雑な動作ができる理由は、ヒト特有の指のつき方にある。

エ　ヒトの手は、他の霊長類が持たない長い親指を持ち、「パワーグリップ」が得意である。

問五　次の文章は本文中の〈1〉～〈4〉のどこに続くか。最も適当なものを選び、番号で答えなさい。

> これはおそらく偶然ではない。手で細かな操作を行なう、すなわち順序立った手や指の動きを制御することと、音声や単語を並べ、その順序を規則に従って入れ替えることには多くの共通点があるからだ。左脳は、利き手の右手を操るだけでなく、ことばも「操る」のだ。

問六　――線部2「それを図示してみると」とあるが、図に関する説明として**適当でないもの**を次から**二つ**選び、記号で答えなさい。

ア　現代人が手先を器用に使えるようになったのは、人類の記憶が脳に蓄積されてきた結果であり、たくさん使う部位が進化を遂げたおかげで、図のように感覚が敏感に発達した。

イ　左手より右手が大きく図示されているのは、多くの場合、左脳で細かい操作を指令しており、右手が利き手になることが多いからである。

ウ　身体の部位面積と機能性が比例するわけではないため、大脳皮質における比重をヒトの体に再構成してみると図のように不均衡な姿になる。

エ　図の中で手が非常に大きく描かれているのは、脳の中で手を司る部分の割合が非常に大きいということを示している。

オ　樹上生活をする霊長類と異なり、ヒトは足の指に比べて手の指がとても長く、人類は足より手や指の進化を優先させてきたことがわかる。

問七　[A]に入るものとして最も適当なものを次のページから選び、記号で答えなさい。

ド」と呼ばれる手形を好んで残している。それらの大半（9割以上）は左手だ。これは、壁の上に左手をおいて、その形を右手にもった苔《こけ》でかたどったり、顔料を詰めた筒を右手にもって吹いたりしたのだと考えられる。［X］、その当時の人々も、右利きが圧倒的に多かったことを示している。

右手の動きの制御を行なっているのは左脳だ（私たちの運動神経は左右で交差しているので、身体の右側は左の脳が担当している）。実は、後述するように、ほとんどの人では、言語も左脳が担当している。

＜　3　＞

手がするさまざまな動作のなかで、とりわけヒトに特徴的なのは「投げる」という動作だ。動物の世界では、ものを投げるという行動はⅠ稀《まれ》である。この行動、そしてその能力は、私たちの祖先にとって、狩猟――石をぶつける、槍《やり》を投げる、矢を射る、投げ縄をする――において決定的な役割を演じたはずだし、いまもスポーツ場面では中心的な要素になっている。

私たちは、たとえば小石やボールを、速さやc軌道を調節して標的めがけて投げることができる。しかも微妙なコントロールができる。［Y］、どう握り、それぞれの指に力をどうかけるかで、投げるものの速さ、回転、軌道を自在に変化させることができる。野球を例にとってみよう。同じ位置にボールを投げ入れるのに、ストレート、カーブ、スライダー、フォーク、ナックル、パーム、シュート、シンカー、ドロップ……といったように、d変幻自在の投球が可能である。＜　4　＞

器用さは、投げるという動作だけではない。日常的にも、私たちは、なんの苦もなく、針の穴に糸を通し、片手で携帯電話のボタンを操作し、箸やペンやマウスを使い、10本の指を使ってコンピュータのキーボードを叩《たた》いている。これらは、実は手の動きの精密さだけでできるわけではない。目から入ってくる情報に応じて、手や指の動きを順序立ててタイミングよく動かす必要がある。たとえば、泡立ったビールをこぼさずにグラスにうまく注ぐ、豆腐などの柔らかいものを形を③クズさずに箸でつまむ、といったように。これを専門的には、目で見ながら正確に動きを調節するという意味で、3「視覚運動協応」と呼ぶ。

たかがビールを注ぐぐらいのこと、と思う人もいるかもしれない。［Z］、こうした精妙な動作をするロボットはいまだ作られていない。機械風に説明するなら、自分の注いでいる泡がいまどこまであがってきているかという視覚的なフィードバック情報を即時にⅡモニタリングしながら、表面張力を計算に入れて、あふれないように、絶妙なタイミングでビール④ビンの傾きを正すということをしなければならない。ここで重要なのは、正確なモニタリング、そして予測と即応だ。

ほかの人間と一緒に行なう動作――たとえば共同作業、フォークダンス、バレエ、シンクロナイズドスイミング、マスゲームなど――の場合にも、視覚運動協応が鍵になる。ヒトは、4これが驚くほどよくできる。私たちの目に、複数の人間のシンクロした動きが美しく映る（そして時には感動を呼ぶことすらある）のは、それが私たちの能力を最大限に引き出しているものだからである。私たちヒトの特徴として第一に強調されるのは「賢《サピエンス》さ」の部分だが、ここで強調したように、「動き」もそれに負けず劣らない。私たちが自然に行なっている細かで、繊細な動きは、ほかの動物のできない、そしていまのところロボットや機械にもまねのできないものなのだ。

【国　語】（四五分）〈満点：一〇〇点〉

一　次の文章を読んで、後の問いに答えなさい。（設問の都合上、文章を一部改めた箇所がある。）

1ヒトの手の特徴は、なんと言っても、親指が長く、ほかの指と向かい合わせにできることだ。ほかのほとんどの霊長類では、手の指はこのような向き合う形をとることができなかったり、できる場合でも、親指が短かったりする。ヒトでは、このような指のつき方が、ものをはさむ・つまむといった、微細で微妙な力のかけ方を必要とする動作を可能にした。このようなつかみ方を専門的には「プレシジョングリップ（精密把握）」と呼ぶ。〈　1　〉

これに対して、樹上生活をする霊長類では、手や指は、枝をつかんで握るのに適した形をしており、「パワーグリップ（力任せの把握）」が得意だ。たとえば、チンパンジーの場合、パワーグリップの握力は200から250キログラムにもなる。これに対して、私たちは、30から50キログラムがせいぜいで、チンパンジーの5分の1にも足りない（チンパンジーとの握手を夢見ている人がいたら、考え直すことをお勧めする）。私たちの手は、パワーグリップが不得意になった代わりに、プレシジョングリップがよくできるようになっている。〈　2　〉

手や指で精密な動きをするというのが、私たちヒトの特徴だが、その特徴は脳のなかにも見ることができる。大脳皮質（前頭葉の一次運動野）のどこが身体のどの部分の動きの指令を担当しているかは詳しくわかっており、2それを図示してみると、手や指の動きを担当する部分が極端に大きいことがわかる（図を参照）。ヒトは「手の動物」なのである。

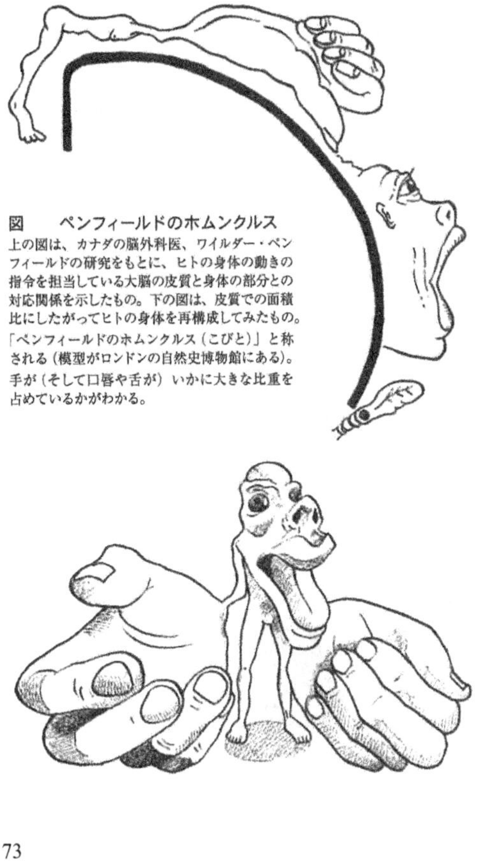

図　ペンフィールドのホムンクルス

上の図は、カナダの脳外科医、ワイルダー・ペンフィールドの研究をもとに、ヒトの身体の動きの指令を担当している大脳の皮質と身体の部分との対応関係を示したもの。下の図は、皮質での面積比にしたがってヒトの身体を再構成してみたもの。「ペンフィールドのホムンクルス（こびと）」と称される（模型がロンドンの自然史博物館にある）。手が（そして口唇や舌が）いかに大きな比重を占めているかがわかる。

こうして手を多用すること、手の指をa頻繁に使うことは、左右の手の分業を生じさせた。いわゆる「利き手」である。どの社会や文化でも、90%から95%の人が右利きだ。右利きの人ではもっぱら、左手がものを押さえて、右手はものをb操ったり細工したりするよう専門化している。左利きの人では、これが逆の関係になる。（誤解のないように言い添えると、ここで問題にしているのは、右利きと左利きの違いではなく、［　A　］）

こうした利き手は、ヒト特有のものである。これまでに霊長類で観察されているところでは、ヒトに近い大型類人猿（ゴリラやチンパンジー）でもこうした傾向が多少見られるものの、ヒトではこの役割分担が①ケンチョに現われる。

先史時代の人々は、②ドウクツの壁や岩壁などに、「ネガティヴ・ハン

MEMO

大切なことはメモしておこうネ！

学特Ⅰ期

2023年度

解　答　と　解　説

《2023年度の配点は解答欄に掲載してあります。》

＜数学解答＞

1　(1)　-7　(2)　$4a^5b^6$　(3)　$\dfrac{-x-12y}{6}$　(4)　$\dfrac{7\sqrt{3}}{3}$

2　(1)　$(x-7y)(x+5y)$　(2)　$x=3$，$y=-1$　(3)　イ，オ　(4)　P＝83

(5)　$\angle x=65°$　(6)　270枚　(7)　42π　(8)　97個

3　(1)　24通り　(2)　$\dfrac{3}{8}$　(3)　$\dfrac{1}{4}$

4　(1)　D(2，-6)　(2)　$y=2x-2$　(3)　4≦S≦52

5　(1)　4：9　(2)　2：3　(3)　8：27

○配点○

1，2(1)　各4点×5　他　各5点×16　計100点

＜数学解説＞

基本　1　(数・式の計算，平方根の計算)

(1)　$3-10=-(10-3)=-7$

(2)　$(-2a)^2\times(ab^2)^3=4a^2\times a^3b^6=4a^5b^6$

(3)　$\dfrac{x}{2}-\dfrac{2x+6y}{3}=\dfrac{3x-2(2x+6y)}{6}=\dfrac{3x-4x-12y}{6}=\dfrac{-x-12y}{6}$

(4)　$\dfrac{1}{\sqrt{3}}+\sqrt{12}=\dfrac{\sqrt{3}}{3}+2\sqrt{3}=\dfrac{\sqrt{3}+6\sqrt{3}}{3}=\dfrac{7\sqrt{3}}{3}$

2　(因数分解，連立方程式，展開図，平方数，角度，方程式の応用問題，回転体の体積，規則性)

基本　(1)　$x^2-2xy-35y^2=x^2+(-7y+5y)x+(-7y)\times 5y=(x-7y)(x+5y)$

基本　(2)　$2x+5y=1$…①　$5x+2y=13$…②　②×5－①×2から，$21x=63$　$x=3$　②に$x=3$を代入して，$5\times3+2y=13$　$2y=13-15=-2$　$y=-1$

基本　(3)　アとエの面は辺ABを含み，ウとカは辺ABと垂直になり，イとオは辺ABと平行になる。

重要　(4)　Pの十の位の数をa，一の位の数を$b(b\neq0)$とすると，$\mathrm{P}=10a+b$，$\mathrm{Q}=10b+a$　$\mathrm{P}-\mathrm{Q}=(10a+b)-(10b+a)=9a-9b=9(a-b)$　$9(a-b)=45$から，$a-b=5$　$a=b+5$　$\mathrm{P}+\mathrm{Q}=(10a+b)+(10b+a)=11a+11b=11(a+b)=11(b+5+b)=11(2b+5)$　$\sqrt{\mathrm{P}+\mathrm{Q}}$が自然数から，$2b+5=11k^2$($k$は自然数)　$k=1$のとき，$2b+5=11$　$2b=6$　$b=3$　$a=3+5=8$　P＝83　$k=2$のとき，$2b+5=11\times2^2=44$　$2b=39$　$b=\dfrac{39}{2}$　bは1以上9以下の整数から，成り立たない。よって，求めるPの値は，P＝83

基本　(5)　対頂角から，$\angle\mathrm{ACB}=50°$　△CABは二等辺三角形だから，$\angle\mathrm{ABC}=\dfrac{180°-50°}{2}=65°$　平行線の錯角から，$\angle x=\angle\mathrm{ABC}=65°$

(6)　中学生以下のチケット代は，$500\times0.6=300$　中学生以下のチケットの販売枚数をx枚とすると，チケットの売り上げ合計金額から，$196000=300x+500(500-x)$　$196000=300x+250000-500x$　$200x=54000$　$x=270$　よって，270枚

(7)　点Bから直線ℓへ垂線BHをひくと，BH＝3，AH＝6－4＝2　求める立体の体積は，底面が

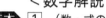

半径3の円で高さが2の円錐の体積と，底面が半径3の円で高さが4の円柱の体積の和になるから，$\frac{1}{3}\times\pi\times3^2\times2+\pi\times3^2\times4=6\pi+36\pi=42\pi$

重要 (8) n回目の正方形の一辺にある石の数は，$2n-1$　n回目に並べる石の数は，$4(2n-1-1)=8n-8$　1回目と3回目と5回目と7回目に黒石が並べられるので，求める黒石の総数は，$1+(8\times3-8)+(8\times5-8)+(8\times7-8)=1+16+32+48=97$(個)

3 (場合の数，確率)

基本 (1) $4\times3\times2\times1=24$(通り)

(2) 箱の色と玉の色がすべて異なる場合は，(赤箱，白箱，緑箱，黄箱)=(白，赤，黄，緑)，(白，緑，黄，赤)，(白，黄，赤，緑)，(緑，赤，黄，白)，(緑，黄，赤，白)，(緑，黄，白，赤)，(黄，赤，白，緑)，(黄，緑，赤，白)，(黄，緑，白，赤)の9通り　よって，求める確率は，$\frac{9}{24}=\frac{3}{8}$

(3) 箱の色と玉の色が2個だけ同じになる場合は，(赤箱，白箱，緑箱，黄箱)=(赤，白，黄，緑)，(赤，緑，白，黄)，(赤，黄，緑，白)，(白，赤，緑，黄)，(緑，白，赤，黄)，(黄，白，緑，赤)の6通り　よって，求める確率は，$\frac{6}{24}=\frac{1}{4}$

4 (図形と関数・グラフの融合問題)

(1) $y=\frac{1}{2}x^2$…①　①に$x=2$を代入して，$y=\frac{1}{2}\times2^2=2$　よって，A(2，2)　点Bはy軸に関して点Aと対称な点だから，B(−2，2)　AB=2−(−2)=4　AB：BC=1：2から，4：BC=1：2　BC=8　点Cのy座標をcとすると，$2-c=8$　$c=-6$　よって，C(−2，−6)　点Dはy軸に関して点Cと対称な点だから，D(2，−6)

(2) 直線ACの傾きは，$\frac{2-(-6)}{2-(-2)}=\frac{8}{4}=2$　直線ACの式を$y=2x+b$として点Aの座標を代入すると，$2=2\times2+b$　$b=-2$　よって，直線ACの式は，$y=2x-2$

重要 (3) $y=ax^2$に点Dの座標を代入して，$-6=a\times2^2$　$4a=-6$　$a=-\frac{3}{2}$　$y=-\frac{3}{2}x^2$…②　xの変域が0を含んでいるので，$x=0$のときyは最大値0をとる。−4と2で絶対値が−4の方が大きいので，$x=-4$を②に代入して，$y=-\frac{3}{2}\times(-4)^2=-24$　よって，②のyの変域は，$-24\leqq y\leqq0$　点Pのy座標が0のとき，$\triangle ABP=\frac{1}{2}\times4\times2=4$　点Pのy座標が−24のとき，$\triangle ABP=\frac{1}{2}\times4\times\{2-(-24)\}=52$　よって，$4\leqq S\leqq52$

5 (平面図形の計量問題－三角形の相似，面積比，平行線と線分の比の定理)

基本 (1) △AEF∽△CBFで，相似比は，AE：CB=AE：DA=2：3　よって，面積比は，△AEF：△CBF=2^2：3^2=4：9

(2) 平行線と線分の比の定理から，AB：GD=AE：ED=2：1　BF：FG=AB：GC=2：(1+2)=2：3

重要 (3) △ABF∽△CGFで，相似比は，BF：GF=2：3　よって，面積比は，△ABF：△CGF=2^2：3^2=4：9…①　△ABF：△AEF=BF：FE=BC：AE=3：2…②　①と②から，△AEF：△CFG=$\frac{2}{3}$△ABF：$\frac{9}{4}$△ABF=$\frac{2}{3}$：$\frac{9}{4}$=8：27

★ワンポイントアドバイス★

3(3)は，箱の色と玉の色が4色のうち2色が同じになる組み合わせを考えると(赤，白)，(赤，緑)，(赤，黄)，(白，緑)，(白，黄)，(緑，黄)の6通りから，求める確率は$\frac{6}{24}=\frac{1}{4}$

<英語解答>

1 A 1 stood on [stands on] 2 built by [which was built by]
3 have known [had known] 4 hotter 5 rains [is rainy / is raining]
B (1) moment (2) forget (3) right (4) both (5) environment

2 問1 ウ 問2 ア 問3 エ 問4 sending 問5 ウ

3 A 問1 (1) 12 (2) 4 (3) 3 問2 イ 問3 イ
B 問1 エ 問2 ウ 問3 A × B ○ C ×

4 問1 ウ 問2 ア 問3 better 問4 (2) エ (3) イ 問5 ア 問6 イ
問7 イ，ウ，カ

○配点○

1 A 各2点×5 B 各3点×5 2 各3点×5 3 各3点×10 4 各3点×10
計100点

<英語解説>

1 (文法問題・会話文：正誤問題，語彙・単語・熟語・慣用句，語句補充・記述，関係代名詞，分詞，受動態，前置詞，比較)

重要 A 1「向こうの丘に建っている博物館[美術館]を私は訪れたかった」the museum which stood [stands]on the hill ～ wanted に時制を一致させて stand を過去形にするか，あるいは，建物の位置は過去から変化していないので，現在形にする。ただし，その際，3人称単数のsをつけるのを忘れないこと。the museum which stood[stands]← <先行詞＋主格の関係代名詞 which＋動詞>「動詞する先行詞」 2「ABC野球場は，ジョー・マクドナルドによって建てられた最も古い競技場のうちの1つである」the oldest stadiums built[which was built]by Joe MacDonald 過去分詞の形容詞的用法(<名詞＋過去分詞＋他の語句>「～された名詞」)にするか，あるいは，関係代名詞<先行詞(もの)＋主格の関係代名詞 which＋動詞>と受動態(<be 動詞＋過去分詞 >「～される」)の組み合わせにする。なお，「ジョー・マクドナルドによって」なので，with は by に変える。 3「マナカとショウタは互いを10年間知っている」know → had[has]known 時間の幅[継続]を表しているので，完了形にする。過去完了ならば，過去から過去への継続で，現在完了ならば，過去から現在への継続になる。each other「お互い」 4「その食べ物は昨日私が食べたものよりからい」hot「暑い，からい」の比較級は hotter。the food▼I ate ← <先行詞(＋目的格の関係代名詞)＋主語＋動詞>「主語が動詞する先行詞」目的格の関係代名詞の省略 5「もし雨が降ったら，明日の午後は家に留まろう」時や条件を表す副詞節(if ～「もし～ならば」)の中では，たとえ意味上，時制が未来でも，現在時制で代用する。will rain → rains[is rainy／is raining]

やや難 B (大意) 息子(以下S)：お母さん，これらの食料品のパッケージをリサイクルするつもり？／母(以下M)：ええ，デヴィッド。これはリサイクルできるかわかる？／S：(1)ちょっと待って。どのような種類の物質からできているの？／M：プラスティックだと思うわ。／S：この種類のプラスティックはリサイクルできないと思うよ。／M：待って。この包みの裏を見て。この裏側のラベルを確認することを(2)忘れないで。リサイクルできるかどうかがわかるので。／S：これにもラベルがあることを知らなかったよ。リサイクルの表示がない包みもあるよね。どのような包みがリサイクルできるかを判断するのは難しいね。／M：(3)その通り。リサイクルに関してはオンラインでも情報を見つけることができるわ。／S：なるほど。裏側のラベルとオンラインの情報(4)の両方を確認することにするよ。お母さんはリサイクルについて詳しいね。／M：友人と(5)環境に関してもっと気にかけることを話したの。プラスティックの中には温室効果ガスに直結するものもあるわ。でも，実際には，リサイクルできるものとできないものの区別が難しいと感じる時があるの。／S：僕もそう思うよ。／M：でも，貴重な地球を守るために，私達は多くのものをリサイクルするべきだわ。

(1) 「ちょっと待って」Just a moment. (2) 「～することを忘れるな」Don't forget to do.
(3) 「あなたの言うことは正しい」You're right. (4) 「AとBの両方」both A and B
(5) 「環境」environment

2 **(長文読解問題・手紙文：内容吟味，要旨把握，不定詞，現在完了，動名詞，関係代名詞，受動態，前置詞，比較，接続詞)**

(大意) 差出人：ユメ／宛先：ローラ／日時：2021年2月25日／題目：お誕生日おめでとう！

お元気ですか。去年，外国人留学生としてアメリカへ行って以来，お久しぶりです。あなたのお陰で，私はアメリカでの英語の学習を楽しむことができました。／今日はあなたにとって特別な日です。20歳の誕生日，おめでとう。／ちょうど半年前，私の20歳の誕生日に，私はあなたの家族と過ごし，あなたは私に誕生日ケーキを作ってくれました。お菓子を作るのが好きで，将来ペーストリー菓子のシェフになりたいとあなたは言っていました。／私はあなたの夢を応援したいので，あなたへの誕生日プレゼントとして，日本で有名でぜいたく品のバターを送りました。／一緒に今日を祝うことができないので，日本から私の全ての愛をあなたへ送ります。／良い日を！／ユメ

差出人：ローラ／宛先：ユメ／日時：2021年2月25日／題目：返信：お誕生日おめでとう！

連絡してくれてとてもうれしいです。／素晴らしいプレゼントを送ってくれてありがとう。最近，バターに興味があったので，驚いています。それでたくさんお菓子を作ろうと思います。あなたが言ったように，ペーストリーのシェフになるために懸命に学んでいます。あなたはどうですか？ 毎日英語を勉強していますか。／重ねてありがとう。とてもうれしいです。／ローラ

基本 問1 設問：「ユメの誕生日はいつか」Just half a year ago, ～ , you made a birthday cake for me on my 20th birthday. から考えること。このメールを出した2月25日から，ちょうど半年前が誕生日だったので，正解は，8月25日。

基本 問2 設問：「なぜユメは昨年アメリカへ行ったのか」ユメのメールの第1段落第4・5文に It's been a long time since I went to America as a foreign student last year. Thanks to you, I enjoyed studying English in America. とあることから判断すること。正解は，ア「海外で勉強するため」。不定詞[to + 原形]の副詞的用法(目的)「～するために」It's been ← 現在完了<have[has]+ 過去分詞>(完了・継続・経験・結果)thanks to「～のおかげで」enjoyed studying ← <enjoy + 動名詞[原形 + -ing]>「～することを楽しむ」 イ「友人に会うため」 ウ「美しい景色を見るため」 エ「電子メールを送るため」

やや難 問3 設問：「なぜローラはとても驚いているのか」ローラのメールに I am so surprised because I have been interested in it[the present]these days. とあるのを参考にすること。正解は，エ「ローラは興味を抱いていたプレゼントを受け取った」。has got／have been ← 現在完了<have[has]+ 過去分詞>(完了・継続・経験・結果)the present▼she has been interested in ← 目的格の関係代名詞の省略<先行詞(+ 目的格の関係代名詞)+ 主語 + 動詞>「主語が動詞する先行詞」・<be動詞 + interested in>「～に興味がある」／<be動詞 + surprised>「驚いている」← 受動態<be動詞 + 過去分詞> these days「最近」 ア「ユメは翌年アメリカを訪れることになっているので」 イ「ユメはローラに頻繁過ぎる程電子メールを送ったので」 ウ「ローラ

がアメリカでもっとも有名なバターを見つけたので」most famous ← famous「有名な」の最上級

重要 問4　前置詞の後ろに動詞を持ってくるときには，動名詞[原形＋-ing]にする。thank you for「～をありがとう」

重要 問5　ア「ユメはローラよりも若い」(×)ユメのメールに Congratulations on your 20th birthday!／Just half a year ago, ~ you made a birthday cake for me on my 20th birthday. とあり，ユメの誕生日はローラよりも半年早いことになる。younger ← young「若い」の比較級　イ「ユメは常にローラと連絡をとっている」(×)ローラのメールに It's been a long time since I went to America as a foreign student last year. とあり，しばらくの間連絡が途絶えていたことがわかる。It's been a long time since ～ ← 現在完了<have[has]＋過去分詞>(完了・継続・経験・結果)　ウ「ユメはこのメールを書いた時に，日本にいた」(○)ユメの最後のメールに I cannot be with you to celebrate today, so I will send all my love to you from Japan とあるので，一致している。～ , so …「～だから[それで]…」エ「ユメはパン屋でローラが買ったケーキを受け取った」(×)ユメのメールに you made a birthday cake for me on my 20th birthday とあり，ケーキはローラの手作りだったことがわかる。a cake▼Laura bought ← <先行詞(＋目的格の関係代名詞)＋主語＋動詞>「主語が動詞する先行詞」目的格の関係代名詞の省略

3　**(長文読解問題・資料読解：語句補充・記述，内容吟味，要旨把握，前置詞，助動詞，不定詞，関係代名詞，動名詞)**

A　(大意)　動物との接触／あなたは動物が好きですか。動物と一緒に生活したいですか，それとも，現在既に，動物を飼っていますか。最近，多くの人々がペットとしてさまざまな種類の動物を飼っており，動物と人間の関係が親密になっています。動物と接触してみてはいかがですか。プログラム：9月10日から3日間／場所：アサヒ公園／時間：10時から16時まで☆最終日：10時から14時まで。

各エリアの特徴

犬	子犬を見てください。／抱っこしてください。	エサを与えることができます。
猫	子猫を見てください。／一緒に遊んでください。	
ウサギ	抱っこしてください。	
馬	乗馬してください。	9月10日と11日だけ触れることができます
ペンギン	一緒に歩いてください。	
鳥	話しかけてください。	

○犬，猫，ウサギへのエサやりは各々100円かかります。／○10歳より年少の子供は親の同伴が必要です。

スタンプカード

スタート → 犬のエサやり → 猫のエサやり → うさぎの抱っこ → 乗馬 → ペンギンと散歩 → 鳥へ話しかけ → ゴール

○スタンプカードを修了すれば，このイベントの特別の商品がもらえます。

基本 問1「このイベントの最終日は9月$_{1}$12日です。そして，公園は$_{2}$4時間空いています。また，残念ながら，$_{3}$3種類の動物に触れることはできません」 1　開催日は9月10日から3日間と記されているので，最終日は9月12日になる。　2　最終日：10時から14時までと記されている。　3　表より，最終日(9月12日)に触れることができない動物の数を確認すること。

基本 問2　設問：「もし特別の商品を入手したければ，いくらのお金が必要か」スタンプカードを完了すれば，特別の商品が得られるが，有料なのは犬と猫のエサやりで，各100円なので，合計200円かかることになる。

重要 問3　ア「抱きしめることができない動物がいる」(○)表より，抱きしめることができる動物には限りがあることがわかる。　イ「9歳より年少の子供達は，親が同伴しなくても，このイベントに参加することができる」(×)Children under 10 years old must join with their parents. とあるので，本文に不一致。without「～なしで」⇔ with「～と一緒に」must「～しなければならない，にちがいない」　ウ「このイベントを通じて動物と親密な関係になれる」(○)How about coming into contact with animals? と呼びかけているので，本文に一致している。　エ「スタンプカードを修了するには，6つの段階を踏まえなければならない」(○)スタンプカードの段階数を確認すること。<have + 不定詞[to + 原形]>「～しなければならない，であるに違いない」to complete ← 不定詞の副詞的用法「目的」「～するために」

B　(大意)　職業体験／いつくかの職業を体験することができます。このチャンスを生かして，将来を想像してみましょう！

仕事	すること	時間	年齢	金額
医者	手術の実際の器具の使用。	40分	13歳以上	1500円
警官	町の巡回。	70分	10歳～15歳	500円
農場主	野菜の収穫。	25分	5歳～8歳	700円
操縦士	疑似体験装置による模型飛行機操縦。	40分	9歳～15歳	1000円
歌手	舞台で歌う。	30分 [13時のみ]	3歳～5歳	500円

○各体験は9時，10時，11時，13時，14時に開始。／○体験中はそれぞれの制服を着用のこと。／○歌手プログラムに参加の際には，歌の練習のために，12時に舞台へ来てください。

基本 問1　設問：「4歳の妹がいる場合には，どの職業体験に参加することができるか」表のAge「年齢」の欄を確認のこと。正解は，「歌手」。ア「警官」　イ「農場主」　ウ「操縦士」

基本 問2　設問：「あなたの弟が14歳で，参加が可能なすべての職業を体験したいのならば，いくら彼は支払うべきか」14歳で参加可能な職業体験は，医者，警官，操縦士。参加費の合計は，3000円。

重要 問3　A「職業体験をする時には，服を着替える必要はない」(×)Wear each uniform during the experience. と記されている。<have + 不定詞[to do]>の否定形「～する必要はない」　B「5歳の子供は，2種類の職業体験のみに参加できる」(○)5歳の子供が参加できるのは，農場主と歌手のみである。children who are five ← <先行詞(人)+ 主格の関係代名詞 who + 動詞>「動詞する先行詞」　C「誰もが正午に舞台で各職業体験を開始できる」(×)12時に舞台で行われるのは，歌手プログラムに参加する人たちの歌のリハーサルである(If you join a Singer program, please come to the stage at 12:00 to practice singing.)。practice singing「歌うことを練習する」← 動名詞<原形 + -ing>「～すること」

4　**(長文読解問題・論説文：語句補充・選択，語句解釈，内容吟味，要旨把握，受動態，不定詞，関係代名詞，助動詞，進行形，比較，接続詞，動名詞)**

(大意)　2人の人物が互いに話している時には，しばしば両者の間に一定の隔たりが保たれている。個人には目に見えない独自の空間が存在している。個人の空間に入り込まれると，落ち着かなくなり，互いの距離を広げようと後ずさりする。この個人の隔たりは，体臭や口臭に関係しているわけでなく，他者との間柄に関与している。

個人の空間には4つのゾーンが存在していると言われている。

○公共の距離：3.5m以上

公共の距離は，公的会議や催しで，対象とする人が社会的地位を有している時に，人々が保つ隔たりのこと。4つのゾーン中最も遠いので，個人的関係ではない。

○社会的距離：1.2m～3.5m

社会的距離は，公共の距離を保つ人と比べると，1よりよく知っている人に対する隔たりである。触れることができない距離なので，それほどよく知らない人に対しては良い距離だと言える。一般的には，そのような人に個人的空間に入り込んで欲しくないと多くの人々が考える。

○個人的距離：45cm～1.2m

個人的距離は，触れようとすれば届くということを意味する。友人2のような親しい人との間の理想的距離で，互いの顔が良く見える。

○親密な距離：0cm～45cm

親密な距離は，非常に私的な感覚の隔たりで，家族や恋人間での距離である。この隔たりだと，親しい人が心地良いと感じる。わずかな人しかこの隔たりを受け入れることはないので，親密でない人に話しかける際には，3注意しなければならない。

興味深いことに，平均の個人的隔たりは文化によって異なる。アメリカ人は通常他の文化圏の人々よりも，より多くの個人的空間を必要とする。身体的接触が不快感につながるということを知っておくことも重要である。触ることは，時には他者にとってはあまりにも親密すぎに感じられるので，避けるべきだ。握手することは唯一の例外かもしれない。仕事や公式の場で，人と会ったり，別れたりする時に，通常握手が交わされる。

やや難 問1　質問：「個人的空間に入られた時に，不快に感じた後に，何が起きるか」第1段落第3文にIf someone's personal space is stepped into, he or she will feel uncomfortable and move away to increase the distance between them. と書かれていることから考えること。正解は，ウ「彼あるいは彼女は少し距離を離そうとする」。is stepped ← ＜be動詞 + 過去分詞＞受動態　to increase the distance「距離を広げるために」← 不定詞の副詞的用法(目的)「～するために」　ア「彼あるいは彼女は他者に話しかけようとする」　イ「彼あるいは彼女は見えない空間を見ようとする」　the space▼they can't see ← 目的格の関係代名詞の省略＜先行詞(+ 目的格の関係代名詞)+ 主語 + 動詞＞「主語が動詞する先行詞」　エ「彼または彼女は他者に接近しようとする」

重要 問2　質問：「会社の社長のスピーチを聞いている時に，個人的空間のどのゾーンを取るべきか」以下の「公共の距離」の説明に会社の社長のスピーチは該当する。Public distance is a distance that people can take when the target person has a social status at an official meeting or event.　should「～すべきである，するはずだ」are listening ← ＜be動詞 + 現在分詞[原形 + -ing]＞進行形　a distance that people can take「人々が取りうる距離」← ＜先行詞 + 目的格の関係代名詞 that + 主語 + 動詞＞「主語が動詞する先行詞」

基本 問3　下線部(1)の well の後ろが than になっているので，比較級にすること。＜比較級 + than＞「～と比べてより…」well／good の比較級 → better

やや難 問4　(2)　It is the ideal distance between close people (2) friends.　close people の具体例が friends なので，空所には「～のような」の意の such as を入れればよい。ア「～のように見える」　イ「～以上」more ← many／much の比較級「もっと(多くの)」　ウ「～の隣の」

(3)　空所を含む文は，「わずかな人しかこの距離を受け入れることはないので，親密でない人に話しかける際には (3)」の意。正解は，イ be careful「注意しなければならない」。only a few「ほんのわずかの～」～ , so …「～である，だから[それで]…」are talking ← 進行形<be動詞 + 現在分詞[原形 + -ing]>　ア「急げ」 ウ「心配するな」 エ「気にするな」

やや難 問5 「他の文化圏の人々と比べて，アメリカ人は，通常，より多くの個人的空間を必要とする。例えば，会話中に，アメリカ人女性に接近しようとすると，彼女は(4)you are “in her face”と感じて，後ずさりしようとするだろう。このことがわかっていれば，隔たりを詰める必要はない」以上の文脈より，下線部(4)の表す内容として適当なものは，ア「あなたが接近しすぎている」。ちなみに in one’s face で「～と面と向かって，の目の前で」の意。more ← many／much の比較級「もっと(多くの)」for example「例えば」get close to「～に近づく」step back「後退する，後ろにさがる」 イ「あなたが彼女の顔に触れている」are touching ← 進行形<be動詞 + 現在分詞[原形 + -ing]>　ウ「あなたが彼女の顔を見つめている」are looking ← 進行形<be動詞 + 現在分詞[原形 + -ing]>　エ「あなたが友好的すぎる」

やや難 問6　質問:「通常受け入れられる基本的意思疎通は次のうちのどれか」最終段落に It is also important to know that physical contact will lead to discomfort. ～ Shaking hands may be the only exception.　It is usually done when we are meeting and leaving others in a business or formal situation. とあることから考えること。正解は，イ「握手をすること」。It is important to know ～「～を知ることは重要だ」← <It is + 形容詞 + 不定詞[to + 原形]>「～ [不定詞]することは… [形容詞]である」shaking hands「握手すること」← 動名詞<原形 + -ing>「～すること」may「～かもしれない，してもよい」is done「なされる」← <be動詞 + 過去分詞>受動態　are meeting and leaving ← 進行形<be動詞 + 現在分詞[原形 + -ing]>　ア「体に触れること」 ウ「目を閉じること」 エ「大声で話すこと」

重要 問7　ア「社会的地位が人間関係で最も重要な点である」(×)記述ナシ。most important ← important「重要な」の最上級　イ「初めて人と会う時に，社会的距離は良い隔たりである」(○)social distance の説明に it’s a good distance for people who you don’t know well. とあるので，一致している。people who you don’t know well「よく知らない人々」← <先行詞(人)+ 目的格の関係代名詞 who[whom]+ 主語 + 動詞>「主語が動詞する先行詞」 ウ「個人的距離では，相手の顔がよく見える」(○)individual distance の説明(It’s a sense of distance – you can see each other’s face well.)に一致。　エ「家族の間では親密な距離で話さなければならない」(○)intimate distance は家族や恋人間の距離であることは述べられているが，「家族がその距離で話さなければならない」とは書かれていない。<have + 不定詞[to + 原形]>「～しなければならない，であるに違いない」 オ「必要ならば，話しかけている人を常に触れることができる」(×)Touching is sometimes a little too intimate for others, so you should avoid it. とあるので，不可。the person▼you are talking ← 目的格の関係代名詞の省略／進行形<be動詞 + 現在分詞[原形 + -ing]>　touching「触れること」動名詞<原形 + -ing>「～すること」～ , so …「～である，だから[それで]…」should「～すべきである，するはずだ」 カ「個人的空間は，各文化による考え方の違いを示している」(○)最終段落第1文のInterestingly, the average personal distance are different from culture to culture. に一致している。　キ「親しい友人は話をしている時に，決して社会的距離をとることはない」(×)友人同士の理想的な距離として individual distance を挙げているが(It is the ideal distance between close friend such as friends.)，友人同士で社会的距離をとることは決してない，とは述べられていない。they are talking ← 現在進行形<be動詞 + 現在分詞[原形 + -ing]>「～しているところだ」

★ワンポイントアドバイス★

1のAの正誤問題を取り上げる。時制，分詞，完了，比較など幅広い文法事項から出題された。まず，基礎的な文法事項をしっかりと身につけて，正誤問題にとらわれずに，問題集で多くの文法問題の演習を重ねることが必要である。

＜理科解答＞

1 (1) オ　(2) 細胞壁，液胞　(3) イ　(4) 0.9(秒)　(5) イ

2 (1) ア 花弁　イ やく　ウ おしべ　(2) a 減数　b 胚　c 発生
(3) ア　(4) ウ，エ

3 (1) 右図　(2) (酸化銅：銅＝)5：4　(3) 7.20(g)
(4) 2.20(g)　(5) (例) 酸素と結びつきやすい

4 (1) イ　(2) ウ　(3) エ　(4) (ガラス管) D
(5) $2H_2+O_2 \rightarrow 2H_2O$

5 (1) ア　(2) 24(km/h)　(3) ウ　(4) 360(m)

6 (1) カ　(2) 1.5(A)　(3) 14(Ω)　(4) 12.6(W)

7 (1) 1500(Pa)　(2) (名称) 偏西風　(記号) イ
(3) (地点) E　(場所) ②　(4) f
(5) (記号) A　(気圧配置) 西高東低　(6) ア

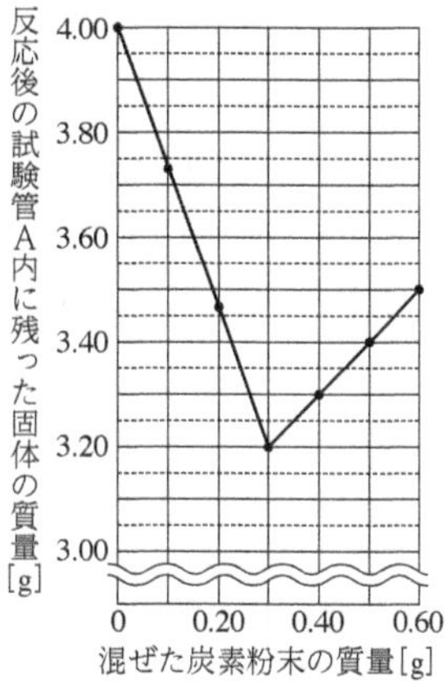

○配点○

1 各2点×6　2 各2点×8((4)完答)　3 各3点×5
4 各3点×5　5 各3点×4　6 各3点×4　7 各2点×9　計100点

＜理科解説＞

1 (生物―動物と植物のからだ)

(1) ア　組織は形やはたらきが同じ細胞が集まってつくられる。　イ　器官はいくつかの種類の組織が集まってつくられる。　ウ・エ　光合成は葉肉組織で行われ，外からの刺激から内部を守るはたらきをもつのは表皮組織である。　カ　筋組織は植物には見られない。

基本 (2) 動物と植物の細胞に共通なつくりには核，細胞膜があり，細胞壁や液胞，葉緑体は植物の細胞にのみ見られるつくりである。

重要 (3) 葉緑体で光合成が行われることを確認するためには，葉緑体についての条件だけを変え，それ以外の条件をそろえて実験を行う。そのため，葉緑体のある緑色の部分と，葉緑体のない「ふ」の部分がある葉を用いて実験する。

やや難 (4) 小動物の飛び出しに気づいてから自転車が停止するまでに4.0m進み，ブレーキをかけ始めてから自転車が止まるまでに1.3m進んでいたことから，小動物の飛び出しに気づいてからブレーキをかけ始めるまでに進んだ距離は4.0－1.3＝2.7(m)とわかる。また，10.8km/h＝10800m/h＝180m/分＝3m/sである。これらのことから，小動物の飛び出しに気づいてからブレーキをかけ始めるまでの時間は2.7(m)÷3(m/s)＝0.9(秒)である。

基本 (5) 血液の液体成分である血しょうが，毛細血管からしみ出た液体を組織液という。

2 (植物―花のつくり・植物の生殖)

基本 (1) 図1のようなつくりをもつ花では，中心部から外側に向かって，めしべ→おしべ(ウ)→花弁(ア)→がくの順に並んでいる。また，おしべの先端部(イ)をやくといい，中に花粉が入っている。

基本 (2) 有性生殖において生殖細胞がつくられる細胞分裂を減数分裂という。生殖細胞である精細胞の核と卵細胞の核が合体(受精)すると受精卵ができ，受精卵は細胞分裂をくり返して胚となる。受精卵が細胞分裂をくり返し，胚を経て成体に変化していく過程を発生という。

(3) 実験1の結果から，花粉を直接培養液にまいたとき，花粉管は胚珠のほうには向かわなかったが，伸長はしていることがわかる。

やや難 (4) 実験3の結果について，受精しなかった結果となったときに注目すると，細胞D～Fを破壊したかどうかが受精に影響があることがわかる。細胞D～Fについて，破壊したかどうかと，受精についてまとめると右の表のようになる。表から，胚珠が受精するには，細胞EかFのどちらか一方が必要であることがわかる。また，細胞を5個以上破壊しても，受精が起こる場合があることもわかる。

D	E	F	受精	D	E	F	受精
○	○	○	○	○	×	×	×
×	○	○	○	×	○	×	○
○	×	○	○	×	×	○	○
○	○	×	○	×	×	×	×

ただし，破壊したものは×，していないものは○，受精したものは○，していないものは×で表している。

3 (化学変化―酸化銅の還元)

(1) 結果の表をもとに点をとり，点のなるべく近くを通るように直線のグラフをかくと，混ぜた炭素の粉末の質量が0gから0.30gの間は右下がりの直線，0.30g以上では右上がりの直線となる。

基本 (2) グラフから，4.00gの酸化銅が完全に還元されると3.20gの銅になることがわかる。よって，酸化銅と酸化銅中の銅の質量の比は4.00(g)：3.20(g)＝5：4

やや難 (3) 実験結果から，4.00gの酸化銅と0.30gの炭素粉末がちょうど反応することがわかる。よって，8.00gの酸化銅と0.30gの炭素粉末の混合物を加熱すると，酸化銅8.00gのうち4.00gが炭素によって還元されて3.20gの銅になり，酸化銅は8.00－4.00＝4.00(g)が残る。よって，残っている酸化銅と銅の合計は3.20＋4.00＝7.20(g)

(4) 酸化銅4.00gと炭素0.30gがちょうど反応して銅が3.20g生じることから，質量保存の法則より，このとき発生する二酸化炭素の質量は(4.00＋0.30)－3.20＝1.10(g)であることがわかる。よって，酸化銅8.00gと炭素0.60gが反応したとき，実験のときと比べて酸化銅も炭素も質量が2倍になっているので，発生する二酸化炭素の質量は1.10(g)×2＝2.20(g)

重要 (5) 銅も炭素も酸素と結びついて酸化物をつくるが，酸化銅と炭素の混合物を加熱すると銅と二酸化炭素になることから，酸素は銅よりも炭素と結びつきやすいといえる。

4 (電気分解とイオン―電気分解)

重要 (1)・(2) 塩化銅水溶液に電流を流すと，陰極には固体の銅が付着し，陽極からは気体の塩素が発生する。塩酸に電流を流すと，陰極からは気体の水素，陽極からは気体の塩素が発生する。うすい水酸化ナトリウム水溶液に電流を流すと水の電気分解が起こり，陰極からは気体の水素，陽極からは気体の酸素が発生する。また，塩素は水によくとけるので，水溶液の電気分解ではほとんど集めることができない。実験1では，すべての電極から気体が発生したことから，塩化銅水溶液は用いられておらず，ガラス管Bにほとんど気体が集まっていないことから，H形ガラス管Ⅰの水溶液はうすい塩酸，H形ガラス管Ⅱの水溶液はうすい水酸化ナトリウム水溶液であることがわかり，ガラス管A，Cに集まった気体は水素，ガラス管Bに集まった気体は塩素，ガラス管Dに集まった気体は酸素であることがわかる。

(3)　電気分解で電流を流している間は，それぞれの電極から気体が発生し，ガラス管内の圧力が大きくなっていくため，圧力を逃がすためにどちらのピンチコックも開けておく。

(4)　気体の質量は体積に比例する。また，密度は一定体積あたりの質量を表す。ガラス管Aに集まった気体とガラス管Dに集まった気体の10.2 cm^3あたりの質量を比較すると，Aの気体は0.91mg，Dの気体は$7.29(\mathrm{mg}) \times \frac{10.2(\mathrm{cm}^3)}{5.10(\mathrm{cm}^3)} = 14.58(\mathrm{mg})$となるので，ガラス管Dに集まった気体の密度のほうが大きいと考えられる。

基本　(5)　ガラス管A，Cに集まった水素H_2と，ガラス管Dに集まった酸素O_2の混合気体に点火すると，水H_2Oができる。

5　**(運動とエネルギー―運動と速さ)**

やや難　(1)　各駅間の所要時間と距離をまとめると次の表のようになる。

駅間	A～B	B～C	C～D	D～E	E～F
時間(分)	3	3	6	6	7
距離(km)	2.8	1.2	3.3	4.8	5.6

速さは一定時間に進む距離のことなので，同じ時間に進んだ距離が長いほど，同じ距離を進むのにかかる時間が短いほど，速さは速くなる。このことから考えると，

・AB間とBC間…同じ時間(3分)で進む距離が長いので，AB間のほうが速い
・CD間とDE間…同じ時間(6分)で進む距離が長いので，DE間のほうが速い
・AB間とDE間…AB間の平均の速さで6分進むと，$2.8(\mathrm{km}) \times \frac{6(分)}{3(分)} = 5.6(\mathrm{km})$進むので，AB間のほうが速い
・AB間とEF間…5.6km進むのにかかる時間を考えると，AB間の平均の速さでは6分，EF間では7分かかるので，AB間のほうが速い

以上のことから，各駅間の平均の速さが最も速いのはA駅からB駅の間であることがわかる。

やや難　(2)　(1)と同じように考えると，

・AB間とBC間…同じ時間(3分)で進む距離が短いので，BC間のほうが遅い
・CD間とDE間…同じ時間(6分)で進む距離が短いので，CD間のほうが速い
・BC間とCD間…BC間の平均の速さで6分進むと，$1.2(\mathrm{km}) \times \frac{6(分)}{3(分)} = 2.4(\mathrm{km})$進むので，BC間のほうが遅い
・BC間とEF間…それぞれの平均の速さで1分間ですすむ距離を考えると，BC間は1.2(km)÷3(分)＝0.4(km)，EF間は5.6(km)÷7(分)＝0.8(km)なので，BC間のほうが遅い

よって，平均の速さが最も遅いのはAB間とわかり，1分間で0.4km進むことから，60分間では0.4(km)×60＝24(km)進むので，平均の速さは時速24kmとなる。

基本　(3)　電車が急ブレーキをかけたとき，慣性の法則より，つり革はそれまでと同じ運動を続けようとして，ウのようにつり革の先が進行方向に向かうように傾く。

やや難　(4)　B駅とC駅の間の距離は1.2km＝1200mである。図2より，30秒後から150秒後までの120秒間は8m/sで等速運動をしていることから，この間に8(m/s)×120(s)＝960(m)進むことがわかる。B駅とC駅の間の距離は1.2km＝1200mだから，B駅を出発してから30秒後までと，150秒後から180秒後までで1200－960＝240(m)進んだことがわかり，B駅を出発してから30秒後までと，150秒後から180秒後までで，速さの変化は30秒間で0m/sから8m/sと同じであることから，進んだ距離はともに240(m)÷2＝120(m)とわかる。また，30秒後から60秒後までの30秒間では8(m/s)×30(s)＝

240(m)進む。よって，B駅を出発してから1分間で進んだ距離は120＋240＝360(m)

【別解】　横軸に時間，縦軸に速さをとったグラフを利用すると，0秒後から1分(60秒)後の間に進んだ距離は，右の図のように，0sから60sの間で，速さの変化を表すグラフと横軸に囲まれた部分の面積を求めることで進んだ距離を得ることができる。右の図では，上底が30s，下底が60s，高さが8m/sの台形となっているので，面積を求めると$(30+60)\times8\times\frac{1}{2}=360$となり，360mを得ることができる。

図2

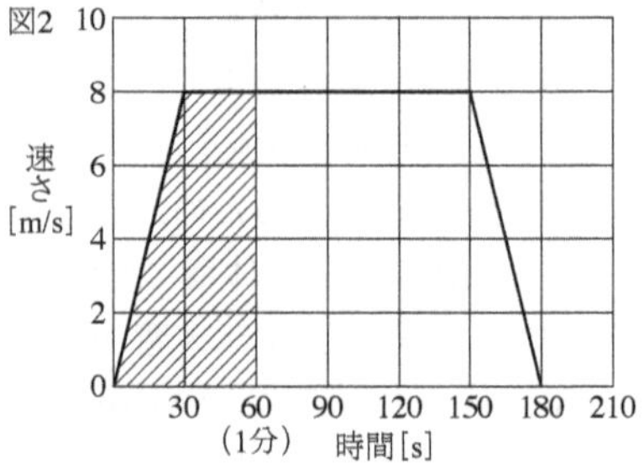

6　(電流と電圧―電流回路)

基本　(1)　図2の電流計で，端子①～③は－端子，端子④は＋端子である。測定された電流の大きさが0.6A(＝600mA)であったことから，－端子は5Aまではかれる③の5A端子につないだことがわかる。＋端子は電源の＋極側，－端子は電源の－極側につなぐので，電源の＋側である接点aは④，電源の－極側である接点bは③につなぐ。

重要　(2)　電流計が0.6Aを示したことから，35Ωの抵抗に流れる電流は0.6Aであることがわかり，35Ωの抵抗の両端に加わる電圧は35(Ω)×0.6(A)＝21(V)とわかる。電源の電圧は63Vなので，20Ωの抵抗の両端に加わる電圧は63－21＝42(V)となり，20Ωの抵抗に流れる電流は42(V)÷20(Ω)＝2.1(A)である。20Ωの抵抗に2.1A，35Ωの抵抗に0.6Aの電流が流れているので，抵抗Rに流れる電流は2.1－0.6＝1.5(A)である。

重要　(3)　(2)より，抵抗Rに流れる電流は1.5A，抵抗Rに加わる電圧は35Ωの抵抗に加わる電圧と等しい21Vである。よって，抵抗Rは21(V)÷1.5(A)＝14(Ω)

基本　(4)　35Ωの抵抗に加わる電圧は21V，流れる電流は0.6Aなので，消費される電力は21(V)×0.6(A)＝12.6(W)

7　(天気の変化―圧力・低気圧と前線・日本の天気)

重要　(1)　ペットボトルと板の総質量が1.5kgなので，スポンジをおす力の大きさは15Nとなる。スポンジとふれている板の面積は10(cm)×10(cm)＝0.1(m)×0.1(m)＝0.01(m^2)なので，圧力の大きさは15(N)÷0.01(m^2)＝1500(Pa)

(2)　北半球の中緯度上空をふく強い西風を偏西風という。偏西風の影響で，大陸からの高気圧と温帯低気圧が交互に通過することが多くなり，日本の天気は西から東に変わっていくことが多い。　ア・ウ　海岸沿いの地域で，日中にふく陸風の説明である。　エ　海岸沿いの地域で，夜間にふく海風の説明である。　オ　台風の説明である。

重要　(3)　温暖前線(前線イ)の前面(北東側)では，おもに乱層雲が発達し，弱い雨が長時間降る。寒冷前線(前線ア)の後面(北西側)では，おもに積乱雲が発達し，強い雨が比較的短い時間降る。

重要　(4)　寒冷前線の前面では南寄りの風，後面では北～西寄りの風がふく。また，寒冷前線の前面には暖気，後面には寒気があるため，前線通過後は寒気におおわれて気温が下がる。

基本　(5)　Aはシベリア気団，Bはオホーツク海気団，Cは小笠原気団である。これらのうち，冬の日本の天気に大きく関与するのはAのシベリア気団である。冬のシベリア気団によるシベリア高気圧が大陸にでき，日本の東海上に発達した低気圧があるような気圧配置を西高東低の気圧配置という。Bのオホーツク海気団は初夏のつゆの天気，Cの小笠原気団は初夏～夏の天気に関与する。

基本　(6)　ア　冬は大陸からの寒気が日本海で水蒸気の補給を受け，筋状の雲をつくり日本列島の日本海側の地域に雪を降らせる。雪を降らせて日本列島の山脈を越えた空気は乾燥しているため，日本列島の太平洋側では乾燥した晴天の日が続く。

★ワンポイントアドバイス★
標準的な難易度の問題が中心だが，試験時間に対する問題数や文章量がやや多いので，すばやく正確に読解して解答できるように練習を重ねておこう。また，効率よく解答できるように工夫できないかなどと考える習慣もつけておこう。

＜社会解答＞

1　(1)　ウ　(2)　(に)　(3)　偏西風　(4)　ア　(5)　エ　(6)　イ　(7)　ウ

2　(1)　i　筑紫平野　ii　エ　(2)　i　ストロー現象　ii　イ　(3)　i　ア　ii　イ
(4)　i　ウ　ii　ウ

3　(1)　A　後醍醐天皇　B　リンカン[エイブラハム・リンカン]　(2)　魏志倭人伝
(3)　イ　(4)　管領　(5)　(記号)　イ　(語句)　高麗　(6)　エ　(7)　エ
(8)　ウ　(9)　ア

4　(1)　i　ウ　ii　大化(の)改新　(2)　i　天武天皇　ii　壬申の乱　(3)　i　イ
ii　ウ　(4)　i　エ　ii　天草四郎[益田時貞]　(5)　i　犬養毅　ii　エ

5　(1)　ウ　(2)　エ　(3)　70,000票　(4)　イ　(5)　イ　(6)　違憲審査権
(7)　検察審査会

6　(1)　i　ウ　ii　エ　(2)　i　ア　ii　イ　iii　(ベンチャー・)キャピタル
(3)　労働組合　(4)　ア　(5)　エ

○配点○
1　各2点×7　2　各2点×8　3　各2点×10((5)完答)　4　各2点×10
5　各2点×7　6　各2点×8　計100点

＜社会解説＞

1　(地理―自然・産業・貿易など)

(1)　夏に乾燥し冬に降水のある地中海性気候。②は砂漠，③はサバナ気候。
(2)　インド中央部のデカン高原からチベット高原に至る断面図。
重要　(3)　亜熱帯高圧帯から亜寒帯低圧帯に吹きこむ風。地球の自転により西寄りの風となる。
(4)　カザフスタンなどの中央アジア。砂漠やステップなどの乾燥気候が中心となる。
(5)　Aはスペイン(ウ)，Bはフランス(ア)，Cはドイツ，Dはロシア。
(6)　冷涼な気候を好むサトウダイコン。アはスペイン，ウはナイジェリア，エはインドが1位。
(7)　マレーシア(F)はASEANでも工業化に成功した国。Qはタイ(E)，Rはインドネシア(G)。

2　(日本の地理―自然・人口・農業など)

(1)　i　筑後川の流域に形成された九州最大の平野。　ii　エネルギー革命で筑豊炭田の優位性が崩れ鉄鋼の生産は減少，炭鉱は相次いで閉鎖されていった。
(2)　i　当初の目論見と異なり地方衰退の要因にもなった。　ii　老齢人口は年少人口の倍以上。
(3)　i　青森は果実の生産額が日本一。　ii　イは台風が頻繁に通る沖縄の家屋。
重要　(4)　i　温暖で降水量の少ない瀬戸内，冷帯の北海道，暖かく雨の多い南九州。　ii　小千谷ちぢみは新潟，輪島塗や加賀友禅は石川の伝統産業。

3 (日本と世界の歴史―古代～現代の政治史など)

(1) A 鎌倉幕府を倒し天皇親政を実現した天皇。 B 「人民の，人民による，人民のための政治」という演説で知られる大統領。再選の翌年，熱狂的な南部主義者により暗殺された。

(2) 3世紀末に編さんされた正史「三国志」の中の魏書東夷伝に記された倭人の条の通称。

(3) 卑弥呼は長らく続いた争乱を経て即位，中国の権威を背景に国内統治を図ったと思われる。

(4) 足利一族の細川，斯波《しば》，畠山が交代で就任したため三管領とも呼ばれた。

(5) 新羅を滅ぼした高麗は元に降伏して日本遠征にも参加，14世紀には倭寇の被害が激しく李成桂によって滅ぼされた。朝鮮の英語名コリアは高麗に由来する。

(6) 明治政府は廃藩置県後に琉球藩を設置，その後1879年に沖縄県の設置を強行し清と対立した。琉球王国の建国は15世紀，薩摩藩への服属は17世紀初頭，沖縄の返還は1972年。

(7) 黒人奴隷を利用して栽培する綿花を輸出し製品を輸入する南部は自由貿易を主張，一方国内産業の育成を目指す北部は保護貿易を主張して対立，60万人以上が死亡する内乱となった。

基本 (8) 戦後選挙法を改正，女性参政権も認められ有権者が大幅に増加した。

やや難 (9) 1989年11月，ベルリンの壁が崩壊，翌12月にはマルタで米ソの首脳が会談して冷戦の終了を宣言。翌年東西ドイツが統一されその翌年にはソ連邦が崩壊した。

4 (日本と世界の歴史―古代～近代の政治・社会史など)

(1) i のちに天智天皇として即位。 ii 蘇我氏を滅ぼした事件は乙巳《いっし》の変とも呼ばれる。

(2) i 天智天皇の弟。初めて天皇という名称を用いた。 ii 古代最大の内乱といわれる。

(3) i 恩賞に不満の源義朝は清盛の留守を狙って挙兵。 ii 唐滅亡後の混乱した中国を再び統一した王朝。日本と国交は持たなかったが民間の交易は盛んに行われた。

(4) i カトリック教国で唯一残っていたポルトガルを追放，プロテスタントのオランダを出島に移して鎖国が完成。 ii 関ケ原で敗れた浪人の子で救世主として擁立された。

重要 (5) i 憲政の神様とも称された老政治家。 ii これにより政党内閣は終焉《しゅうえん》を迎えた。

5 (公民―憲法・政治のしくみなど)

(1) 臨時会の召集要求があっても期限の定めがないため召集されないこともある。

(2) 天皇の国事行為であるが国民の名で公布することで改正権が国民にあることを示している。

(3) 死票とは落選した候補者に投票された票。小選挙区ではただ一人しか当選できない。

(4) 1898年，大隈重信が首相兼外相，板垣退助が内相となる憲政党を中心とする内閣が誕生。

重要 (5) 内閣総理大臣は国会議員の中から国会の議決でこれを指名し天皇が任命する(憲法67条)。

(6) 最高裁判所は合憲性を判断する終審裁判所となるため「憲法の番人」と呼ばれている。

(7) 起訴する権限は検察官が独占，そのため不当な不起訴を抑制するために導入された制度。

6 (公民―暮らしと経済問題など)

(1) i 可処分所得は貯蓄と消費に分類できる。 ii カード会社が代金を一時的に立て替えて払う仕組み。利用者は現金がなくても買いものができポイントなども獲得できる。

(2) i 製造業では資本金3億円または従業員300人以下が中小企業と定義される。 ii 株価は需要と供給の関係で常に変化する。 iii 将来成長が望める企業などに投資する組織。キャピタルとは事業を行うための資金。

重要 (3) 立場の弱い労働者が労働条件の改善などのために組織した団体。

(4) 不作で農作物が少なくなると供給曲線は左に移動，需要曲線との交点は左上に移動する。

(5) 不景気の時は通貨量を増大する政策を選択。日本銀行は金利を下げて資金を借りやすくしたり，一般の銀行が持つ債権を買うことで市場に資金を供給する政策を実施する。

★ワンポイントアドバイス★

資料の読み取りは手間がかかるので苦手とする受験生は多い。一通り基本的な知識を定着することができたら必ずこの種の問題に触れ慣れておこう。

<国語解答>

一　問一　①　台頭　②　栽培　③　痛　④　繁栄　問二　a　ぎょうしゅく　b　かせん　c　もと　d　おちい　問三　Ⅰ　イ　Ⅱ　ア　問四　エ　問五　エ　問六　ウ・オ　問七　ウ　問八　イ　問九　ウ　問十　不等価交換　問十一　ア・イ

二　問一　くわしく　問二　Ⅰ　イ　Ⅱ　ウ　問三　1　イ　4　ウ　問四　ウ　問五　エ　問六　①　平曲[平語／平家]　②　兼好　問七　ア

三　問一　イ　問二　1　ウ　2　エ　問三　1　エ　2　ア　問四　1　七言絶句　2　イ　3　ア　4　ウ　5　エ

○配点○

一　問一～問三　各2点×10　他　各3点×10　二　各3点×10　三　各2点×10　計100点

<国語解説>

一　(論説文一漢字の読み書き，語句の意味，文脈把握，表現技法，内容吟味，脱文・脱語補充，接続語の問題)

問一　①「台頭」とは，「勢力を得てくること」。「だいとう」という誤読が多いため，読み問題でも問われる可能性がある。　②「栽培」の「栽」は「裁」と，「培」は「倍」と混同しないように注意。　③「耳が痛い」とは，「自分の欠点をはっきり言われてつらい」という意味の慣用句。　④「繁栄」とは，「勢いが盛んになり発展すること」。「影響が及んで現れること」などといった意味の「反映」と混同しないように注意。

問二　a「凝縮」とは，「それぞれのものが一つに固まり縮まること」。書き問題では，「凝」をさんずいとしないよう注意。　b「河川」は字の順番に注意。「川柳」などにも使われるように，「川」の音読みが「セン」である。　c「基づく」とは，「それが基になって起こる」また「それを根拠や基盤とする」。送り仮名は「ず」ではなく「づ」である点も注意。　d「陥る」とは，「よくない状態にはいりこむこと」。書き問題では，六画目の縦棒を忘れないよう注意。

問三　Ⅰ「枚挙にいとまがない」とは，「たくさんありすぎていちいち数え切れない」という意味。「いとま」は漢字では「暇」。「枚挙」は「一つ一つ数えること」。　Ⅱ「いくばく」は漢字では「幾許」または「幾何」であり，基本的には数量や程度がはっきり分からない時に使うが，「いくばくか」と「か」がついた場合は「わずか」という意味で使われることが多い。また，「いくばくもない」という場合は数量や程度が多くないことを表す。

問四　傍線部1直前の「そのため」の「その」が指しているのは，更にその前の「『南北』格差は……必然ではなくなりつつある」という部分である。この内容に合致するエが適当。ア・ウは地理的位置に言及していないため不適当。イと迷うが，「無関係」とするのは言い過ぎである。本文ではあくまでも「必然ではなくなりつつある」としていることから，地理的位置が南ということが無関係になったわけではなく，地理的位置が無関係でないものも出て来た，と解釈できる。

問五　傍線部2直前には「いわば」と言い換えを表す語が使われている。したがって，傍線部2はその前の「先進国における豊かな生活の裏側では，さまざまな悲劇が繰り返されてきた」ことと同じ意味であると考えられる。すると，第三～第七段落で示された具体例をまとめるように，第八段落では「グローバル・サウスからの……生活は不可能」，第十一段落では「問題は，このような……維持できない」と，豊かさが収奪，つまり貧しくすることという逆の概念によってもたらされているということ，すなわち矛盾について繰り返し述べられている。この内容に合致するエが適当。

問六　ウ　「反復法，倒置法」が誤り。「反復法」とは，例えば「みんなの学校，みんなの公園，みんなの町」のように，同じ，あるいは似ている語を繰り返し用いる技法，「倒置法」とは，例えば「どこから来たの，君は」のように，普通の順序とは逆に語や文節を配置する技法であるが，そのような箇所は見られない。　オ　「日本人を厳しく批判」が誤り。第三段落の「イギリスのBP社が引き起こした」事故も「これらの事故」に含まれており，それぞれの事故の要因となっているのは日本人だけではない。ここで筆者が批判しているのは，日本人だけでなく，豊かさのために収奪を必要とする資本主義の構造そのものである。

問七　傍線部を含む一文を読むと，「ここでの悲劇は，……グローバル・サウスも，……この平常運転に依存せざるを得ないことにある」という主述関係になっている。「この平常運転」とは，第十一段落「グローバル・サウスの人々の……平常運転なのである」の部分を指す。また，第十五段落に具体例「自らの生活のために」危険を認識していても働いたということが述べられているため，傍線部3とは要は「生活のため，危険であるにもかかわらず資本主義を頼らざるを得ないという悲劇」だと考えられる。この内容に合致するウが適当。

問八　A　バングラデシュの件とインド人の件は同等に，異常や害に気付きつつも目を背けたという話であるため，同じようなものを並べて述べる「また」が適当。　B　空欄直前ではインド人は除草剤の害に気付いたということを述べ，直後では生産続行が強制されたという，一般的に考えれば逆の結果が得られているため，逆接「それでも」が適当。　C　空欄直前で述べられている，有害だとわかっていても生産が続行されるということに起因し，空欄直後の「犠牲が増えるほど，大企業の収益は上がる」という結果を得て「資本の論理」が形成されていると考えられるので，それまでの流れに対して要素を加えて述べる「そして」が適当。

重要　問九　「日常においては」不可視化されている，という点に注目する。すると，第十九段落では「代償を遠くに転嫁して，不可視化してしまう」とある。代償が遠いということは，第七・第八段落にもあるように，日本に届くものに関わるものが事故を起こしても，それはメキシコやブラジルなど遠く離れた場所で起こることであって，日本人の関心が及ぶ範囲ではないように感じるということを表している。この内容に合致するウが適当。関心が及ばないため，そもそもア「問題の本質」に気付くことも，イ「罪の意識」を持つこともないということである。「不可視化」とは「見えなくなる」という意味。一般的には，自分の意思で「見ない」というよりも，何かの力で隠されるなどして「自然と見えなくなる」という意味で使われることが多い。この時点でウを選んでもよい。エ「禁忌とされ」るというのは「不可視化」の語義に合致しない。

問十　第二十二段落では，資本主義は先進国とグローバル・サウスにおける労働力の「不等価交換」によって利潤を上げるものだとしている。空欄Xを含む第二十五段落では，労働力だけでなく「資源，エネルギー，食料も先進国とのXによってグローバル・サウスから奪われていく」と「も」を使用していることから，労働力だけでなく資源などもまた「不等価交換」されているという主張だと考えられる。労働力と資源などの不等価交換が資本主義を支えているということである。

問十一　ウ「持続には」・オ「維持に必要な」が誤り。最終段落の「そのような社会システム」とは，前段落の「人間を資本蓄積道具として扱う資本主義」である。それが無限に成長を目指せば，危機的状況に陥るのは当然だと筆者は主張している。したがって，筆者は資本主義の持続について検討しているのではなく，資本主義からの脱却を検討していると考えるのが妥当である。エ「解決した」「豊かにする」が誤り。第二十五段落では「人間を資本蓄積のための……奪われていくのである」とし，「このことが本書の基本的主張のひとつをなす」としていることからも，資本主義が南北問題を解決したり，グローバル・サウスを豊かにしたりすることはなく，むしろ逆に収奪するばかりだと筆者は考えていることがわかる。

二 **(古文―仮名遣い，口語訳，文脈把握，品詞・用法，脱文・脱語補充，文学史，内容吟味)**

〈口語訳〉　後鳥羽院の儀知性のときに，信濃前司の行長という，学識がすぐれているという名声があった人が，楽府の御論議の番にお呼ばれして，七徳の舞を二つ忘れたので，五徳の冠者というあだ名を(人々が)つけたのを，情けないことだとして，学問を捨てて出家したのを，慈鎮和尚が，一芸を持っている者を下僕にいたるまで召し抱えて置いていて，可愛がりなさっていたので，この信濃入道(＝行長)と主従の関係を結び，お世話なさった。この行長は，平家物語を作って，生仏といった盲目の人に教えて語らせた。そうして，比叡山延暦寺のことを，特にすばらしく書いた。源義経のことは詳しく知っていて，書き載せた。源範頼のことは，よく知らなかったのだろうか，多くの事柄を書かずじまいでいた。武士のことや，弓馬の技術に関しては，生仏が東国のもので，武士に尋ね聞いて書かせた。この生仏の生まれつきの東国なまりの声を，今の琵琶法師は学んだのだ。

問一　古文では，語頭を除く「はひふへほ」は「わいうえお」と読む。

問二　Ⅰ「異名」は現代でも使う言葉である。字の通り「異なる名前」であるが，基本的には「あだ名」という意味。行長は七徳の舞のうち二つを忘れるという失敗をしてしまったので，それを揶揄した「五徳の冠者」というあだ名がついたのである。したがって，ア・エのように「五徳の冠者」を好意的に捉えているものは不適当。また，行長はこれを「心憂き事にして」とあるので，行長がすすんで名乗ったとするウも不適当。　Ⅱ「ども」は漢字では「共」と書き，複数であることを表す。「もらせり」の「もらせ」の基本形は「もらす」，漢字では「漏らす」。これは現代語と同じく，「取りこぼす」のような意味。したがって，「記録できていた」とするア・エは誤り。傍線部Ⅱ直前の「よく知らざりけるにや」からも「よく知らなかった」という意がくみ取れれば，この二つは除外できる。イは「子ども」が誤り。本文中に子どもに関して本文中で言及はなく，「ことども」を見誤っている選択肢。

重要　問三　1「稽古」は「学問(を学ぶこと)」や「武術・芸能などを習って身に着けること」という意味であるが，知っている受験生は少ないと思われるので，傍線部直後の「楽府の御論議の番に召されて」で判断する。漢詩に関することで呼ばれたということなので，ア・ウ・エを選ぶと傍線部1と「楽府の御論議の番に召されて」に因果関係がなくなってしまう。古文世界では漢詩というのは学問のジャンルにあたるので覚えておこう。　4「生仏が」つまり「生仏の」生れつきの声ということであるから，生仏に無関係なア・イは不適当。「生仏，東国のものにて」より，生仏は東国の出身だとわかる。また，エの「弱気な小声」は，生仏がそのような声であったとする根拠が本文中にない。

問四　傍線部2直後に「この信濃入道を扶持し給ひけり」とあるが「扶持」は現代語の「食い扶持」にも使われるように「助ける」という意味，また「主従関係を結ぶ」という意味がある。主従関係を結ぶというのは，従者を主人が食わせるということであり，結局は「助ける」ということにつながる。したがって，信濃入道が自分で自分を扶持することはないので，イは不適当。　アの後鳥羽院は，「御時」の説明のみの登場であるため不適当。　エの生仏は，この段階ではまだ登場していないため不適当。接続助詞「て」の後に，特に明示なく主語が交代することはあまり多くないため，覚えておこう。また，「給ふ(う)」は「～なさる」という意味の尊敬語であることが多いが，行長の行為には尊敬語が使われていないことから，尊敬語を使われているという理由でウを選んでもよいだろう。

問五　助詞の用法では，まずは「訳した際にどのように言い換えられるか」を検討するとよい。すると，傍線部3の「の」は「の」のままでよく，言い換えたとしても英語の'sのようなイメージである。しかし，選択肢エは「の」のままでは訳したときに不自然で，「が」と言い換えなければ成立しない。

問六　①『平家物語』における琵琶法師の語りは，「平曲」というジャンルにあたる。　②『徒然草』の筆者は吉田兼好＝兼好法師。ここでは，空欄②直後に「法師」とあるので「吉田」では不適当。

問七　ア　後鳥羽院は「御時」の説明にのみ登場し，以後登場しないので慈鎮に命じたという根拠は本文中にない。　イ「九郎判官の事はくわしく知りて書き載せたり」と合致する。　ウ「この行長入道，……語らせけり」と合致する。　エ「武士の事，……書かせけり」と合致する。

三　**(画数，品詞・用法，熟語，敬語，慣用句，漢文・漢詩)**

問一　「率」は十一画。「幺」の部分は三画。　ア　九画。「月」の部分は四画。　イ　十一画。「ヒ」の部分は二画。　ウ　十二画。「貝」を除くと五画。　エ　十画。「夂」の部分は三画。

問二　1「さえ」には「(せめて～)だけ(でも)」と言い換えが可能な意味と，「も」あるいは「すら」と言い換えが可能な意味の，主に二つの用法がある。傍線部Aの「さえ」は，「せめてルールの徹底だけでもしていれば」と言い換えることができる。これと同じものはウで，「せめて練習だけでもすれば」と言い換えることができる。　ア・イ・エの「すら」は，それぞれ「も」あるいは「さえ」と言い換えることができる。　2「陳」には，「陳列」などに使われる「列をなしてならべる」という意味と，「陳述」などに使われる「言葉でのべる」という意味と，「新陳」などに使われる「古い」という意味の三つがある。「陳謝」は謝罪を言葉でのべるという意味である。　ア「新陳代謝」とは，「新しいものが古いものと入れ替わること」。　ウ「陳腐」とは，「ありふれていて，古くさくつまらないこと」。

問三　1　ア「なさる」は「する」の尊敬語である。　イ「うかがい(うかがう)」は「聞く」の謙譲語である。　ウ「ご苦労様」は役所や企業でなくとも，例えば親が子に頼んでいたおつかいが果たされたときや，家に来た宅配便業者に対するねぎらいの言葉としてなど，様々な場面で使われる一般的な言葉である。ただし，「ご苦労様」というのは目上の者から目下の者へのねぎらいの言葉であり，目下の者から目上の者へは「お疲れ様」とすべきという俗説もある。

2「目からうろこが落ちる」とは，「何かがきっかけになって，急に物事の実態などがよく見え，理解できるようになるたとえ」。新約聖書に由来する。

問四　1　一行が五字で形成されているものは「五言」，七字で形成されているものは「七言」。詩が四行で形成されているものは「絶句」，八行で形成されているものは「律詩」。漢詩では，行のことを「句」と呼ぶ。　2　絶句では，偶数句末もしくは第一句(起句)末および偶数句末で押韻する。押韻とは，「同じような響きを持つ音を置くこと」。漢文の字は，原則として音読みする。すると，偶数句末である「情」は「ジョウ」と読むことになる。音読み，および漢文では「声」は「ショウ」と読む。「ショウ」という読み方を知らずとも，「歌の」というところから推測できるとよい。　3「惜別」とは，「別れを惜しむこと」。ここでは滞在地から出発する李白が，見送ってくれた汪倫との別れを惜しむ情が詠まれている。　イ 「分別」とは，「常識的な慎重な考慮・判断をすること」。また「種類によって区別すること」。「望郷」とは，「ふるさとを懐かしんで，思いをはせること」。　エ 「郷愁」とは，「異郷のさびしさから故郷に寄せる思い」。　李白の故郷のことについては漢詩の中で触れられていない。　4　結句では「汪倫の我を送るの情に及ばず」とあるため，「汪倫の」情に及ばない，としている選択肢を選ぶ必要がある。これは李白による詩なので，「わたし」としているイ・エは不適当。加えて，**【鑑賞】**では「汪倫の厚情に感謝し」とあることから，ア「水の深さは，……友情以上のものだ」とすると「感謝」につながらないため不適当。　この漢詩は，「桃花潭の水は深さ千尺だが，汪倫が私を送る情に及ばない」と直訳できる。　5　書き下し文より，1―汪　2―倫　3―我　4―送　5―情　6―及　7―不という順で読む必要があるとわかる。「不」は「ず」と読み，他の語の下について打消の意味を添える，いわば助動詞である。　ア 「及」を一番目に読んでしまうことになり，不適当。
イ 「汪倫」の次の三番目に「送」を読んでしまうことになり，不適当。　ウ 「汪倫」の次の四番目に「情」を読んでしまうことになり，不適当。　レ点が続くときは，まずレ点のついていない字を読み，次にその直前のレ点の字，最後に一つ目のレ点の字というように読む。

★ワンポイントアドバイス★

評論は，傍線部の周辺だけでなく文章全体からも筆者の主張をとらえよう。古文は，まず全体像を大まかに把握してから，省略されている語を補うなどして，細かい部分の記述を確認しよう。

●2023年度　学特Ⅱ期問題　解答●

《配点は解答欄に掲載してあります。》

＜数学解答＞

1　(1)　4　(2)　$\frac{2x+y}{5}$　(3)　$27b^6$　(4)　$\sqrt{3}$

2　(1)　$x=60$　(2)　3個　(3)　6069　(4)　$k=\frac{16}{3}$　(5)　15cm

(6)　12本　(7)　∠BAC＝20°　(8)　$56cm^2$

3　(1)　$\frac{1}{2}$　(2)　$\frac{1}{3}$　(3)　$\frac{7}{12}$

4　(1)　6cm　(2)　$456\pi cm^3$　(3)　$\frac{2}{9}$倍

5　(1)　$a=\frac{1}{5}$　(2)　$\frac{3\sqrt{15}}{2}$　(3)　$\frac{-5+5\sqrt{5}}{2}$

○配点○

1・2(1)　各4点×5　他　各5点×16　計100点

＜英語解答＞

1　1　is reading　2　How much　3　wrote　4　turn off　5　teeth

2　1　イ　2　エ　3　ア　4　イ　5　ウ

3　問1　3番目　エ　6番目　ウ　問2　イ　問3　エ　問4　exciting　問5　ア

4　A　問1　ウ　問2　エ　問3　ア　問4　1　abroad　2　pay

B　問1　gives　問2　three　問3　エ　問4　ウ，オ

5　問1　3番目　キ　6番目　エ　問2　イ　問3　エ　問4　less　問5　ウ

問6　a　×　b　×　c　○　d　×　e　○

○配点○

1　各2点×5　他　各3点×30(3問1・5問1各完答)　計100点

＜理科解答＞

1　(1)　①　遺伝子[DNA]　②　ダーウィン　③　相同器官　(2)　エ

(3)　A　哺乳類　B　鳥類　C　は虫類

2　(1)　エ　(2)　C　(3)　②　エ　③　オ　④　ウ　(4)　ウ，オ　(5)　6(回)

(6)　2560(個)

3　(1)　ウ　(2)　イ　(3)　低くなっても溶解度があまり変化しない　(4)　20(g)

(5)　(追加する物質Xの質量)　35(g)　(物質X追加前の濃度)　9(%)

(追加した後との濃度の差)　22(%)

4　(1)　(水槽)　Ⅰ　(2)　ウ　(3)　b，d　(4)　8.5(g)　(5)　$Zn+Cu^{2+}\rightarrow Zn^{2+}+Cu$

5　(1)　42(J)　(2)　1.4(W)　(3)　エ　(4)　240(g)

6　(1)　ア　(2)　エ　(3)　ウ　(4)　イ

7　(1)　斑状組織　(2)　a　斑晶　b　石基　(3)　ウ　(4)　(地質年代)　古生代

(化石)　示準化石　(5)　イ，カ　(6)　エ　(7)　ア　チャート　イ　凝灰岩

○配点○

1～2　各2点×15(2(4)完答)　7　各1点×10((5)完答)

他　各3点×20(4(3)完答)　計100点

＜社会解答＞

1　(1)　エ　(2)　③　(3)　ア　(4)　ウ　(5)　イ
(6)　ⅰ　エコツーリズム　ⅱ　AU　(7)　ア

2　(1)　ウ　(2)　ⅰ　津軽海峡　ⅱ　輪作　(3)　エ　(4)　Q　(5)　地熱　(6)　エ

3　(1)　A　楔形　B　推古　(2)　X　(3)　儒教[儒学]　(4)　イ　(5)　ウ　(6)　執権
(7)　イ→ウ→エ→ア　(8)　エ　(9)　イ

4　(1)　ア　(2)　ⅰ　孫文　ⅱ　ウ　(3)　ⅰ　フェートン号　ⅱ　エ
(4)　ⅰ　下関条約　ⅱ　ロシア　(5)　ⅰ　刀狩　ⅱ　イ　(6)　宮沢賢治

5　(1)　エ　(2)　イ→エ→ア→ウ　(3)　ⅰ　エ　ⅱ　インフォームド・コンセント
ⅲ　知的財産権　(4)　イ
(5)　ⅰ　労働関係調整法　ⅱ　ア　ⅲ　ワーク・ライフ・バランス　(6)　ⅰ　ア
ⅱ　独占(価格)　(7)　ⅰ　エ　ⅱ　イ　ⅲ　恐慌　(8)　ウ

○配点○

各2点×50(3(7)・5(2)各完答)　計100点

＜国語解答＞

一　問一　a　ひんぱん　b　あやつ(ったり)　c　きどう　d　へんげんじざい
問二　①　顕著　②　洞窟　③　崩(さず)　④　瓶
問三　Ⅰ　ウ　Ⅱ　ア　問四　ウ　問五　3　問六　ア・オ　問七　イ　問八　ア
問九　ア　問十　ほかの人間　問十一　ウ・オ

二　問一　ねぶりていたる　問二　Ⅰ　イ　Ⅱ　ウ　問三　イ　問四　エ　問五　ア
問六　エ　問七　弥生　問八　イ　問九　ウ

三　問一　二(画目)　問二　(記号)　ウ　(熟語)　対照　問三　ア　問四　以心伝心
問五　ア　問六　イ　問七　1　エ　2　ア　3　Ⅰ　七言律詩　Ⅱ　エ

○配点○

一　問一～問三　各2点×10　他　各3点×10

二　各3点×10　三　各2点×10(問二完答)　計100点

MEMO

大切なことはメモしておこうネ！

2022年度

★★★★★★★★★★★★★★★★★★★★★★★

入　試　問　題

2022年度

前橋育英高等学校入試問題（学特Ⅰ期）

【数　学】（45分）　　＜満点：100点＞

1　次の(1)～(4)の計算をしなさい。

(1)　$-2+5$

(2)　$(xy^2)^3 \div (-y)^2$

(3)　$\dfrac{2x-y}{3}-\dfrac{x-2y}{2}$

(4)　$(\sqrt{2}+3)(\sqrt{2}-2)$

2　次の(1)～(9)の問いに答えなさい。

(1)　2次方程式 $3x^2+x-1=0$ を解きなさい。

(2)　$x=\sqrt{6}+2$，$y=\sqrt{6}-2$ のとき，$x^2+2xy+y^2$ の値を求めなさい。

(3)　定価6000円の品物を3割引で売ったところ，原価の2割の利益が得られた。このとき，この品物の原価を求めなさい。ただし，消費税は考えないものとする。

(4)　右の図のように，AB＝4，BC＝3の直角三角形ABCがある。この三角形を頂点Cを通り，辺ABに平行な直線 ℓ を軸として1回転させたときにできる立体の体積を求めなさい。ただし，円周率は π を用いなさい。

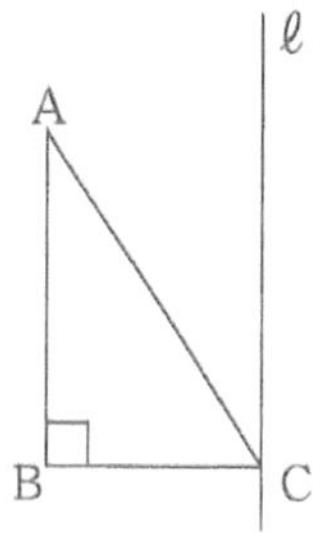

(5)　A君は数学チャレンジテスト各回の点数から1回目の点数を引いた値として，右のような表にした。ただし，1回目の点数は65点で，8回目はまだ受けていない。1回目から8回目までの平均が70点となるためには，8回目の点数が何点であればよいか答えなさい。

テストの回数（回目）	1	2	3	4	5	6	7	8
1回目との差（点）	0	＋3	＋7	－6	－9	＋17	＋12	

(6)　下の図で，∠DAE＝56°，AD＝BD，AE＝CEのとき，∠BACの大きさを求めなさい。

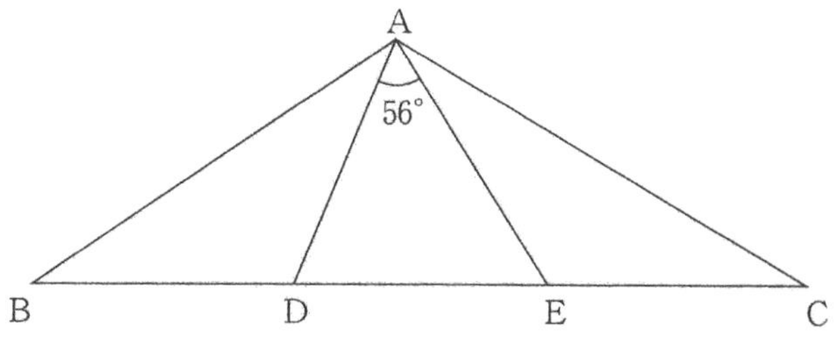

(7) ある列車が，1440mのトンネルに入り始めてから出終わるまでに80秒かかり，同じ速さで960mの鉄橋を渡り始めてから渡り終わるまでに56秒かかった。この列車の長さを求めなさい。

(8) 5で割り切れる3桁の整数がある。それぞれの位の数字の和は21で，この整数から396を引くと，もとの整数と各位の数字の順が逆である3桁の整数になった。このとき，もとの3桁の整数を求めなさい。

(9) 下の図のように，原点と点A（4，2）を通る直線のグラフが，反比例のグラフと2点で交わっている。交点の1つをBとし，そのx座標が-2のとき，反比例のグラフについて，yをxの式で表しなさい。

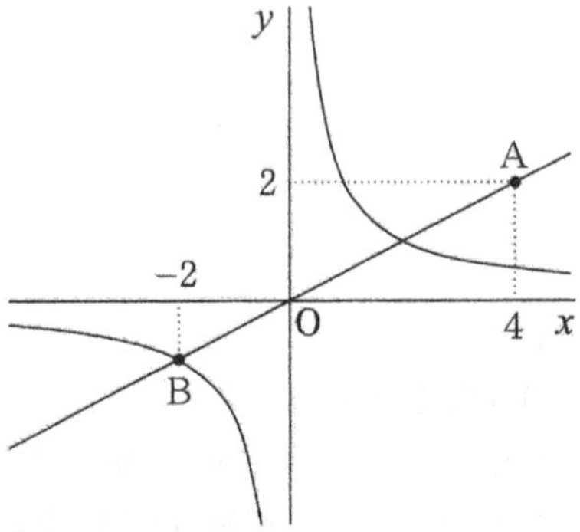

3　2，3，5の番号が書かれたカードが1枚ずつ，7の番号が書かれたカードが2枚の合計5枚のカードがある。このカードをよくきってから1枚カードを引き，番号を記録して元に戻す。続けてもう1枚カードを引き，番号を記録して元に戻す。1回目に記録した番号をa，2回目に記録した番号をbとするとき，次の問いに答えなさい。

(1) $a-b=0$になる確率を求めなさい。

(2) $a-b$の絶対値の平方根が無理数になる確率を求めなさい。

4　右の図の直方体ABCD－EFGHにおいて，AB＝AD＝3㎝，AE＝6㎝とする。2点P，Qはそれぞれ頂点A，Bを同時にスタートし，

点Pは辺上を毎秒1㎝の速さで頂点A→D→Hの順で，

点Qは辺上を毎秒1㎝の速さで頂点B→F→Eの順で移動する。

x秒後の4点A，B，P，Qを頂点とする四面体の体積をy cm^3とするとき，次の問いに答えなさい。

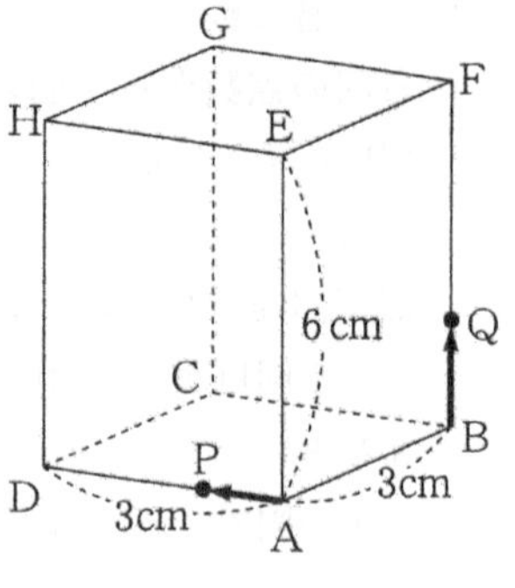

(1) $0 \leqq x \leqq 3$のとき，yをxの式で表しなさい。

(2) 9秒後の体積は，2秒後の体積の何倍になるか求めなさい。

(3) $0 \leqq x \leqq 9$のとき，xとyの関係を表すグラフをかきなさい。

5　次のページの図のように平行四辺形ABCDがあり，辺AD上にAE：ED＝3：2となるように点Eを，辺CD上にCF：FD＝2：1となるように点Fをとる。また，辺BAの延長線と直線CEの交点をGとし，直線BFと直線CEの交点をHとする。このとき，次のページの問いに答えなさい。

(1) GE：ECをもっとも簡単な整数の比で表しなさい。

(2) GH：HCをもっとも簡単な整数の比で表しなさい。

(3) EH：HCをもっとも簡単な整数の比で表しなさい。

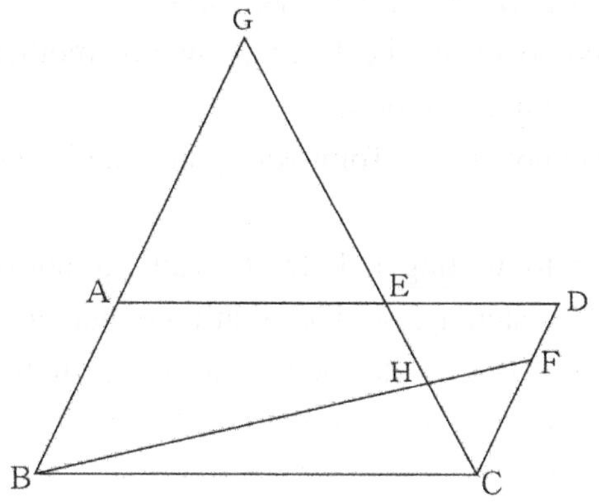

【英　語】（45分）　＜満点：100点＞

1　次の問いA，Bに答えなさい。

A　次の1～5の各英文の下線部の誤りを正しく直しなさい。

例）Yesterday I asked to clean the kitchen by my mother.　→ was asked

1　The moon appears on the mountain.

2　To get to this school from Tomioka, you should change train at Takasaki station.

3　Have you finished to writing a letter to your grandmother yet?

4　It was a rain day yesterday, so I couldn't go out anywhere.

5　At the begin of this year, I decided to join the rugby club.

B　文中の(1)（　）～(5)（　）に入るもっとも適当な英語1語を答え，対話を完成させなさい。ただし，答えは（　）内の_につき1文字ずつ入るものとする。

Kathleen : Excuse me, could you tell me the way to the library?

William : Sure. Go straight and turn left at the second light. You can see it on your right.

Kathleen : Thank you very much. You are so kind. I am really in trouble because I've just moved to this city. I'm Kathleen. Nice to meet you.

William : No (1)(_ _ _ _ _ _ _), and nice to meet you, too. I'm William and I've lived in this city since I was (2)(_ _ _ _) sixteen years ago.

Kathleen : Are you 16 years old? Me, too! I'll start to go to Three Mountains High School next week.

William : Oh, I'm surprised to hear it! I'm a student there!! By the way, you said you wanted to go to the library. Do you like reading?

Kathleen : I do! I love to read books, especially Japanese writers' ones. Today, I'd like to (3)(_ _ _ _ _ _) the book Natsume Souseki wrote.

William : Ah, you like Japanese books. I don't know well about Japanese books but I'm really interested in Japanese pop culture. I love Japanese pop music and anime.

Kathleen : How about Japanese paintings? I'm going to visit the city museum because it'll hold a special event about Japanese art.

William : Really? Shall I show you around the inside of it this weekend? I (4)(_ _ _ _ _ _) to the art club.

Kathleen : Yes, please! I'm happy to meet the member of the club and I'm really (5)(_ _ _ _ _ _ _) forward to this weekend.

2 次の Meg と Nodoka のメールを読み，各問いに答えなさい。

From : Meg
To : Nodoka
Subject : Big sale

Hi Nodoka,
Do you have any plans during the spring vacation? If you are free, let's go to the opening sale of *Tiny Bunny's* shop on Sunday, March 20th. The shop sells nice T-shirts and jeans. I really want to get some new blue jeans. I heard that everything will be half price on Sunday (1) ten and noon. They will also give the first 50 people a special present. Maybe we can get a free T-shirt! Let's go there in the morning and then have lunch together at a restaurant. There's a good Italian pizza place and a delicious Indian curry restaurant. Shall we go there by bike because the shop is not so far? Or if you want to take a bus, we can (2) do so. In that case, I will walk to your house, and then we can take a bus together. How do you want to get there?
Meg

From : Nodoka
To : Meg
Subject : Sunday

Hi Meg,
Thank you (3) the invitation. Yes, I'm free on that day. That sounds like fun. Let's go to the shop by bike. I'll meet you at your house at nine o'clock. We can get there earlier. Have you ever had Japanese food? My mom will cook a meal for us. If we eat my Mom's lunch at my house, we'll save money to spend on clothes. I want to buy a lot of things. I want to buy some jeans, a T-shirt with a British flag on it, and so on. See you soon!
Nodoka

（注） pizza place ピザの店　Indian curry インドカレー　invitation 招待　British 英国の

問1 文中の（1），（3）に入る語の組み合わせとしてもっとも適当なものを下のア～エのうちから1つ選び，記号で答えなさい。

ア （ 1 ） from （ 3 ） for　　イ （ 1 ） between （ 3 ） for
ウ （ 1 ） from （ 3 ） to　　エ （ 1 ） between （ 3 ） to

問2 文中の下線部(2)は何を表しているか。文中から英語3語で抜き出しなさい。

問3 次のページの1～3の質問に対する答えとしてもっとも適当なものをそれぞれあとのア～エから1つずつ選び，記号で答えなさい。

1　What does Meg want to do during the spring vacation?
　ア　To join a contest.　　イ　To take a trip to Italy.
　ウ　To learn how to cook.　　ウ　To get some new clothes.

2　How does Nodoka want to get to the shop?
　ア　By train.　　イ　By bike.
　ウ　By bus.　　エ　In her mother's car.

3　What did Nodoka's mother suggest to Nodoka?
　ア　Coming back home for lunch with Meg
　イ　Having lunch at an Indian restaurant
　ウ　Ordering some pizza for dinner
　エ　Making some Japanese food for dinner

3　次の問いA，Bに答えなさい。

A　次の広告を読み，各問いに答えなさい。

English school ｜ LGS Maebashi

We are going to start a new online lesson service. Live streaming lessons! Please have a pleasant time in our lessons! You can enjoy talking with our English teachers at home.
From April 2022, you can take four courses for live streaming lessons.

Course A　3,000 yen/month
Basic lessons for beginners
Mondays and Fridays 7:00 - 7:30 PM

Course B　5,000 yen/month
English skills for business
Wednesdays　7:00 - 8:00 PM
Sundays　2:00 - 3:00 PM

Course C　6,000 yen/month
English training for studying abroad
Tuesdays and Saturdays 8:00 - 9:00 PM

Course D　20,000 yen/month
Talking about daily news in English
Monday through Friday 7:00 - 7:20 AM

*You have to pay another 5,000 yen to become a member.
*You need your credit card when you pay for the service.

Look! **April 1st - April 15th** We'll give new members a special service for this limited time!
If you become a new member during this period,
1. We will give you a 1,500-yen discount to become a member!
2. We will give you an original present for free!

If you want to study English with us, visit our website. (https://www.english-lgs.com)

（注）live streaming　生配信の　credit card　クレジットカード　limited　限定の　discount　割引

問1　次のページの1，2の質問に対する答えとしてもっとも適当なものをそれぞれあとのア～エから1つずつ選び，記号で答えなさい。

1　Kenta is going to take Course A.　If he joins this school and starts the lessons on April 10th, how much does he pay to the English school in the first month?

ア　6,500 yen　　イ　7,000 yen　　ウ　7,500 yen　　エ　8,000 yen

2　Mariko will start working at night from April.　She is good at speaking English.　Which course will she choose?

ア　Course A　　イ　Course B　　ウ　Course C　　エ　Course D

問2　次の1，2の各英文が広告の内容と合うように，（　）に入るもっとも適当な英語をそれぞれ1語ずつ答えなさい。ただし，与えられた文字で始まる語とする。

1　The lessons in Course C are useful to study in (f　　) countries.

2　If you become a member on April 3rd, you can (g　　) an original present for free.

問3　広告の内容として誤っているものを下のア～エから1つ選び，記号で答えなさい。

ア　You can talk with English speakers on computers.

イ　There are no live streaming lessons on Thursdays.

ウ　You need to pay for lessons with your credit card.

エ　You have to visit the website to enter this English school.

B　次の案内を読み，各問いに答えなさい。

Asahigaoka Zoo News

・Painting Contest

Jun and Gon, two white tigers from Tokachi zoo, are coming in May.　Paint them and you will have a chance to win great prizes!

Contest Rules

(1) You must be 15 or younger.

(2) You must paint both Jun and Gon.

(3) Send your paintings to the zoo office by July 31.
Do not send any "photos."　We will accept only paintings.

・Special Tickets

One-year tickets are on sale from this month for ¥11,900 (¥5,900 for children under 12).　With this ticket, you always get 5% off when you buy any drinks or foods at the restaurant.

・Nighttime Zoo starts on July 13

There are nocturnal animals in Asahigaoka zoo, like lions and kangaroos.　They often sleep during the day, and move around at night.　If you visit our zoo at night, you can (　　　) such animals.　The nighttime zoo is open from 6:00 to 10:00 P.M.　Please call us if you want to visit the nighttime zoo.

Tel (027-XXX-XXXX)　　Website (www.asahigaoka-zoo.co.jp)

（注）nighttime　夜間　nocturnal　夜行性の　kangaroos　カンガルー

問1　コンテストの応募に必要な条件とは何か。もっとも適当なものを下のア～エから1つ選び，記号で答えなさい。

ア　作品は必ず動物園に持参すること。　　イ　2頭のホワイトタイガーを描くこと。

ウ　応募者は12歳から15歳までであること。　　エ　Jun と Gon の写真を撮ること。

問2　文中の（　）に入るもっとも適当なものを下のア～エから1つ選び，記号で答えなさい。

ア　put　　イ　look　　ウ　see　　エ　hope

問3　次のａ～ｃの各英文が本文の内容に合っていれば○，間違っていれば×で答えなさい。

a　You can buy some goods at a lower price at the gift shop with one-year tickets.

b　Lions often move around at night.

c　You have to call Asahigaoka zoo before you join the nighttime zoo.

4　次の英文を読み，各問いに答えなさい。

People say that they are busy these days. It may be true. We sometimes feel that (1) we don't have enough time to do the things we want to. When I wake up in the mornings, I often decide to do my homework, or do some exercises on the day. However, when I go to bed, I find that I haven't done anything. I can't clearly remember what I did on the day, and I wonder why I don't have enough time.

You may be surprised to know that one of the reasons for that kind of feelings (2)(be) "technology", tools that connect us. The sounds our smartphones and computers make take us out of a happy time. When we hear that kind of sounds many times, we lose our power to enjoy our favorite activities, such as reading books, talking with our friends and family members, having meals, or sleeping.

It is not only our fault: technology is made to be addictive. Most people spend three hours each day on their smartphones or computers on average, and most of this time is used on activities that are not so important, for example, playing games, or writing or reading SNS.

In addition, using technology may have some effect on our mental health. A scientist says some people felt lonelier after they read SNS on their smartphones. And some studies show that people who spend much time on SNS feel more stressed.

How can we disconnect from technology and enjoy our personal lives? First, set clear goals about when you disconnect. One example is turning off your phone at dinner. It is better for you to tell your friends and family members about this goal. Then, they can see when you don't want them to call you or send messages.

(3)(Two), change your technology's settings. If you (4) do so, you can easily achieve your own goals you made. In this step, you change your phone's settings into the ones which help you to stop using your phone too much. Some smartphones tell you how long you use them, or automatically close their screen. It is also good to find some applications which stop you from accessing SNS or websites while you are working or having meals.

The best of all, give some presents for yourself. If you can achieve your goal, you may buy something you want or something you want to eat. (5)(ア after イ given ウ make エ presents オ the success カ you) happier, and you can continue to turn off your technology when you need. Of course you can change your present. (6)It is very fun to choose what to give yourself.

As you know, (7) is very useful. In other words, we can't live without it. However, if we are connecting technology or networks all the time, we will feel more stressed. And our daily lives may become worse. Now, we know many ways and tools that can disconnect us from technology. Let's start with the way you choose, or the tools you find. When you achieve your goal, turning technology off, you can get the best present: a happy life!

（注） fault　責任，落ち度　　addictive　癖になる，人をとりこにする　　on average　平均で
mental　精神の，心の　　lonelier　より孤独な　　stressed　ストレスで疲れた
disconnect　（インターネット等から）切断する　　automatically　自動的に
screen　（コンピュータの）画面　　application　アプリケーション　　accessing　接続すること
In other words　言い換えると　　worse　より悪い

問1　文中の下線部(1)には1箇所 that が省略された部分がある。省略された箇所としてもっとも適当なものを下のア～エから1つ選び，記号で答えなさい。

... we don't have enough time ア↓ to do イ↓ the things ウ↓ we want to. エ↓

問2　文中の下線部(2)，(3)の（　）内の英語を前後関係から考えてもっとも適当な形に直しなさい。

問3　文中の下線部(4)が指すものを下のア～エから1つ選び，記号で答えなさい。

ア　通信機器を買い換えること。

イ　通信機器の設定を変更すること。

ウ　自身が決めた目標をたやすく達成すること。

エ　たやすく達成できる目標を決めること。

問4　文中の下線部(5)の（　）内の語を意味が通る英文に並べ替えるとき，3番目と5番目に来るものをそれぞれ記号で答えなさい。

問5　文中の下線部(6)が示すものとしてもっとも適当なものを下のア～エから1つ選び，記号で答えなさい。

ア　give yourself

イ　what to give yourself

ウ　to choose what to give yourself

エ　very fun to choose what to give yourself

問6　文中の（7）に入るもっとも適当な英語1語を本文中から抜き出して答えなさい。

問７　次の１，２の英語の問いの答えになるように，下の英文の（　）に入るもっとも適当な英語をそれぞれ１語ずつ答えなさい。

1　When do we lose our power to enjoy our favorite things?
-- When we hear the (　　) our smartphones or computers (　　) many times.

2　How long do most people use their smartphones each day?
-- On average, they use them for (　　)(　　) a day.

問８　次のア～エの各英文のうち本文の内容と合っているものを１つ選び，記号で答えなさい。

ア　If people read SNS more, they will be happier.

イ　We shouldn't use applications which stop us from using our smartphones too much.

ウ　When you can achieve your own goals, you may give yourself something as a present.

エ　We can't live if we don't have smartphones, but we can get much time with them.

【理　科】（45分）　＜満点：100点＞

1　アキラさんは理科の授業で学校内にある身近な植物6種を観察した。観察した6種の植物をA～Fとし，それぞれ何枚かのカードに特徴をまとめた。カードは①～⑨の9枚あり，後日カードを整理しようとしたが，それぞれのカードがどの植物のカードかを記録したメモを無くしてしまった。次の(1)～(4)の問いに答えなさい。

①
・葉の裏に粒のようなものがたくさんある。

・粒の中身を観察すると胞子が含まれていることがわかった。

②
・葉の表面には網目状の葉脈が見られる。

・花をつけていて花弁が1枚ずつ分かれている。

③
・雌花に膨らんだ部分が見えている。

・雌花の膨らみは先生から胚珠だと教わった。

④
・植物の一部を掘り返し根を観察したが，細い根のみがたくさんある。

・葉や大きな花をつけている。

⑤
・校舎の影のじめじめとしたところに集まっている。

・茎や葉，根は観察することができない。

⑥
・根を観察すると太い根から細い根がたくさん伸びている。

・花は花弁がくっついて1枚になっている。

⑦　植物Dのスケッチ

⑧　植物Eのスケッチ

⑨　葉の裏のスケッチ

(1)　①のカードに書かれている，粒のようなものとは何か答えなさい。

(2)　⑦のカードのスケッチは植物Dのものである。植物Dについての他のカードを1つ選び番号で答えなさい。

(3)　⑧のカードのスケッチは植物Eのものである。植物Eについての他のカードを1つ選び番号で答えなさい。

(4)　アキラさんが資料を整理していると，無くしてしまったメモの一部を見つけることができた。メモには次のページのように書かれている。

> メモ
> ・観察した植物６種は「アサガオ，アブラナ，イチョウ，イヌワラビ，ゼニゴケ，ユリ」である。
> ・②のカードは植物Ｂ，④のカードは植物Ａ，⑨のカードは植物Ｃのものである。

これらのことから，植物Ａ～Ｃおよび植物Ｆの名前をそれぞれ答えなさい。

2 親の形質や遺伝子がどのような仕組みで子孫に受け継がれていくかを調べるために，エンドウを用いて〔実験Ⅰ〕，〔実験Ⅱ〕，〔実験Ⅲ〕を行った。次の(1)～(7)の問いに答えなさい。ただし，種子の形を丸にする遺伝子をＧ，種子の形をしわにする遺伝子をｇとし，Ｇとｇは互いに対立する遺伝子とする。

〔実験Ⅰ〕

・丸い種子をつくる純系のエンドウのめしべに，しわのある種子をつくる純系のエンドウの花粉をつけて受粉させたところ，つくられた種子の形はすべて丸くなった。このときにつくられたすべての丸い種子を①とした。

〔実験Ⅱ〕

・〔実験Ⅰ〕でつくられた①を育てた個体の花粉を同じ個体のめしべに受粉させた。すると，つくられた種子は形が丸のものとしわのものが確認された。このときにつくられたすべての種子を②とした。

〔実験Ⅲ〕

・丸い種子をつくる個体としわのある種子をつくる個体をそれぞれ親として交配実験を行ったところ，つくられた種子の形は丸のものとしわのものがほぼ同数となった。このときにつくられたすべての種子を③とした。

(1) 〔実験Ⅰ〕では，①は両親の一方の形質だけが現れた。このように，対立形質それぞれについての純系を交配したとき，子に現れる方の形質は何と呼ばれるか答えなさい。

(2) 〔実験Ⅱ〕の下線部の方法を何というか答えなさい。

(3) 〔実験Ⅱ〕でつくられた②の形と数を調べたところ，しわのある種子は152個確認された。遺伝の規則性が成立する場合，丸い種子はおよそいくつになると考えられるか。最も適切なものを次のア～カから選び記号で答えなさい。

ア．50個　　イ．80個　　ウ．150個　　エ．300個　　オ．450個　　カ．610個

(4) 遺伝の規則性が成立する場合，実験Ⅱでつくられた②のうち，Ｇｇからなる種子はおよそいくつになると考えられるか。最も適切なものを次のア～カから選び記号で答えなさい。

ア．50個　　イ．80個　　ウ．150個　　エ．300個　　オ．450個　　カ．610個

(5) 〔実験Ⅰ〕，〔実験Ⅱ〕を通して，遺伝の規則性を発見した人物を答えなさい。

(6) 〔実験Ⅲ〕でつくられた③の親となる個体の遺伝子の組み合わせについて，最も適切なものを次のア～カから選び記号で答えなさい。

ア．GgとGg　　イ．GGとGG　　ウ．Ggとgg　　エ．ggとgg　　オ．GGとgg
カ．GgとGG

(7) 親から子への形質の伝わり方は遺伝子が関与している。次のページの文章は「分離の法則」に

ついて簡潔に説明したものである。文章中の空欄A，Bに入る最も適切な語句を次のア～カからそれぞれ選び記号で答えなさい。

「対になっている親の代の遺伝子は，（　A　）によって，それぞれ別の（　B　）に入る。」

ア．栄養生殖　　イ．生殖細胞　　ウ．体細胞分裂　　エ．孔辺細胞　　オ．減数分裂
カ．無性生殖

3　酸化銀に関する実験を行った。次の(1)～(5)の問いに答えなさい。

図1

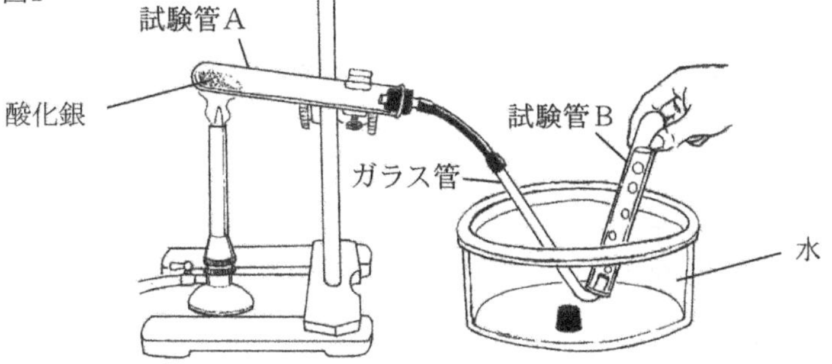

〔実験〕

操作①　乾いた試験管Aに黒色粉末の酸化銀を2.90 g 入れ，図1のようにセットした。

操作②　ガスバーナーで加熱し，出てきた気体を試験管に集めたが，はじめの1本分の気体は捨てた。

操作③　続いて発生する気体を試験管Bに集め，ゴム栓をした。

操作④　さらに気体が発生しなくなるまで十分に加熱した。その後，ガラス管を水中から取り出し，ガスバーナーの火を消した。

操作⑤　試験管Aが冷えたことを確認後，その中に残った白い物質を取り出して質量を測定したところ2.70 g であった。

操作⑥　その後，取り出した物質を薬さじでこすると，特有の光沢が確認でき，また，電気もよく通した。

操作⑦　試験管Bの中に火のついた線香を入れてみたところ，線香は激しく燃えた。

(1)　操作②において，なぜ，はじめの1本分の気体を捨てたのか，10字以内で答えなさい。

(2)　操作⑦より発生した気体は酸素であることが確認できた。酸素を発生させるには他にどのような方法があるか。次のア～オからすべて選び記号で答えなさい。

ア．石灰石に塩酸を加える。

イ．二酸化マンガンにオキシドールを加える。

ウ．ベーキングパウダーに酢を加える。

エ．水を電気分解する。

オ．スチールウールに塩酸を加える。

(3)　実験のように1種類の物質が2種類以上の別の物質に分かれる変化を何というか答えなさい。また，次のア～エのうち同様な化学変化はどれか。適するものを選び記号で答えなさい。

ア．硫酸と水酸化バリウム水溶液を混ぜる。

イ．炭酸水素ナトリウムを加熱する。

ウ．銅を加熱する。

エ．塩酸にマグネシウムを加える。

(4) 図２は，この実験で起こった化学変化の様子をモデルで表したものである。それぞれの □ にあてはまる物質をモデルで表し完成させなさい。ただし銀原子を●，酸素原子を○，酸化銀を●○●とする。

図2

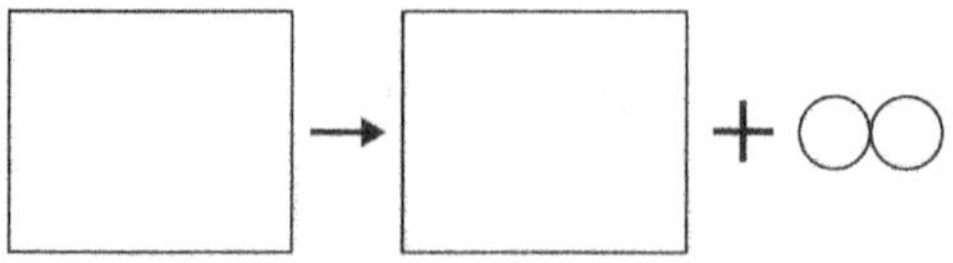

(5) 実験から，58.0 g の酸化銀をほぼすべて銀にするためには，何 g の酸素を取り除かなければならないと考えられるか答えなさい。

4 金属には，金や銀，鉄など１種類の元素からできている純金属と，数種類の金属から生じた合金がある。日本銀行が発行する５円玉は，銅60～70％，亜鉛40～30％からなる合金の１種である黄銅からできている。銅の密度を9.0 g/cm^3，亜鉛の密度を7.0 g/cm^3として次の(1)~(4)の問いに答えなさい。

(1) 銅m〔g〕の体積は何cm^3となるか答えなさい。

(2) 亜鉛m〔g〕の体積は何cm^3となるか答えなさい。

(3) 銅：亜鉛＝３：２の質量比で用意し，それぞれの体積を求めた。次に，この銅と亜鉛を加熱して溶かし合金を生じさせた。生じた合金の体積が，最初に用意した銅の体積と亜鉛の体積の和だと仮定すると合金の密度は計算上何 g/cm^3となるか。小数第２位を四捨五入して答えなさい。

(4) (3)で生じた合金の密度を計測してみたところ8.5 g/cm^3であったことから，生じた合金の体積は，最初に用意した銅と亜鉛の体積の和と比較するとどうであったか簡単に述べなさい。

5 図１のように，点Ｂで水平面となめらかにつながるレールの斜面を用意し，高さ30㎝の点Ａから静かに小球をはなしたところ小球は点Ｂ，Ｃ，Ｄをとおり，空中に投げだされた。次の(1)~(4)の問いに答えなさい。ただし，小球には摩擦力や空気抵抗ははたらかないものとする。

図1

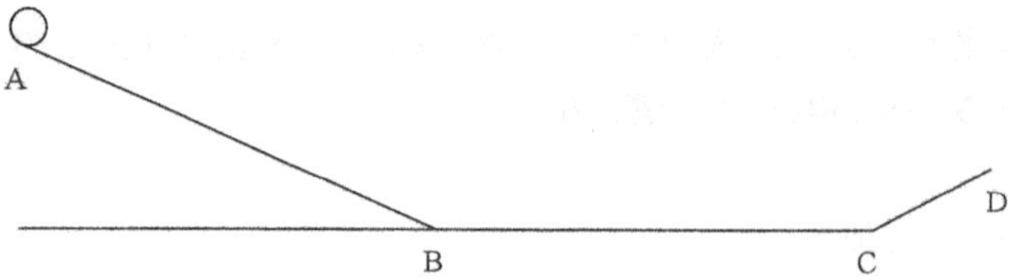

図2

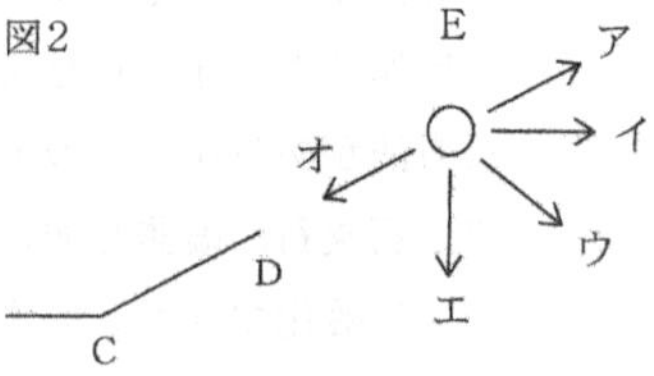

(1) 図２は点Dから投げだされた小球が最高点Ｅに達したときの様子を表している。このとき，小球にかかる力の方向を図２中のア～オの中からすべて選び記号で答えなさい。ただし，該当するものがないときには「なし」と答えの欄に書きなさい。

(2) 点Ａ，Ｂ，Ｅの力学的エネルギーをEa，Eb，Ee，位置エネルギーをUa，Ub，Ueとする。この６つのエネルギーを小さい方から並べたとき２番目にくるものを答えなさい。ただし，答えが複数あるときは全て書きなさい。

(3) 図３は小球が斜面ABを下る時の様子を0.1秒毎にストロボで映し出した様子である。0.1秒毎の各区間毎における，地面に水平な方向の平均の速さと地面に垂直な方向の平均の速さの比を最も簡単な整数の比で表しなさい。

図3

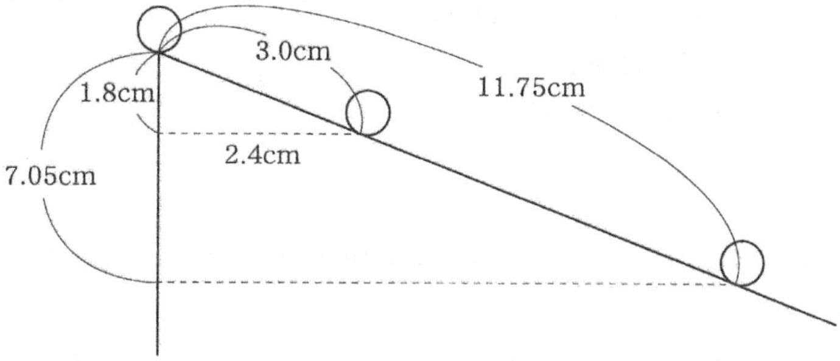

(4) 図４は小球が斜面ABを下る時にかかる重力Wを図示したものである。床からの垂直抗力をN，重力の斜面方向の分力をFとすると，この３力の大小関係はどのように表すことができるか。次のア～キから選び記号で答えなさい。

ア	W ＜ N ＜ F
イ	N ＜ W ＜ F
ウ	F ＜ W ＜ N
エ	W ＜ F ＜ N
オ	F ＜ N ＜ W
カ	N ＜ F ＜ W
キ	W ＝ N ＝ F

図4

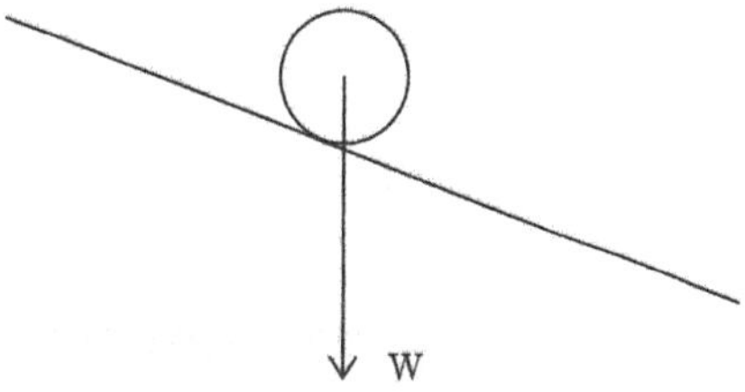

6 下の図１～次のページの図４の回路について，次の(1)～(4)の問いに答えなさい。

図1

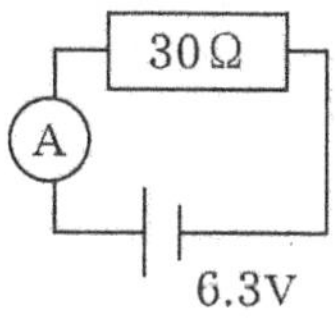

図2

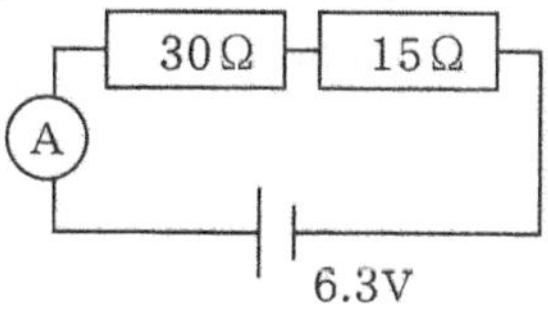

図3

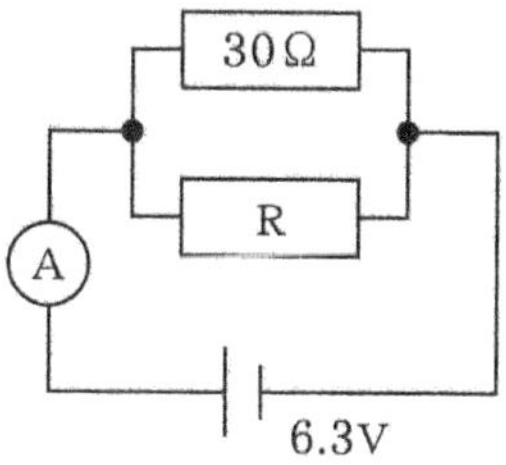

(1) 図１のように30Ωの抵抗を6.3Vの電源と電流計につないだ。電流計が示す値は何mAか答えなさい。

(2) 図２のように30Ωの抵抗と15Ωの抵抗を6.3Vの電源と電流計につないだ。電流計が示す値は何mAか答えなさい。

(3) 図３のように抵抗Rを30Ωの抵抗と6.3Vの電源に接続したところ，電流計には630mAの電流が流れた。抵抗Rは何Ωか答えなさい。

⑷　図４は線分ab上のどこをタッチしたかを調べるための回路であり，タッチパネルの原理を簡単に模したものである。15Ωの抵抗を指に見立て，端子ＰをX1，X2，Ｘ３のいずれかに接続することで電流計の値から接続した位置を知ることができる。電流計が150ｍＡを示すとき端子ＰはX1，X2，Ｘ３のどれと接続されているか答えなさい。

図４

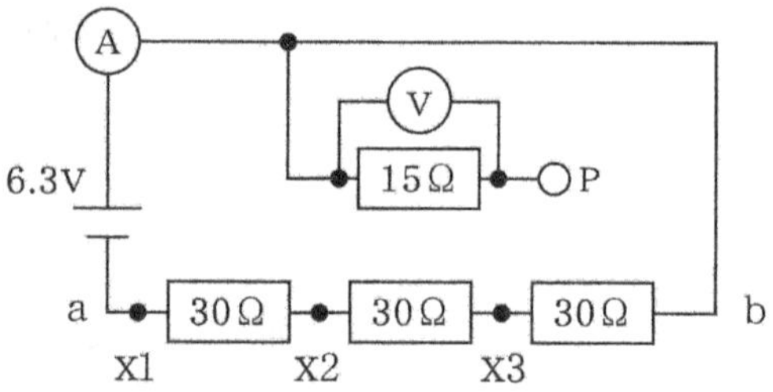

7　表は，ある地震での観測地Ａ～Ｃ地点における初期微動開始時刻，主要動開始時刻とそれをもとに算出した初期微動継続時間，震源までの距離をまとめたものである。また，この地震でのＰ波の速さは６㎞/秒，Ｓ波の速さは４㎞/秒，地震の規模はM7.0であった。次の⑴～⑶の問いに答えなさい。

表

観測地	A地点	B地点	C地点
初期微動開始時刻	10時25分30秒	10時25分32秒	10時25分（⑤）秒
主要動開始時刻	10時25分31秒	10時25分（③）秒	10時25分40秒
初期微動継続時間〔秒〕	（①）	2	（⑥）
震源までの距離〔km〕	（②）	（④）	48

⑴　空欄①～⑥に適する数値を答えなさい。

⑵　この地震が発生した時刻を，次のア～カから選び記号で答えなさい。

ア．10時24分24秒　　イ．10時24分28秒　　ウ．10時25分15秒

エ．10時25分20秒　　オ．10時25分24秒　　カ．10時25分28秒

⑶　過去にM6.0の地震が起こったとする。その地震と比較すると，この地震で放出されたエネルギーはおよそ何倍であると考えられるか。次のア～キから選び記号で答えなさい。

ア．２倍　　イ．４倍　　ウ．８倍　　エ．10倍　　オ．16倍　　カ．32倍　　キ．100倍

【社　会】（45分）　＜満点：100点＞

1　Ⅰ図は，1964年の東京大会以降にオリンピックが開催された国および都市を示したものである。次のⅠ～Ⅲ図を見て，後の(1)～(6)の問いに答えなさい。

Ⅰ図

Ⅱ図　B国の輸出品の変化

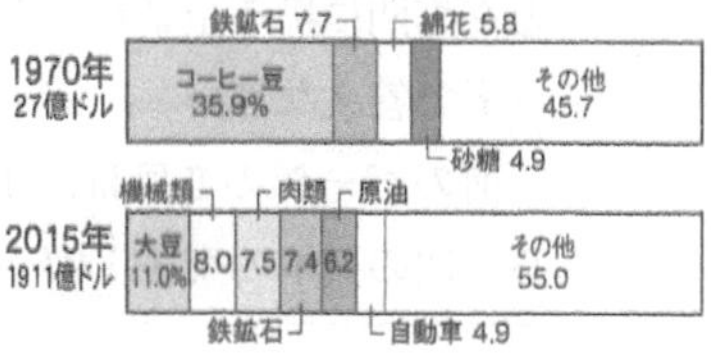

（UN Comtrade、ほか）

Ⅲ図　F国の輸出先の変化

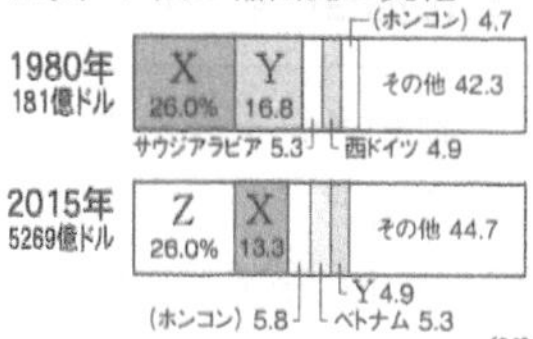

（UN Comtrade）

(1)　Ⅰ図中のい～には国境を示している。国境には，河川や山脈などの自然環境や，経緯線を利用しているものがある。国境として利用しているものの組み合わせとして正しいものを，次のア～エから一つ選び，記号で答えなさい。

ア　い：経緯線　　ろ：山脈　　　イ　は：河川　　に：山脈

ウ　い：山脈　　　は：経緯線　　エ　ろ：河川　　に：河川

(2)　Ⅰ図中の都市のうち，同じ気候区に属する都市の組み合わせとして正しいものを，次のア～エから一つ選び，記号で答えなさい。また，解答した都市の気候の特徴について述べた文として正しいものを，下のカ～ケから一つ選び，記号で答えなさい。

ア　ロサンゼルスーリオデジャネイロ　　イ　ロンドンーアテネ

ウ　モスクワーバルセロナ　　　　　　　エ　東京ーシドニー

カ　雨季と乾季が明瞭で，丈の長い草原に樹木がまばらにみられる。ブラジル高原ではカンポとよばれる。 キ　四季が明瞭で，夏と冬の気温差が大きく，1年を通して降水量が多い。 ク　短い夏と寒さの厳しい冬があり，夏と冬の気温差が大きい地域で，針葉樹の森が広がる。 ケ　偏西風や暖流の影響を受けて1年を通して気温と降水量の差が小さい。高緯度の割に冬が温暖である。

(3)　Ⅰ図中のA国・C国・G国・日本の農牧業や食料自給率について述べた文として**誤っているもの**を，次のア～エから一つ選び，記号で答えなさい。

ア　日本でほぼ自給できているのは米と卵類のみであり，豆類，特に大豆の多くはD国からの輸入である。

イ　A国のグレートプレーンズやプレーリーでは，小麦・大豆・トウモロコシなどが大規模に栽培されている。

ウ　C国はEU最大の農業国である。小麦の自給率は100％を大きく上回り，世界有数の輸出国となっている。

エ　G国南東部の南西部では，小麦などの栽培と組み合わせた肉牛や羊の飼育がおこなわれている。

(4)　前のページのⅠ図中のA国の農牧業においては，気象や作付けの情報提供をはじめ，種子の開発，農産物の流通から販売・加工，農業機械や資材の開発・流通・販売など，農業に関連することを専門に扱う企業が大きな影響力を持っている。このような企業を何というか，答えの欄に合う形で答えなさい。

(5)　前のページのⅡ図は，Ⅰ図中のB国の輸出品の変化を示したものである。Ⅱ図を参照しながら，次の文中の空欄 W に当てはまるものを，下のア～エから一つ選び，記号で答えなさい。

かつてB国は，コーヒー豆の輸出に依存するモノカルチャー経済の国であったが， W ，輸出品目の多角化を進めたことがうかがえる。

ア　穀物メジャーとより一層の関係強化をはかり，プランテーション作物栽培の低コスト化を進めるなど

イ　OPEC諸国と個別の経済協定を結び，より安価で安定した原油供給につとめるなど

ウ　自動車や鉄鋼などの重化学工業を発展させたり，大豆等への作物の転換をはかったりするなど

エ　ICT産業と他の産業とを融合させた戦略産業を選択して集中的に推進するなど

(6)　前のページのⅢ図は，Ⅰ図中のF国の輸出先の変化を示したものであり，Ⅲ図中のX～Zは，Ⅰ図中のA国・E国・日本のいずれかである。X～Zに当てはまる国の組み合わせとして正しいものを，次のア～エから一つ選び，記号で答えなさい。

ア　X：E国　Y：A国　Z：日本　　イ　X：A国　Y：日本　Z：E国

ウ　X：E国　Y：日本　Z：A国　　エ　X：A国　Y：E国　Z：日本

2　はるのぶ君は自分の住む地域の調べ学習をおこなった。はるのぶ君が作った資料を見て，後の(1)～(8)の問いに答えなさい。

山梨県についての発表

僕は住んでいる地域の地形図が教科書に載っていたことに興味を持ち，山梨県について調べることにしました。Ⅰ図がその地形図です。この地形図を見ると，中央の部分が特徴的な地形をしています。２学期には，①この地域のこのような地形の土地利用についても調べていきたいと思います。

山梨県は，県中心部の（　A　）盆地を除いて平地部が少なく，総面積の約86％が山地です。②周囲を高い山々が囲

Ⅰ図　僕が住む地域の２万5000分の１地形図

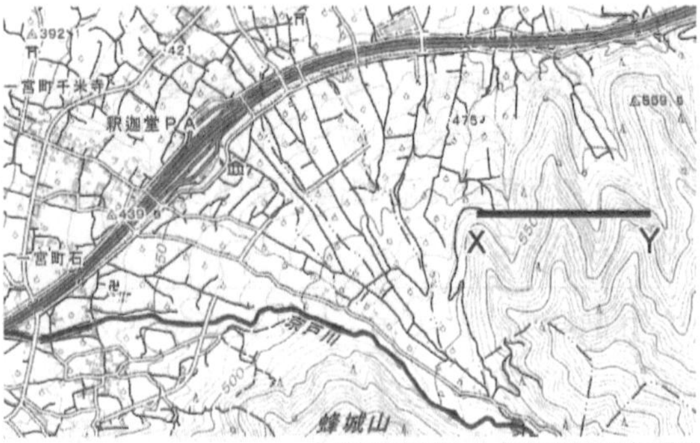

（2万5000分の1「石和」平成28年発行）

Ⅱ図
富士山を
描いた錦絵

み，日本一高い③富士山もあります。17ページのⅡ図は歴史の教科書にも載っていた錦絵です。
山梨県は周りの県と比べると，第一次産業の就業割合が比較的多く，④農業が盛んです。また，県の歴史では，洪水を防ぐために堤防を築き，戦にも強かった戦国大名の武田信玄が有名です。
2027年には，山梨県を通るルートでリニアモーターカーが開業する予定で，とても楽しみです。ますます⑤交通が便利になると思います。

(1)　資料中の空欄（**A**）に当てはまる語句を答えなさい。

(2)　17ページのⅠ図から読み取れる内容として**誤っているもの**を，次のア～エから一つ選び，記号で答えなさい。

ア　釈迦堂PAのすぐ近くに博物館がある。

イ　Ⅰ図中で最も高い地点は，559.5mである。

ウ　Ⅰ図中で測った4㎝の距離は，勾配を考えないとき，実際には1㎞になる。

エ　Ⅰ図中では，京戸川はほぼ西に向かって流れている。

(3)　Ⅰ図中の**X━Y**の断面図を，次のア～エから一つ選び，記号で答えなさい。

ア
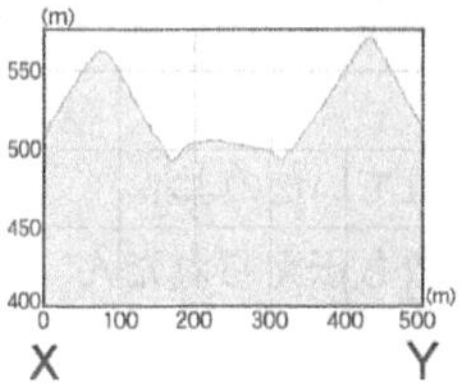

イ
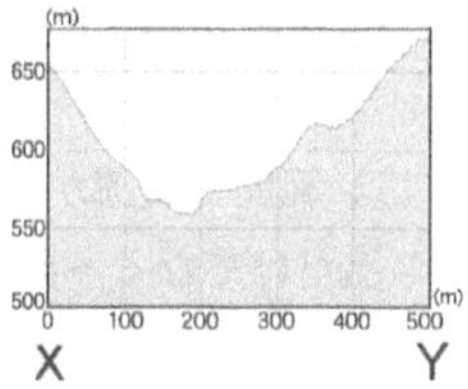

ウ
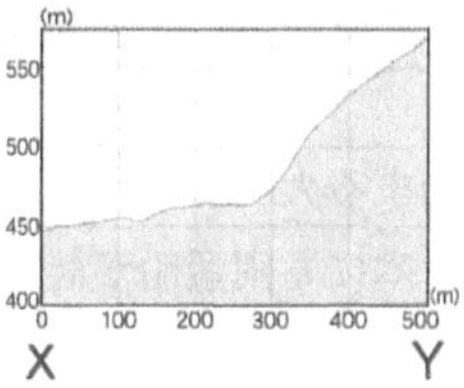

エ
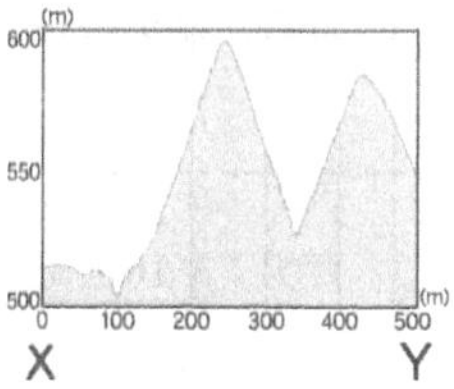

(4)　①＿＿について，山梨県ではこのような地形で近世から近代にかけて，現在とは違った土地利用がされていた。どのような土地利用だったか，答えの欄に合う形で答えなさい。

(5)　②＿＿について，下のア～エはそれぞれ金沢・松本・名古屋・高松のいずれかの雨温図である。周囲を山で囲まれた内陸の高地でみられる雨温図として最も適当なものを，ア～エから一つ選び，記号で答えなさい。

ア
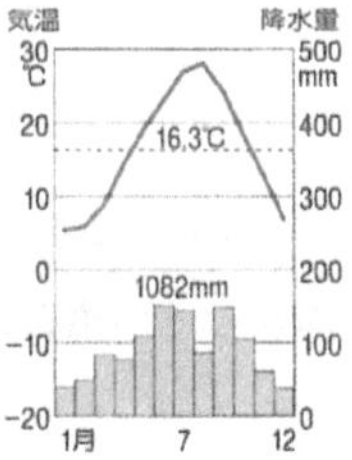

イ
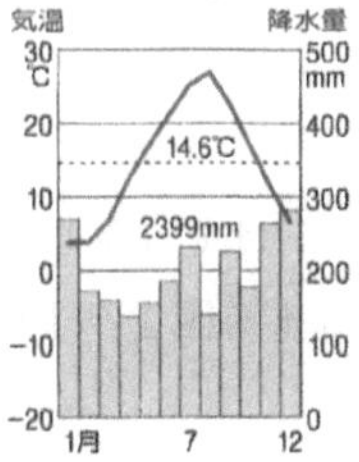

ウ
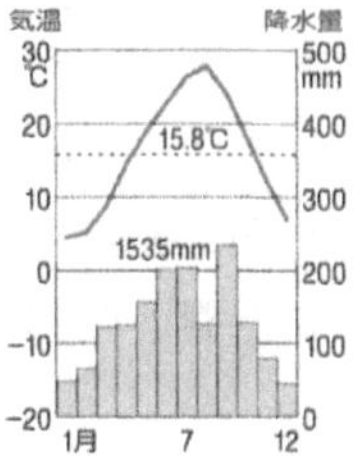

エ
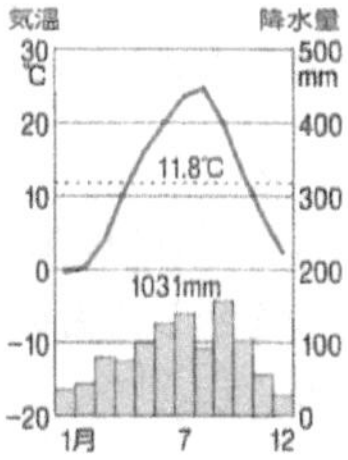

(6)　③＿＿について，Ⅱ図の錦絵の作者は誰か，次のア～エから一人選び，記号で答えなさい。

ア　歌川広重　　イ　葛飾北斎　　ウ　喜多川歌麿　　エ　東洲斎写楽

(7)　④＿＿について　Ⅲ図は2019年における山梨県・長野県・新潟県の農業産出額の内訳を示している。Ⅲ図中の**A**～**C**が示す県の組み合わせとして正しいものを，下のア～エから一つ選び，記号で答えなさい。

Ⅲ図
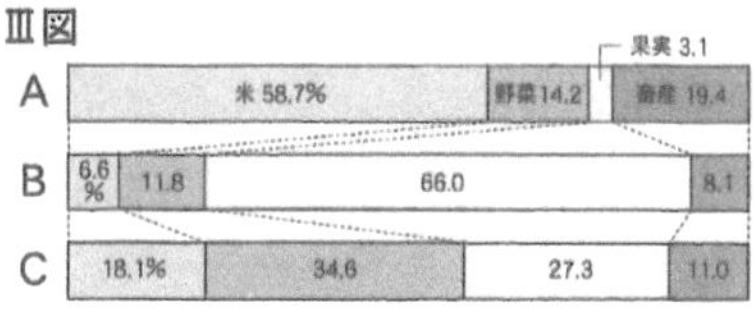

（『データブック オブ・ザ・ワールド 2021』より作成）

記号	A	B	C
ア	新潟県	長野県	山梨県
イ	長野県	新潟県	山梨県
ウ	新潟県	山梨県	長野県
エ	山梨県	長野県	新潟県

(8)　⑤＿＿について，Ⅳ図は日本国内の貨物輸送における内訳の変化を示している。この変化の背景として最も適当なものを，次のア～エから一つ選び，記号で答えなさい。

Ⅳ図

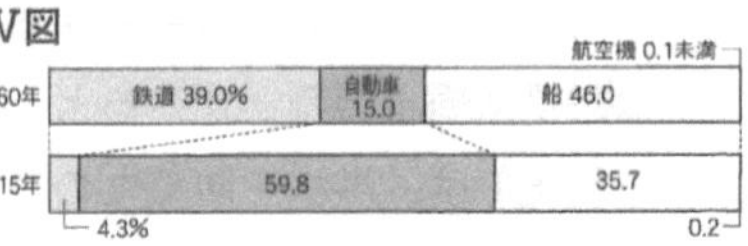

（交通関連統計資料集、ほか）

ア　高速道路網の整備　　イ　地方空港の減少　　ウ　新幹線の開通　　エ　原油価格の高騰

3　次の会話文を読んで，後の(1)～(7)の問いに答えなさい。

英子：私は歴史を勉強する中で，「人やものの交流」について興味を持ったわ。
育男：僕も，世界規模の東西交流には興味があるよ。
英子：①「シルクロード」は，ヨーロッパと中国をつないでいたと言われているのよね。
育男：そうだね。そこでは絹だけでなく，クルミやゴマなどの植物から毛皮やガラス製品まで，様々なものが流通していたらしいよ。
英子：そうそう，②インドとも交流していて，日本にも影響があったらしいわ。
育男：歴史の授業で③正倉院のことを勉強したとき，ペルシャ風の水さし「漆胡瓶」の話を聞いたよ。
英子：④15世紀後半に始まる大航海時代には，さらに広い範囲で交流がおこなわれていたのよね。
育男：⑤16世紀には，日本にも南蛮船が訪れ，貿易の品だけでなく⑥キリスト教も伝えられたんだ。
英子：「人やものの交流」が自然環境にとってマイナスになることもあるけれど，私は多くの人と交流して，新たな発見がしたいわ。
育男：行動制限が解消され，国内外を問わず自由に交流できるようになるといいね。

(1)　①＿＿について，次のⅰ）・ⅱ）の問いに答えなさい。

ⅰ）　紀元前より「シルクロード」を通って，西方から中国へ伝わっていたものはどれか，次のア～エから一つ選び，記号で答えなさい。

ア　紙　　イ　ブドウ　　ウ　ジャガイモ　　エ　火薬

ⅱ）　次の地図は紀元前2世紀に西方から東方に向けて「シルクロード」を進んだ場合の経路の一つを示したものである。空欄（A）に当てはまる国を，下のア～エから一つ選び，記号で答えなさい。

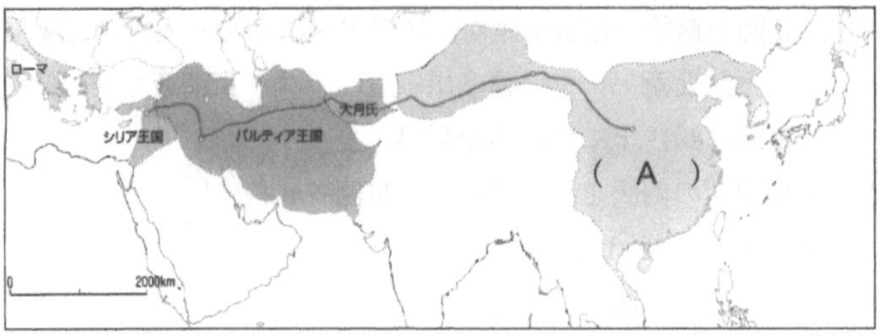

シリア王国 → パルティア王国 → 大月氏 →（　A　）

ア 宋　　イ 唐　　ウ 隋　　エ 漢

(2) ②＿＿について，インドでは仏教が生まれ，6世紀半ばに日本にも伝えられた。日本で最初の仏教文化を何というか，答えなさい。

(3) ③＿＿について，次のⅰ）・ⅱ）の問いに答えなさい。

ⅰ） 正倉院は三角形の木材を組んで建てられている。この建築様式を何というか，答えなさい。

ⅱ） 正倉院が建てられた同世紀，中国にならって制定された法律を，次のア～エから一つ選び，記号で答えなさい。

ア 武家諸法度　　イ 大宝律令　　ウ 御成敗式目　　エ 公事方御定書

(4) ④＿＿について，この時期の日本では戦国大名が活躍していた。次のⅰ）・ⅱ）の問いに答えなさい。

ⅰ） 戦国大名の中には，実力をつけて上の身分の者に打ち勝ち，地位を奪う者もいた。このような風潮を何というか，**漢字三字**で答えなさい。

ⅱ） 戦国大名は領国を豊かにしようと力を注いだ。鉱山開発を進める者もおり，ヨーロッパにも知られる銀山が存在した。現在世界遺産に登録されている島根県の銀山を何というか，答えなさい。

(5) ⑤＿＿について，16世紀末，豊臣秀吉は二度にわたって朝鮮出兵をおこなった。二度の出兵の名称の組み合わせとして正しいものを，次のア～エから一つ選び，記号で答えなさい。

ア 文禄の役・慶長の役　　イ 弘安の役・文禄の役

ウ 慶長の役・文永の役　　エ 文永の役・弘安の役

(6) ⑥＿＿について，キリスト教と同時期に日本へ伝わり，その後の戦いに大きな影響を与えた武器は何か，**漢字二字**で答えなさい。

(7) 右の図は，17世紀の「大西洋の三角貿易」を示したものである。空欄（X）・（Y）に当てはまる語句の組合せとして正しいものを，次のア～エから一つ選び，記号で答えなさい。

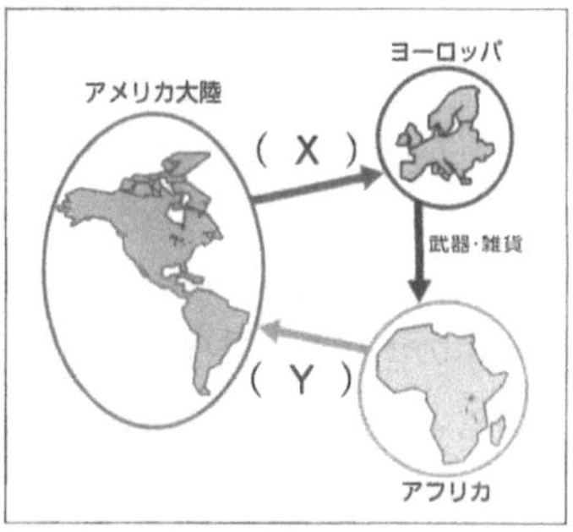

記号	（ X ）	（ Y ）
ア	砂糖	毛織物
イ	象牙	奴隷
ウ	砂糖	奴隷
エ	象牙	毛織物

4 近現代の歴史について，次のA・Bの問いに答えなさい。

A 次の文を読み，後の(1)～(5)の問いに答えなさい。

2024年から新1万円札の肖像になることが決まっている渋沢栄一に今注目が集まっている。生涯500余りの企業の設立にかかわり，600余りの教育機関・医療機関・福祉事業設立を支援し，二度もノーベル平和賞候補にあげられた人物である。江戸・明治・大正・昭和を生き，91年の生涯を全うした。この間，多くの歴史上の人物と交流を深めた。特に有名な5人をあげ，次のページのa～eのカードを作った。

a　徳川慶喜

御三家の水戸徳川家生まれ。①江戸幕府最後の将軍。大正2年，77歳で亡くなった。

b　（　②　）

長州藩出身。幕末に英国留学。初代内閣総理大臣。1909年，ハルビンで暗殺された。

c　井上馨

長州藩出身。幕末に英国留学。外務卿（大臣）時に条約改正交渉に臨み，③欧化政策を進めた。

d　大隈重信

肥前藩出身。渋沢を政府にスカウト。初代立憲改進党党首。④二度内閣総理大臣となった。

e　ウィルソン大統領

第28代アメリカ合衆国大統領。1918年1月，十四か条の平和原則発表。⑤ノーベル平和賞受賞。

(1)　カードaの①＿＿について，1867年10月，徳川慶喜が将軍の役割として最後におこなったことを，次のア～エから一つ選び，記号で答えなさい。

ア　廃藩置県　　イ　大政奉還　　ウ　琉球処分　　エ　地租改正

(2)　カードbの空欄（②）に当てはまる人名を答えなさい。

(3)　カードcの③＿＿について，この一環として，舞踏会などがおこなわれた建物を何というか，答えなさい。

(4)　カードdの④＿＿について，一度目に内閣総理大臣となったのは，板垣退助と合同で憲政党を結成して内閣を組織したときであった。この内閣の説明として当てはまるものを，次のア～エから一つ選び，記号で答えなさい。

ア　日本で初めての内閣　　　　　イ　日本で初めての社会主義内閣

ウ　日本で初めての軍国主義内閣　エ　日本で初めての政党内閣

(5)　カードeの⑤＿＿について，受賞の理由は，第一次世界大戦後の世界平和と国際協調を目的とした組織の発足に尽力したことである。この国際組織を何というか，答えなさい。

B　次の文を読み，後の(6)～(8)の問いに答えなさい。

僕の担任の先生は現在60歳です。僕より45年も長く生きてきた経験の中で，特に印象に残ったできごとをあげてもらいました。その中で僕が生まれる前のできごとを年表にまとめました。

先　生　年　表				
	西暦	年齢	できごと	先生の思い出・印象
a	1961	0	先生生まれる	
b	1972	11	沖縄返還	日本武道館での内閣総理大臣の万歳が印象的だった。
c	1973	12	オイル・ショック	（　①　）
d	1993	32	55年体制の終わり	（　②　）
e	1995	34	阪神・淡路大震災	（　③　）

(6)　先生年表のbについて，「沖縄返還」を公約にかかげ，実現した内閣総理大臣は誰か，答えなさい。

(7)　先生が生まれる前から始まり，先生年表のcの頃まで続いた好景気の時期を何というか，答えなさい。

(8)　先生年表中の空欄（①）～（③）に当てはまる「先生の思い出・印象」として最も適当なものを，次のページのア～カから一つずつ選び，記号で答えなさい。

ア　ニューヨークの超高層ビルに飛行機が突入し煙が出ている映像を見て，底知れぬ恐怖を感じた。

イ　選挙の結果，自由民主党の長期政権にかわり，非自民連立内閣が成立したことにおどろいた。

ウ　兵庫県南部でおこった地震で，高速道路の高架橋が横倒しになっている姿に声もなかった。

エ　ベルリンの壁に大勢の民衆が集まっている映像に，冷戦終結が近いと感じた。

オ　生まれて初めて体験した大きな揺れに，命の危険を感じた。津波の本当の恐ろしさがわかった地震であった。

カ　ガソリンだけでなく，トイレットペーパーなどの日用品価格が急上昇した。私の好きな10円の駄菓子が30円になったことが特にショックだった。

5　次の文を読んで，後の(1)～(5)の問いに答えなさい。

ここ数十年で日本人の生活は大きく変化した。情報化にともなって，社会の中で①AIが活躍する場は年々増え続けている。同時に，情報化はグローバル化もいっそう進展させ，多文化共生の実現が求められている。近年では，②多様性の尊重が重視されるようになり，③バリアフリーやユニバーサルデザインが広がりつつある。

また，情報化やグローバル化は人権保障の捉え方にも多くの変化をもたらしてきた。例えば，第二次世界大戦後，人権は世界共通で保障されるべきものと捉えられるようになった。その結果④国際人権規約が採択され，各国の人権保障の模範とされるようになった。日本国内では，近年ますます⑤「新しい人権」が注目されるようになり，人権保障という観点からも情報化やグローバル化に対応しようとする流れがみられる。

(1)　①＿＿について，この言葉を日本語では何と表現するか，**漢字四字**で答えなさい。

(2)　②＿＿について，この言葉をカタカナでは何と表現するか，答えなさい。

(3)　③＿＿について，バリアフリーを表現したイラストとして最も適当なものを，次のア～エから**二つ**選び，記号で答えなさい。

ア　スロープ

イ　読みやすい文字

ウ　てすり

エ　シャンプーとリンスの容器

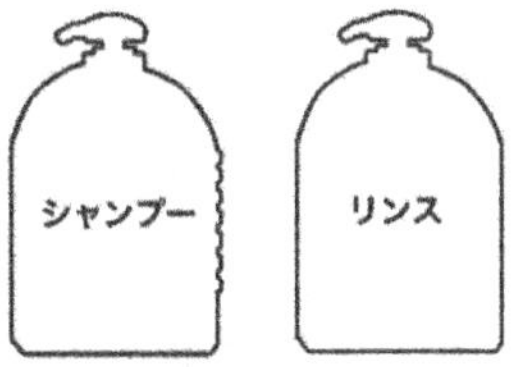

(4)　④＿＿について，次のⅰ）・ⅱ）の問いに答えなさい。

ⅰ）　次のア～エは国際人権規約と同様に国際連合において採択された条約である。これらの条約のうち，**日本が批准していないもの**を一つ選び，記号で答えなさい。

ア　死刑廃止条約　　イ　人種差別撤廃条約

ウ　障害者権利条約　　エ　子どもの権利条約

ⅱ）　国際条約は各国の人権保障に影響を与えることがある。女子差別撤廃条約の批准を受けて，1985年に日本で制定された法律を何というか，答えなさい。

(5)　⑤＿＿について，次のページのⅰ）・ⅱ）の問いに答えなさい。

ⅰ）「新しい人権」について述べた文として最も適当なものを，次のア～エから一つ選び，記号で答えなさい。

ア　1960年代に経済の発展が優先されるようになると，足尾銅山鉱毒事件などの深刻な公害問題が発生するようになり，住みやすい環境を求める「環境権」が主張されるようになった。

イ　現在では，国や地方の役所などに集まった情報を国民が手に入れる権利として「知る権利」を認めており，そのために国や地方には情報公開制度が設けられ，請求に応じて情報を開示している。

ウ　自身の生き方や生活の仕方について決定する権利を「自己決定権」というが，現在医療の現場では，患者自身が尊厳死や安楽死の決断をしてもよいというインフォームド・コンセントの考え方が広まりつつある。

エ　自身の私生活に関する情報を公開されない権利を「プライバシーの権利」というが，国や地方，民間の情報管理者に対してこうした個人情報の保護を義務付ける制度は，現在のところ設けられていない。

ⅱ）次の写真は臓器提供意思表示カード（ドナーカード）であり，自己決定権を尊重するものの一つとされている。写真中の空欄 X に当てはまる語句を，**漢字二字**で答えなさい。

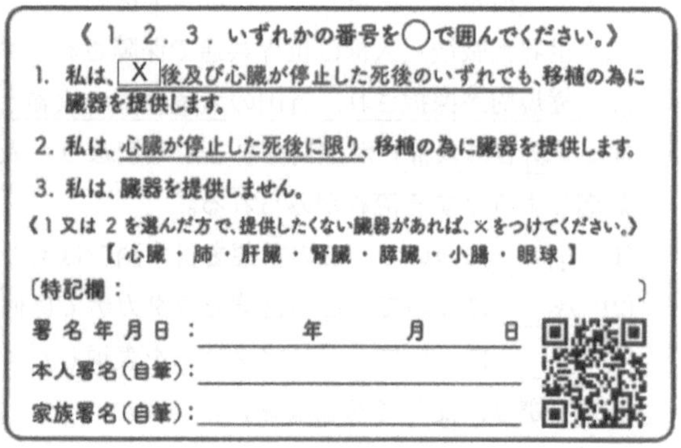

6　あとの４枚のカードは，公民の授業中にあるクラスの生徒が４つのグループに分かれて調べ学習をおこなった成果をまとめたものである。これらのカードを見て，後の(1)～(6)の問いに答えなさい。

> **テーマ**　**日本の裁判制度**
>
> ・裁判には，①民事裁判と刑事裁判の二種類があり，それぞれの裁判ごとに関わる人や判決の方法も全く違うことがわかった。
>
> ・②刑事裁判では被告人の権利がしっかりと保障されていることがわかった。
>
> ・公正，公平な裁判をおこなうために様々な工夫がなされていることがわかった。

テーマ　日本の地方自治

・Ⅰ図を見ると，③地方財政（歳出）の内訳が時代とともに変化していることがわかった。
・④地方自治と民主主義には深い関わりがあることがわかった。

Ⅰ図　地方財政の歳出の変化

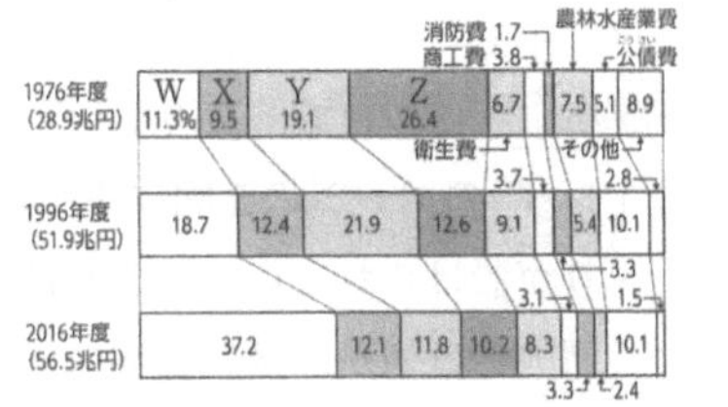

（「地方財政白書」平成30年版、ほか）

テーマ

⑤日本の選挙制度

・時代の流れとともに，徐々に選挙権が拡大していったことがわかった。
・選挙制度には様々な種類があり，制度ごとに特徴があることがわかった。

Ⅱ図

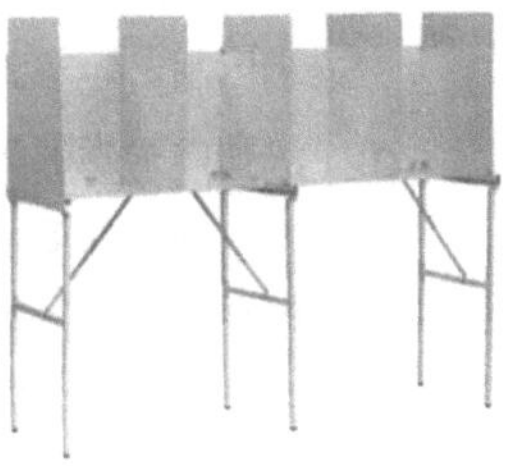

テーマ

⑥消費者の権利について

・時代の流れとともに，消費者問題は多様化・複雑化していることがわかった。
・消費者問題への対処のため，様々な法律の制定や施策がおこなわれていることがわかった。

Ⅲ図

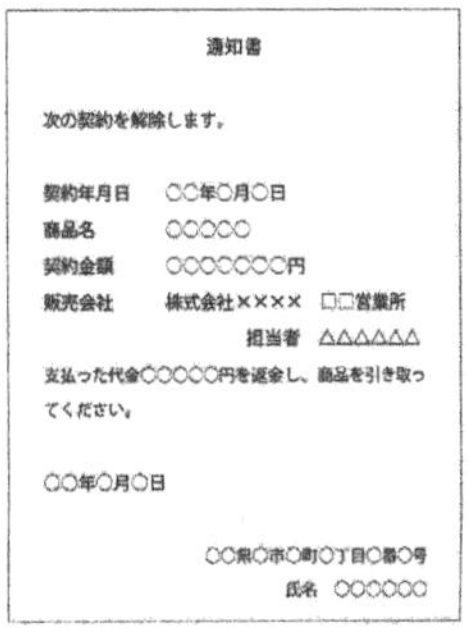
通知書

次の契約を解除します。

契約年月日　〇〇年〇月〇日
商品名　〇〇〇〇〇
契約金額　〇〇〇〇〇〇〇円
販売会社　株式会社××××　□□営業所
担当者　△△△△△△

支払った代金〇〇〇〇〇円を返金し、商品を引き取ってください。

〇〇年〇月〇日

〇〇県〇市〇町〇丁目〇番〇号
氏名　〇〇〇〇〇〇

(1)　①＿＿について，次のA～Fは，日本の民事裁判や刑事裁判に関わる用語である。これらのうち，**刑事裁判のみに関わる用語**の組み合わせとして正しいものを，下のア～エから一つ選び，記号で答えなさい。

A　裁判官　　B　被疑者　　C　起訴　　D　代理人　　E　口頭弁論　　F　裁判員

ア　A・B・E　　イ　B・C・F　　ウ　C・D・F　　エ　A・C・D

(2)　②＿＿について，日本の刑事裁判では，強い権限を持つ警察官や検察官の捜査に行きすぎがないように，被疑者・被告人の権利が憲法で保障されている。例えば，警察官は裁判官の出す「あるもの」がなければ，原則として逮捕や捜索はできないとされている。「あるもの」とは何か，**漢字二字**で答えなさい。

(3)　③＿＿について，**Ⅰ図**は，1976年から2016年にかけての地方財政の歳出の変化について示したものである。図中のWに当てはまる語句を，次のア～エから一つ選び，記号で答えなさい。

ア　教育費（教育関連の費用）　　イ　民生費（福祉関連の費用）
ウ　土木費（道路，港湾，公園の整備などの費用）　　エ　総務費（公務員の給与などの費用）

(4)　④＿＿について，地方自治は住民の生活に身近な民主主義をおこなう場であるとして「民主主義の○○」とよばれる。○○に当てはまる語句を，次のア～エから一つ選び，記号で答えなさい。

ア　中心　　イ　土台　　ウ　学校　　エ　原則

(5)　⑤____について，次のⅰ)・ⅱ)の問いに答えなさい。

ⅰ)　前のページのⅡ図にみられるように現在の選挙では投票記載台一つひとつの間に必ず仕切りが設けられている。これは，選挙の4原則のうち，ある原則を守るための措置である。ある原則とは何か，**漢字四字**で答えなさい。

ⅱ)　日本の選挙制度について述べた文として**誤っているもの**を，次のア～エから一つ選び，記号で答えなさい。

ア　一つの選挙区で一人を選ぶ制度を小選挙区制，二人以上を得票数の多い順に選ぶ制度を大選挙区制という。

イ　現在の衆議院議員の選挙は，小選挙区制と比例代表制を組み合わせた小選挙区比例代表並立制が採られている。

ウ　現在の参議院議員の選挙は，選挙区制と比例代表制でおこなわれ，3年ごとに定数の半分ずつを選挙している。

エ　落選して議席を得られなかった政党や候補者の得票を死票とよぶが，死票は大選挙区制や比例代表制で多くなり，小選挙区制では少なくなる傾向にある。

(6)　⑥____について，次のⅰ)・ⅱ)の問いに答えなさい。

ⅰ)　前のページのⅢ図は消費者が「ある制度」を利用する際に用いるものである。この制度を何というか，答えなさい。

ⅱ)　欠陥商品で消費者が被害を受けたときの企業の責任について定めた製造物責任法の別名を何というか，答えの欄に合う形で**アルファベット**で答えなさい。

ア　A　形容詞　B　助動詞　C　動詞

イ　A　形容詞　B　助詞　C　助動詞

ウ　A　連体詞　B　助詞　C　動詞

エ　A　連体詞　B　助動詞　C　助動詞

問七　次の漢文について、返り点の付け方として最も適当なものを後から選び、記号で答えなさい。

百　聞　不《ず》　如　一　見

（書き下し文）百聞は一見に如かず

ア　百　聞　不㆒　如㆑　一　見㆓

イ　百　聞　不㆑　如㆑　一㆑　見㆑

ウ　百　聞　不㆑　如㆓　一　見㆒

エ　百　聞　不㆓　如　一㆒　見

問八　次の作品を成立年代が古い順に並べ替えたとき、三番目にくるものを選び、記号で答えなさい。

ア　おくのほそ道

イ　新古今和歌集

ウ　万葉集

エ　竹取物語

ア　盛親僧都は芋頭を好むあまり、周囲が見えなくなって修行をおろそかにしてしまった。
イ　盛親僧都は芋頭を常に傍らに置き、いかなる時も自分だけで食べた。
ウ　盛親僧都は身分が高いわりに謙虚で、その人柄ゆえに師匠や人々から慕われたと作者は考えている。
エ　盛親僧都は見た目も優れていて才能にあふれ、寺の中でも一目置かれる存在だった。
オ　盛親僧都は身勝手なふるまいをするので、師匠や人々は彼を避けて共に食事をとろうとしなかった。

問八　本文は兼好法師が執筆した随筆の一部である。作品名を漢字で答えなさい。

三　次の問いに答えなさい。

問一　次の漢字の部首名を後から選び、記号で答えなさい。

到

ア　しめすへん　イ　つちへん　ウ　りっとう　エ　るまた

問二　次の漢字の成り立ちを後から選び、記号で答えなさい。

清

ア　象形文字　イ　指事文字　ウ　会意文字　エ　形声文字

問三　次の□に入る漢字を考え、＝線部の熟語の読みを解答欄の字数に合わせてそれぞれひらがなで答えなさい。

1
羽
↓
母 → □ → 色
↓
量

2
心
↓
環 → □ → 内
↓
目

問四　次の四字熟語の意味を後から選び、それぞれ記号で答えなさい。

1　疾風迅雷
2　行雲流水

ア　物事が一時に消えてなくなること。
イ　他人の意見にわけもなく賛同すること。
ウ　動きが素早く激しいこと。
エ　現状がわからず、見通しの立たないこと。
オ　執着せず、物事に応じて行動すること。

問五　次の□にあてはまる身体の一部を表す漢字が他と異なるものを一つ選び、記号で答えなさい。

ア　□が痛む（非常に心配でつらいこと）
イ　□を打つ（感動すること）
ウ　□を借りる（上位者に相手をしてもらうこと）
エ　□を明かす（優位な相手をびっくりさせること）

問六　次の――線部の品詞名について、正しい組み合わせを後から選び、記号で答えなさい。

A小さな毛織りのぼうしをかぶり、キラキラ光る銀のB首輪をはめてCいた。

が食ひたき時、夜中にも暁にも食ひて、ねぶたければ昼もかけこもりて、いかなる大事あれども、3人の言ふ事聞き入れず、目覚めぬれば幾夜も寝《い》ねず、心を澄ましてうそぶきありき(詩歌を吟じて歩き回る)など、尋常ならぬさまなれども、人に厭《いと》はれず、よろづ□。徳のいたれりけるにや。

語注　＊僧都……僧の位の一つ。最高位である僧正に次ぐ地位。
＊芋頭……里芋の親芋。粘質で、きわめて美味とされる。
＊二百貫…「貫」は貨幣の単位。一貫は百疋で、後の「三万疋」は三百貫にあたる大金である。

問一　══線部「思ふやうに」を現代仮名遣いに改め、すべてひらがなで答えなさい。

問二　〰〰線部Ⅰ「やんごとなき」・Ⅱ「乏しからず」の本文中での意味として最も適当なものを次からそれぞれ選び、記号で答えなさい。

Ⅰ　やんごとなき
ア　優しい
イ　風流な
ウ　ずる賢い
エ　並々でない

Ⅱ　乏しからず
ア　少しずつ
イ　十分に
ウ　必死に
エ　夢中で

問三　――線部1「かく」が指している具体的な内容として最も適当なものを次から選び、記号で答えなさい。

ア　盛親僧都が、師匠から譲り受けた財産を自分の好きな芋頭の代金にしたこと。
イ　師匠が死にぎわに、銭二百貫と坊ひとつを盛親僧都に譲ったこと。
ウ　盛親僧都が、寺の財産を自分で管理せず、都にいる人に預けたこと。
エ　師匠が病気の人々のために、盛親僧都に芋頭を大量に購入させたこと。

問四　――線部2「大方人に従ふといふ事なし」とあるが、このことから作者は盛親僧都をどのような人物と評価しているか。本文中から十字程度で抜き出しなさい。

問五　――線部3「の」と意味・用法が**異なるもの**を次の――線部から一つ選び、記号で答えなさい。なお、全て古今和歌集からの引用である。

ア　五月待つ花橘《はなたちばな》の香をかげば昔の人の袖の香ぞする
イ　袖ひちてむすびし水のこほれるを春立つけふの風やとくらむ
ウ　思ひつつ寝ればや人の見えつらむ夢と知りせば覚めざらましを
エ　ひさかたの光のどけき春の日にしづ心なく花の散るらむ

問六　□に当てはまる表現として最も適当なものを次から選び、記号で答えなさい。

ア　叱られけり　　イ　諭されけり
ウ　許されけり　　エ　笑はれけり

問七　本文の内容として適当なものを次から**二つ**選び、記号で答えなさい。

に合わないものを――線部ア～エの中から一つ選び、記号で答えなさい。

生徒A　「ぼくは普段あまり相撲を見ないから、そんなにたくさんの外国人力士がいると知らなかったよ。」

生徒B　「相撲が外国にも広がってメジャースポーツになったらいいと思うんだけど、ア「一国相撲主義」にこだわるのはなぜだろう？」

生徒C　「それは相撲が単なるスポーツではなくて、イ武士道に由来する伝統文化であるからよ。古くは鎌倉時代の文献にその名が示されているみたいね。」

生徒D　「そうか。「やわら」と呼ばれたウ柔道は今やオリンピック種目にもなって国際化したけれども、かつての日本の柔道は国際的に少数派となってしまったようだね。」

生徒E　エ「相撲は多国籍の力士に対しても公平なジャッジが行われている点で、日本化が進んでいると筆者は言っているけど、ぼくもそう思うな。」

生徒A　「なるほど。そうやって外国人力士を受け入れてきたんだね。」

二

次の文章を読んで、後の問いに答えなさい。

真乗院に盛親*僧都《そうづ》とて、Ⅰやんごとなき智者ありけり。*芋頭《いもがしら》といふ物を好みて、多く食ひけり。談義《（仏法の講義）》の座にても、大きなる鉢にうづたかく盛りて、膝もとに置きつつ、食ひながら文《（仏典）》をも読みけり。患ふ事あるには、七日、二七日《（十四日間）》など、療治とて籠《こ》もり居て、思ふやうによき芋頭をえらびて、ことに多く食ひて、万の病をいやしけり。人に食はする事なし。ただひとりのみぞ食ひける。きはめて貧しかりけるに、師匠、死にさまに《（死にぎわ）》、*銭二百貫と坊《（僧の住居）》ひとつをゆづりたりけるを、坊を百貫に売りて、彼是《かれこれ》三万疋《びき》を芋頭の銭とさだめて、京なる人にあづけおきて、十貫づつとりよせて、芋頭をⅡ乏しからず召しけるほどに、又、異用《（他の用途）》に用ふることなくて、その銭みなに成りにけり《（みななくなってしまった）》。「三百貫の物を貧しき身にまうけて、1かくはからひける、誠に有難き道心者なり」とぞ、人申しける。

（中略）

この僧都、みめよく、力強く、大食にて、能書《（書が巧みなこと）》・学匠《（博学）》、弁説《（巧みに説教をすること）》人にすぐれて、宗の法灯《（宗派における重鎮）》なれば、寺中にも重く思はれたりけれども、世をかろく思ひたる曲者にて、よろづ自由にして、2大方人に従ふといふ事なし。出仕して饗膳《（もてなしの食事）》などにつく時も、皆人の前据ゑわたす《（お膳を出し切る）》を待たず、我が前に据ゑぬれば、やがてひとりうち食ひて、帰りたければ、ひとりつい《（つっと）》立ちて《（立って）》行きけり。斎《（午前中の食事）》・非時《（午後の食事）》も人にひとしく定めて食はず、我

Ⅱ　首尾一貫しない
ア　事前に明示されない
イ　結果として最適な
ウ　整合性に欠ける
エ　揺るがない

問四　［A］・［B］・［C］に共通して入る接続詞として最も適当なものを次から選び、記号で答えなさい。

ア　すると　　イ　なぜなら　　ウ　さらに　　エ　しかし

問五　――線部1「こうした国際性と国民性」とはどのようなことを指すか。「国際性」をA、「国民性」をBとして、最も適当な説明箇所をAは二十字以内・Bは四十字以内で抜き出し、そのはじめの五字をそれぞれ答えなさい。

問六　［X］に入る最も適当な言葉を本文中より漢字四字で抜き出して答えなさい。

問七　――線部2「「脱日本化・コスモポリタン化」への変容」とはどういうことか。最も適当なものを次から選び、記号で答えなさい。

ア　国家や民族というくくりを超越して、世界規模で大相撲を捉えるという考え方に向かっていくこと。
イ　外国出身者を多く採用して活躍を促すことで、より強い大相撲を世界へアピールしていこうと考えること。
ウ　大相撲が日本だけのスポーツであり神事だという考え方は、今新たに大きな潮流となっているということ。
エ　世界の文化の融合こそ大相撲の求める未来像であるとして、各国に相撲競技の推進を呼びかけていくこと。

問八　次の文章は本文中の〈1〉～〈4〉のどこに入るか。最も適当なものを選び、番号で答えなさい。

> 他方、剣道は国際化ではなく、海外普及・国際普及・国際対応という表現を使っている。日本の伝統文化が培った剣道の古典的ルールを変えず、脱日本化させずに海外へ「普及」する立場は、私たち「有識者会議」が提言をまとめる上で参考になったものだ。

問九　――線部3「「入日本」あるいは「入日本化」する」とはどういう意味か。最も適当なものを次から選び、記号で答えなさい。

ア　大相撲の世界へ入ることで、心身共に日本人として生活していく気構えが自然と生まれるということ。
イ　大相撲の有する特別な競技性を尊重し、力士としての自覚を持って生活するということ。
ウ　大相撲の素晴らしさを理解し、母国に競技の存在を知らしめるために稽古に没頭すること。
エ　大相撲の親方と正式に契約を結び、その特徴的な技の全てを伝授してもらうということ。

問十　――線部4「反則ならずとも品位に欠ける技や立ち合いを嫌う慣習」を言い換えた語を、本文中より六字で抜き出しなさい。

問十一　［Y］に入る最も適当な言葉を次から選び、記号で答えなさい。

ア　勇気と武勇の発揮で得るのである
イ　勝負に負けるようでは得られない
ウ　求めて得られるものではないのだ
エ　自身で求めて初めて得られるのだ

問十二　次に挙げるのは、本文を読んだ生徒の会話である。筆者の考えの文化・伝統・慣習にも＊漸進的《ぜんしん》に「入る」ことを意味する。

〈　3　〉

結果として、「我が国固有の国技」（相撲協会定款第3条）たる大相撲の技法を習得するだけでなく、4反則ならずとも品位に欠ける技や立ち合いを嫌う慣習を学ぶことになる。その最初の事例が元関脇・高見山《たかみやま》大五郎（元東関親方）だったことは言うまでもない。

日米で人気のある野球やテニスは、チャレンジ制度などの導入により誤審が激減した。［C］、国際性を謳《うた》っていても、採点競技では、＊恣意《しい》的にルールが改正されるかⅡ判定基準が首尾一貫しない光景を目にする。

特に一部冬季競技の採点は公平性・客観性を欠くとの指摘がある。高《たか》梨沙羅《なしさら》選手の活躍するスキージャンプ競技では、飛型審判員の欧州b偏重と判定基準の不明瞭さ、着衣による失格判定の恣意性が目立つように思う。国際性の形式をまといつつ、本質は一部欧州のローカル・スポーツのc名残をとどめている感もある。

また羽生結弦《はにゅうゆづる》選手の分析によれば、フィギュアスケートには採点の欠陥とそれを悪用した演技があるらしい。審判員は、同じ場所に座って決まった角度から見るため、ジャンプの回転不足や違反を見逃すことが少なくないそうだ。

〈　4　〉

氷上で前向きに踏み切るアクセルは、羽生が16分の1回転したところで跳ぶのに対し、ひどい人では4分の1回転もしてから跳んでも明確な減点ルールがない。審判員の死角をついた不完全な演技が減点されないのはAI映像で総合的に解析しないからだという。

大相撲は行司《ぎょうじ》以外にドヒョウ下にも勝負審判5人を四方に配置しビデオ映像も早くから参考にしてきた。多方向・多角度からd眺める判定に個人の主観が入る余地はなく、日本人を含めて多国籍の力士全員に公平という点こそ「国際的」ではないのか。それでも力士の中に、行司軍配に前代未聞の不服を言い立て、大相撲の徳やたしなみを無視する者も現れたのには驚く。

16世紀のフランスのモンテーニュは「勇気」「武勇」が「価値」に由来し、「大きく価値のある人」「立派な人」とは「勇気ある人」でありながら「徳のある人」だと述べたものだ。徳の力がなければ、たとえ勝負で強くても、最終的に弱い人間たちの上に立つ信望を得ることはできない。一時は高い地位を得ても、名誉と④イゲンのある立場を長く与えようとの機運は簡単に生まれない。ましてや、誰もが認める名声とは、［Y］。

（新聞コラム「地球を読む」山内昌之の文章による）

語注　＊遡及する…過去にさかのぼる。
＊漸進的……段階を追ってしだいに進むさま。
＊恣意的……思うままに振る舞うさま。

問一　＝＝線部①～④のカタカナを漢字で答えなさい。

問二　＝＝線部a～dの漢字の読みをひらがなで答えなさい。

問三　～～線部Ⅰ・Ⅱの本文中での意味として最も適当なものを次からそれぞれ選び、記号で答えなさい。

Ⅰ　言わずもがな
ア　あいまいでわからない
イ　全く当てはまらない
ウ　明言するべきことだ
エ　もちろんのことだ

【国　語】（四五分）〈満点：一〇〇点〉

一　次の文章を読んで、後の問いに答えなさい。

大相撲《おおずもう》は、古典的ルールに忠実な「国技」でありながら、外国出身力士を積極的に受け入れてきた。その総数は、戦後の昭和・平成・令和を通じて192人に達し、うち6人は部屋持ち親方（師匠）になった。

［A］大相撲は、日本の歴史から伝説・神話へ遡及《そきゅう》＊する「神事」をも継承した伝統文化を担っている。1こうした国際性と国民性の調和的発展に関して、私を含む8人の「大相撲の継承発展を考える有識者会議」は4月、提言書を日本相撲協会に提出した。

その結論は、多数の外国出身者がいる現状を、抽象的な「国際化」という言葉でなく具体的に「［X］」と定義した上で、このスポーツの2「脱日本化・コスモポリタン化」への変容を否定することだった。あえて言うなら、大相撲はあくまでも「一国相撲主義」にこだわり、「国際相撲革命」を起こす道を歩まない。これは①ヘイサ性や排他性というには当たらない。

〈　1　〉

そもそも、江戸時代の礼法書の「貞丈雑記」によれば、鎧《よろい》を着て武士が組み打ちをした相撲は、平時に当て身で勝負する「やわら」（柔道）とともに武士道に由来する。剣道はⅠ言わずもがなである。鎌倉時代の「吾妻鏡《あづまかがみ》」には「弓馬・相撲の達者」という表現が各所に現れる。弓馬とは武芸一般であり、相撲は武士のたしなみであった。

69連勝を達成した大相撲の横綱・双葉山は、幼少期に右目を失明したが、猛稽古で角界の頂点を極めた。現在、②ドヒョウの充実には怪我《けが》の防止と健康管理が欠かせない。春場所で首を強打し、先月急死した三段目力士・響龍に心からの哀悼の意を表したい。関係者には、稽古環境の整備と一層の安全対策を望む。

大相撲の多国籍化について、柔道と剣道を例に比較してみよう。

柔道は早くから、よりダイナミックに興味深く観客へ訴えるスポーツに変容する国際戦略を選んだ。［B］その代償として、体重別制やカラー道着の導入をa強いられた。さらに、技評価の細分化と一本勝ちの減少を通じて、柔道発祥の国・日本の伝統は国際的に少数派へ転じてしまう。

〈　2　〉

国際柔道のように勝負判定の点数化や体重別の制度を導入すれば、小兵の力士が大型力士を負かす無差別級を体現してきた日本の大相撲は終《しゅう》焉《えん》を告げる。

また外国出身者は、自発的に部屋へ入門して師匠の指導やおかみさんの愛情、③兄デシとの稽古によって、疑似大家族の中で相撲道と人格をともに成長させていく。これは「同化」や「強制」ではまったくない。

それどころか、相撲の多国籍化は、ユネスコが2001年に採択した「文化的多様性に関する世界宣言」が確認する「文化とは特定の社会、社会集団に特有の精神的、物質的、知的、感情的特徴をあわせたもの」との原則を尊重している。

同時に、大相撲への入門とは、相撲を支える日本の文化や慣習への接近でもある。外国出身力士は3「入日本《にゅうにほん》」あるいは「入日本化」するのであり、脱国籍・脱民族による同化や「日本化」を強制されるものではない。自らの選択で大相撲の世界に「入る」ことは、大相撲に関わる日本

MEMO

大切なことはメモしておこうネ！

2022年度

前橋育英高等学校入試問題（学特Ⅱ期）

【数　学】（45分）　＜満点：100点＞

1　次の(1)～(4)の計算をしなさい。

(1)　$7-(-6)$

(2)　$12x \div \frac{2}{3}x$

(3)　$\frac{2a+b}{4}+\frac{a-2b}{6}$

(4)　$3\sqrt{6}-\sqrt{24}$

2　次の(1)～(9)の問いに答えなさい。

(1)　2次方程式 $x^2-7x+5=0$ を解きなさい。

(2)　$ax^2-3ax-4a$ を因数分解しなさい。

(3)　$a=\frac{1}{3}$ のとき，$4(a+2)-a$ の値を求めなさい。

(4)　10点満点のテストを5人の生徒が受けたところ，5人の平均点は5.8点であった。同じテストを6人目の生徒が受けたところ，得点は7点だった。このとき，6人の平均点は何点になるか求めなさい。

(5)　関数 $y=-2x+3$ において，x の変域が $-1 \leqq x \leqq 3$ のときの y の変域を求めなさい。

(6)　半径3㎝の球と，底面の半径が3㎝である円錐の体積が等しいとき，円錐の高さを求めなさい。

(7)　右の図のように平行四辺形ABCDの辺BC上にAB＝AEとなるように点Eをとる。∠BCD＝115°のとき，∠x の大きさを求めなさい。

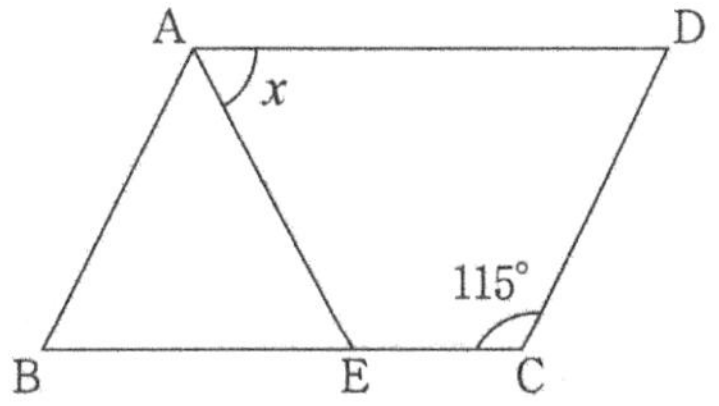

(8)　コンビニエンスストアで，ある商品を買ってきたところ商品に右の図のような加熱時間が表記されていた。この商品を700Wの電子レンジで温めるには，何秒温めればよいか。
ただし，加熱時間（秒）は電子レンジの出力（W）に反比例するものとする。

電子レンジの出力	加熱時間
500W	105秒
1500W	35秒

(9)　濃度の異なる食塩水A，Bがある。食塩水Aと食塩水Bを2：3の質量の比で混ぜて，6％の食塩水を600g作る予定だったが，間違えて食塩水Aと食塩水Bを3：2の質量の比で混ぜたため，5％の食塩水が600gできた。食塩水Aの濃度は何％か求めなさい。

3　右の図のように，関数 $y=\frac{1}{2}x^2$ 上に x 座標が－2である点Aと x 座標が正である点Bをとる。また，点Bから x 軸に垂線を引き，x 軸との交点をHとする。このとき，次の問いに答えなさい。

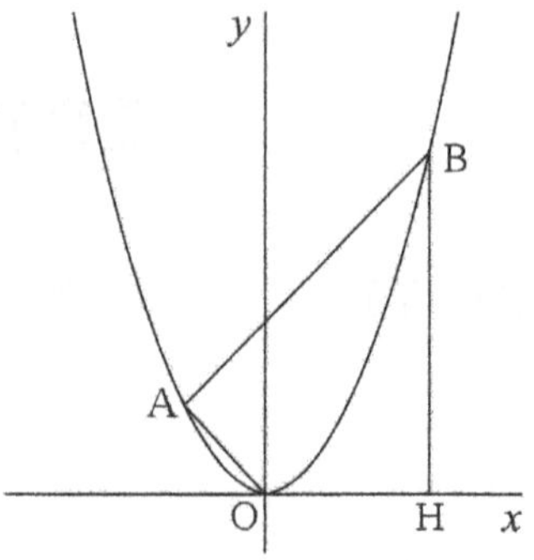

(1)　点Aの y 座標を求めなさい。

(2)　点Bの y 座標が，点Bの x 座標の2倍であるとき，点Bの座標を求めなさい。

(3)　(2)のとき，四角形AOHBを x 軸を軸として1回転させてできる立体の体積を求めなさい。ただし，円周率は π を用いなさい。

4　グー，チョキ，パーの絵がかかれた3種類のカードがある。AさんとBさんはそれぞれグーのカードを1枚，チョキのカードを1枚，パーのカードを2枚もっている。カードをよくきってから1枚引き，引いたカードの絵でじゃんけんを行う。このとき，次の問いに答えなさい。
ただし，どのカードを引く確率も同様に確からしいものとする。

(1)　Aさんが勝つ確率を求めなさい。

(2)　あいこになる確率を求めなさい。

5　右の図のように，AB＝4，AD＝6の長方形ABCDがある。線分AD上にAE＝4となる点Eをとる。また，点Eから対角線ACに垂線EHを引き，その延長と辺BCの交点をFとする。さらに，点Eから辺BCに垂線EGを引き，EGと対角線ACとの交点をIとする。このとき，次の問いに答えなさい。

(1)　△EFG∽△CABを次のように証明した。このとき，次の空欄(a)～(d)に当てはまるものを下の【選択肢】から選び，記号㋐～㋖で答えなさい。
ただし，(b)と(c)の解答の順序は問わない。

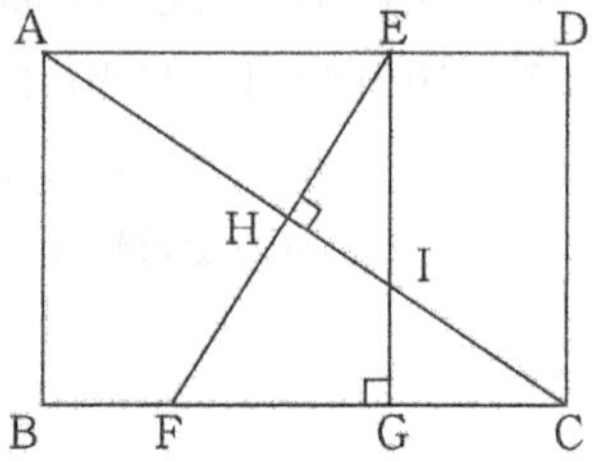

証明

△EFGと△CABにおいて
仮定から　∠EGF＝ (a) ＝90°……①
また，　(b) ＋∠CFH＝90°……②
(c) ＋∠CFH＝90°……③
②，③より　(b) ＝ (c) …………④
①，④より　(d) から
△EFG∽△CABとなる。

【選択肢】
㋐　∠BAC　㋑　∠GEF　㋒　∠BCA　㋓　∠EFG　㋔　∠CBA
㋕　2組の角がそれぞれ等しい　㋖　1組の辺とその両端の角がそれぞれ等しい

(2)　線分FGの長さを求めなさい。

(3)　線分EFのF側に延長線を引き，直線ABとの交点をJとする。
このとき，△AJEの面積は△AIDの面積の何倍になるか求めなさい。

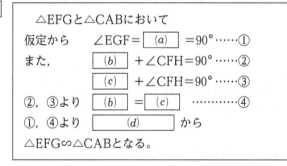

【英　語】（45分）　＜満点：100点＞

1　次の１～５の英文の下線部の誤りを正しく直しなさい。

例）Yesterday I asked to clean the kitchen by my mother. → was asked

1　I needed eggs, but there weren't some eggs in that store.

2　The movie is more interested than that one.

3　I have been read a book since 10 a.m.

4　A：I lost my key.
　B：I'll find it for you. What does it like?

5　Don't touch the breaking glass. It's dangerous.

2　次の１～５の会話文中の（　）内に入れるのにもっとも適当なものをそれぞれ下のア～エから１つずつ選び，記号で答えなさい。

1　Olivia：What time does the train leave this station?
　Alice：At 9:30. （　　　） Hurry up!
　Olivia：OK. I'll get on now.
　ア　We can still change our lunch.
　イ　The train has already left here.
　ウ　We have only two minutes.
　エ　We have enough time to buy something.

2　Tommy：The sweater looks really good on you.
　Maggie：Thanks. （　　　）
　Tommy：You have good taste in clothes.
　ア　I gave my daughter this.
　イ　I especially like the design on the front.
　ウ　I don't know how to put this on.
　エ　But I think it tastes good.

3　Mark：I think I've caught a cold.
　Shota：（　　　）
　Mark：Yes, I will. I want to hear some advice on my health.
　ア　You should go home and get some rest.
　イ　Do you know who gave you that?
　ウ　You should go to see a doctor.
　エ　You should eat more than usual.

4　Ted：Have you ever watched a movie these days?
　Sam：Yes. （　　　）
　Ted：Oh, that's the one I like best.
　ア　I've never watched a movie before.
　イ　I've watched some funny movies.

ウ I haven't watched such a movie.

エ I've watched the movie "Fumetsu no tani".

5 Emma : Where can I park my car when I give you a ride to the airport?

Amelia : (　　)

Emma : I see. Then, how about meeting at the station and taking a train together?

ア You can park your car in front of my house.

イ There is no place to park a car near my house.

ウ I'm sorry, my brother will take me there.

エ I'm sorry, but I want to go alone.

3 次のメールを読み，各問いに答えなさい。

From : Kumiko

To : Moe

Date : Sunday, August 7

Subject : Thanks for accepting my friend request

Dear Moe

Thank you very much for accepting my friend request. My name is Kumiko Brown, as my name shows, my father is an American and my mother is a Japanese. I was born in the US and have been in Japan since I was eleven years old. I'm now writing a report about school lunch for a speech contest and I need a lot of ideas about school lunch.

In the US, some students bring their lunches from home and other students buy a lunch at school. I don't think (1) this is good for students. It is because this may be the cause of trouble among students. We can see the financial status of some families. In Japan, all the students eat the same lunch so students don't have to worry about that. I think it is wonderful. Also it is good for our health to eat school lunch.

At first, school lunch in Japan was a little difficult for me. The eating style was different from the one in the US. When I had school lunch for the first time, (2) other students laughed at me because I started to eat it before everyone's meal was prepared. I didn't know that we have to begin eating all together after we say "itadakimasu." I was so embarrassed, but after I understood the rules, I enjoy eating school lunch with others.

Now I'm a high school student. So we don't have school lunch anymore. I miss some original dishes from the school lunch in my hometown. I think everyone had some favorite school lunch dishes. I've heard that teachers are talking about introducing school lunch into high school. I think this plan is nice. (3) do you think about that? Please tell me your idea.

Sincerely,

Kumiko Brown

（注） friend request 友達申請　financial status 家計状況　embarrassed 恥ずかしい

問1 文中の下線部(1)が表すものとしてもっとも適当なものを下のア～エから1つ選び，記号で答えなさい。

ア 昼食に全員が自分の家から違う食べ物を持ってくること。

イ 昼食に食べるものを全員が学校で買うこと。

ウ 昼食に毎日決まった食べ物を持ってこなければならないこと。

エ 昼食に食べるものを家から持ってくる人もいれば，学校で買う人もいること。

問2 文中の下線部(2)の理由としてもっとも適当なものを下のア～エから1つ選び，記号で答えなさい。

ア 食器の使い方が日本とは違っていたから。

イ 全員の食事の準備が完了する前に食べ始めたから。

ウ 一人で持ってきたお弁当を食べ始めたから。

エ 他人の座席で食べていたから。

問3 空欄（3）に入る適語を英語で答えなさい。

問4 次のア～オの各英文のうち本文の内容と合っているものを2つ選び，記号で答えなさい。

ア Kumiko lives in America now.

イ Kumiko will make a speech about school lunch.

ウ Kumiko doesn't think school lunch is good for our health.

エ Kumiko cannot understand the rules about Japanese school lunch.

オ Kumiko wants high school to start school lunch.

4 次の問いA，Bに答えなさい。

A 次のチラシを読み，各問いに答えなさい。

The Best Summer Camp of 2021

Rock Village

This is popular because you can learn singing and playing musical instruments! On the last day, you have a concert in front of your parents and friends!

Cost: $500　Date of camp: July 24 to July 31

Camp Nature

This program has offered the same camp experience for 30 years. It has hiking and horse-riding. You can learn outdoor skills and how to take care of animals.

Cost: $400　Date of camp: July 31 to August 6

Science Village

This camp newly opened in 2019. It teaches science and computer programming. You can also work with robots and make your original one.

Cost: $700　Date of camp: August 7 to August 11

Camp Art

This gives you a chance to learn art. You can choose drawing, painting or making cups and glasses. Cups and glasses will be presents for your family.

Cost: $600　　Date of camp: August 10 to August 16

（注） musical instruments　楽器　horse-riding　乗馬　outdoor　アウトドアの　newly　新しく

問1　Which camp can you join for the longest period?

ア　Rock Village　イ　Camp Nature　ウ　Science Village　エ　Camp Art

問2　You cannot join (　　) because you'll have a summer study at school for five days from August 13.

ア　Rock Village　イ　Camp Nature　ウ　Science Village　エ　Camp Art

問3　If you want to keep a pet in the future, you should join (　　).

ア　Rock Village　イ　Camp Nature　ウ　Science Village　エ　Camp Art

問4　次の1，2の各英文がチラシの内容と合うように，(　)内に入れるのにもっとも適当な英語1語をそれぞれ答えなさい。ただし，与えられた文字で始まる語で答えなさい。

1　If you join Rock Village, you can (i　　) your family to your concert.

2　If you join Science Village, you can make your own (m　　).

B　次のチラシを読み，各問いに答えなさい。

Tennis school

Let's enjoy tennis with us!!!!　　**Place: Apple Tennis Park**

◇ 3 days-course ◇

A　Thursday 25th July-Saturday 27th July

1　8:30-9:15 (Blue)　2　11:00-11:45 (Red①)

3　13:00-14:00 (Red②)　4　16:00-17:00 (Green)

B　Sunday 28th July-Tuesday 30th July

1　8:30-9:15 (Blue)　2　9:30-10:15 (Red①)

3　13:30-14:30 (Red②)　4　17:30-18:30 (Green)

C　Friday 2nd August-Sunday 4th August

1　9:30-10:15 (Blue)　2　10:45-11:30 (Red①)

3　13:15-14:15 (Red②)　4　15:50-16:50 (Green)

If you want to join us, please call us !

○○○-××××-△▽△

Blue ball class

Children 4 to 6

45 minutes [5 tickets]

Red ball class

① Children 7 to 9

45 minutes [5 tickets]

② Children 10 to 12

1 hour [6 tickets]

Green ball class

Junior high school students

1 hour [7 tickets]

※　Everyone can borrow shoes and balls.

※　You have to buy tickets in advance.　Place : Apple Tennis Park Office

1 ticket : 300 yen　5 tickets : 1500 yen　10 tickets : 2500 yen

※ You have to come to Apple Tennis Park fifteen minutes before each lesson starts.
You can stay in Apple Tennis Park only from the meeting time to the end of the lesson.
※ On a rainy day, we will hold the lessons in the city gym.

（注） in advance 前もって　gym 体育館

問1 次の1～3の各英文がチラシの内容と合うように，（ ）内に入れるのにもっとも適当な英語1語をそれぞれ答えなさい。

1 Tennis school （ ） shoes and balls for free.

2 There is no lesson on （ ） every week.

3 Masaya is a junior high school student and his brother is eleven years old. If they want to join the lessons, they must buy （ ） tickets.

問2 Mr. Tanaka has three children. They are five years old, eight years old and ten years old. If his three children want to join the lessons, the cheapest cost is （ ）.

ア ¥4100　イ ¥4300　ウ ¥4600　エ ¥4900

問3 Yumiko is a junior high school student. If she wants to join the lesson after 17:00, what time should she arrive there?

ア 16:40　イ 17:00　ウ 17:15　エ 17:30

5 次の英文を読み，各問いに答えなさい。

Recently we hear that people all over the world try to avoid using words which draw a clear line between men and women. For example, a famous amusement park has given up using the words, “Ladies and Gentleman, Boys and Girls” when they welcome people. Now they say, “Hello everyone.” Also the word “sportsman” was changed into “athlete.” It can be difficult for school teachers in Japan to call their school girls “○○ *san*” and call their school boys “○○ *kun*” in the near future. We often hear (1) this in our everyday life. Even the word “manhole” is going out though it doesn’t mean a man.

There are many children who can’t go to school in the world. Many of them are girls. （ ア ） In some countries in Africa, people don’t think that girls need to study at school. In Niger, for example, only 15% of women can read, write, and calculate. So they don’t know what happens in the world every day. There are some reasons for that, such as a local reason and a religious reason. Some people in these areas think women are not as good as men in intelligence or ability of social activities. They may think that (2) it is a waste of time for their daughters to study at school. Their daughters can’t study even at home and have to do a lot of (3) housework, such as carrying water, working in a field and taking care of their baby sisters or brothers. Their precious time during young period is taken away every day.

What can you do for the girls who experience such discrimination? Will you save the girls from their parents or communities? Of course that idea is great. But they won't listen to you. （ イ ） Their grandmother didn't go to school and their mother didn't go to school either. They have spent too much time on housework since they were young. They have lived happy lives without the ability of reading books. However, everybody in the world certainly needs education. If they learn many things at school, they can choose their future by themselves: to do housework, to study more or to work at office.

There are a lot of things to know in the modern society. So girls in Africa need someone to tell them the fun of learning. Their parents need someone to tell them how happy they'll be if their daughters get a job which can contribute to society. （ ウ ） Then, who can tell them (4) such important things? There are many girls and women who enjoy learning at school or working at office in the U.S, Japan, and European countries. Many parents of girls in these countries feel happy with the success of their daughters. These support may be great help for solving the problem.

It may be important to change the words that draw a clear line between men and women. But we should talk about the things written above more. （ エ ） While we are spending a lot of time on changing words, many girls who have wonderful abilities may be carrying water somewhere. If they go to school and become a good doctor or something else in the future, they will be able to help many people. And their parents will be so happy when they see their daughters working for people.

（注） amusement park 遊園地　Gentleman 紳士　athlete 運動選手　manhole マンホール
Niger ニジェール（国名）　calculate 計算する　religious 宗教の　intelligence 知能
precious 貴重な　discrimination 差別　proper 適切な　contribute to ~ に貢献する
somewhere どこかで

問１　文中の下線部(1)の説明として，もっとも適当なものを下のア～エのうちから１つ選び，記号で答えなさい。

ア　男女の差をはっきり分ける言葉の使用を避けようとすること
イ　遊園地のアナウンスを聞きやすくするため短くしたこと
ウ　日本の教師は近い将来，女子と男子の両方を「○○君」と呼ぶことになること
エ　「マンホール」という言葉は男性を意味する言葉なので消えつつあること

問２　文中の下線部(2)の説明として，もっとも適当なものを下のア～エのうちから１つ選び，記号で答えなさい。

ア　娘が学校で勉強すること
イ　女性は男性ほど知能が高くないということ
ウ　娘が勉強することは時間の無駄だということ
エ　娘に家事などをさせること

問3　文中の下線部(3)に含まれないものを下のア～エのうちから１つ選び，記号で答えなさい。

ア　畑作業　　イ　幼い妹や弟の世話　　ウ　水の運搬　　エ　在宅学習

問4　文中の下線部(4)の説明として正しいものを下のア～エのうちから１つ選び，記号で答えなさい。

ア　学びの楽しさ　　　　　イ　地域医療の重要性

ウ　仕事に関する誤った考え　　エ　家事の方法

問5　本文中に Actually the women think that it is natural for girls to do housework. という文を入れるのに，もっとも適当な位置を（ア）～（エ）から１つ選び，記号で答えなさい。

問6　次のａ～ｅの各英文が本文の内容に合っていれば○，間違っていれば×で答えなさい。

a　All the words which were changed into other words mean man or woman.

b　In some countries like Niger, a lot of girls have to spend much time doing housework.

c　All the girls who always experience discrimination want to study at school.

d　Modern society has many things to know.

e　We should talk about how to tell girls who don’t learn at school the fun of learning.

【理　科】（45分）　＜満点：100点＞

1　生物の成長と細胞分裂について調べるためタマネギを用いて実験・観察を行った。次の(1)～(4)の問いに答えなさい。

(1)　タマネギを水につけておくと根が成長する。この根の成長過程を観察するために図のような印をつけて観察した。3日後の根の様子として予想されるものを①～④から選び番号で答えなさい。

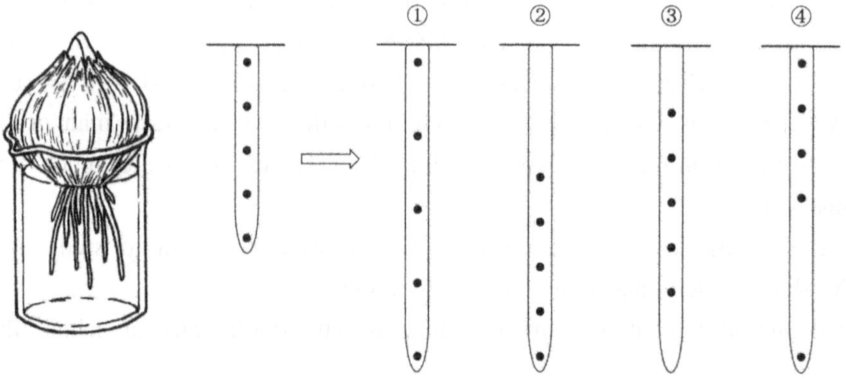

(2)　次の図はタマネギの根を染色したものの断面図である。細胞の核が染色されており，根の部分によって細胞の様子が異なっていた。図中の①～③の部分の各細胞の長辺の長さをa，核の長さをbとしたとき，$\frac{b}{a}$の値が最も小さくなるのは①～③のうちどれか。番号で答えなさい。

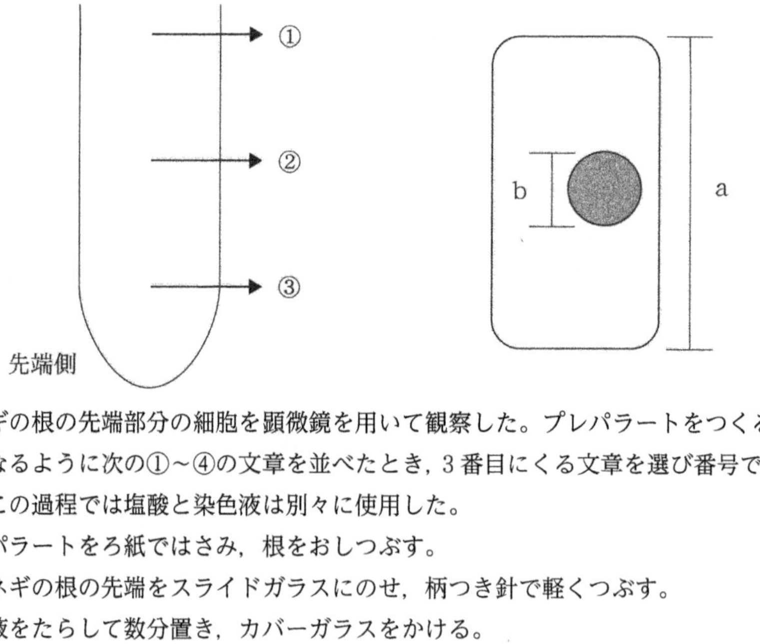

(3)　タマネギの根の先端部分の細胞を顕微鏡を用いて観察した。プレパラートをつくるまでの過程が正しくなるように次の①～④の文章を並べたとき，3番目にくる文章を選び番号で答えなさい。ただし，この過程では塩酸と染色液は別々に使用した。

①　プレパラートをろ紙ではさみ，根をおしつぶす。

②　タマネギの根の先端をスライドガラスにのせ，柄つき針で軽くつぶす。

③　染色液をたらして数分置き，カバーガラスをかける。

④　うすい塩酸の中でタマネギの根の先端をあたためた後，水でゆすぐ。

(4)　タマネギの根の先端部分の細胞を観察すると，核の中の染色体の様子が異なるものがいくつかあり，その細胞の様子を次のページの①～④の文章にまとめた。①～④の細胞を細胞分裂の過程の順に並べたとき，3番目にくる文章を選び番号で答えなさい。

① 染色体がさけるように分かれ，細胞の両端に移動している。
② 染色体は１本ずつ確認できず，細胞内に核が１つだけある。
③ 染色体が細胞の中央付近に集まり，並んでいる。
④ 染色体は１本ずつ確認できず，細胞内に２つの核ができている。

2 下の図はヒトの各器官から分泌される物質の作用と有機物の分解の仕組みを表したものであり，Ｂ～Ｇは有機物である。次の(1)～(4)の問いに答えなさい。ただし，Ｂ～Ｄはタンパク質，脂肪，デンプンのいずれかであり，Ｅ～ＧはＢ～Ｄがそれぞれ分解された後の物質である。

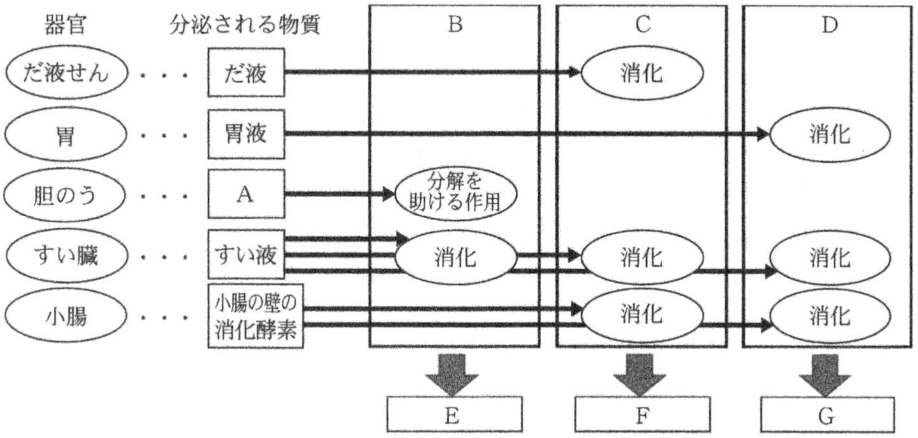

(1) 図中Ａに適する分泌される物質の名称を答えなさい。また，図中Ｄに適する有機物の名称を答えなさい。

(2) 図中Ｄに対して，作用するすい液中の消化酵素の名称を答えなさい。

(3) Ｃの溶液にだ液を加え，湯せんを行った後，ある試薬を加えて加熱すると沈殿が生じた。最も適当な湯せんの温度を〔Ⅰ群〕から，生じた沈殿の色を〔Ⅱ群〕からそれぞれ選び記号，または番号で答えなさい。

〔Ⅰ群〕 ア．24℃～28℃　　イ．36℃～40℃　　ウ．48℃～52℃　　エ．60℃～64℃

〔Ⅱ群〕 ① 白濁色　　② 青紫色　　③ 赤褐色

(4) 次の文章は，養分の吸収について書かれたものである。文章中の空欄ア～エに最も適する語句をそれぞれ答えなさい。

消化によって，吸収されやすい物質に変化したものの多くは小腸の壁から吸収される。小腸の壁にはたくさんのひだがあり（　ア　）が見られる。ＦやＧは（　ア　）の毛細血管から吸収されて，門脈に入り（　イ　）に運ばれる。（　イ　）では，一部のＦが（　ウ　）に変えられて一時的に貯えられる。

一方，Ｅは（　ア　）で吸収された後，再び，Ｂになって（　エ　）に入る。（　エ　）を通って運ばれてきたＢは首の下の太い血管と合流し，全身の細胞へ運ばれる。

3 図の電池について，次の(1)～(6)の問いに答えなさい。

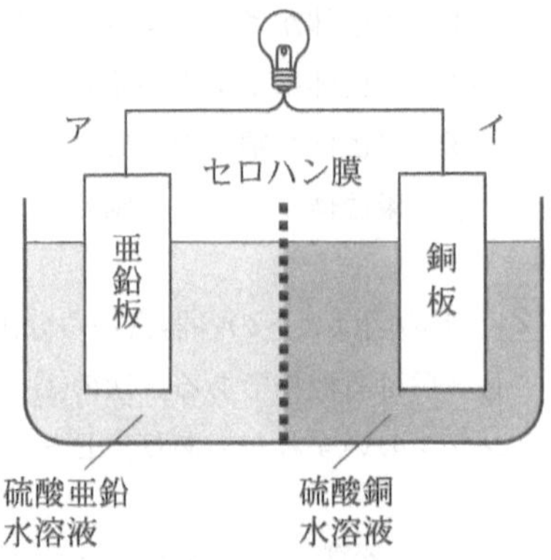

(1) －極は図のア，イのどちらか記号で答えなさい。

(2) ＋極での反応を化学反応式で答えなさい。

(3) 電流が流れると，硫酸亜鉛水溶液の濃度はどのようになるか。次のア～ウから選び記号で答えなさい。

ア．うすくなる　　イ．こくなる　　ウ．変わらない

(4) セロハン膜を通して通過する主なイオン２種は何か。化学式で答えなさい。

(5) 図の電池の名称を答えなさい。

(6) 図の装置において，両極の組み合わせのうち最も電圧が大きくなるのはどれか。金属のイオンへのなりやすさに着目し，次のア～カから選び記号で答えなさい。

ア．（＋極）亜鉛と硫酸亜鉛水溶液，（－極）銅と硫酸銅水溶液
イ．（＋極）亜鉛と硫酸亜鉛水溶液，（－極）マグネシウムと硫酸マグネシウム水溶液
ウ．（＋極）銅と硫酸銅水溶液，（－極）マグネシウムと硫酸マグネシウム水溶液
エ．（－極）亜鉛と硫酸亜鉛水溶液，（＋極）銅と硫酸銅水溶液
オ．（－極）亜鉛と硫酸亜鉛水溶液，（＋極）マグネシウムと硫酸マグネシウム水溶液
カ．（－極）銅と硫酸銅水溶液，（＋極）マグネシウムと硫酸マグネシウム水溶液

4 次の文章について(1)～(5)の問いに答えなさい。

溶液の濃さを表すのに溶液の質量に対する溶質の質量を（ア）で表したものを（イ）濃度という。一定量の（ウ）に溶質を溶かしていくと，溶質が溶けきれなくなってくる。このときの溶液を（エ）溶液という。一定量の（ウ）に溶けることができる溶質の最大質量を（オ）といい，普通，（ウ）100gに溶ける溶質の最大質量で表し，（オ）は温度によって変化する。

(1) 文章中の空欄ア～オに最も適する語句をそれぞれ答えなさい。

(2) （イ）濃度が15%の砂糖水200g中には何gの砂糖が溶けているか答えなさい。

(3) （イ）濃度が20%の砂糖水250g中の水の質量は何gか答えなさい。

(4) (2)と(3)の砂糖水をそれぞれ150gずつ混ぜた水溶液中には砂糖が何g溶けているか小数第一位まで答えなさい。

(5) (4)の砂糖水の（イ）濃度は何%か小数第一位まで答えなさい。

5 力に関する次のページの(1)～(4)の問いに答えなさい。ただし，質量100gの物体にはたらく重力の大きさを１Nとする。力の大きさとばねの伸びの関係を調べるために図１の実験１を行った。その後，次のページの図２の実験２を行った。

図１

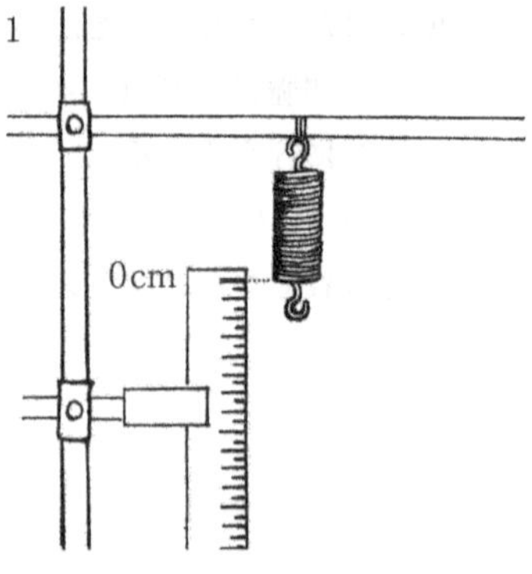

〔実験１〕

1．図１のようにばねをスタンドにつるし，ばねが自然の長さに伸びたときにばねの伸びが０cmになるようにものさしをスタンドに固定する。

2．ばねに１個20ｇのおもりをつるし，ばねの伸びを読みとる。

3．同じおもりを２個，３個と増やしてばねに加える力を大きくしていき，ばねの伸びを読みとる。

図２

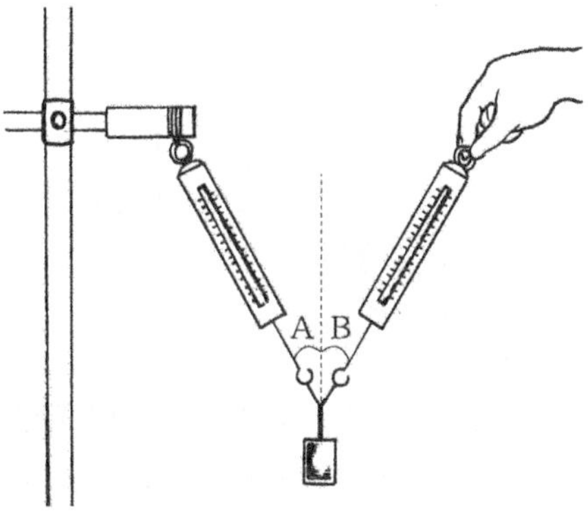

〔実験２〕

ばねをばねばかりに変え，図２のように２つのばねばかりにおもりをつるした。地面に垂直な方向とばねばかりのなす角をそれぞれA，Bとし，A，Bそれぞれの角度および各ばねばかりの値をそれぞれ測定した。

(1)　実験１について，おもりを３個つけたときのばねの伸びは7.8㎝であった。ばねの伸びが15.6㎝のとき，おもりがばねを引く力は何Nか答えなさい。

(2)　実験２について，∠A＝∠Bのとき２つのばねばかりが示す値の大小関係を次のア～ウから選び記号で答えなさい。

ア．左のばねばかりの方が右より大きい値を示す。

イ．左右のばねばかりはどちらも同じ値を示す。

ウ．右のばねばかりの方が左より大きい値を示す。

(3)　実験２について，∠A＝∠Bの状態を保ったままA，Bの角度を変えたところ表の結果となった。このとき，表中のａ，ｂの大小関係を次のア～ウより選び記号で答えなさい。

表

A，Bそれぞれの角度〔度〕	30	45	60
右のばねばかりの値〔N〕	a	0.7	b

ア．ａ＞ｂ　　イ．ａ＝ｂ　　ウ．ａ＜ｂ

(4)　育英高校近くの平成大橋は斜張橋という橋である。図３のように斜張橋は橋げたにかかる重力Wを主塔から伸びるワイヤーの張力でつり上げている。左右から同じ大きさの張力がかかっているとき，(3)から主塔の高さをどのようにすれば各ワイヤーの張力は小さくてすむか次のア～ウから選び記号で答えなさい。

図３

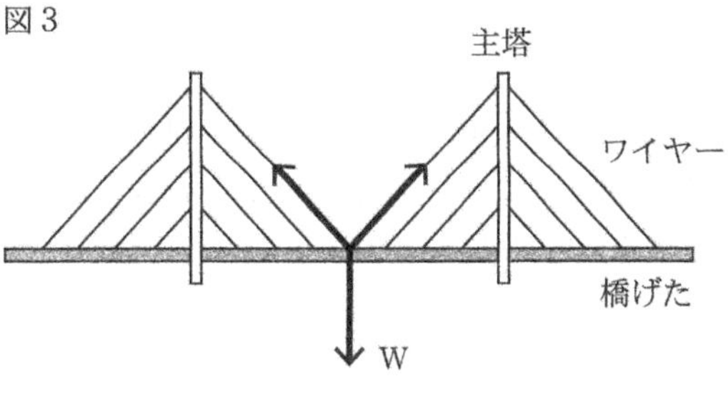

ア．主塔を高くする。

イ．主塔を低くする。

ウ．主塔の高さは張力の大きさに関係がない。

6 会話文に関する次の(1)～(4)の問いに答えなさい。

図1

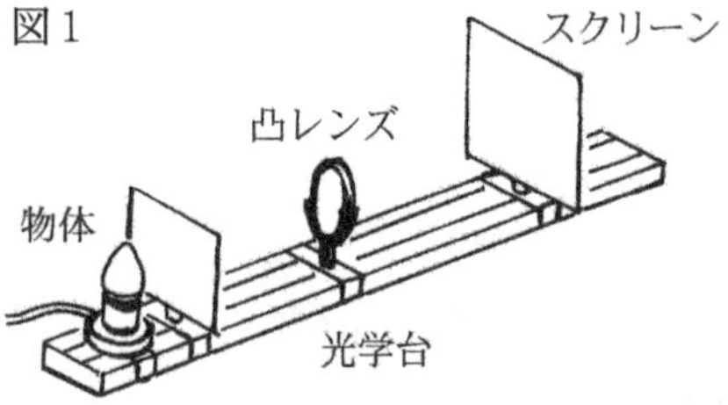

図2

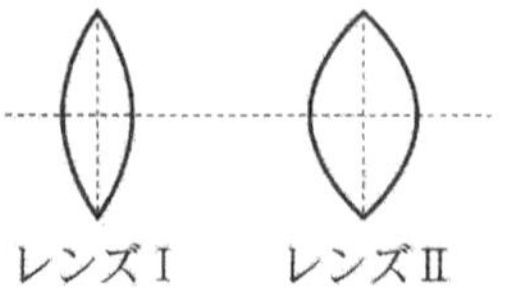

図3

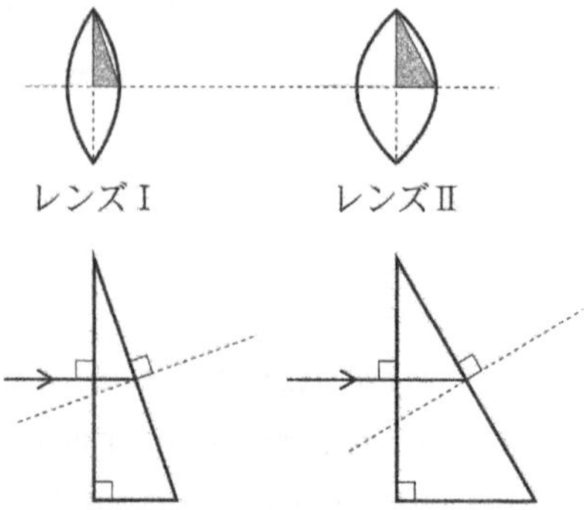

AさんとBさんは図1のような光学台を用いた実験を種類の違う凸レンズを用いて行っていた。

A：せっかくスクリーンに像がはっきり写ったのにレンズを変えたら像がぼやけてしまったよ。何でだろう？

B：図2のようにⅠとⅡのレンズを見比べてみると，Ⅱのレンズは少し厚いね。

A：厚いと何が変わるんだろう？

B：図3のように凸レンズの一部をプリズムに見立てて考えてみたらどうかな。

A：光の屈折の仕方が変わりそうだね。ガラスから空気中に光が進むとき入射角より屈折角の方が大きくなるから（　①　）。するとレンズの焦点距離が変わりそうだね。この焦点距離を求められないかな。

B：光の進み方は学習したから，図4のように考えられないかな。点Aから出た2つの光が凸レンズを通って点Eで像を結ぶ様子を描いてみたよ。光学台では光源から凸レンズまでの距離BCと凸レンズから像までの距離CDが測定できるから，これらをa，bとおいて求めたい焦点距離CFをf，距離AB，DEをh，h′としよう。

図4

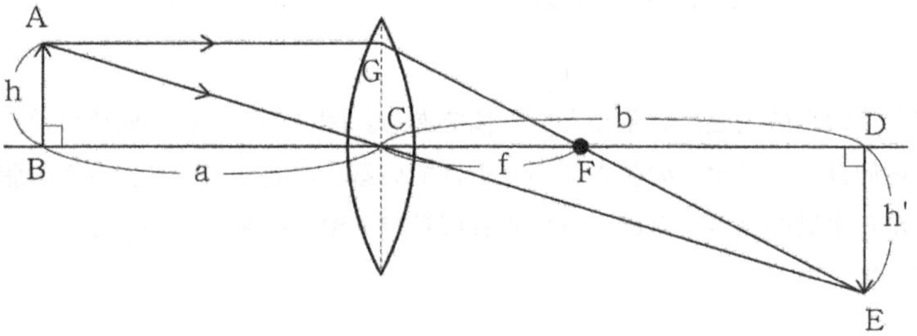

A：相似な三角形が何個かあるね。

B：△ABCと△EDCが相似だからh：h′＝a：bになっているね。他に相似な図形はあるかな？

A：△GFCと△（　②　）が相似だね。すると，h：h′＝f：（　③　）なんだね。

B：この2つの式からaとbを測定すればfを求められそうだね。

A：例えばa＝30cm，b＝20cmのとき，f＝（　④　）cmになるね。

B：実際に測定して正しいか確認してみようか。

(1) 会話文中の（①）に適する文を次のア，イから選び記号で答えなさい。

ア．レンズⅠの方がレンズⅡより光を大きく屈折させるね

イ．レンズⅡの方がレンズⅠより光を大きく屈折させるね

(2) 会話文中の（②）に適する三角形を答えなさい。

(3) 会話文中の（③）に適する式をa，b，fから必要な文字を用いて答えなさい。

(4) 会話文中の（④）に適する数値を答えなさい。

7 ある場所での乾湿計の示度を調べると図のようになった。また，表1は湿度表を，表2は各気温における飽和水蒸気量を示したものである。これらについて，次の(1)~(5)の問いに答えなさい。

図

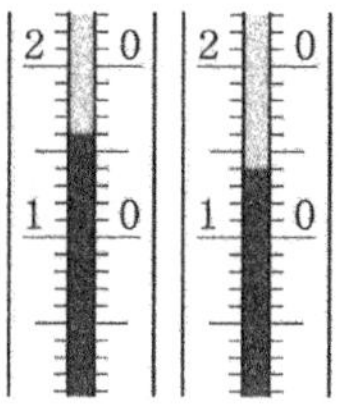

表1

乾球の読み〔℃〕	乾球の読みと湿球の読みの差〔℃〕			
	1.0	2.0	3.0	4.0
18	90	80	71	62
17	90	80	70	61
16	89	79	69	59
15	89	78	68	58
14	89	78	67	57

表2

気温〔℃〕	15	16	17	18
飽和水蒸気量〔g/m^3〕	12.8	13.6	14.5	15.4

(1) 乾湿計の示度と湿度表から，この場所の温度と湿度を答えなさい。

(2) この場所の空気5 m^3中に含まれている水蒸気量は何gになるか小数第一位を四捨五入して整数で答えなさい。

(3) この場所の空気を15℃に下げた時の湿度は何％になるか小数第一位を四捨五入して整数で答えなさい。ただし，空気中の水蒸気量は変わらないものとする。

(4) (3)の時の湿球の示度は何℃になると考えられるか。次のア～オから最も適当なものを選び記号で答えなさい。

ア．13.1　　イ．13.3　　ウ．13.5　　エ．13.7　　オ．13.9

(5) 別の場所に移動して乾湿計の示度を調べたら，乾球が18℃，湿球が18℃であった。この場合，湿度は何％と考えられるか答えなさい。

【社　会】（45分）　＜満点：100点＞

1　次の**Ⅰ図～Ⅳ図**および**表1・表2**を見て，後の(1)～(4)の問いに答えなさい。

Ⅰ図

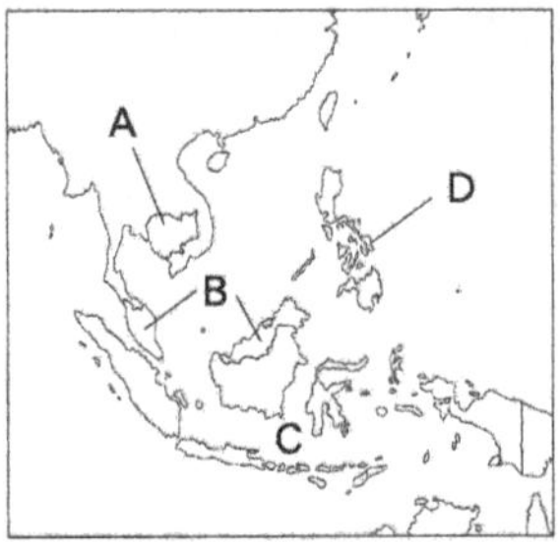

Ⅱ図

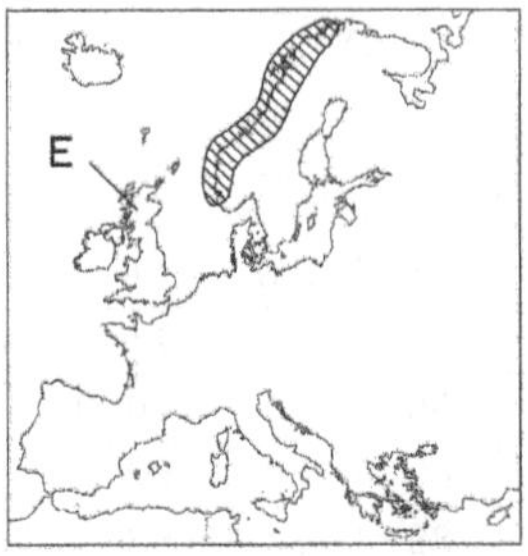

Ⅲ図

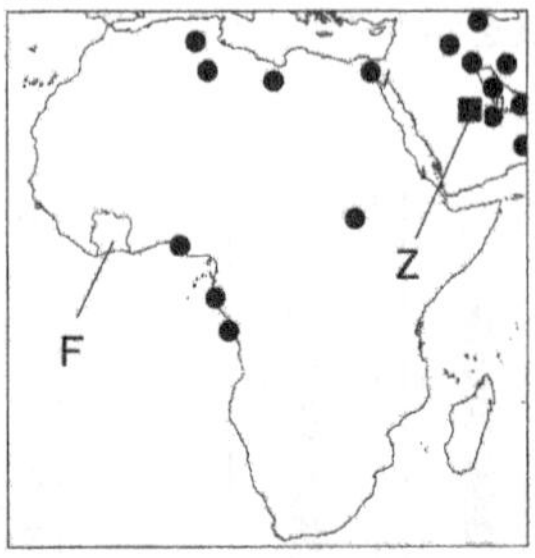

Ⅳ図

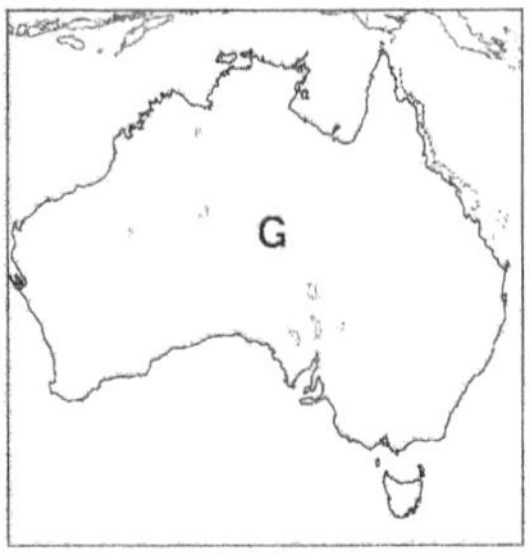

表1

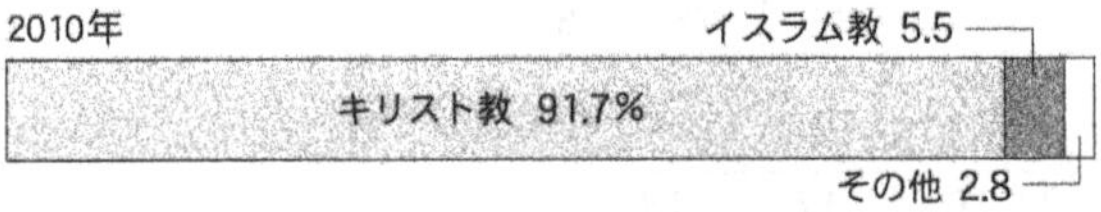

(Time Almanac 2013)

表2

2018	千トン	%
F	1,964	37.4
ガーナ	948	18.0
インドネシア	594	11.3
ナイジェリア	333	6.3
カメルーン	308	5.9
ブラジル	239	4.6
エクアドル	235	4.5
ペルー	135	2.6
ドミニカ共和国	85	1.6
コロンビア	53	1.0
世界計	5,252	100.0

(『データブック オブ・ザ・ワールド 2021』)

(1)　**Ⅰ図**について，次のⅰ)・ⅱ)の問いに答えなさい。

ⅰ)　戦争や紛争など様々な問題をかかえていたこの地域は，安定した地域を目指すために，1967年に地域協力機構を結成した。現在は，**Ⅰ図**中の**A～D**国を含めて10か国が加盟している。この地域協力機構を何というか，**アルファベット五字**で答えなさい。

ⅱ)　**表1**は，**Ⅰ図**中の**A～D**国のいずれかの宗教別人口割合を示したものである。**表1**に当てはまる国を，**A～D**から一つ選び，記号で答えなさい。また，この国の名前を答えなさい。

(2)　**Ⅱ図**について，次のⅰ)・ⅱ)の問いに答えなさい。

ⅰ)　**Ⅱ図**中の▨地域には，氷河によって削られた谷に海水が深く入り込んだ海岸地形が見られる。このような海岸地形を何というか，**カタカナ**で答えなさい。

ⅱ)　**Ⅱ図**中の**E**国について述べた次の文中の空欄（**X**）・（**Y**）に当てはまる語句を，それぞれ**漢字**で答えなさい。

> **Ⅱ図中のE国は，日本よりも高緯度に位置しながら，大西洋を北上する暖流の（　X　）とその上空を吹く（　Y　）の影響を受けて，気候は比較的温暖である。**

(3)　**Ⅲ図**について，次のⅰ)～ⅲ)の問いに答えなさい。

ⅰ)　次のページのア～エは，シンガポール，リヤド，ウランバートル，コルカタのいずれかの雨温図である。リヤドの雨温図を，ア～エから一つ選び，記号で答えなさい。なお，リヤドは**Ⅲ図**中の**Z**に位置している。

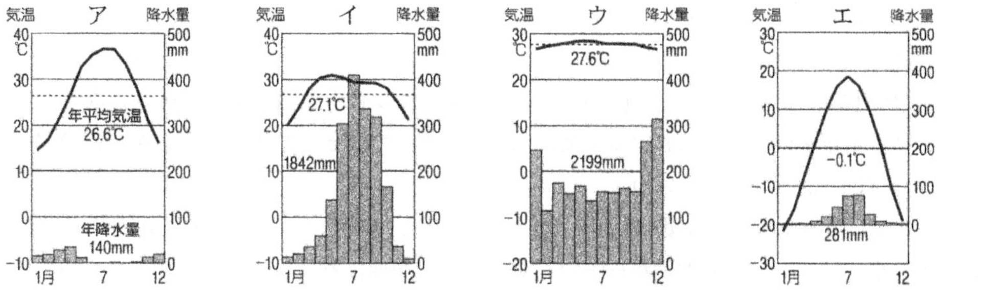

（「理科年表」平成26年）

ⅱ）　前のページのⅢ図中に●で示された場所で多く産出される鉱産資源は何か，答えなさい。

ⅲ）　前のページの**表2**は，**Ⅲ図**中の**F**国で栽培が盛んな，ある農作物の生産量の国別割合を示したものである。この農作物は何か，次のア～エから一つ選び，記号で答えなさい。なお，**Ⅲ図**中の**F**と**表2**中の**F**は同じ国を示している。

ア　カカオ豆　　イ　綿花　　ウ　茶　　エ　バナナ

(4)　前のページの**Ⅳ図**中の**G**国について述べた文として正しいものを，次のア～エから一つ選び，記号で答えなさい。

ア　この国は，コンピューターや半導体などのハイテク産業が盛んで，世界有数の企業が集まっている。

イ　この国は，航空宇宙産業やバイオテクノロジーなどの先端技術産業が，内陸部で盛んである。

ウ　この国は，情報通信技術関連産業が注目され，とくにソフトウェアの輸出が大幅に伸びている。

エ　この国は，鉄鉱石や石炭，アルミニウムの原料となるボーキサイトなどの鉱産資源が豊富である。

2　次の**Ⅰ図**を見て，後の(1)～(4)の問いに答えなさい。なお，**Ⅰ図**中の**ⓐ**～**ⓓ**は日本の世界遺産，または現在暫定リストに記載されているものを示している。

Ⅰ図

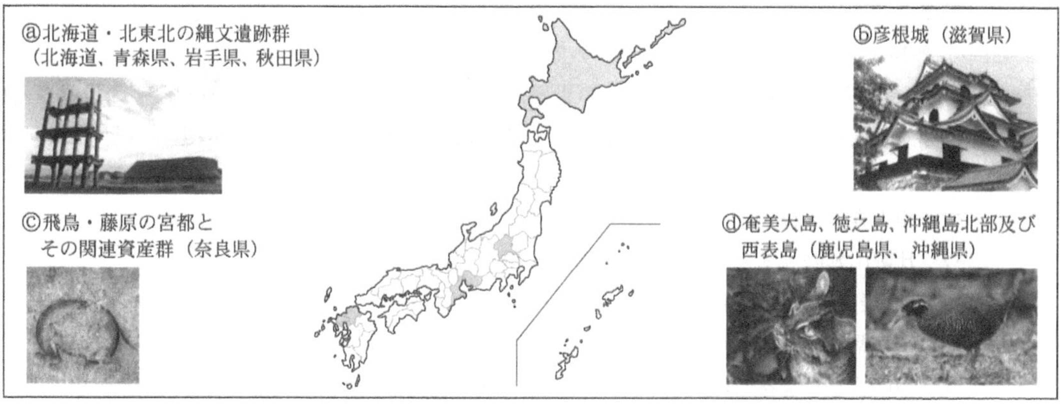

(1)　**Ⅰ図**中の**ⓐ**に関連する都道府県について，次のⅰ）～ⅲ）の問いに答えなさい。

ⅰ）　**Ⅰ図**中に［　　］で示された都道府県は，北海道が生産量全国第一位のある農作物の，生産量上位6都道府県である（2018年『データブックオブ・ザ・ワールド 2021』）。この農作物は何か，次のア～エから一つ選び，記号で答えなさい。

ア　ばれいしょ　　イ　コメ　　ウ　小麦　　エ　大豆

ⅱ）青森県にはⓐの遺跡群の一つである写真の遺跡があり，この遺跡は約5900年から4200年前の縄文時代の集落跡で，その大きさは日本最大級である。この遺跡を何というか，答えなさい。

ⅲ）秋田県など日本海側の都道府県は，太平洋側よりも季節風（モンスーン）などの影響で冬の降雪量が多い。日本における季節風について述べた文として正しいものを，次のア～エから一つ選び，記号で答えなさい。

ア　夏には日本海上から暖かく湿った空気が運ばれ，冬には太平洋上から冷たい空気が運ばれる。

イ　夏にはユーラシア大陸から暖かく湿った空気が運ばれ，冬には太平洋上から冷たい空気が運ばれる。

ウ　夏にはユーラシア大陸から暖かく乾燥した空気が運ばれ，冬には日本海上から冷たい空気が運ばれる。

エ　夏には太平洋上から暖かく湿った空気が運ばれ，冬にはユーラシア大陸から冷たい空気が運ばれる。

(2) 前のページのⅠ図中のⓑに関連する都道府県について，右のⅡ図は滋賀県に位置する琵琶湖の一部である。Ⅱ図に見られるような地形を何というか，**漢字三字**で答えなさい。また，このような地形の特徴について述べた文として正しいものを，次のア～エから一つ選び，記号で答えなさい。

（国土地理院 地理院地図 GSI Maps より）

ア　河川沿いにできる階段状の地形のため，水はけが悪く，主に湿地帯となっている。

イ　河川によって運ばれた粒の小さな砂や泥で形成されているため，主に水田として利用される。

ウ　河川によって山地が削られてできた台地であり，水が得にくいため，主に果樹園として利用される。

エ　陸地の沈降や水面の上昇により，川に削られた谷に水が流れ込み形成された地形であり，養殖業などに利用される。

(3) Ⅰ図中のⓒに関連する都道府県について，次のⅰ）・ⅱ）の問いに答えなさい。

ⅰ）奈良県を含む近畿地方には多くの世界遺産が登録されている。世界遺産とその世界遺産に関連する人物の組み合わせとして**誤っているもの**を，次のア～エから一つ選び，記号で答えなさい。

ア　東大寺－天智天皇　　　イ　唐招提寺－鑑真

ウ　比叡山延暦寺－最澄　　エ　鹿苑寺金閣－足利義満

ⅱ）右の表は昼夜間人口比率を示したものであり，A～Dは奈良県・京都府・大阪府・兵庫県のいずれかである。A～Dのうち，奈良県はどれか，記号で答えなさい。また，次の文は昼夜間人口比率について述べたものである。文中の空欄（X）～（Z）に当てはまる語句の組み合わせとして正しいものを，次のページのア～エから一つ選び，記号で答えなさい。

都道府県	昼夜間人口比率（%）
A	104.4
B	101.8
C	95.7
D	90.0

（総務省統計局「平成27年国勢調査」より作成）

（　X　）人口が（　Y　）人口より多い地域では，昼夜間人口比率は（　Z　）なる。

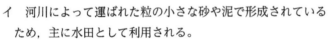

ア　X：夜間　　Y：昼間　　Z：100より大きく

イ　X：昼間　　Y：夜間　　Z：100より小さく

ウ　X：夜間　　Y：昼間　　Z：100ちょうどに

エ　X：昼間　　Y：夜間　　Z：100より大きく

(4)　51ページのⅠ図中のⓓに関連する都道府県について，ⓓは多様で固有性の高い生態系が評価されて世界自然遺産となったが，鹿児島県には他にも樹齢数千年のスギなどの生態系が評価され，1993年に世界自然遺産に登録された遺産がある。この自然遺産は何か，次のア～エから一つ選び，記号で答えなさい。

ア　小笠原諸島　　イ　屋久島　　ウ　知床　　エ　白神山地

3　育男君は授業で次のような歴史カードをつくった。これらのカードを見て，後の(1)～(8)の問いに答えなさい。

平城宮の様子	**源氏物語絵巻**	**花の御所**	**④応仁の乱**	**慈照寺東求堂同仁斎**

①平城京内の北に位置する平城宮の役所（兵部省）の様子が描かれている。	②源氏物語の中の名場面を描いた絵巻物で、清涼殿の場面が描かれている。	③足利義満が京都に完成させた邸宅で、天皇の御所より大規模であった。	この戦乱には足軽という雇い兵が動員され、京都の多くの寺院や貴族の屋敷が焼かれた。	床の間や棚などがある書院造の部屋で、8代将軍【　A　】の書斎としてつくられた。
⑤長崎の出島	**見返り美人図**	**打ちこわしの様子**	**葛飾北斎の風景画**	**【　C　】の様子**
	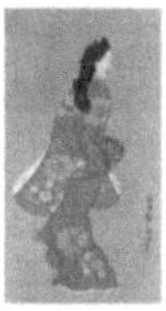			
江戸幕府の対外政策の一環でつくられた人工の島で、入れるのは役人や出入りの商人などに限られた。	浮世絵の祖と言われた【　B　】の作品で、当時流行した友禅染がほどこされた絹製の小袖が描かれている。	18世紀の⑥天明のききんなどを背景に、百姓一揆や、米を買いしめた商人に対する打ちこわしがおこった。	⑦化政文化を代表する作品の一つである。風景画では同時期に歌川広重が活躍した。	庶民の間にも教育への関心が高まり、多くの町や農村に置かれた。読み・書き・そろばんなどが教えられた。

(1)　カード中の空欄【A】～【C】に当てはまる語句を，それぞれ答えなさい。

(2)　①＿＿について，この都は中国の何という都市にならってつくられたか，答えなさい。

(3)　②＿＿について，源氏物語と同じ国風文化の時期に，紀貫之らによってまとめられた歌集を何というか，答えなさい。

(4)　③＿＿について，足利義満について述べた文として正しいものを，あとのア～エから一つ選び，記号で答えなさい。

ア　領地を売ったり質に入れたりするようになった御家人の借金などを帳消しにできる徳政令を出した。

イ　鎌倉幕府への反乱を宣言して，京都の六波羅探題をほろぼした。

ウ　南北朝の動乱を統一し，朝廷の内部にも勢力を広げて，太政大臣となった。

エ　各地の大名だけでなく比叡山延暦寺などの仏教勢力を，武力で従わせた。

(5)　④＿＿について，応仁の乱が起きたのは1467年である。応仁の乱と同世紀の世界のできごとについて述べた文として正しいものを，次のア～エから一つ選び，記号で答えなさい。

ア　スペイン王室の援助を受けたコロンブスが，西インド諸島に到達した。

イ　イギリス革命（ピューリタン革命）が起こり，チャールズ１世が処刑された。

ウ　フランス革命のなかで，フランス人権宣言が発表された。

エ　アメリカ南北戦争のなかで，奴隷解放宣言が発表された。

(6)　⑤＿＿について，鎖国政策中，長崎を含め海外への窓口が４か所あった。４か所の窓口に**含まれないもの**を，次のア～エから一つ選び，記号で答えなさい。

ア　松前　　イ　会津　　ウ　対馬　　エ　薩摩

(7)　⑥＿＿について，このききんの後，寛政の改革を行った老中は誰か，答えなさい。

(8)　⑦＿＿について，化政文化の説明として正しいものを，次のア～エから一つ選び，記号で答えなさい。

ア　貴族の文化と，禅宗の影響を受けた武士の文化が混じり合った文化。

イ　ヨーロッパからの影響を受けて成立した，芸術や風俗を特徴とする文化。

ウ　社会の安定と都市の繁栄を背景に，上方を中心に栄えた，経済力をつけた新興の町人を担い手とする文化。

エ　19世紀前半，経済的に発展した江戸で栄えた，庶民までも担い手とする文化。

4　夏季オリンピック・パラリンピック大会についてまとめた次の表を見て，後の(1)～(5)の問いに答えなさい。

回数	年	開催地	開催国	備考
1	1896	アテネ	ギリシャ	
2	1900	パリ	フランス	
4	1908	ロンドン	イギリス	
6	1916	ベルリン	ドイツ	中止。
8	1924	パリ	フランス	
9	1928	アムステルダム	オランダ	
11	1936	ベルリン	ドイツ	
12	1940	東京	日本	開催地をフィンランドのヘルシンキ市に変更。その後、中止。
13	1944	ロンドン	イギリス	中止。

回数	年	開催地	開催国	備考
14	1948	ロンドン	イギリス	
18	1964	東京	日本	
20	1972	ミュンヘン	【　X　】	
22	1980	モスクワ	【　Y　】	多くの西側諸国が参加をボイコット。
23	1984	ロサンゼルス	【　Z　】	多くの東側諸国が参加をボイコット。
28	2004	アテネ	ギリシャ	
30	2012	ロンドン	イギリス	
32	2020	東京	日本	新型コロナウイルスの影響で2021年に延期して実施。

(1)　表中の**第１回アテネ大会**から始まった近代オリンピックは，古代ギリシャで開かれたオリンピアの祭典の精神を受け継いでいる。古代ギリシャについて述べた文として**誤っているもの**を，あとのア～エから一つ選び，記号で答えなさい。

ア　ポリスと呼ばれる都市国家がつくられ，各ポリスの代表が陸上競技や格闘技などで競い合った。

イ　ペルシャがギリシャに攻め込むと，ポリスは連合してこれを撃退した。

ウ　ポリスでは，性別や身分に関わりなく，すべての人々が参加する民主的な政治が行われた。

エ　アレクサンドロス大王の遠征によりギリシャ文化とオリエント文化が結びつき，ヘレニズム文化が広がった。

⑵　前のページの表中の**第２回パリ大会**から**第８回パリ大会**までの期間の世界のできごとについて，次のⅰ）～ⅲ）の問いに答えなさい。

ⅰ）　イギリスは1902年，ロシアの東アジアへの進出を警戒して同盟を結んだ。その相手国はどこか，答えなさい。

ⅱ）　**第６回ベルリン大会**が中止となった理由を，次のア～エから一つ選び，記号で答えなさい。

ア　第一次世界大戦　　イ　第二次世界大戦

ウ　世界恐慌　　エ　ナチス政権によるファシズム

ⅲ）　1919年にパリで開かれた国際会議において，各民族はそれぞれ独立して自らの政府をつくり他民族からの干渉は認めないという原則が提唱された。この原則を何というか，**漢字四字**で答えなさい。

⑶　表中の**第９回アムステルダム大会**から**第14回ロンドン大会**までの期間の日本のできごとについて，次のⅰ）～ⅳ）の問いに答えなさい。

ⅰ）　この期間に日本で起こった次のＡ～Ｄのできごとを，古いものから順に並べかえなさい。

Ａ　国家総動員法が制定される　　Ｂ　五・一五事件が起こる

Ｃ　昭和恐慌がはじまる　　Ｄ　二・二六事件が起こる

ⅱ）　1940年の**第12回東京大会**は日本政府が対外関係の悪化などを理由に開催を返上し，実現にいたらなかった。これは1937年から日本が戦争状態にあったことによる。開催返上の時点で日本と戦争状態にあった国を，次のア～エから一つ選び，記号で答えなさい。

ア　アメリカ　　イ　イギリス　　ウ　中国　　エ　ドイツ

ⅲ）　日本がポツダム宣言を受け入れた後に，日本を間接統治した連合国軍最高司令官総司令部の略称を，**アルファベット三字**で答えなさい。

ⅳ）　占領下に行われた民主化の中で，地主が持つ小作地を日本政府が強制的に買い上げて，小作人に安く売りわたした政策を何というか，**漢字四字**で答えなさい。

⑷　表中の**第18回東京大会**について，**第18回東京大会**と，日本の外交に関する条約・宣言を古いものから順に正しく並べたものを，次のア～エから一つ選び，記号で答えなさい。

ア　日韓基本条約→日ソ共同宣言→**第18回東京大会**→日中平和友好条約→サンフランシスコ平和条約

イ　サンフランシスコ平和条約→日ソ共同宣言→**第18回東京大会**→日韓基本条約→日中平和友好条約

ウ　サンフランシスコ平和条約→日ソ共同宣言→日中平和友好条約→**第18回東京大会**→日韓基本条約

エ　日中平和友好条約→日ソ共同宣言→サンフランシスコ平和条約→日韓基本条約→**第18回東京大会**

⑸　表中の空欄【**Ｘ**】～【**Ｚ**】に当てはまる，それぞれの大会開催時の国名の組み合わせとして正しいものを，次のページのア～カから一つ選び，記号で答えなさい。

記号	【 X 】	【 Y 】	【 Z 】
ア	アメリカ	西ドイツ	ロシア
イ	西ドイツ	ロシア	アメリカ
ウ	ソビエト連邦	東ドイツ	西ドイツ
エ	西ドイツ	ソビエト連邦	アメリカ
オ	アメリカ	東ドイツ	ロシア
カ	東ドイツ	ソビエト連邦	西ドイツ

5 次の会話文を読んで，後の(1)～(6)の問いに答えなさい。

親：2024年から発行予定の新紙幣で描かれる人物は誰だか知っている？

子：１万円札が渋沢栄一で，5000円札が①津田梅子，1000円札が北里柴三郎でしょ？

親：正解。じゃあ，②アメリカの紙幣には誰が描かれているか分かる？

子：えー，分からない。教えて。

親：学校で勉強していそうな人物だと，ジョージ・ワシントンが１ドル札に，トーマス・ジェファーソンが２ドル札に，エイブラハム・リンカンが５ドル札に描かれているよ。それぞれどのようなことをした人物か分かるかな？

子：うん。ジョージ・ワシントンは独立戦争で最高司令官を務めた後に初代③アメリカ大統領に選ばれた人物。トーマス・ジェファーソンは④アメリカ独立宣言の起草者のひとりで，第３代アメリカ大統領に選ばれた人物。エイブラハム・リンカンは第16代アメリカ大統領に選ばれて，ゲティスバーグ演説で「（　A　）の，（　A　）による，（　A　）のための政治」を訴えた人物。合ってるよね？

親：うん。よく勉強しているね。アメリカの紙幣は７種類あるけど，そのうち５種類にアメリカ大統領が描かれているよ。

子：そうなんだ。日本では紙幣に描かれた⑤内閣総理大臣が今まで２人しかいないことを考えると，日本とアメリカでは大きな違いがあるね。

(1) 文中の空欄（A）に当てはまる語句を，答えなさい。

(2) ①＿＿＿について，津田梅子について述べた文として正しいものを，次のア～エから一つ選び，記号で答えなさい。

ア　破傷風の血清療法を発見した。

イ　日露戦争に出兵した弟を思った詩で，戦争行為に疑問を投げかけた。

ウ　富岡製糸場をはじめ，多くの企業を創立し，経済の発展に力を尽くした。

エ　岩倉使節団に同行し，女子教育の発展に力を尽くした。

(3) ②＿＿＿について，アメリカで創設された企業の中には多くの国に販売や生産の拠点をもち，世界的に活動している企業がある。このような企業を何というか，答えの欄に合う形で答えなさい。

(4) ③＿＿＿について，アメリカ大統領が持つ連邦議会に対する権限として正しいものを，次のア～エから**すべて**選び，記号で答えなさい。

ア　教書の送付　　イ　議員の選出　　ウ　法案の拒否　　エ　下院の解散

(5) ④＿＿＿について，次のア～エは，アメリカ独立宣言，権利章典，ワイマール憲法，世界人権宣言の一部を示したものである。このうち，アメリカ独立宣言を示したものを，次のページのア～エから一つ選び，記号で答えなさい。

> ア　議会の同意なしに，国王の権限によって法律とその効力を停止することは違法である。

> イ　経済生活の秩序は，全ての人に人間に値する生存を保障することを目指す，正義の諸原則にかなうものでなければならない。

> ウ　我々は以下のことを自明の真理であると信じる。人間はみな平等に創られ，ゆずりわたすことのできない権利を神によってあたえられていること，その中には，生命，自由，幸福の追求がふくまれていること，である。

> エ　すべて人は，人種，皮膚の色，性，言語，宗教，政治上その他の意見，国民的若しくは社会的出身，財産，門地その他の地位又はこれに類するいかなる事由による差別を受けることなく，この宣言に掲げるすべての権利と自由とを享有することができる。

(6)　⑤____について，次のＡ～Ｃのうち，日本国憲法下における内閣総理大臣の選出について述べた文として正しいものの組み合わせを，下のア～エから一つ選び，記号で答えなさい。

Ａ　必ず国会議員の中から選出される。

Ｂ　衆議院だけが内閣総理大臣の指名を行い，参議院は行わない。

Ｃ　内閣総理大臣の任命は天皇が行う。

ア　ＡとＢ　　イ　ＡとＣ　　ウ　ＢとＣ　　エ　ＡとＢとＣ

6　ある授業で班に分かれて「持続可能な社会」に関する調べ学習を行うことになった。右のメモは，各班が設定したテーマの一覧である。メモを見て，後の(1)～(5)の問いに答えなさい。

> Ａ班：環境・エネルギー　　Ｄ班：情報・技術
> Ｂ班：貧困・平和　　　　　Ｅ班：防災・安全
> Ｃ班：伝統・文化

(1)　Ａ班が設定した「環境・エネルギー」について，次のⅰ）～ⅲ）の問いに答えなさい。

ⅰ）　経済発展が優先されると環境に悪い影響をもたらすことがあり，公害問題はその一例である。日本で発生した公害病とそれが発生した都道府県の組み合わせとして正しいものを，次のア～エから一つ選び，記号で答えなさい。

ア　四日市ぜんそく－富山県　　イ　四日市ぜんそく－新潟県

ウ　水俣病－熊本県　　　　　　エ　水俣病－三重県

ⅱ）　2015年の国連気候変動枠組条約締約国会議で，先進国だけでなく発展途上国も温室効果ガスの削減・抑制目標を定めた新たな国際枠組みとして採択されたものを，次のア～エから一つ選び，記号で答えなさい。

ア　京都議定書　　イ　パリ協定　　ウ　ラムサール条約　　エ　モントリオール議定書

ⅲ）　日本では大規模な開発を行う場合に，事前に環境への影響を調査することが法律で義務付けられている。このことを何というか，答えの欄に合う形で答えなさい。

(2)　Ｂ班が設定した「貧困・平和」について，次のⅰ）・ⅱ）の問いに答えなさい。

ⅰ）　開発途上国の原料や製品を適正な価格で継続的に購入することにより，立場の弱い開発途上国の生産者や労働者の生活改善と自立を目指す貿易のしくみを何というか，答えの欄に合う形で答えなさい。

ⅱ） 1992年以降，世界平和で国際貢献を求められた日本は，（　X　）協力法に基づいて自衛隊を国連の平和維持活動に派遣している。空欄（X）に当てはまる語句を，次のア～エから一つ選び，記号で答えなさい。

ア　PKO　　イ　NPO　　ウ　ODA　　エ　NGO

(3)　C班が設定した「伝統・文化」について，古くから受け継がれてきた技術や，地元でとれる原材料などを生かし，地域と密接に結び付いて発達してきた産業を何というか，答えの欄に合う形で答えなさい。

(4)　D班が設定した「情報・技術」について，IoTの説明として正しいものを，次のア～エから一つ選び，記号で答えなさい。

ア　現実に似せてコンピューターで人工的に作り出した環境を，人間の視覚や聴覚などに働きかけて，現実のように感じさせる技術のこと。

イ　これまで通信機器とされてきたものだけがインターネットに繋がるのではなく，それ以外の様々なものもインターネットで繋がり，相互に情報を交換し合う状態のこと。

ウ　多くの情報から推論したり判断したりする人間の知能の働きを，コンピューターに持たせたもの。

エ　人間の命令を受けて自立飛行する無人航空機のこと。

(5)　E班が設定した「防災・安全」について，次のⅰ）・ⅱ）の問いに答えなさい。

ⅰ） 災害被害を最小限に抑えるためには，自助・共助・公助が連携することが重要である。次のア～エは，災害に備える自助・共助・公助の一例である。自助に当てはまるものを，ア～エから**すべて**選び，記号で答えなさい。

ア　地震で家具が転倒しないように　自分で家具をＬ型工具で固定する。

イ　地方自治体が出前講座やパンフレット配布などによる啓発を行う。

ウ　家族で水や食料品，日用品などの備蓄品を揃える。

エ　近隣住民で災害時と平常時の役割を決定する会議を行う。

ⅱ） 右の資料は，主要な国の国防費をまとめたものである。資料から読み取ることができる内容として正しいものを，次のア～エから**すべて**選び，記号で答えなさい。

資料：主要国の国防費（2019年度）

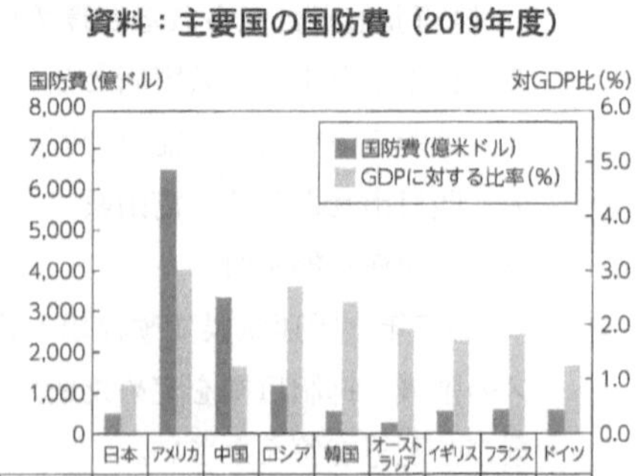

	日本	アメリカ	中国	ロシア	韓国	オーストラリア	イギリス	フランス	ドイツ
国防費	484	6,540	3,363	1,177	549	262	549	588	583
対GDP比	0.90	3.05	1.25	2.75	2.44	1.94	1.73	1.84	1.26

（『防衛白書』令和２年度版）

ア　資料中で国防費が最多のアメリカは，対GDP比の割合も最も大きい。

イ　資料中で国防費が最少の日本は，対ＧＤＰ比の割合も最も小さい。

ウ　核拡散防止条約で核兵器保有国として定められている５か国（アメリカ・中国・ロシア・イギリス・フランス）の国防費は，資料中の他の国よりも多い。

エ　ドイツは韓国に比べると国防費は多いが，対ＧＤＰ比の割合は韓国より小さい。

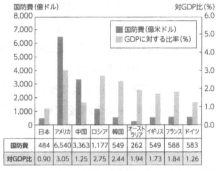

問五　文節の区切り方として最も適当なものを次から選び、記号で答えなさい。

ア　親譲りの／無鉄砲で／子供の時から／損／ばかりして／いる。

イ　親譲りの／無鉄砲で／子供の／時から／損ばかりして／いる。

ウ　親譲りの／無鉄砲で／子供の／時から／損／ばかり／して／いる。

エ　親譲りの／無鉄砲で／子供の／時から／損ばかり／して／いる。

問六　次の――線部と同じ種類の敬語を含んでいるものを後からそれぞれ選び、記号で答えなさい。

1　校長先生が映画を御覧になる。

ア　十時にいらっしゃる　イ　何度でも参る

ウ　急いで行きます　エ　まもなく到着する

2　監督に熱心に指導していただく。

ア　何でもご存じだ　イ　手紙を拝見する

ウ　いすにおかけになる　エ　鉛筆を貸してくださる

問七　次の漢文について、返り点の付け方として最も適当なものを後から選び、記号で答えなさい。

命 故 人 書 之

（書き下し文）故人に命じて之を書せしむ

ア　命二 故 人レ 書 之一

イ　命二 故 人一 書レ 之

ウ　命レ 故 人 書レ 之

エ　命一 故 人二 書 之

ウ　新古今和歌集　　エ　小倉百人一首

問六　本文中には会話文として「　」の付く部分がもう一か所ある。そのはじめと終わりの三字を答えなさい。

問七　本文の内容として適当なものを次から**二つ**選び、記号で答えなさい。

ア　貫之は周囲が暗かったために神社の存在に気付かず、その前を馬に乗ったまま通ってしまった。

イ　貫之は神の存在を信じていなかったため、最初は禰宜の話を聞いても半信半疑であった。

ウ　貫之の馬は悪霊のたたりによって一度は死んでしまったが、明神の力によって再び生き返った。

エ　貫之は禰宜から発せられた言葉に従って和歌を詠んだ結果、事なきを得た。

オ　貫之の態度が許せなかった禰宜は、貫之が謝罪しなければ彼の馬を助けないと告げた。

三

次の問いに答えなさい。

問一　次の□に入る漢字を考え、＝線部の熟語の読みをひらがなで答えなさい。

　　　　固
　　　　↓
確　→　□　→　着
　　　　↓
　　　　筆

問二　「総合」の対義語を次から選び、記号で答えなさい。

ア　分析　　イ　一般　　ウ　孤立　　エ　相対

問三　次の故事成語の意味として最も適当なものを後から選び、それぞれ記号で答えなさい。

1　竜頭蛇尾

ア　重々しく威厳があり、華やかな様子。

イ　初めは盛んで、終わりが振るわない様子。

ウ　きらびやかに輝き、神々しい様子。

エ　敵の中に孤立して、助けのない様子。

2　画《が》竜《りょう》点《てん》睛《せい》

ア　失敗を重ねながら徐々に目的に迫っていくこと。

イ　余分なもの、なくてもよい無駄なもののこと。

ウ　事を完成させるために最後に加える大切な仕上げのこと。

エ　自分に試練を課し、長いあいだ苦労を続けること。

問四　次の慣用句の□にあてはまる漢字が**他と異なるもの**を一つ選び、それぞれ記号で答えなさい。

1　ア　□を見て森を見ず

イ　□で鼻をくくる

ウ　□竹をつぐ

エ　□を見るに敏

2　ア　□人寄れば文殊の知恵

イ　仏の顔も□度

ウ　□足のわらじを履く

エ　石の上にも□年

なる事にかと驚き思ひて、火のほかげ《（たいまつの火）》に見れば、神の鳥居の見えければ、「いかなる神のおはしますぞ」と尋ねければ、これは、蟻通の明神と申して、物とがめ《（何かととがめ立てなさる）》いみじくせさせ給ふ神なり。もし《（もしや）》、乗りながらや通り給へると人の言ひければ、「いかにも、暗さに、神おはしますとも知らで、過ぎ侍りにけり。いかがすべき」と、社の＊禰宜《ねぎ》を呼びて問へば、その禰宜、ただにはあらぬさまなり。「汝《なんぢ》、我が前を馬に乗りながら通る。すべからくは、知らざれば許しつかはすべきなり。しかはあれど、和歌の道をきはめたる人なり。その道をあらはして過ぎば、馬、さだめて起《た》つことを得むか。これ、明神の御託宣《（お告げ）》なり」といへり。貫之、たちまち水を浴みて《（身を清めて）》、＊この歌を詠みて、紙に書きて、御社の柱におしつけて《（貼り付けて）》、拝入りて《（中に参拝して）》、とばかりある程に、馬起きて身ぶるひをして、いなきて立てり。禰宜、「許し給ふ」とて、覚めにけりとぞ。

（「俊頼髄脳《としよりずいなう》」による）

語注　＊和泉の国……今の大阪府南西部。
＊禰宜……神官の役職の一つ。
＊この歌……「あま雲のたちかさなれる夜半なれば神ありとほし思ふべきかは」という歌。

問一　＝＝線部「身ぶるひをして」を現代仮名遣いに改め、すべてひらがなで答えなさい。

問二　〰〰線部Ⅰ「にはかに」・Ⅱ「いかがすべき」の本文中での意味として最も適当なものを次からそれぞれ選び、記号で答えなさい。

Ⅰ　にはかに
ア　突然に
イ　おもむろに
ウ　とうとう
エ　道すがら

Ⅱ　いかがすべき
ア　どうしたのでしょうか
イ　どうなるかわかりません
ウ　どうしたらよいでしょうか
エ　どうなってもいいのです

問三　――線部1「驚き思ひて」・4「覚めにけり」の動作の主体を次からそれぞれ選び、記号で答えなさい。

ア　貫之　イ　馬　ウ　蟻通の明神　エ　禰宜　オ　作者

問四　――線部2「ただにはあらぬさまなり」とは「普通ではない様子である」という意味であるが、ここでは具体に「禰宜」のどのような状態をいうのか。最も適当なものを次から選び、記号で答えなさい。

ア　神を恐れず、その意志に背いている状態。
イ　貫之に責め立てられて、取り乱している状態。
ウ　神が乗り移って、正気でなくなっている状態。
エ　貫之の不幸に、嘆き悲しみ理性を失っている状態。

問五　――線部3「和歌の道をきはめたる人」とは本文中の「貫之」のことである。彼が編纂《さん》に携わった和歌集を次から選び、記号で答えなさい。

ア　万葉集　イ　古今和歌集

ア　A　むしろ　B　つまり　C　しかし
イ　A　だから　B　例えば　C　つまり
ウ　A　つまり　B　だから　C　例えば
エ　A　例えば　B　しかし　C　むしろ

問十　――線部2「自己同一性」とあるが、筆者の考える「自己同一性」として最も適当なものを次から選び、記号で答えなさい。
ア　自他を客観的に想定することを通して、互いの共通点と相違点を正確に理解し、自他が同一のルールのもと、ともに協力していこうという認識。
イ　自分と同一の立場の人間がこの世の中には多くいるということを想像することで、自分はひとりで生きているのではないとする認識。
ウ　現在・過去・未来から想定される自分や、他者と自分を同一視することで想定される自分、これらすべてが一貫して自分であるという認識。
エ　人間はそれぞれ独立した存在であるが、実は同じような人生を送っているという事実を認め、自分の人生は他者の人生でもあるとする認識。

問十一　――線部3「『サルはいやだ、人間になりたい』という人々が～よいのだが」とあるが、筆者はどのような状態を願っているのか。最も適当なものを次から選び、記号で答えなさい。
ア　誰もが平等に扱われる社会。
イ　誰もが自分に価値を見出す社会。
ウ　誰もが倫理的に生きる社会。
エ　誰もが飢餓に苦しまない社会。

問十二　次に挙げるのは、本文を読んだ生徒の会話である。内容の理解に**誤りがある発言**をア～オの中から**二つ**選び、記号で答えなさい。
ア　生徒A　「ポピュリズム」って言葉はこの文章で初めて聞いたよ。まだ厳密な定義は定まっていないみたいだけど、筆者は「倫理」の対義語って考えているみたいだね。
イ　生徒B　「倫理」は「なかま」っていう意味らしいけど、ダイバーシティが叫ばれている今、様々な違いを乗り越えてなかまと共存していくには、筆者が言うように遵法的であることが最も重要だと思うなぁ。
ウ　生徒C　私は、「この『呪い』は弱い酸のようにゆっくり、でも確実に彼の生命力を殺いでゆくことになる」という表現が印象的だったな。ここには筆者の危機感が表れていると思うよ。
エ　生徒D　僕は筆者の表現上の特徴として、かぎかっこ（「」）の多用があると感じた。筆者は心中表現だけでなく、強調したい語句にはかぎかっこを多く用いているね。
オ　生徒E　全体を通して、筆者は対義語も多用しているよ。そうすることでポピュリズムの功罪を明らかにしつつ、今後、人類が取り組むべき具体的な方策を示しているね。

二　次の文章を読んで、後の問いに答えなさい。

貫之《つらゆき》が馬に乗りて、＊和泉《いづみ》の国におはします（いらっしゃる）なる蟻通《ありどほし》の明神の御まへ（御社前）を、暗きに、え知らで通りければ、馬Iにはかにたふれて死にけり。いかはサルたちはみんな夕方になると飢え死にしてしまうので、そのときにポピュリズムも終わるのである。

哀しい話だ。

3「サルはいやだ、人間になりたい」という人々がまた戻ってくる日が来るのだろうか。来るとよいのだが。

（内田樹「サル化する世界」による）

語注　＊トランプ…ドナルド・ジョン・トランプ。アメリカ合衆国の政治家・実業家。同国第四十五代大統領。

問一　══線部①～④のカタカナを漢字で答えなさい。

問二　══線部a～dの漢字の読みをひらがなで答えなさい。

問三　～～線部Ⅰ・Ⅱの本文中での意味として最も適当なものを次からそれぞれ選び、記号で答えなさい。

Ⅰ　ファクター
- ア　要因
- イ　言葉
- ウ　社会
- エ　兆候

Ⅱ　与さない
- ア　間違いを指摘することはない
- イ　同意して加勢することはない
- ウ　あえて反論することはない
- エ　決して見逃すことはない

問四　──線部1「新しい事態」を、筆者は端的に何と述べているか。本文中から三字で抜き出しなさい。

問五　次の文章は本文中の〈1〉～〈4〉のどこに入るか。最も適当なものを選び、番号で答えなさい。

> 春秋《しゅんじゅう》時代の宋にサルを飼う人がいた。朝夕四粒ずつのトチの実をサルたちに給餌していたが、手元不如意になって、コストカットを迫られた。そこでサルたちに「朝は三粒、夕に四粒ではどうか」と提案した。するとサルたちは激怒した。「では、朝は四粒、夕に三粒ではどうか」と提案するとサルたちは大喜びした。

問六　筆者の言う「ポピュリズム」に該当するものとして最も適当なものを次から選び、記号で答えなさい。

- ア　会社員が電車に乗り遅れて始業に間に合わなかったこと。
- イ　学生がマラソンランナーの伴走者としてパラリンピックに出場すること。
- ウ　高校生が外国人旅行者に間違った道を教えてしまったこと。
- エ　銀行員が借金返済のために会社の金を使い込むこと。

問七　[X]・[Y]にあてはまる語の組み合わせとして、最も適当なものを次から選び、記号で答えなさい。

- ア　X　肉体　Y　精神
- イ　X　偶然　Y　必然
- ウ　X　時間　Y　空間
- エ　X　理論　Y　実践

問八　～～線部Ⅲ「顔をしかめて」・Ⅳ「大きな顔」とあるが、それぞれどのような心情を表しているか。最も適当なものを次から選び、記号で答えなさい。

- ア　Ⅲ　不快　Ⅳ　得意
- イ　Ⅲ　困惑　Ⅳ　勇気
- ウ　Ⅲ　焦燥　Ⅳ　自信
- エ　Ⅲ　反感　Ⅳ　不満

問九　（A）・（B）・（C）にあてはまる語の組み合わせとして、最も適当なものを次から選び、記号で答えなさい。

自分が何かのはずみで故郷を喪《うしな》い、b異邦をさすらう身になることなど想像したこともない。見知らぬ土地を、飢え、渇いて、さすらい、やむにやまれず人の家の扉を叩《たた》いたときに、Ⅲ顔をしかめて「外国人にやる飯はないよ」と言われたときにどんな気分になるものかを想像したことがない。

〈　3　〉

自分と立場や生活のしかたや信教が違っていても、同じ集団を形成している以上、「なかま」として③グウしてくれて、飢えていればご飯を与えてくれ、渇いていれば水を飲ませてくれ、寝るところがなければ宿を提供することを「当然」だと思っている人たち「ばかり」で形成されている社会で暮らしている方が、そうでない社会に暮らすよりも、「私」が生き延びられる確率は高い。噛《か》み砕いて言えば、それだけの話である。

「倫理」というのは別段それほどややこしいものではない。「倫」の原義は「なかま、ともがら」である。（　A　）「倫理」とは「他者とともに生きるための理法」のことである。他者とともにあるときに、どういうルールに従えばいいのか。別に難しい話ではない。「この世の人間たちがみんな自分のような人間であると自己利益が増大するかどうか」を自らに問えばよいのである。

（　B　）、渋滞している高速道路で走行禁止の路肩を走るドライバーは他のドライバーたちが遵法的にじっと渋滞に耐えているときにのみ利益を得ることができる。全員がわれ先に路肩を走り出したら、彼の利益は失われる。だから、彼は「自分以外のすべての人間が遵法的であり、自分だけがそうでないこと」を、（　C　）、「自分のようにふるまう人間が他にいない世界」を願うようになる。

これが「非倫理的」ということである。

これはある種の「呪い」として機能する。だって、「私のような人間がこの世に存在しませんように」と熱心に祈っているわけなんだから。この「呪い」は弱い酸のようにゆっくり、でも確実に彼の生命力を殺《そ》いでゆくことになる。祈りの力をc侮ってはならない。

もう一度言うが、倫理というのは別に難しいことではない。今ここにはいない未来の自分を、あるいは過去の自分を、あるいは「そうであったかもしれない自分」を、「そうなるかもしれない自分」を「自分の変容態」として、受け容《い》れることである。そのようなすべての「自分たち」に向かって、「あなたがたは存在する。存在する権利がある。存在し続けることを私は願う」という④シュクフクを贈ることである。

倫理的な人というのが「サル」の対義語である。

だから、ポピュリズムの対義語があるとすれば、それは「倫理」である。私はそう思う。たぶん、同意してくれる人はほとんどいないと思うけれど、私はそう思う。

2自己同一性が病的に萎縮して、「今さえよければ、自分さえよければ、それでいい」と思い込む人たちが多数派をd占め、政治経済や学術メディアでそういう連中がⅣ大きな顔をしている歴史的趨勢《すうせい》のことを私は「サル化」と呼ぶ。

〈　4　〉

「サル化」がこの先どこまで進むのかは、私にはよくわからない。けれども、サル化がさらに亢進《こうしん》すると、「朝三暮四」を通り越して、ついには「朝七暮ゼロ」まで進んでしまう。論理的にはそうなる。そのときに

【国　語】（四五分）〈満点：一〇〇点〉

一　次の文章を読んで、後の問いに答えなさい。（設問の都合上、文章を一部改めた箇所がある。）

①オウベイの政治学の論文を読むと、ポピュリズムはほぼ例外なく「これまでの秩序を揺るがすⅠ不安定なファクター」という意味で使われている。だが、そのときの「これまでの秩序」が何を指示するかはその語が利用される文脈によって、ひとつひとつ違っている。だから、＊トランプの統治についても、ドイツの移民政策についても、イギリスの貿易政策についても、ヴァチカンの宗教政策についても、「これまでの秩序」を揺るがす動きには「ポピュリズム」というタグが付けられる。それらのすべてに一貫している定義を取り出すことは難しい。

〈　1　〉

こういうとき、一意的に定義されていない語でものごとを論ずる愚を冷笑する人がいるけれど、私はそれにはⅡ与《くみ》さない。「一意的に定義されていない語」がa頻用される場合には、間違いなくそこには「これまでの言葉ではうまく説明できない新しい事態」が発生しているからである。そういう場合は、用語の厳密性よりも、1「新しい事態」の前景化を優先してよいと私は考えている。

では、ポピュリズムという一意的な定義が定まらない語によって指称されている「新しい事態」とは何なのか？

私見によれば、ポピュリズムとは「今さえよければ、自分さえよければ、それでいい」という考え方をする人たちが主人公になった歴史的過程のことである。

個人的な定義だから「それは違う」と口を尖《とが》らす人がいるかも知れないけれど、別にみなさんにこの意味で使ってくれと言っているわけではない。

「今さえよければいい」というのは［X］意識の縮減のことである。平たく言えば「サル化」のことである。「朝三暮四」のあのサルである。

〈　2　〉

このサルたちは、未来の自分が抱え込むことになる損失やリスクは「他人ごと」だと思っている。その点ではわが「当期利益至上主義」者に酷似している。「こんなことを続けていると、いつか大変なことになる」とわかっていながら、「大変なこと」が起きた後の未来の自分に自己同一性を感じることができない人間だけが「こんなこと」をだらだら続けることができる。その意味では、データをごまかしたり、仕様を変えたり、決算を粉飾したり、統計をごまかしたり、年金を溶かしたりしている人たちは「朝三暮四」のサルとよく似ている。

「朝三暮四」は自己同一性を未来に延長することに困難を感じる［X］意識の未成熟（「今さえよければ、それでいい」）のことであるが、「自分さえよければ、他人のことはどうでもいい」というのは自己同一性の［Y］的な縮減のことである。

集団の成員のうちで、自分と宗教が違う、生活習慣が違う、政治的意見が違う人々を「外国人」と称して排除することに特段の心理的②テイコウを感じない人がいる。「同国人」であっても、幼児や老人や病人や障害者を「生産性がない連中」と言って切り捨てることができる人がいる。彼らは、自分がかつて幼児であったことを忘れ、いずれ老人になることに気づかず、高い確率で病を得、障害を負う可能性を想定していないし、

MEMO

大切なことはメモしておこうネ！

学特Ⅰ期

2022年度

解　答　と　解　説

《2022年度の配点は解答欄に掲載してあります。》

＜数学解答＞

1　(1)　3　(2)　x^3y^4　(3)　$\dfrac{x+4y}{6}$　(4)　$-4+\sqrt{2}$

2　(1)　$x=\dfrac{-1\pm\sqrt{13}}{6}$　(2)　24　(3)　3500円

(4)　24π　(5)　81点　(6)　118°　(7)　160m

(8)　975　(9)　$y=\dfrac{2}{x}$

3　(1)　$\dfrac{7}{25}$　(2)　$\dfrac{12}{25}$

4　(1)　$y=\dfrac{1}{2}x^2$　(2)　$\dfrac{9}{2}$倍　(3)　右図

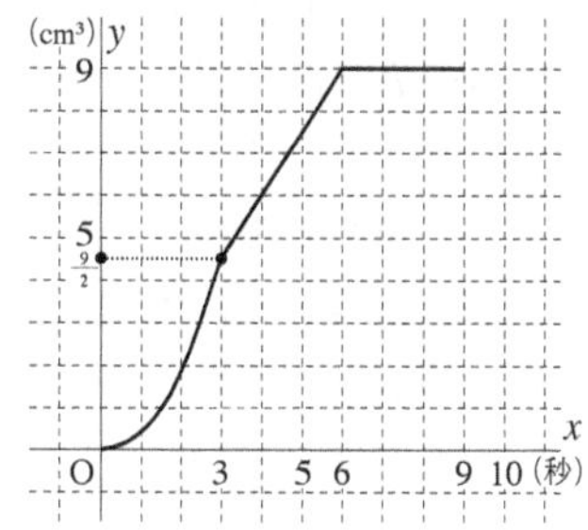

5　(1)　3：2　(2)　15：4　(3)　9：10

○配点○

1, 2(1)　各4点×5　　他　各5点×16　　計100点

＜数学解説＞

基本　1　(数・式の計算，平方根の計算)

(1)　$-2+5=3$

(2)　$(xy^2)^3\div(-y)^2=x^3y^6\div y^2=x^3y^4$

(3)　$\dfrac{2x-y}{3}-\dfrac{x-2y}{2}=\dfrac{2(2x-y)-3(x-2y)}{6}=\dfrac{4x-2y-3x+6y}{6}=\dfrac{x+4y}{6}$

(4)　$(\sqrt{2}+3)(\sqrt{2}-2)=(\sqrt{2})^2+(3-2)\sqrt{2}+3\times(-2)=2+\sqrt{2}-6=-4+\sqrt{2}$

2　(2次方程式，式の値，方程式の応用問題，回転体の体積，平均，角度，比例関数)

基本　(1)　$3x^2+x-1=0$　　二次方程式の解の公式から，$x=\dfrac{-1\pm\sqrt{1^2-4\times3\times(-1)}}{2\times3}=\dfrac{-1\pm\sqrt{13}}{6}$

(2)　$x^2+2xy+y^2=(x+y)^2=(\sqrt{6}+2+\sqrt{6}-2)^2=(2\sqrt{6})^2=24$

(3)　この品物の原価をx円とすると，$x\times1.2=6000\times(1-0.3)$　　$1.2x=4200$　　$x=3500$(円)

(4)　求める立体の体積は，底面が半径3の円で高さが4の円柱の体積から，底面が半径3の円で高さが4の円錐の体積をひいたものになるから，$\pi\times3^2\times4-\dfrac{1}{3}\times\pi\times3^2\times4=36\pi-12\pi=24\pi$

(5)　8回目の1回目との差をxとすると，$65+(3+7-6-9+17+12+x)\div8=70$　　$(24+x)\div8=5$　$24+x=40$　　$x=16$　　よって，8回目の点数は，$65+16=81$(点)

(6)　△DABと△EACは二等辺三角形だから，∠DAB＝∠DBA，∠EAC＝∠ECA　　∠DAB＝∠DBA＝a，∠EAC＝∠ECA＝bとすると，△ABCの内角の和の関係から，$56°+2a+2b=180°$　$2a+2b=124°$　　$2(a+b)=124°$　　$a+b=62°$　　∠BAC＝$56°+a+b=56°+62°=118°$

(7)　この列車の長さをxm，速さを毎秒ymとすると，$1440+x=y\times80$　　$x-80y=-1440$…①　$960+x=y\times56$　　$x-56y=-960$…②　　②－①から，$24y=480$　　$y=20$　　これを①に代入して，$x-80\times20=-1440$　　$x=-1440+1600=160$(m)

(8)　5で割り切れることと，もとの整数と各位の数字の順を逆にして3桁になることから，もとの

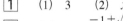

整数の一の位の数は0ではないので5　もとの整数の百の位の数字をa，十の位の数字をbとすると，$100a+10b+5-396=500+10b+a$　$99a=981$　$a=9$　$9+b+5=21$から，$b=7$
よって，もとの3桁の整数は，975

(9) $\frac{2}{4}=\frac{1}{2}$から，直線ABの式は，$y=\frac{1}{2}x$　この式に$x=-2$を代入すると，$y=\frac{1}{2}\times(-2)=-1$　B$(-2,\ -1)$　反比例のグラフは点Bを通るから，$(-2)\times(-1)=2$から，$y=\frac{2}{x}$

③ (確率)

(1) 7の番号が書かれた2枚のカードを$7x$，$7y$とすると，2回のカードの引き方は全部で，$5\times5=25$(通り)　そのうち，$a-b=0$となる場合は，$(a,\ b)=(2,\ 2)$，$(3,\ 3)$，$(5,\ 5)$，$(7x,\ 7x)$，$(7x,\ 7y)$，$(7y,\ 7x)$，$(7y,\ 7y)$の7通り　よって，求める確率は，$\frac{7}{25}$

(2) $a-b$の絶対値の平方根が無理数になる場合は，$(a,\ b)=(2,\ 5)$，$(2,\ 7x)$，$(2,\ 7y)$，$(3,\ 5)$，$(5,\ 2)$，$(5,\ 3)$，$(5,\ 7x)$，$(5,\ 7y)$，$(7x,\ 2)$，$(7x,\ 5)$，$(7y,\ 2)$，$(7y,\ 5)$の12通り　よって，求める確率は，$\frac{12}{25}$

④ (図形と関数の融合問題－動点，体積，グラフの作成)

基本 (1) $0\leqq x\leqq3$のとき，$AP=BQ=x$　$y=\frac{1}{3}\times\frac{1}{2}\times x\times3\times x=\frac{1}{2}x^2$

(2) 2秒後の体積は，(1)から，$y=\frac{1}{2}\times2^2=2$　9秒後，点Pは点H，点Qは点Eの位置にあるので，yは底面が△AEBで高さがHEの三角錐の体積になる。$y=\frac{1}{3}\times\frac{1}{2}\times3\times6\times3=9$　よって，$\frac{9}{2}$倍

重要 (3) $0\leqq x\leqq3$のとき，(1)より，$y=\frac{1}{2}x^2$　$x=3$のとき，$y=\frac{1}{2}\times3^2=\frac{9}{2}$　$3\leqq x\leqq6$のとき，点PはDH上に，点QはFB上にある。$QB=x$，yは底面が△AQBで高さが3の三角錐の体積になるから，$y=\frac{1}{3}\times\frac{1}{2}\times3\times x\times3=\frac{3}{2}x$　$x=6$のとき，$y=\frac{3}{2}\times6=9$　$6\leqq x\leqq9$のとき，点PはDH上に，点QはEF上にある。yは底面が底辺3，高さ6の三角形で高さが3の三角錐の体積になるから，$y=\frac{1}{3}\times\frac{1}{2}\times3\times6\times3=9$　$(9,\ 9)$を通る。よって，グラフは，$(0,\ 0)\sim\left(3,\ \frac{9}{2}\right)$は放物線をかき，$\left(3,\ \frac{9}{2}\right)\sim(6,\ 9)$と$(6,\ 9)\sim(9,\ 9)$は直線をかく。

⑤ (平面図形の計量問題－平行線と線分の比の定理，連比)

基本 (1) 平行線と線分の比の定理から,GE：EC＝AE：ED＝3：2

(2) GA：AB＝GE：EC＝3：2＝(3×3)：(2×3)＝9：6　AB：FC＝DC：FC＝3：2＝(3×2)：(2×2)＝6：4　よって，GH：HC＝GB：FC＝(9＋6)：4＝15：4

重要 (3) GE：EC＝3：2＝(3×19)：(2×19)＝57：38　GH：HC＝15：4＝(15×5)：(4×5)＝75：20
よって，EH：HC＝(EC－HC)：HC＝(38－20)：20＝18：20＝9：10

★ワンポイントアドバイス★
⑤(2)，(3)のような問題は，共通な辺を連比を使って最小公倍数でそろえてから比べよう。

＜英語解答＞

1 A 1 above [over] 2 change trains at 3 finished writing 4 rainy day
5 beginning B (1) problem (2) born (3) borrow (4) belong
(5) looking

2 問1 イ 問2 take a bus 問3 1 エ 2 イ 3 ア

3 A 問1 1 ア 2 エ 問2 1 foreign 2 get [gain] 問3 イ
B 問1 イ 問2 ウ 問3 a × b ○ c ○

4 問1 ウ 問2 (2) is (3) Second 問3 イ 問4 3番目 ア
5番目 ウ 問5 ウ 問6 technology 問7 1 sounds, make
2 three hours 問8 ウ

○配点○

1 A 各2点×5 B 各3点×5 2～4 各3点×25(4問4, 問7の1, 2各完答) 計100点

＜英語解説＞

1 (正誤問題・会話文問題：前置詞, 名詞, 動名詞, 品詞, 熟語, 語句補充, 熟語, 進行形)

A 1「月が山の上に現れる」 on は接触している状態で「～の上に」を表すので, above または over「～の上に」にする。 2「この学校から富岡に行くには高崎駅で電車を乗り換えるとよい」 trains と複数形にする。 3「おばあさん宛の手紙を書き終わりましたか」 finish ~ing「～し終わる」 to が不要。 4「昨日は雨の日だったのでどこにも行けなかった」 形容詞 rainy「雨の」にする。 5「今年の初めに私はラグビー部に入ると決めた」 at the beginning of ～「～の初めに」

B (大意) K：図書館への行き方を教えてくれませんか。／W：直進して2つ目の信号を左折してください。右手に見えます。／K：ありがとうございます。私は引っ越してきたばかりで困っています。私はキャサリンです。はじめまして。／W：(1)問題ないですよ。僕はウィリアム, 16年前に(2)生まれた時からこの市に住んでいます。／K：16歳ですか？ 私も！ 私は来週からスリー・マウンテン高校に通います。／W：僕はそこの生徒です。図書館に行きたいなら, 読書が好きですか。／K：はい, 特に日本の作家のものが。今日は夏目漱石の書いた本(3)を借りたい。／W：僕は日本の音楽やアニメが大好き。／K：日本の絵画は？ 私は市立美術館にいくつもりです, 日本美術の特別展があるので。／W：今週末, 僕が案内しましょうか。僕は美術部に(4)所属しています。／K：お願いします！ 今週末をとても(5)楽しみにしています。

(1) No problem.「問題ありません」は Thank you. に対する返答。 (2) be born「生まれる」 (3) borrow「～を借りる」 (4) belong to ～「～に所属する」 (5) look forward to ~ing「～するのを楽しみにする」 進行形にすることが多い言い方。ここも looking とする。

2 (長文読解問題・メール文：語句補充・選択, 前置詞, 語句解釈, 英問英答, 内容吟味)

(大意)

ノドカ, 春休みの予定はある？ もし暇なら, 3月20日日曜日に, 開店セールに行こう。その店は素敵なTシャツやジーンズを売っているよ。私は新しいジーンズがほしい。日曜日の10時から12時(1)の間は, すべて半額らしいよ。先着50名にプレゼントもくれる。午前中に行って, レストランで昼食を食べよう。イタリアのピザ屋やインドカレーレストランがあるよ。店へ自転車で行く？ もしバスに乗りたいなら, (2)そうしてもいいよ。どうやって行きたい？ メグ

メグ，誘ってくれてありがとう。私はその日は暇よ。店まで自転車で行こう。私はあなたの家に9時に行くわ。あなたは日本食を食べたことがある？　私のママが私たちのために食事を作ってくれるよ。私の家でママのランチを食べたら，お金を節約して洋服に使えるわ。　ノドカ

問1　(1)　between A and B「AとBの間」(3)　Thank you for ～「～をありがとう」
問2　直前の take a bus を指す。
問3　1「メグは春休みの間に何をしたいか」エ「新しい服を手に入れること」 2「ノドカはどうやってその店へ行きたいか」イ「自転車で」 3「ノドカの母はノドカに何を提案したか」ア「メグと一緒に昼食のために帰宅すること」

3　(資料読解問題：内容吟味，英問英答，語句補充，内容一致)

A　(大意)　英語学校　|　前橋語学学校
オンライン授業を開始します。生配信の授業です。2022年4月から，4コースが受講できます。

Aコース　月3,000円 初心者向け基礎レッスン 月曜日と金曜日　午後7時～7時30分	Bコース　月5,000円 ビジネス用英語スキル 水曜日　午後7時～8時 日曜日　午後2時～3時
Cコース　月6,000円 留学向け英語トレーニング 火曜日と土曜日　午後8時～9時	Dコース　月20,000円 英語で毎日のニュースを話す 月曜日から金曜日　午前7時～7時20分

入会するためには5,000円支払う必要があります。
支払いにはクレジットカードが必要です。

4月1日から4月15日まで　期間限定の新会員サービス　この期間に新会員になると
1　1,500円割引　　2　無料プレゼント

私たちと一緒に英語を学習したいなら，ウェブサイトにアクセスしてください。

重要　問1　1「ケンタはAコースを受講する。4月10日に入学して授業を始めたら，最初の月はいくら支払うか」 Aコース3,000円＋入会金5,000円－期間限定割引1,500円＝6,500円　2「マリコは4月から夜に働き始め，英語が得意だ。どのコースを選ぶか」 午前授業を選ぶ。
問2　1「Cコースの授業は外国で学ぶのに役立つ」 foreign「外国の」 2「4月3日に入会したらプレゼントをもらえる」 get「～を手に入れる」
問3　イ「木曜日には生配信の授業はない」(×)　Dコースの授業は月～金なので誤り。

B　(大意)　アサヒガオカ動物園ニュース
・絵画コンテスト
2頭のホワイトタイガー，ジュンとゴンが5月にやってきます。彼らの絵を描いて賞を取ろう！
コンテストのルール

(1)15歳以下　(2)ジュンとゴンの両方を描く　(3)7月31日までに絵を送付する
・特別チケット
今月から年間チケットが売り出されます。レストランで5％割引されます。
・7月13日から夜間動物園が始まります
動物園にはライオンやカンガルーのように夜行性の動物がいます。夜に動物園に来ると，そのような動物を見ることができます。夜間動物園に来たい場合は電話してください。

問1　コンテストのルール(2)より，イが適切。　問2　see「～を見る」
問3　a 「年間チケットがあれば売店で安い値段でいくつかの商品を買うことができる」(×)
b 「ライオンは夜間に動き回る」(○)　c 「あなたは夜間動物園に参加する前に，動物園に電話しなくてはならない」(○)

4　**(長文読解問題・論説文：接続詞，語形変化，語句解釈，語句整序，分詞，不定詞，語句補充，要旨把握，英問英答，内容吟味，内容一致)**

(大意)　人々は近頃，忙しいと言う。私たちは時々，(1)自分のやりたいことをする時間が十分にないと感じる。あなたは，そのように感じる理由の1つが「テクノロジー」，つまり私たちをつなぐツールだと知ったら，驚くかもしれない。スマートフォンやコンピュータの音を何度も聞くと，私たちは自分の好きな活動，例えば読書，家族や友人との会話，食事，睡眠などを楽しむ力を失う。ほとんどの人が1日平均3時間をスマートフォンやコンピュータに費やし，これらの時間のほとんどがゲームやSNSなどのあまり重要でない活動に使われている。さらに，通信技術を使うことは精神状態にも影響する。SNSに多くの時間を費やす人は，より多くのストレスを感じる。どうしたら私たちは通信機器から切断し，自分たちの生活を楽しむことができるだろうか。第1に，いつ切断するか明確な目標を定めることだ。例えば，夕食時には電話の電源を切る。(3)第2に，通信機器の設定を変える。(4)そうすれば，あなたは自分が立てた目標に容易に到達できる。電話を使いすぎるのをやめるような設定に変える。仕事中や食事中にSNSやウェブサイトに接続させないアプリも良い。一番良いのは自分にプレゼントをあげることだ。もし目標に到達できたら，ほしいものや食べたいものを買う。(5)成功の後に与えられたプレゼントはあなたをより幸せにし，あなたは通信機器の電源を切ることを続けられる。(6)自分に何をあげるか選ぶことは楽しい。知っての通り，(7)通信技術はとても便利だ。言い換えると，私たちはそれなしでは生きられない。しかしいつも通信技術とつながっていると，ストレスを多く感じ，毎日の生活が悪くなる。通信機器の電源を切って目標に到達すれば，幸せな暮らしという，一番のプレゼントが手に入る。

重要　問1　ウの箇所に目的格の関係代名詞 that が省略されている。エのところには動詞 do が省略されており，(that) we want to(do)「私たちがしたい」が the things を後ろから修飾する。
問2　(2)　主語は単数の one なので，be は is とする。　(3)　第5段落第2文に First「第1に」とあるのに着目し，Second「第2に」とする。
問3　直前の change your technology's settings「あなたの通信機器の設定を変える」を指す。
やや難　問4　Presents given after the success make you(happier)　形容詞的用法の過去分詞句 given after the success「成功の後に与えられた」が presents を後ろから修飾する。＜ make ＋目的語＋形容詞＞「～を…にする」
問5　この It は形式主語で，to 以下(to choose what to give yourself)を指す。
やや難　問6　この文章は，technology「技術」，特にスマートフォンやコンピュータなどの「通信技術，通信機器」について述べたものである。

重要　問7　1 「私たちはいつ，大好きなことを楽しむ力を失うか」「スマートフォンやコンピュータが出す音を何度も聞く時に」 第2段落第2，3文参照。　2 「ほとんどの人はスマートフォンを1日にどのくらい使うか」「平均して1日に3時間使う」 第3段落第2文参照。

重要　問8　ウ「自分の目標を達成できたら，自分自身に何かプレゼントをあげるかもしれない」(○)

★ワンポイントアドバイス★

4の長文読解問題は，スマートフォンの使い過ぎによる害についての文章。文法的に複雑な文が多く，設問の難度も高い。

<理科解答>

1　(1) 胞子のう　(2) ③　(3) ⑥　(4) A ユリ　B アブラナ　C イヌワラビ　D ゼニゴケ

2　(1) 顕性形質[優性形質]　(2) 自家受粉　(3) オ　(4) エ　(5) メンデル　(6) ウ　(7) A オ　B イ

3　(1) (例) 空気を多く含むため。　(2) イ，エ　(3) (名称) 分解　(記号) イ

(4)

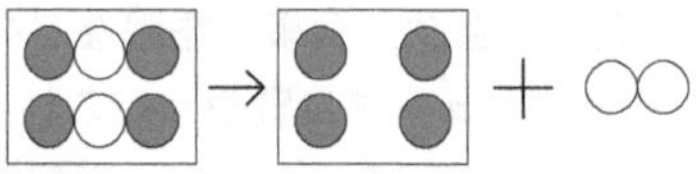

(5) 4.0(g)

4　(1) $\frac{m}{9.0}$ (cm^3)　(2) $\frac{m}{7.0}$ (cm^3)　(3) 8.1 (g/cm^3)　(4) (例) 小さくなった。

5　(1) エ　(2) Ue　(3) (水平方向：垂直方向＝)4：3　(4) オ

6　(1) 210(mA)　(2) 140(mA)　(3) 15(Ω)　(4) X2

7　(1) ① 1　② 12　③ 34　④ 24　⑤ 36　⑥ 4　(2) カ　(3) カ

○配点○

1 各2点×7　2 各2点×8　3 各3点×6　4 各3点×4　5 各3点×4
6 各3点×4　7 各2点×8　計100点

<理科解説>

1　**(植物の種類とその生活―植物の分類)**

重要　(1) 胞子は胞子のうに含まれている。シダ植物では，胞子のうは葉の裏側にある。

重要　(2) 葉の形から，植物Dはイチョウとわかる。イチョウは雄花と雌花に分かれていて，裸子植物なので雌花の胚珠はむき出しになっている。

基本　(3) 葉と花の形から，植物Eはアサガオとわかる。アサガオの花は花弁がくっついた合弁花で，双子葉類なので根は主根と側根からなる。

重要　(4) 植物A…④のカードの「細い根」はひげ根のことで，単子葉類の特徴である。単子葉類の植物なので，Aはユリである。　植物B…②のカードから，葉脈のようすから双子葉類の植物で，花弁が分かれた離弁花であることがわかる。よって，Bはアブラナである。　植物C…⑨のカードの葉の裏のようすから，Cはシダ植物のイヌワラビだとわかる。また，①も植物Cのカードである。　植物F…残った植物からゼニゴケとわかる。また，⑤は植物Fのカードである。

2 (生殖と遺伝―遺伝の規則性)

重要 (1) 対立形質の純系どうしを交配させたとき，子に現れる形質を顕性形質(優性形質)，現れない形質を潜性形質(劣性形質)という。

基本 (2) 花粉を同じ個体のめしべに受粉させることを自家受粉という。また，異なる個体に受粉させることは他家受粉という。

重要 (3) 丸い種子をつくる純系のエンドウのもつ遺伝子の組み合わせをGG，しわのある種子をつくる純系のエンドウのもつ遺伝子の組み合わせをggとすると，子のエンドウのもつ遺伝子の組み合わせはすべてGgとなる。Ggの遺伝子の組み合わせをもつエンドウを自家受粉させたときにできるエンドウのもつ遺伝子の組み合わせは，個体数の比で GG：Gg：gg＝1：2：1 となり，このうち，GGとGgをもつものは丸い種子，ggをもつものはしわのある種子となるので，丸い種子としわのある種子の個体数の比は (1＋2)：1＝3：1 となる。よって，しわのある種子が152個のときの丸い種子の個数をxとすると，3：1＝x：152　x＝456 より，最も近いものは450個である。

(4) (3)より，Ggからなる種子は，450(個)$\times\dfrac{2}{1+2}$＝300(個)

基本 (5) 遺伝の規則性は，オーストリアのメンデルによって発見された。

(6) ア～カのそれぞれの組み合わせのときにできる子のもつ遺伝子の組み合わせとその個体数の比，種子の形とその個体数の比は，それぞれ以下のようになる。　ア…GG：Gg：gg＝1：2：1，丸：しわ＝3：1　イ…すべてGG，すべて丸い種子　ウ…GG：gg＝1：1，丸：しわ＝1：1　エ…すべてgg，すべてしわのある種子　オ…すべてGg，すべて丸い種子　カ…GG：Gg＝1：1，すべて丸い種子

重要 (7) 対になっている親の代の遺伝子は，減数分裂によって，それぞれ別の生殖細胞に入る。このことを分離の法則という。

3 (化学変化―酸化銀の熱分解)

重要 (1) 酸化銀を加熱すると酸素が発生するが，はじめに集まる気体は試験管Aの中にもとからあった空気が多く含まれているため，はじめの1本分の気体は捨てる。

基本 (2) ア，ウでは二酸化炭素，オでは水素が発生する。なお，エでは，陽極から酸素が発生し，陰極から水素が発生する。

基本 (3) 1種類の物質が2種類以上の物質に分かれる化学変化を分解といい，加熱による分解を熱分解，電流を流すことによる分解を電気分解という。イでは，炭酸水素ナトリウムが，炭酸ナトリウムと二酸化炭素と水に分解される。

(4) 酸化銀の熱分解を化学反応式で表すと，2Ag2O→4Ag＋O2となる。

重要 (5) 実験から，2.90gの酸化銀が2.70gの銀になったことから，取り除かれた酸素は 2.90－2.70＝0.20(g)とわかる。よって，58.0gの酸化銀からxgの酸素を取り除くと銀になるとすると，2.90(g)：0.20(g)＝58.0(g)：x(g)　x＝4.0(g)

4 (物質とその変化―密度)

(1) 密度は1cm^{3}あたりの質量だから，銅1cm^{3}は9.0gなので，銅mgの体積を$x$cm^{3}とすると，1(cm^3)：9.0(g)＝x(cm^3)：m(g)　$x=\dfrac{m}{9.0}$(cm^3)

(2) 亜鉛1cm^{3}は7.0gより，亜鉛mgの体積を$y$cm^{3}とすると，1(cm^3)：7.0(g)＝y(cm^3)：m(g)　$y=\dfrac{m}{7.0}$(cm3)

やや難 (3) 銅3m g，亜鉛2m gの合金だとすると，体積は$\dfrac{m}{9.0}\times3+\dfrac{m}{7.0}\times2=\dfrac{13}{21}m$(cm^3)となる。よって，密度は(3$m$＋2$m$)(g)$\div\dfrac{13}{21}m$(cm^3)＝$5\times\dfrac{21}{13}$＝8.07…より，8.1(g/cm^3)

(4) 合金の密度8.5g/cm^{3}は，(3)で求めた8.1g/cm^{3}よりも大きいことから，質量が同じときの体積は小さくなる。

5 (運動とエネルギー―運動と力学的エネルギー)

(1) レールから離れて空中にある物体には重力だけがはたらく。

やや難 (2) 力学的エネルギーは運動エネルギーと位置エネルギーの和で，摩擦力や空気抵抗がはたらかない場合，一定のままで変化しない。よって，Ea＝Eb＝Eeである。位置エネルギーは高い位置にあるほど高く，運動をはじめる点Aでは，速さは0なので運動エネルギーが0となり，位置エネルギーUaと力学的エネルギーは等しくなる。点Bは最下点なので位置エネルギーは最も小さくなる。レールを離れた後の最高点の点Eでは，小球は右向きに速さをもっているので運動エネルギーは0にはならず，位置エネルギーUeは点Aでの位置エネルギーUaよりも小さくなる。これらのことから6つのエネルギーの大小関係は Ub＜Ue＜Ua＝Ea＝Eb＝Ee となる。

(3) ストロボで映し出したようすでは，時間の間隔が一定なので，小球の移動距離は速さと同じように考えることができる。小球が斜面上を3.0cm移動したとき，水平方向には2.4cm，垂直方向には1.8cm移動していることから，地面に水平な方向の平均の速さと地面に垂直な方向の平均の速さの比は 2.4(cm)：1.8(cm)＝4：3

重要 (4) 重力Wと垂直抗力N，重力の斜面方向の分力Fでは，重力Wがつねに最も大きくなる。斜面の角度が45°より小さいときは N＞F，斜面の角度が45°のときは N＝F，斜面の角度が45°より大きいときは N＜Fとなる。よって，図4の場合は，F＜N＜Wとなる。

6 (電流と電圧―電流回路)

基本 (1) オームの法則より，6.3(V)÷30(Ω)＝0.21(A)，1A＝1000mAより，0.21A＝210mA

重要 (2) 抵抗を直列につないだときの全体の電気抵抗は，それぞれの抵抗の電気抵抗の和となるので，回路全体の電気抵抗は 30＋15＝45(Ω) である。よって，回路に流れる電流は 6.3(V)÷45(Ω)＝0.14(A)＝140(mA)

(3) 並列につないだ2つの抵抗には電源と同じ大きさの電圧がかかり，30Ωの抵抗に流れる電流は6.3(V)÷30(Ω)＝2.1(A)＝210(mA)，電流計の示す値が630mAなので，抵抗Rに流れる電流は630－210＝420(mA)＝0.42(A)である。よって，抵抗Rの抵抗値は 6.3(V)÷0.42(A)＝15(Ω)

やや難 (4) 電源の電圧が6.3V，回路に流れる電流が150mA＝0.15Aなので，回路全体の抵抗値は 6.3(V)÷0.15(A)＝42(Ω)である。抵抗を並列につなぐと全体の抵抗値はそれぞれの抵抗の抵抗値のどれよりも小さくなる。X1につないだとき，15Ωと(30＋30＋30)＝90(Ω)の並列つなぎとなるので，全体の抵抗値は15Ωより小さくなるので不適である。X2につないだとき，15Ωと(30＋30)＝60(Ω)を並列につないだものと30Ωの抵抗の直列つなぎとなり，並列部分は15Ωより小さいので，全体の抵抗値は30Ωより大きく45Ωより小さくなる。X3につないだとき，15Ωと30Ωを並列につないだものと30Ωの抵抗2個との直列つなぎとなり，並列部分は15Ωより小さいので，全体の抵抗値は60Ωより大きく75Ωより小さくなるので不適である。これらのことから，端子PはX2につないだことがわかる。

7 (大地の動き・地震―地震)

重要 (1)・(2) 主要動を伝えるS波が震源から48km離れたC地点に伝わるのにかかる時間は 48(km)÷4(km/s)＝12(秒)，主要動がはじまったのは10時25分40秒だから，地震の発生時刻は，C地点で主要動がはじまった時刻の12秒前の10時25分28秒とわかる。

① 初期微動が10時25分30秒，主要動が10時25分31秒にはじまっているので，初期微動継続時間は1秒 ② 地震発生から3秒後に主要動がはじまっているので，S波の速さから，震源からA地点の間の距離は 4(km/s)×3(s)＝12(km) ③ 初期微動継続時間が2秒間なので，B地点で主要動がはじまったのは，初期微動がはじまった2秒後の10時25分34秒 ④ 地震発生から4秒後に初期微動がはじまっているので，P波の速さから，震源からB地点の間の距離は 6(km/s)×4(s)＝24 (km) ⑤ 初期微動を伝えるP波が震源から48km離れたC地点に伝わるのにかかる時間は48(km)÷6(km/s)＝8(秒) だから，C地点で初期微動がはじまるのは地震発生の8秒後の10時25分36秒である。 ⑥ 初期微動が10時25分36秒，主要動が10時25分40秒にはじまっているので，初期微動継続時間は4秒

(3) マグニチュードの値が1.0大きくなると地震によるエネルギーの大きさは約32倍，マグニチュードの値が2.0大きくなると地震によるエネルギーの大きさは1000倍になる。

★ワンポイントアドバイス★

極端に難易度の高い問題の出題はないが，試験時間に対して問題数が多めなので，すばやく正確に解答できるように練習を重ねよう。また，効率よく解答できるように工夫できないかなどと考える習慣もつけておこう。

＜社会解答＞

1 (1) ア (2) (都市) エ (気候) キ (3) ア (4) アグリビジネス企業
(5) ウ (6) イ

2 (1) 甲府(盆地) (2) イ (3) エ (4) (養蚕のための)桑(畑として利用されていた。) (5) エ (6) イ (7) ウ (8) ア

3 (1) ⅰ イ ⅱ エ (2) 飛鳥文化 (3) ⅰ 校倉造 ⅱ イ
(4) ⅰ 下剋上 ⅱ 石見銀山 (5) ア (6) 鉄砲 (7) ウ

4 (1) イ (2) 伊藤博文 (3) 鹿鳴館 (4) エ (5) 国際連盟
(6) 佐藤栄作 (7) 高度経済成長期 (8) ① カ ② イ ③ ウ

5 (1) 人工知能 (2) ダイバーシティ (3) ア・ウ (4) ⅰ ア
ⅱ 男女雇用機会均等法 (5) ⅰ イ ⅱ 脳死

6 (1) イ (2) 令状 (3) イ (4) ウ (5) ⅰ 秘密選挙 ⅱ エ
(6) ⅰ クーリングオフ ⅱ PL(法)

○配点○

各2点×50 計100点

＜社会解説＞

1 (世界地理―地形・産業・貿易など)

(1) アメリカ・カナダは北緯49度，フランス・スペインはピレネー山脈，インド・中国はヒマラヤ山脈，中国・ロシアはアムール川が国境線となる。

(2) シドニーの気候は東京などと同じ夏に降水量が多い温暖湿潤気候。

(3) 食糧自給率は40％程度。大豆は6％程度でアメリカなどからの輸入に依存している。

やや難 (4) 穀物メジャーと呼ばれる巨大な商社は世界の農業関連事業に大きな影響力を持っている。

(5) ブラジルは中国などと並びBRICSと呼ばれる経済発展の著しい国の一つ。

(6) 韓国はアメリカや日本との関係が深かったが近年は経済発展が著しい中国との関係を強化。

2 (日本の地理―地形図・気候・農業など)

(1) 甲斐国の国府が置かれたことから命名された。

基本 (2) 蜂城山には650mの等高線もみられる。

(3)　尾根上のX地点(520m前後)から複数の谷を横切りY地点(550m前後)に達する。

(4)　戦前日本の近代化を支えたのは生糸。水はけや日当たりの良い扇状地は蚕のえさとなる桑の栽培に適していた。現在ではその条件に合ったブドウやモモなどの果物が栽培されている。

重要 (5)　気温の年較差が大きく降水量の少ない中央高地の気候。アは温暖な瀬戸内の気候(高松)，イは冬季の降雪が特徴の日本海側の気候(金沢)，ウは夏の降水量が大きい太平洋側の気候(名古屋)。

(6)　葛飾北斎による「富嶽三十六景」の中の一つ。いわし雲と樹海を描いた「凱風《がいふう》快晴」。

(7)　米どころの新潟，果樹栽培の山梨，高原野菜の長野。

(8)　高度経済成長下で高速道路網が整備，ドアツードアで小回りの利く自動車輸送が主役に登場。最近は環境負荷の小さな鉄道や船などに転換するモーダルシフトも進んでいる。

3　**(日本と世界の歴史—古代～近世の政治・社会・文化史など)**

(1)　(ⅰ)　西方からはガラスや葡萄酒などが伝来。紙や火薬は中国で発明，ジャガイモは大航海時代以降に伝来。　(ⅱ)　ローマ帝国や漢という世界帝国が出現，それらを結ぶ交易路が発達した。

(2)　仏教導入をめぐっては蘇我氏と物部氏が対立，勝利した蘇我氏の下で仏教文化が花開いた。

(3)　(ⅰ)　断面が三角形の木材を井の字型に組んだ壁面で構成する建物。　(ⅱ)　701年，文武天皇の命で刑部《おさかべ》親王や藤原不比等らによって編纂された律令。

(4)　(ⅰ)　身分の下の者が上の者に剋(か)つという意味。　(ⅱ)　毛利氏や尼子氏が争奪戦を演じた日本最大規模の銀山。当時日本は世界の銀の2～3割を産していたといわれる。

(5)　秀吉は朝鮮に対し服属と明征服への先導役を要求，朝鮮がこれを拒否すると文禄元年と慶長2年の2度にわたって大軍を派遣した。文永の役と弘安の役は鎌倉時代の元寇。

基本 (6) 1543年，ポルトガル人を乗せた中国船が種子島に漂着し鉄砲を伝えた。

(7)　新大陸のプランテーション経営のため労働力を必要としたヨーロッパ諸国は黒人奴隷を輸入，新大陸からは砂糖や綿花，タバコやコーヒーなどがヨーロッパに運ばれ大きな利益を上げた。

4　**(日本の歴史—近・現代の政治・社会史など)**

(1)　前土佐藩主・山内容堂らの進言を受け決断。これに対し薩摩・長州の両藩は同日に討幕の密勅を得て武力で幕府を倒す方針を明確にした。

重要 (2)　大久保利通が暗殺された後，新政府の中心として日本の近代化を進めた人物。

(3)　日比谷に作られた洋風の建物。極端な欧化政策は国民の反発を買い条約改正には失敗した。

(4)　大隈を首相，板垣を内相とする内閣が成立したが内部対立から4か月で崩壊した。

(5)　アメリカは議会の反対で不参加，1933年には日本・ドイツの脱退で事実上崩壊した。

(6)　7年8か月の長期政権を達成，非核三原則などでノーベル平和賞も受賞した。

重要 (7)　朝鮮戦争の特需を契機に復活した日本経済は1967年にはアメリカに次ぐ規模に成長した。

(8)　①　第4次中東戦争をきっかけに原油の価格が4倍に高騰。　②　総選挙の結果，反自民の細川内閣が誕生。　③　マグニチュード7.3の直下型地震で6000人以上の死者が発生した。

5　**(公民—情報社会・人権など)**

(1)　人間が持つ認知や推論の働きをコンピューターに行わせる技術やシステム。

やや難 (2)　性別や人種，年齢など様々な違いを認めて尊重し共に成長しようという考え。

(3)　障害を持つ人が社会生活をする上での障壁(バリア)を除去しようという考え。

(4)　(ⅰ)　世界では少数派となっているが被害者感情や死刑による抑止効果などから制度は存続。(ⅱ)　その後の改正で努力義務が禁止規定に，最近ではLBGTへのセクハラなども対象となった。

(5) (ⅰ) 主権者である国民が正しく判断するためには正確な情報が必要となる。 (ⅱ) 脳死を人の死とすることに対してはいまだに国民的な合意はできていない。

6 (公民—政治のしくみ・消費者問題など)

(1) 刑事裁判は犯罪被疑者を検察官が裁判所に起訴，重大な事件では裁判員も参加する。

(2) 逮捕以外にも勾留《こうりゅう》や捜索などの強制処分を行う際にも必要となる。

(3) 国家財政でも社会保障が3割以上を占めるが地方財政でも民生費の割合が増加している。

重要 (4) 身近な問題を地域住民が自ら解決することを通じて民主主義の原点を学ぶという意味。

(5) (ⅰ) 選挙の4大原則は普通選挙，平等選挙，直接選挙，秘密選挙。 (ⅱ) 小選挙区制では相対的多数をとれば当選できるため必然的に死票が多くなる。

(6) (ⅰ) 契約成立後も一定期間内であれば契約解除できる制度。 (ⅱ) 欠陥があった事実さえ認定されれば救済を受けられる制度。製造者の無過失責任を定めたもの。

★ワンポイントアドバイス★

公民分野を学習する際には毎日のニュースなどが重要な教材となる。よくわからない言葉などが出てきたら必ず自分で調べる習慣をつけよう。

＜国語解答＞

一 問一 ① 閉鎖 ② 土俵 ③ 弟子 ④ 威厳 問二 a し b へんちょう c なごり d なが 問三 Ⅰ エ Ⅱ ウ 問四 エ 問五 A 外国出身力 B 日本の歴史 問六 多国籍化 問七 ア 問八 2 問九 イ 問十 徳やたしなみ 問十一 ウ 問十二 エ

二 問一 おもうように 問二 Ⅰ エ Ⅱ イ 問三 ア 問四 世をかろく思ひたる曲者 問五 ア 問六 ウ 問七 イ・エ 問八 徒然草

三 問一 ウ 問二 エ 問三 1 ねいろ 2 けいだい 問四 1 ウ 2 オ 問五 エ 問六 ウ 問七 ウ 問八 イ

○配点○

一 問一～問三 各2点×10 他 各3点×10 二 各3点×10 三 各2点×10 計100点

＜国語解説＞

一 (論説文—漢字の読み書き，語句の意味，接続語の問題，文脈把握，脱文・脱語補充，文章・段落構成，内容吟味)

問一 ①「閉鎖」とは，「内にこもって外部との交流をしないこと」。 ②「土俵」は，「表」ではなく「俵」である点に注意。 ③「弟子」とは，「先生から教えを受ける人」。 ④「威厳」とは，「堂々としていておごそかな様子」。

問二 a「強いられる」とは，「無理やりそうさせられる」こと。 b「偏重」とは，「かたよって一方ばかりを重んずること」。 c「名残」とは，「物事が過ぎ去ったあとに，その影響がなおも残っていること」。 d「眺める」は送り仮名に注意。

問三 Ⅰ「言わずもがな」とは，「言うまでもない」，つまり「もちろんのこと」という意味である。　Ⅱ「首尾一貫」とは「最初から最後まで，一つの方針や態度で貫かれていること」であり，それが「しない」ということなので，つまりは「整合性に欠ける」ということになる。

問四　Aでは判断がしにくいため，B・Cで判断していく。Bは「柔道は早くから，……国際戦略を選んだ」というポジティブな面に対し，「その代償として，……強いられた」とネガティブな面を示していることから，「しかし」が適当。またCも「誤審が激減した」というポジティブな面に対し，「判定基準が首尾一貫しない」というネガティブな面を示している。

問五　「こうした」の指示内容としては，傍線部1以前の第一段落の内容ということになる。「国際性」とは自国に限らないということなので，「外国出身力士を積極的に受け入れてきた」という部分があてはまる。「国民性」は日本の国民性と考えられるため，「日本の歴史から……伝統文化を担っている」という部分があてはまる。

問六　「国際化」が具体的でないということなので，「国際化」の意味からは外れず，且つもう少し詳しく説明している言葉をあてはめる。すると第五段落に「大相撲の多国籍化について……」とあるので，この「多国籍化」が適当。

やや難　問七　「コスモポリタン」とは，「国籍などにはこだわらないで，全世界を自国と考えている人」のことである。したがって，アの「国家や民族というくくりを超越」が合致する。

問八　「他方」と始まっていることから，それまでに述べていたこととは別のことをこの文章では述べていると考えられる。さらに，「剣道は国際化ではなく……」とあるが，第五段落では「柔道と剣道を例に比較してみよう」とあり，第六段落では柔道について述べられているため，この文章はその直後の(　2　)にあてはまる。

重要　問九　「入日本」「入日本化」とは，「同化や『日本化』を強制されるものではない」とあるが，これは第八段落の内容をまとめたものといえる。また第十段落にも「自らの選択で……意味する」とあることから，つまり相撲における「入日本」とは相撲に取り組むことで，日本の文化や伝統に近づき，相撲道と人格を成長させていくことと考えられる。よってイが適当。アの「心身共に日本人として」では，「脱民族」「脱国籍」にあたってしまうため不適当。

問十　これは相撲の話なので，相撲の話題が出ている箇所から探していく。すると第十六段落において，「大相撲の徳やたしなみを無視」して軍配に不服を言い立てる者がいる，としていることから，品位に欠けることを嫌い合うはずなのに不服を申し立てるとは驚きだ，と読み取れるので，この部分の「徳やたしなみ」が適当。

問十一　最終段落の内容からするに，「勇気」と「徳」が大事であり，それがなければ勝負で強くとも信望を得られないとしていることから，「勝負」に関連してしまっているア・イは不適当。また，「勇気ある人」「徳のある人」が名声を得られると考えられることから，名声とは自分で得るものではなく，周りから評価されて得られると言うことができるためエも不適当。

問十二　エの「日本化が進んでいる」が誤り。第十六段落において，相撲のジャッジについて「日本人を含めて……『国際的』ではないのか」としていることから，相撲は「日本化」ではなく「国際化」が進んでいると言える。

三　(古文―仮名遣い，語句の意味，指示語の問題，文脈把握，品詞・用法，内容吟味，文学史)

〈口語訳〉　真乗院に盛親僧都といって，並々でない知恵者がいた。芋頭という物を好んで，多く食べた。談義の座においても，大きい鉢に(芋頭を)高く盛りつけて，膝もとに置いて食べながら，仏典を読んでいた。病気になることがあれば，七日，十四日など，治療だといって家の中に籠っていて，好きなだけ良い芋頭を選んで，特に多く食べて，色々な病気を治した。人に食べさせることはなかった。ただ一人で食べていたのだった。きわめて貧しかったので，師匠が死ぬ間際に銭二百貫と僧坊をひとつ譲ったのを，僧坊を百貫に売って，かれこれ三万疋の金を芋頭のお代と定めて，京都にある人に預けておいて，十貫ずつ取り寄せて，芋頭をほしいだけ召しあがっているうちに，また，外に金を使うこともなくて，三百貫すべてを芋頭のお代として使い切ってしまった。

「三百貫の金を貧しい身に手に入れて，このようにふるまうとは，本当にありがたい仏道精進のお方だ」と，人々は言った。

この僧都は，見た目が良く，力が強く，大食いで，書も巧みで，博学であり，説教も上手であり，宗派における重鎮であったので，寺でも重用されたけれども，世を軽んじる変人であって，様々なことを自由にして，まず人に従うということがなかった。出仕しておもてなしの食事などにつく時も，皆のお膳を出し切るのを待たず，我先にと座り，そのまま一人で食べ，帰りたくなれば，一人でつっと立って帰って行った。午前・午後の食事も決して人と一緒にとることがなく，自分が食べたい時に，夜中でも明け方でも食べて，眠ければ昼でも部屋に籠って，どんな大ごとがあっても，人の言うことを聞き入れず，目覚めれば幾晩も眠らず，心を澄まして詩歌を吟じて歩き回るなど，普通ではない様子だけれども，人に嫌われず，何もかも許されていた。徳がとても高かったのだろうか。

問一　古文では，語頭を除く「はひふへほ」は「わいうえお」と読む。

問二　「やんごとなし」は「並大抵でない」，「乏し」は「不足している」という意味である。「乏しからず」は打消の助動詞「ず」を伴っているため，「不足していない」ということから，つまり「十分」と解釈できる。

問三　「三百貫の者を貧しき身にまうけて」から，僧都が師匠からもらった二百貫と僧坊について，僧坊を売ってお金を増やし，全て芋頭に使ったという結果について「かくはからひける」としている。「はからふ」とは，ここでは「取り計らう」と同じ意味。

問四　人の言うことを聞かない，ということなので，僧都は変わり者であったということがうかがえる。すると，同文に「世をかろく思ひたる曲者」が11字であるので，ここが適当。「曲者」とは悪人という意味ではなく，「曲がった者」つまりは「変人」ということである。

問五　「人の言ふ事」は，「人が言うこと」と訳すことができる。「人」を主語にとる主格の使い方である。イ・ウ・エはこれと同様，「が」と訳せるが，アはそのまま「橘の香り」と訳せる。これは所有を表す使い方である。

重要　問六　僧都は人と食事をしない，好きな時に食べて好きな時に寝るなど，一見すればだらしがないともいえる生活を送っていたので，一般的にはそれはあまり良くないことと受け入れられると思われる。また，それについて「ども」と逆接を用いられていることから，「許されていた」とするのが文脈上自然である。

問七　ア　僧都について説教が上手，徳が高いなどの評価がなされていることから，修行をおろそかにしたとは考えられず，不適当。　ウ　おもてなしの食事の時も好きなように振る舞い，帰りたければ帰ったということから，謙虚とはいえず不適当。　オ　「人に厭はれず」から，僧都が避けられていたとは考えにくいため不適当。

問八　兼好法師(＝吉田兼好)の執筆した随筆といえば『徒然草』である。

三　**(部首，熟語，漢字の読み書き，四字熟語，慣用句，品詞・用法，漢文，文学史)**

問一　「到」は右側が「りっとう」という部首である。

問二　形声文字とは，意味を表す部分と音を表す部分を組み合わせて作られた文字のこと。「清」は右側の「青」が「セイ」という音を表し，さんずいをつけることで意味を持たせている。

問三　1　「羽音」「母音」「音量」「音色」が成立する。　2　「心境」「環境」「境目」「境内」が成立する。

問四　「疾風迅雷」とは，疾風と激しい雷から転じて，そのように「すばやく激しいこと」。「行雲流水」とは，空をゆく雲と川を流れる水のように，「執着することなく物に応じ，事に従って行動すること」。

問五　ア「胸が痛む」，イ「胸を打つ」，ウ「胸を借りる」，エ「鼻を明かす」。

問六　「小さな」は下に「毛織りのぼうし」という名詞を伴うことから，連体詞であると言える。「の」は動きを表すものではなく，語と語をつなぐ助詞である。「いた」の「い」は「いる」という動詞の連用形である。

問七　百聞は，の後は「一見」の二字を先に読まなければならないので，まずは「一見」に一点を打つ。次に二点を打たなければならないが，「不」は「ず」と読むため「不如」の順番ではなく「如不」の順番で読みたい。そのため，「如」に二点は打つが，「不」にレ点を打つことで，「如不」の順番で読むことができる。

問八　万葉集(奈良時代)→竹取物語(平安時代)→新古今和歌集(鎌倉時代)→おくのほそ道(江戸時代)という順番である。

★ワンポイントアドバイス★

論説文は，接続語や言い換えが成立する箇所に注意して，筆者の主張をつかもう。比較対象として述べられているものと，筆者が取り上げたいものの違いを読み取ることも重要だ。古文は，基本的な語句の意味に加えて，助動詞や助詞の使い方にも日頃から注目して文章を読もう。

●2022年度　学特Ⅱ期問題　解答●

《配点は解答欄に掲載してあります。》

<数学解答>

1　(1)　13　(2)　18　(3)　$\frac{8a-b}{12}$　(4)　$\sqrt{6}$

2　(1)　$x=\frac{7\pm\sqrt{29}}{2}$　(2)　$a(x-4)(x+1)$　(3)　9　(4)　6.0点　(5)　$-3\leqq y\leqq 5$

(6)　12cm　(7)　$\angle x=65^\circ$　(8)　75秒　(9)　3%

3　(1)　2　(2)　B(4, 8)　(3)　$\frac{496}{3}\pi$

4　(1)　$\frac{5}{16}$　(2)　$\frac{3}{8}$

5　(1)　(a)　㋔　(b)　㋑[㋒]　(c)　㋒[㋑]　(d)　㋕　(2)　FG$=\frac{8}{3}$　(3)　$\frac{3}{2}$倍

○配点○

1　各4点×4　2　(1)　4点　他　各5点×8　3・4　各5点×5

5　(1)　(a)~(c)　各1点×3　(1)　(d)　2点　他　各5点×2　計100点

<英語解答>

1　1　any eggs　2　more interesting　3　have been reading　4　is　5　broken

2　1　ウ　2　イ　3　ウ　4　エ　5　イ

3　問1　エ　問2　イ　問3　What　問4　イ・オ

4　A　問1　ア　問2　エ　問3　イ　問4　1　invite　2　machine

B　問1　1　lends　2　Wednesday　3　thirteen　問2　イ　問3　ウ

5　問1　ア　問2　ア　問3　エ　問4　ア　問5　イ

a　×　b　○　c　×　d　○　e　○

○配点○

1　各2点×5　他　各3点×30　計100点

<理科解答>

1　(1)　④　(2)　①　(3)　③　(4)　①

2　(1)　A　胆汁　D　タンパク質　(2)　トリプシン　(3)　Ⅰ群　イ　Ⅱ群　③

(4)　ア　柔毛　イ　肝臓　ウ　グリコーゲン　エ　リンパ管

3　(1)　ア　(2)　$Cu^{2+}+2e^-\rightarrow Cu$　(3)　イ　(4)　Zn^{2+}・SO_4^{2-}　(5)　ダニエル電池

(6)　ウ

4　(1)　ア　百分率　イ　質量パーセント　ウ　溶媒　エ　飽和　オ　溶解度

(2)　30(g)　(3)　200(g)　(4)　52.5(g)　(5)　17.5(%)

5　(1)　1.2(N)　(2)　イ　(3)　ウ　(4)　ア

6　(1)　イ　(2)　△EFD　(3)　b−f　(4)　12

7　(1)　(温度)　16(℃)　(湿度)　79(%)　(2)　54(g)　(3)　84(%)　(4)　ウ　(5)　100(%)

○配点○

1~4　各2点×29　他　各3点×14　計100点

＜社会解答＞

1　(1)　i　ASEAN　ii　(記号)　D　(名前)　フィリピン　(2)　i　フィヨルド
ii　X　北大西洋海流　Y　偏西風　(3)　i　ア　ii　石油[原油]　iii　ア　(4)　エ

2　(1)　i　ウ　ii　三内丸山遺跡　iii　エ　(2)　(地形)　三角州　(記号)　イ
(3)　i　ア　ii　(奈良県)　D　(組合せ)　エ　(4)　イ

3　(1)　A　足利義政　B　菱川師宣　C　寺子屋　(2)　長安　(3)　古今和歌集
(4)　ウ　(5)　ア　(6)　イ　(7)　松平定信　(8)　エ

4　(1)　ウ　(2)　i　日本　ii　ア　iii　民族自決
(3)　i　C→B→D→A　ii　ウ　iii　GHQ　iv　農地改革　(4)　イ　(5)　エ

5　(1)　人民　(2)　エ　(3)　多国籍(企業)　(4)　ア・ウ　(5)　ウ　(6)　イ

6　(1)　i　ウ　ii　イ　iii　(環境)　アセスメント　(2)　i　(フェア)トレード　ii　ア
(3)　地場(産業)　(4)　イ　(5)　i　ア・ウ　ii　ア・エ

○配点○

各2点×50(1(1)ii・(2)ii・2(2)・(3)ii各完答)　計100点

＜国語解答＞

一　問一　①　欧米　②　抵抗　③　遇(して)　④　祝福
問二　a　ひんよう　b　いほう　c　あなど(って)　d　し(め)
問三　Ⅰ　ア　Ⅱ　イ　問四　サル化　問五　2　問六　エ　問七　ウ　問八　ア
問九　イ　問十　ウ　問十一　ウ　問十二　イ・オ

二　問一　みぶるいをして　問二　Ⅰ　ア　Ⅱ　ウ　問三　1　ア　4　エ　問四　ウ
問五　イ　問六　これは～給へる　問七　ア・エ

三　問一　しゅうちゃく[しゅうじゃく・しゅじゃく]　問二　ア　問三　1　イ　2　ウ
問四　1　エ　2　ウ　問五　エ　問六　1　ア　2　イ　問七　イ

○配点○

一　問一～問三　各2点×10　他　各3点×10
二　各3点×10(問六完答)　三　各2点×10　計100点

解答用紙集

○月×日　△曜日　天気（合格日和）

◆ご利用のみなさまへ
＊解答用紙の公表を行っていない学校につきましては、弊社の責任において、解答用紙を制作いたしました。
＊編集上の理由により一部縮小掲載した解答用紙がございます。
＊編集上の理由により一部実物と異なる形式の解答用紙がございます。

人間の最も偉大な力とは、その一番の弱点を克服したところから生まれてくるものである。 ――カール・ヒルティ――

東京学参株式会社

前橋育英高等学校（学特Ⅰ期）　2024年度

◇数学◇

※ 133％に拡大していただくと，解答欄は実物大になります。

1

(1)	(2)	(3)	(4)

2

(1)	(2)	(3)	(4)
(5)	(6)	(7)	(8)

3

(1)	(2)	(3)

4

(1)	(2)	(3)

5

(1)	(2)	(3)

前橋育英高等学校（学特Ⅰ期）　2024年度

◇英語◇

※ 116％に拡大していただくと，解答欄は実物大になります。

1

A

1		2		3	
4		5			

B

(1)		(2)		(3)		(4)		(5)	

2

問1		問2		問3		問4	
問5	3番目		5番目				

3

A

問1		問2		
問3		問4		

B

問1		問2		問3	
問4					

4

問1	(1)		(3)			
問2	3番目		6番目			
問3		問4				
問5	A		B		C	
問6						

前橋育英高等学校（学特Ⅰ期）　2024年度

◇理科◇

※ 141％に拡大していただくと，解答欄は実物大になります。

1

(1)		(2)	ア	イ			
(3)		(4)	ウ	エ	(5)		

2

(1)		(2)		(3)	
(4)		(5)			
(6)	②	④	⑦		

3

(1)		(2)		(3)	℃
(4)	%	(5)	g	(6)	g

4

(1)	イ	(2)	
	オ		
(3)			

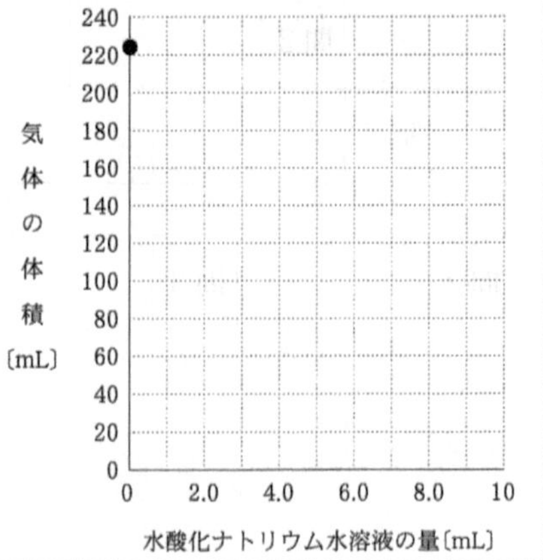

5

(1)	cm/s	(2)	cm/s	(3)	cm/s	(4)	

6

(1)	Ω	(2)	A	(3)	A	(4)	

7

(1)		(2)		(3)		(4)	
(5)	g	(6)	記号	標高　m		(7)	g

前橋育英高等学校(学特Ⅰ期)　　2024年度

◇社会◇

※ 145%に拡大していただくと，解答欄は実物大になります。

1

(1)	i	
	ii	
(2)		
(3)		
(4)		
(5)	i	
	ii	
(6)		

2

(1)	i	
	ii	
(2)	X	
	Y	
(3)		
(4)		
(5)		
(6)		

3

(1)	X	
	Y	
(2)		
(3)		
(4)		
(5)		
(6)		
(7)		
(8)		
(9)		

4

(1)	X	
	Y	
	Z	
(2)		
(3)	i	
	ii	
(4)		
(5)		
(6)	i	
	ii	

5

(1)	i	
	ii	
(2)		
(3)	i	
	ii	
(4)		
(5)		
(6)		

6

(1)			
(2)			
(3)			
(4)	i		の
	ii		
(5)	i		
	ii	X	
		Y	

前橋育英高等学校（学特Ｉ期）　２０２４年度

◇国語◇

※１４１％に拡大していただくと、解答欄は実物大になります。

一

問一	a	る	b		c		d	された
問二	①	げた	②		③		④	
問三	Ⅰ		Ⅱ					
問四								
問五								
問六								
問七								
問八								
問九								
問十								
問十一								

二

問一				
問二	Ⅰ		Ⅱ	
問三				
問四				
問五				
問六				
問七				
問八				

三

問一								
問二								
問三								
問四	誤		→	正				
問五								
問六	1		2		3		4	
問七	1	3	2	7	4	5	6	。

前橋育英高等学校(学特Ⅱ期)　2024年度

◇数学◇

※ 132%に拡大していただくと，解答欄は実物大になります。

1

(1)	(2)	(3)	(4)

2

(1)	(2)	(3)
(4)	(5)	(6)
(7)	(8)	

3

(1)	(2)	(3)

4

(1)	(2)	(3)

5

(1)	(2)	(3)

前橋育英高等学校(学特Ⅱ期)　2024年度　◇英語◇

※ 116%に拡大していただくと，解答欄は実物大になります。

1

A

1		2		3	
4		5			

B

1		2		3		4		5	

2

問1		問2				
問3		問4		問5		

3

A

問1		問2				
問3	1		2		3	

B

問1		問2			
問3		問4		問5	

4

問1		問2				
問3		問4		問5		
問6	a		b		c	
	d		e			

前橋育英高等学校(学特Ⅱ期)　2024年度

◇理科◇

※ 141％に拡大していただくと，解答欄は実物大になります。

1

(1)		(2)		(3)	
(4)		(5)	Ⅰ	Ⅱ	Ⅲ

2

(1)	図A	図B	図C	(2)	→ →
(3)	①	②	③	(4)	

3

(1)	B	C	F
(2)		(3)	
(4)			

4

(1)	g	(2)	マグネシウム：銅 ＝ ：
(3)	g	(4)	g

5

(1)		(2)		(3)		(4)	Hz

6

(1)	kJ	(2)	分間	(3)	分 秒	(4)	

7

(1)	A	B	C	(2)	
(3)					
(4)		(5)		(6)	

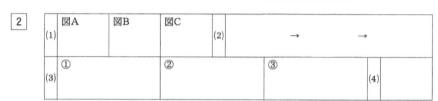

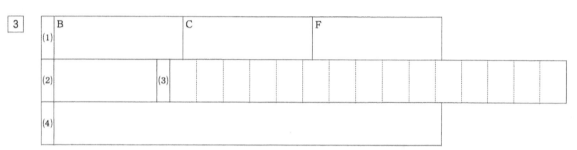

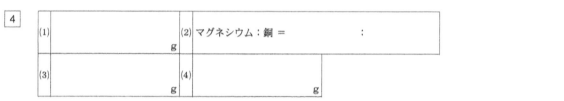

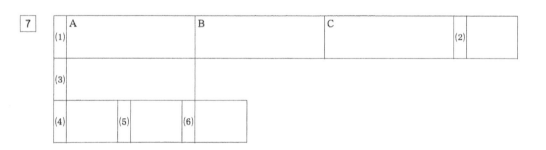

前橋育英高等学校（学特Ⅱ期）　2024年度

◇社会◇

※ 145%に拡大していただくと，解答欄は実物大になります。

1

(1)	i	
	ii	
(2)	i	
	ii	
(3)		
(4)	i	
	ii	

2

(1)	i				
	ii				平野
	iii				
(2)					
(3)	i			栽	培
	ii				
(4)	i				
	ii				

3

(1)	X				
	Y				
	Z				
(2)					墳
(3)					
(4)					
(5)	i				
	ii				使節
(6)	i				
	ii				

4

(1)	X	
	Y	
	Z	
(2)		
(3)		
(4)		
(5)		
(6)		
(7)		
(8)		

5

(1)	A	
	B	
	C	
(2)		
(3)		の原則
(4)		
(5)		
(6)		制

6

(1)	→ →	
(2)	i	
	ii	
(3)	i	
	ii	
(4)	i	
	ii	

２０２４年度

前橋育英高等学校（学特Ⅱ期）

※１４１％に拡大していただくと、解答欄は実物大になります。

◇国語◇

一

問一	a　えた	b	c	d
問二	①	②	③　ねる	④　されて
問三	Ⅰ	Ⅱ		
問四				
問五				
問六				
問七				
問八				
問九	〜	行為。		
問十	X	Y		
問十一				

二

問一		
問二	Ⅰ	Ⅱ
問三		
問四		
問五		
問六		
問七		
問八		

三

問一		
問二		
問三		
問四		
問五		
問六		
問七	1	2
問八	番目	

前橋育英高等学校(学特Ⅰ期)　2023年度

◇数学◇

※ 135%に拡大していただくと，解答欄は実物大になります。

1

(1)	(2)	(3)	(4)

2

(1)	(2)	(3)	(4)
(5)	(6)	(7)	(8)

3

(1)	(2)	(3)

4

(1)	(2)	(3)

5

(1)	(2)	(3)

前橋育英高等学校(学特Ⅰ期)　2023年度

◇英語◇

※ 130%に拡大していただくと，解答欄は実物大になります。

1

A

1		2		3	
4		5			

B

(1)		(2)		(3)	
(4)		(5)			

2

問1		問2		問3	
問4		問5			

3

A

問1	(1)		(2)		(3)		
問2		問3					

B

問1		問2					
問3	A		B		C		

4

問1		問2		問3					
問4	(2)		(3)		問5		問6		
問7									

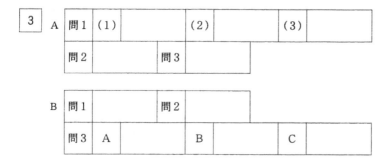

前橋育英高等学校(学特Ⅰ期)　2023年度

◇理科◇

※ 145%に拡大していただくと，解答欄は実物大になります。

1

(1)		(2)		(3)	
(4)	秒	(5)			

2

(1)	ア	イ	ウ
(2)	a	b	c
(3)		(4)	

3

(1)

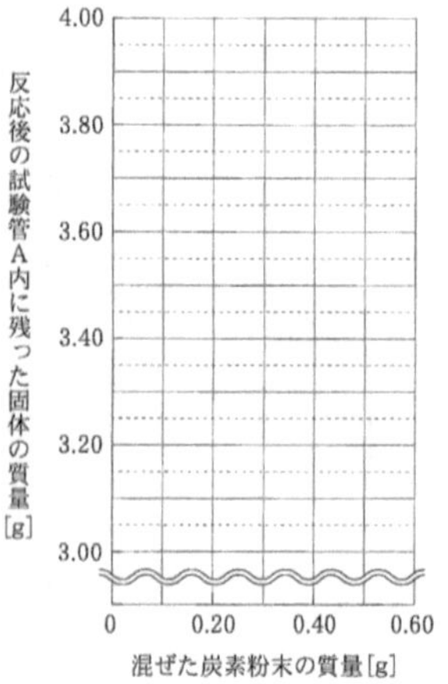

(2)	酸化銅：銅＝　　：		
(3)	g	(4)	g
(5)			

4

(1)		(2)		(3)		(4)	ガラス管
(5)							

5

(1)		(2)	km/h	(3)		(4)	m

6

(1)		(2)	A	(3)	Ω	(4)	W

7

(1)	Pa	(2)	名称　記号	(3)	地点　場所
(4)		(5)	記号　気圧配置	(6)	

前橋育英高等学校（学特Ⅰ期）　2023年度

◇社会◇

※ 147％に拡大していただくと，解答欄は実物大になります。

1

(1)			
(2)			
(3)			
(4)			
(5)			
(6)			
(7)			

2

(1)	i	
	ii	
(2)	i	
	ii	
(3)	i	
	ii	
(4)	i	
	ii	

3

(1)	A					
	B					
(2)						
(3)						
(4)						
(5)	記号					
	語句					
(6)						
(7)						
(8)						
(9)						

4

(1)	i	
	ii	
(2)	i	
	ii	
(3)	i	
	ii	
(4)	i	
	ii	
(5)	i	
	ii	

5

(1)					
(2)					
(3)					票
(4)					
(5)					
(6)					
(7)					

6

(1)	i				
	ii				
(2)	i				
	ii				
	iii	ベンチャー・			
(3)					
(4)					
(5)					

◇国語◇

前橋育英高等学校（学特Ⅰ期）　２０２３年度

※１４３％に拡大していただくと，解答欄は実物大になります。

一

問一	①	②	③　い	④
問二	a	b	c　づいた	d　る
問三	Ⅰ	Ⅱ		
問四				
問五				
問六				
問七				
問八				
問九				
問十				
問十一				

二

問一		
問二	Ⅰ	Ⅱ
問三	1	4
問四		
問五		
問六	①	②
問七		

三

問一				
問二	1	2		
問三	1	2		
問四	1			
	2	3	4	5

前橋育英高等学校（学特Ⅱ期）　2023年度

◇数学◇

※ 135％に拡大していただくと，解答欄は実物大になります。

1

(1)	(2)	(3)	(4)

2

(1)	(2)	(3)	(4)
(5)	(6)	(7)	(8)

3

(1)	(2)	(3)

4

(1)	(2)	(3)

5

(1)	(2)	(3)

前橋育英高等学校(学特Ⅱ期)　2023年度

◇英語◇

※ 119%に拡大していただくと，解答欄は実物大になります。

1

1		2		3	
4		5			

2

1		2		3		4		5	

3

問1	3番目		6番目		問2	
問3		問4		問5		

4

A

問1		問2		問3	
問4	1		2		

B

問1		問2	
問3		問4	

5

問1	3番目		6番目		問2	
問3		問4		問5		
問6	a		b		c	
	d		e			

前橋育英高等学校(学特Ⅱ期)　2023年度

◇理科◇

※ 141%に拡大していただくと，解答欄は実物大になります。

1

(1)	①	②	③	(2)	
(3)	A	B	C		

2

(1)		(2)		(3)	②	③	④	
(4)			(5)	回	(6)	個		

3

(1)		(2)	

(3)																				

(4)	g	(5)	追加する物質Xの質量 g	物質X追加前の濃度 %	追加した後との濃度の差 %

4

(1)	水槽	(2)		(3)	
(4)	g	(5)			

5

(1)	J	(2)	W	(3)		(4)	g

6

(1)		(2)		(3)		(4)	

7

(1)		(2)	a	b	(3)			
(4)	地質年代	化石	(5)			(6)		
(7)	ア	イ						

◇社会◇

※ 147%に拡大していただくと，解答欄は実物大になります。

1

(1)		
(2)		
(3)		
(4)		
(5)		
(6)	i	
	ii	
(7)		

2

(1)		
(2)	i	
	ii	
(3)		
(4)		
(5)		
(6)		

3

(1)	A	
	B	
(2)		
(3)		
(4)		
(5)		
(6)		
(7)		→ → →
(8)		
(9)		

4

(1)		
(2)	i	
	ii	
(3)	i	
	ii	
(4)	i	
	ii	
(5)	i	
	ii	
(6)		

5

(1)		
(2)		→ → →
(3)	i	
	ii	
	iii	
(4)		
(5)	i	
	ii	
	iii	
(6)	i	
	ii	価格
(7)	i	
	ii	
	iii	
(8)		

前橋育英高等学校（学特Ⅱ期）　２０２３年度

◇国語◇

※　１４３％に拡大していただくと，解答欄は実物大になります。

一

問一	a	
	b	ったり
	c	
	d	
問二	①	
	②	
	③	さず
	④	
問三	Ⅰ	
	Ⅱ	
問四		
問五		
問六		
問七		
問八		
問九		
問十		
問十一		

二

問一		
問二	Ⅰ	
	Ⅱ	
問三		
問四		
問五		
問六		
問七		
問八		
問九		

三

問一		画目	
問二	記号		
	熟語		
問三			
問四			
問五			
問六			
問七	1		
	2		
	3	Ⅰ	
		Ⅱ	

前橋育英高等学校(学特Ⅰ期)　　2022年度

◇数学◇

※ 135％に拡大していただくと，解答欄は実物大になります。

1

(1)	(2)	(3)	(4)

2

(1)	(2)	(3)	(4)	(5)

(6)	(7)	(8)	(9)

3

(1)	(2)

4

(1)	(2)	(3)
		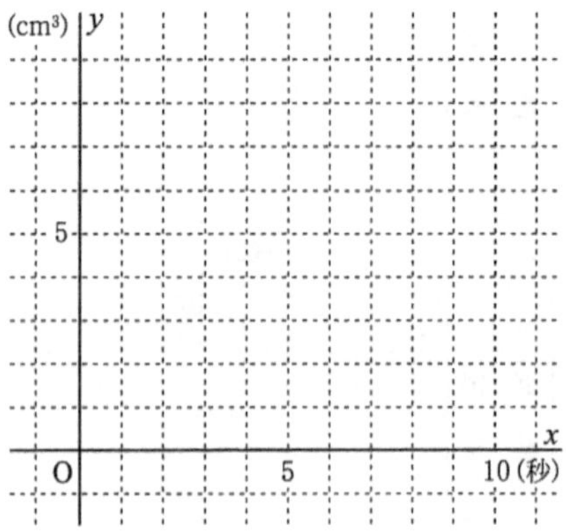

5

(1)	(2)	(3)

前橋育英高等学校(学特Ⅰ期)　2022年度

◇英語◇

※ 130%に拡大していただくと，解答欄は実物大になります。

1

A

1		2		3	
4		5			

B

(1)		(2)		(3)	
(4)		(5)			

2

問1			問2			
問3	1		2		3	

3

A

問1	1		2			
問2	1		2		問3	

B

問1			問2			
問3	a		b		c	

4

問1		問2	(2)		(3)	
問3		問4	**3番目**		**5番目**	
問5		問6				
問7	1					
	2					
問8						

◇理科◇

※ 141％に拡大していただくと，解答欄は実物大になります。

1

(1)		(2)		(3)			
(4)	A		B		C		F

2

(1)		(2)		(3)		(4)	
(5)		(6)		(7)	A	B	

3

(1)		(2)	
(3)	名称	記号	
(4)	□ → □ + ○○		
(5)	g		

4

(1)	cm³	(2)	cm³	(3)	g/cm³
(4)					

5

(1)		(2)		(3)	水平方向：垂直方向 ＝　　　：	(4)	

6

(1)	mA	(2)	mA	(3)	Ω	(4)	

7

(1)	①	②	③	④	⑤	⑥
(2)		(3)				

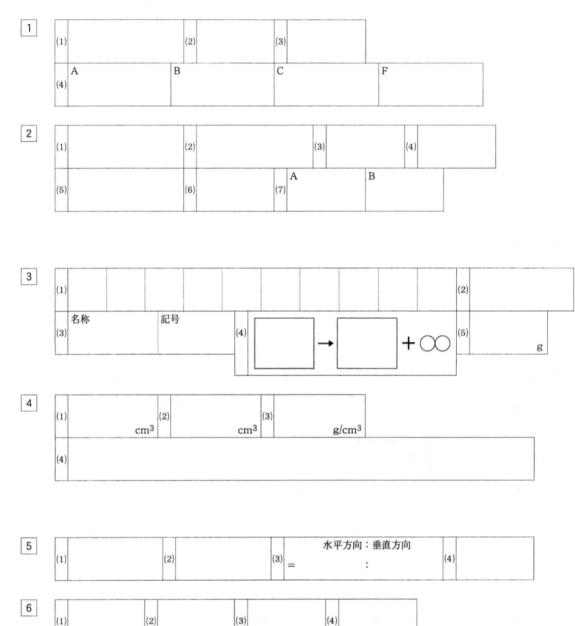

前橋育英高等学校(学特Ⅰ期)　2022年度

◇社会◇

※ 147％に拡大していただくと，解答欄は実物大になります。

1

(1)		
(2)	都市	
	気候	
(3)		
(4)		企業
(5)		
(6)		

2

(1)	盆地
(2)	
(3)	
(4)	養蚕のための　　　畑として 利用されていた。
(5)	
(6)	
(7)	
(8)	

3

(1)	i	
	ii	
(2)		
(3)	i	
	ii	
(4)	i	
	ii	
(5)		
(6)		
(7)		

4

(1)		
(2)		
(3)		
(4)		
(5)		
(6)		
(7)		
(8)	①	
	②	
	③	

5

(1)		
(2)		
(3)		
(4)	i	
	ii	
(5)	i	
	ii	

6

(1)		
(2)		
(3)		
(4)		
(5)	i	
	ii	
(6)	i	
	ii	法

◇国語◇

前橋育英高等学校（学特Ⅰ期）　２０２２年度

※１４３％に拡大していただくと，解答欄は実物大になります。

一

問一	①　②　③　④
問二	a　いられ　b　c　d　める
問三	Ⅰ　Ⅱ
問四	
問五	A　B
問六	
問七	
問八	
問九	
問十	
問十一	
問十二	

二

問一	
問二	Ⅰ　Ⅱ
問三	
問四	
問五	
問六	
問七	
問八	

三

問一	
問二	
問三	1　2
問四	1　2
問五	
問六	
問七	
問八	

前橋育英高等学校(学特Ⅱ期)　2022年度

◇数学◇

※ 135%に拡大していただくと，解答欄は実物大になります。

1

(1)	(2)	(3)	(4)

2

(1)	(2)	(3)
(4)	(5)	(6)
(7)	(8)	(9)

3

(1)	(2)	(3)

4

(1)	(2)

5

(1)				(2)	(3)
(*a*)	(*b*)	(*c*)	(*d*)		

前橋育英高等学校(学特Ⅱ期)　2022年度

◇英語◇

※ 119%に拡大していただくと，解答欄は実物大になります。

1

1		2	
3		4	
5			

2

1		2		3		4		5	

3

問 1		問 2		問 3	
問 4					

4

A

問 1		問 2		問 3	
問 4	1		2		

B

問 1	1		2	
	3			
問 2		問 3		

5

問 1		問 2		問 3		問 4		問 5	
a		b		c		d		e	

前橋育英高等学校(学特Ⅱ期)　2022年度

◇理科◇

※ 141％に拡大していただくと，解答欄は実物大になります。

1

(1)		(2)		(3)		(4)	

2

(1)	A	D	(2)		(3)	Ⅰ群 / Ⅱ群
(4)	ア	イ	ウ	エ		

3

(1)		(2)							
(3)		(4)			(5)		(6)		

4

(1)	ア	イ	ウ	エ	オ

(2)	g	(3)	g	(4)	g	(5)	%

5

(1)	N	(2)		(3)		(4)	

6

(1)		(2)	△	(3)		(4)	

7

(1)	温度　℃	湿度　%	(2)	g	(3)	%	
(4)		(5)	%				

前橋育英高等学校（学特Ⅱ期）　2022年度

◇社会◇

※ 147％に拡大していただくと，解答欄は実物大になります。

1

(1)	i		
	ii	記号	
		名前	
(2)	i		
	ii	X	
		Y	
(3)	i		
	ii		
	iii		
(4)			

2

(1)	i		
	ii		
	iii		
(2)	地形		
	記号		
(3)	i		
	ii	奈良県	
		組合せ	
(4)			

3

(1)	A	
	B	
	C	
(2)		
(3)		
(4)		
(5)		
(6)		
(7)		
(8)		

4

(1)		
(2)	i	
	ii	
	iii	
(3)	i	→ → →
	ii	
	iii	
	iv	
(4)		
(5)		

5

(1)	
(2)	
(3)	企業
(4)	
(5)	
(6)	

6

(1)	i	
	ii	
	iii	環境
(2)	i	フェア
	ii	
(3)		産業
(4)		
(5)	i	
	ii	

２０２２年度　前橋育英高等学校（学特Ⅱ期）

◇国語◇

※１４３％に拡大していただくと、解答欄は実物大になります。

一

問一	①		②		③	して	④
問二	a		b		c	って	d　め
問三	Ⅰ		Ⅱ				
問四							
問五							
問六							
問七							
問八							
問九							
問十							
問十一							
問十二							

二

問一				
問二	Ⅰ		Ⅱ	
問三	1		4	
問四				
問五				
問六		～		
問七				

三

問一				
問二				
問三	1		2	
問四	1		2	
問五				
問六	1		2	
問七				

MEMO

大切なことはメモしておこうネ！

MEMO

大切なことはメモしておこうネ！

～公立高校志望の皆様に愛されるロングセラーシリーズ～

公立高校入試シリーズ

・全国の都道府県公立高校入試問題から良問を厳選
　※実力錬成編には独自問題も！
・見やすい紙面、わかりやすい解説

数学

合格のために必要な点数をゲット

目標得点別・公立入試の数学　基礎編

- 効率的に対策できる！　30・50・70点の目標得点別の章立て
- web解説には豊富な例題167問！
- 実力確認用の総まとめテストつき

定価：1,210 円（本体 1,100 円 + 税 10%）／ ISBN：978-4-8141-2558-6

応用問題の頻出パターンをつかんで80点の壁を破る！

実戦問題演習・公立入試の数学　実力錬成編

- 応用問題の頻出パターンを網羅
- 難問にはweb解説で追加解説を掲載
- 実力確認用の総まとめテストつき

定価：1,540 円（本体 1,400 円 + 税 10%）／ ISBN：978-4-8141-2560-9

英語

「なんとなく」ではなく確実に長文読解・英作文が解ける

実戦問題演習・公立入試の英語　基礎編

- 解き方がわかる！　問題内にヒント入り
- ステップアップ式で確かな実力がつく

定価：1,100 円（本体 1,000 円 + 税 10%）／ ISBN：978-4-8141-2123-6

公立難関・上位校合格のためのゆるがぬ実戦力を身につける

実戦問題演習・公立入試の英語　実力錬成編

- 総合読解・英作文問題へのアプローチ手法がつかめる
- 文法、構文、表現を一つひとつ詳しく解説

定価：1,320 円（本体 1,200 円 + 税 10%）／ ISBN：978-4-8141-2169-4

理科

短期間で弱点補強・総仕上げ

実戦問題演習・公立入試の理科

- 解き方のコツがつかめる!　豊富なヒント入り
- 基礎～思考・表現を問う問題まで
  重要項目を網羅

定価：1,045 円（本体 950 円 + 税 10%）
ISBN：978-4-8141-0454-3

社会

弱点補強・総合力で社会が武器になる

実戦問題演習・公立入試の社会

- 基礎から学び弱点を克服!　豊富なヒント入り
- 分野別総合・分野複合の融合など
  あらゆる問題形式を網羅
  ※時事用語集を弊社HPで無料配信

定価：1,045 円（本体 950 円 + 税 10%）
ISBN：978-4-8141-0455-0

国語

最後まで解ききれる力をつける

形式別演習・公立入試の国語

- 解き方がわかる!　問題内にヒント入り
- 基礎～標準レベルの問題で
  確かな基礎力を築く
- 実力確認用の総合テストつき

定価：1,045 円（本体 950 円 + 税 10%）
ISBN：978-4-8141-0453-6

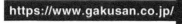

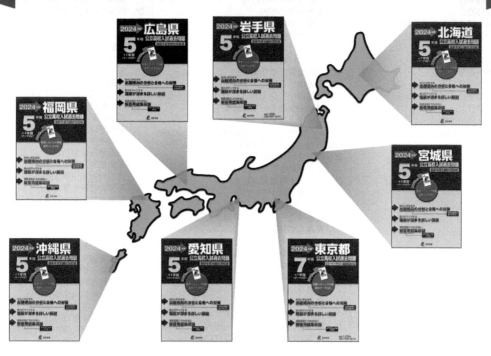

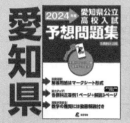

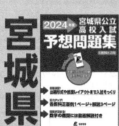

東京学参の
中学校別入試過去問題シリーズ

＊出版校は一部変更することがあります。一覧にない学校はお問い合わせください。

東京ラインナップ

あ　青山学院中等部(L04)
麻布中学(K01)
桜蔭中学(K02)
お茶の水女子大附属中学(K07)
か　海城中学(K09)
開成中学(M01)
学習院中等科(M03)
慶應義塾中等部(K04)
啓明学園中学(N29)
晃華学園中学(N13)
攻玉社中学(L11)
国学院大久我山中学
（一般・CC）(N22)
（ＳＴ）(N23)
駒場東邦中学(L01)
さ　芝中学(K16)
芝浦工業大附属中学(M06)
城北中学(M05)
女子学院中学(K03)
巣鴨中学(M02)
成蹊中学(N06)
成城中学(K28)
成城学園中学(L05)
青稜中学(K23)
創価中学(N14)★
た　玉川学園中学部(N17)
中央大附属中学(N08)
筑波大附属中学(K06)
筑波大附属駒場中学(L02)
帝京大中学(N16)
東海大菅生高中等部(N27)
東京学芸大附属竹早中学(K08)
東京都市大付属中学(L13)
桐朋中学(N03)
東洋英和女学院中学部(K15)
豊島岡女子学園中学(M12)
な　日本大第一中学(M14)
日本大第三中学(N19)
日本大第二中学(N10)
は　雙葉中学(K05)
法政大学中学(N11)
本郷中学(M08)
ま　武蔵中学(N01)
明治大付属中野中学(N05)
明治大付属八王子中学(N07)
明治大付属明治中学(K13)
ら　立教池袋中学(M04)
わ　和光中学(N21)
早稲田中学(K10)
早稲田実業学校中等部(K11)
早稲田大高等学院中学部(N12)

神奈川ラインナップ

あ　浅野中学(O04)
栄光学園中学(O06)
か　神奈川大附属中学(O08)
鎌倉女学院中学(O27)
関東学院六浦中学(O31)
慶應義塾湘南藤沢中等部(O07)
慶應義塾普通部(O01)
さ　相模女子大中学部(O32)
サレジオ学院中学(O17)
逗子開成中学(O22)
聖光学院中学(O11)
清泉女学院中学(O20)
洗足学園中学(O18)
捜真女学校中学部(O29)
た　桐蔭学園中等教育学校(O02)
東海大付属相模高中等部(O24)
桐光学園中学(O16)
な　日本大中学(O09)
は　フェリス女学院中学(O03)
法政大第二中学(O19)
や　山手学院中学(O15)
横浜隼人中学(O26)

千・埼・茨・他ラインナップ

あ　市川中学(P01)
浦和明の星女子中学(Q06)
か　海陽中等教育学校
（入試Ⅰ・Ⅱ）(T01)
（特別給費生選抜）(T02)
久留米大附設中学(Y04)
さ　栄東中学(東大・難関大)(Q09)
栄東中学(東大特待)(Q10)
狭山ヶ丘高校付属中学(Q01)
芝浦工業大柏中学(P14)
渋谷教育学園幕張中学(P09)
城北埼玉中学(Q07)
昭和学院秀英中学(P05)
清真学園中学(S01)
西南学院中学(Y02)
西武学園文理中学(Q03)
西武台新座中学(Q02)
専修大松戸中学(P13)
た　筑紫女学園中学(Y03)
千葉日本大第一中学(P07)
千葉明徳中学(P12)
東海大付属浦安高中等部(P06)
東邦大付属東邦中学(P08)
東洋大附属牛久中学(S02)
獨協埼玉中学(Q08)
な　長崎日本大中学(Y01)
成田高校付属中学(P15)
は　函館ラ・サール中学(X01)
日出学園中学(P03)
福岡大附属大濠中学(Y05)
北嶺中学(X03)
細田学園中学(Q04)
や　八千代松陰中学(P10)
ら　ラ・サール中学(Y07)
立命館慶祥中学(X02)
立教新座中学(Q05)
わ　早稲田佐賀中学(Y06)

公立中高一貫校ラインナップ

北海道　市立札幌開成中等教育学校(J22)
宮　城　宮城県仙台二華・古川黎明中学校(J17)
市立仙台青陵中等教育学校(J33)
山　形　県立東桜学館・致道館中学校(J27)
茨　城　茨城県立中学・中等教育学校(J09)
栃　木　県立宇都宮東・佐野・矢板東高校附属中学校(J11)
群　馬　県立中央・市立四ツ葉学園中等教育学校・
市立太田中学校(J10)
埼　玉　市立浦和中学校(J06)
県立伊奈学園中学校(J31)
さいたま市立大宮国際中等教育学校(J32)
川口市立高等学校附属中学校(J35)
千　葉　県立千葉・東葛飾中学校(J07)
市立稲毛国際中等教育学校(J25)
東　京　区立九段中等教育学校(J21)
都立大泉高等学校附属中学校(J28)
都立両国高等学校附属中学校(J01)
都立白鷗高等学校附属中学校(J02)
都立富士高等学校附属中学校(J03)
都立三鷹中等教育学校(J29)
都立南多摩中等教育学校(J30)
都立武蔵高等学校附属中学校(J04)
都立立川国際中等教育学校(J05)
都立小石川中等教育学校(J23)
都立桜修館中等教育学校(J24)
神奈川　川崎市立川崎高等学校附属中学校(J26)
県立平塚・相模原中等教育学校(J08)
横浜市立南高等学校附属中学校(J20)
横浜サイエンスフロンティア高校附属中学校(J34)
広　島　県立広島中学校(J16)
県立三次中学校(J37)
徳　島　県立城ノ内中等教育学校・富岡東・川島中学校(J18)
愛　媛　県立今治東・松山西中等教育学校(J19)
福　岡　福岡県立中学校・中等教育学校(J12)
佐　賀　県立香楠・致遠館・唐津東・武雄青陵中学校(J13)
宮　崎　県立五ヶ瀬中等教育学校・宮崎西・都城泉ヶ丘高校附属中学校(J15)
長　崎　県立長崎東・佐世保北・諫早高校附属中学校(J14)

公立中高一貫校「適性検査対策」問題集シリーズ

総合編　作文問題編　資料問題編　数と図形編　生活と科学編　実力確認テスト編

私立中・高スクールガイド
THE《ザ》私立
私立中学＆高校の学校生活がわかる！

〈ダウンロードコンテンツについて〉

本問題集のダウンロードコンテンツ、弊社ホームページで配信しております。現在ご利用いただけるのは「2025年度受験用」に対応したもので、**2025年3月末日**までダウンロード可能です。弊社ホームページにアクセスの上、ご利用ください。

※配信期間が終了いたしますと、ご利用いただけませんのでご了承ください。

高校別入試過去問題シリーズ

前橋育英高等学校　2025年度

ISBN978-4-8141-3033-7

[発行所] 東京学参株式会社

〒153-0043　東京都目黒区東山2-6-4

書籍の内容についてのお問い合わせは右のQRコードから　⇒

※書籍の内容についてのお電話でのお問い合わせ、本書の内容を超えたご質問には対応できませんのでご了承ください。

2024年7月11日　初版